LEE YU-RI QUAN JI
Vol. 1 Sun Zi

李浴日全集

（一）孫子部

李浴日紀念基金會出版

李浴日全集（一）孫子部
LEE YU-RI QUAN JI Vol. 1 Sun Zi

作　者：李浴日
發　行：李仁繆
編　輯：李仁雄
排　版：李佳玲
設　計：李佳珉
校　對：林艶萍
贊　助：賴　勻
顧　問：李仁師、李仁芳、李仁美
出　版：李浴日紀念基金會
會　長：李仁繆
會　址：美國馬利蘭州
網　址：www.leeyuri.org
電　郵：lee@leeyuri.org
初　版：2014 年 1 月

美國國會圖書館核實編號 2013904827
Library of Congress Control Number (LCCN) 2013904827
Lee Yu-Ri Quan Ji Vol. 1 Sun Zi
Author: Lee Yu-Ri
Publisher: Lee Yu-Ri Memorial Foundation
ISBN 978-0-9885 5500 6　　Hardcover Printed in U.S.A.

ISBN 978-0-9885550-0-6
90000

9 780988 555006

全民知兵　知識共享　歡迎翻印　廣為流傳

目　錄

編 前 言

　　先父李浴日先生生於公元 1908 年，卒於 1955 年。幼年適逢中國蛻變與動盪的時代，經歷了民主革命、北洋復辟、乃至北伐統一，而 1919 年的「五四運動」更引燃了他心靈中民主與自由的聖火。中學即加入國民黨，大學時主修政治，探求經世濟民之道。其間更積極參與學生愛國運動，分別於 1927 年廣州暴動與 1932 年上海一二八事變中兩次被捕入獄。

　　留學東瀛時（1933-37 年）目睹日本明治維新的強盛與軍國主義侵華的野心，頓悟「強國必先強兵，強兵必先建立中國本位兵學」的道理，乃沉心研究孫子，集三年之鑽研著成膾炙人口的《孫子兵法之綜合研究》。學成回國後毅然投身兵學研究與著述，而立之年更獨力創設「世界兵學社」，開始他一生廣納諸言，推廣兵學普及全民的事業。青壯時期遭逢對日抗戰與國共內戰，和每個中國人一樣，承受著遷徙流離與妻離子散的折磨，但他卻仍然勤寫勤譯，執著於其發揚兵學的時代使命而不悔。遷渡台灣後依舊雄心未了，窮思極慮的倡建「中國兵學體系」，以竟報國之志。惜天不假年，於四十七歲時英年邃逝，遺憾未能完成畢生終極宏願。

　　綜其穿梭世間的生涯裏，譯著兵書 12 種，達 160 餘萬言。更集中國二千年來兵書之精華數十種，編成《中國兵學大系》，衛護了我中華民族的兵學瓌寶。他是現代中國文人從事軍事學研究的先驅，也是中國現代軍事理論體系的主要倡建者，對中國兵學的再生影響深遠。誠如孟子所說：「生於憂患，死於安樂」，雖然處身於國破家亡的悲慘時代，但是不畏煎熬奮發圖強的智能，

讓他在中國近代兵學史上綻放出新的光芒；而諸葛亮《後出師表》中所言：「鞠躬盡瘁，死而後已」，恰正是他在兵學研究上窮精竭力矢志不移之奮鬥史的一個真實寫照。

　　吾等兒女雖各有專精，嘆未能繼持先父兵學創作事業。歲月磋砣，及 2008 年先父百歲冥誕之際成立「李浴日紀念基金會」，亦步亦趨的追隨先父遺志，積五年之時完成所有遺作的搜尋、整理及上網(www.leeyuri.org)。如今再進一步將先父所有遺著完整的重新排版印行並編纂為《李浴日全集》，計分四冊：第一冊《孫子部》是先父闡述孫子哲理的專書與著述：包羅了《孫子兵法新研究》[①]、《孫子兵法總檢討》二書、與《兵學隨筆》[②]和《孫克兵學新論》[③]中有關孫子的論述。第二冊：《戰理部》是先父對近代東西方戰理的重要著譯，包含《國父革命戰理之研究》[④]、《克勞塞維慈戰爭論綱要》[⑤]二書，與《兵學隨筆》中之關於戰理方面的選錄；第三冊：《政論部》是先父在政治學與兵學方面的研究論文集，囊括先父早年的政治著述與其後在《世界兵學》、《戰鬥》二月刊中所有的兵學撰文；第四冊：《紀念部》，總合了先父生平史料、長官同袍和兒女晚輩們的紀念文

[①] 《孫子兵法新研究》原名《孫子兵法之綜合研究》於 1937 年付梓，1946 年改名為《孫子新研究》，1950 年再改回原名為《孫子兵法新研究》，本書再版多次，是先生影響最深遠的著作。
[②] 《兵學隨筆》原書計四輯，編者謹將其略分為兩部份，第一部份為孫子選錄，刊載於《李浴日全集》第一冊：孫子部，餘書悉數收錄於全集第二冊：戰理部。（全書目錄可見《全集》第一冊附錄 3）
[③] 《孫克兵學新論》原名《東西兵學代表作之研究》初版於 1943 年，1946 年改名為《孫克兵學新論》。
[④] 《國父革命戰理之研究》原名《中山戰爭論》初版於 1942 年，1948 年改名為《國父戰爭理論》，1952 年再改名為《國父革命戰理之研究》。
[⑤] 《克勞塞維慈戰爭論綱要》初版於 1943 年，1947 年改名為《大戰原理》，於 1951 年再改回原名《克勞塞維慈戰爭論綱要》。

集、夫人賴瑤芝女士出版《中國兵學大系》的事跡、及現代學者專家們對先父思想理論所作的研究與論述。

為了讓後人負起「繼往開來」的責任，使孫子和宇宙一樣的永存，先父與愛好孫子諸友於一九四七年成立了「孫子紀念亭籌建委員會」，期為這一位巨人完成一座巍峨堂皇的紀念亭。編者於本第一冊：孫子部特闢〈蘇州虎丘孫子紀念亭專輯〉，詳列建亭之所有史料，以明其心志。本冊之附錄 2 則是編者將先生所作各書《自序》內之忠言讜論精選一百則，依時年順序輯成〈李浴日語錄〉，摘述其一生心路的歷程。

「李浴日紀念基金會」旨在傳承李浴日先生畢生發揚兵學與救國救世的遺志，並將先生哲思回餽社稷普及大眾，基金會除了印行《李浴日全集》繁體與簡體的限量版外，亦將在基金會網站上刊載全集，供讀者上網免費閱讀瀏覽。謹此，吾等冀望先父靈與血的結晶和萬古常新的用兵原理原則，得以表彰於後世，得與著述長存永垂千古。

李仁繆 2014 年 1 月
《李浴日全集》第一冊：孫子部即成謹記

李浴日著

孫子兵法新研究

周至柔題

註：周至柔（1899－1986），字百福，浙江省台州臨海人，中華民國陸軍一級上將，獲頒青天白
日勳章。保定陸軍軍官學校第八期步科畢業，歷任中央航空學校校長、第一任中國空軍總司令、
中將參謀總長、陸軍二級上將、國防會議秘書長、台灣省政府主席、總統府參軍長、國家建設計
劃委員會主任委員等職。

國父評語

兩千多年的兵書，有十三篇，那十三篇兵書，便是解釋當時戰理，由於那十三篇兵書，便成立中國的軍事哲學。

——《三民主義》

蔣總統評語

大家對於現代戰術，固然要研究，對於從前《孫子》等古書，更要研究才好，因為各種原則，自古至今，不會變的。

——《科學辦事與應敵教兵接物之方》

我們中國兩三千年以前的《孫子》和《孫吳兵略問答》這些書，到現在還是同樣的有價值，並且其意義亦與日俱新。比方孫子講：「善攻者動於九天之上，善守者藏於九地之下。」這不是講現代的戰術嗎？所以書中所講的東西，有很多就是現在外國人最新最進步的戰術原則。

——《抵禦外侮與復興民族》

美人松得爾恩的評語

孫子說：「兵者詭道也」，這是戰略之祖孫子的至理名言。歷史已證明孫子所說的正確，這位中國的天才戰略家。於二十四世紀以前即撰一部《孫子兵法》，在二十四世紀後，全世界的軍事學校，還奉他的書為金科玉律，列為必修科，足見武器雖有變更，戰爭的價值則今古無異。

——摘譯自美國評論家松得爾恩：《愚弄敵人的故事》一文

英人布勞的評語

《孫子兵法》這一部書，可以說是世界史中研究戰略戰術的第一部著作。但是書裏面所載的許多學理，確是非常適合於現代的應用。而在某一點上，示出和我們現代的著作（包括洛倫斯和哈特）有著密切的連繫。

中國孫子所寫的這一部兵法，最近在英國有新譯本出版了。英國托馬斯費立普少校主編一部《戰略基礎》叢書，這部《孫子兵法》便是叢書的第一部。 其他四部為：羅馬人維傑希斯所著，杜塞克斯元帥所著，腓特烈大王所著，拿破崙所著。孫子對於戰爭的理解，和他們任何一人都有著同等的巧妙，同等的淵博。

——摘譯自英國文學家布勞：《孫子兵法》一文

俄人郭泰納夫的評語

如果從軍事著作家的觀點看來，管子和墨子是沒有孫子那樣著名的。孫子是春秋時吳國大將，生於紀元前五一四至四九六年。在司馬遷所著的《史記》裏，也有幾次提到他的名字。孫子是一個獲勝的大將，但他並不以他的打仗得勝著名，他是完全因為他所著的兵法十三篇出名的。……「道者，令民與上同意，可與之死，可與之生，而不畏危也。」孫子以為這是制勝必須的第一個條件。……孫子確實可以算是世界第一流的軍事專家，他的主要名言是「兵之情主速」──行進和攻擊都要神速，（「其疾如風，……，動如雷霆。」）用兵要速勝疾歸，不可曠日持久，（「故兵貴勝不貴久」）。善用兵者，不在於戰而後勝，要能不戰而消滅敵人的抵抗，（「故善用兵者，屈人之兵而非戰也。」）孫子以為將帥如果能夠使全軍上下一心，他必定能夠戰勝。他要激發軍士殺敵的決心，號令一出，部下必須服從執行。孫子知道人到危急死亡的時候，才能發揮出最大的力量，他說：「投之亡地然後存，陷之死地然後生。」

──摘錄自韋有徽譯郭泰納夫：《中國軍人魂》一書

日人尾川敬二的評語

孫子是東方兵學的鼻祖，武經的冠冕；東方各種兵法，說皆出自孫子，實是不錯；如《武經七書》，除《孫子》外，其他六書，雖託為往昔的兵聖所著，其實，不過是試做《孫子》的註解而已。至其文章蒼古雄勁，與內容之美滿相映，大有優於六經之概；歷代文人多學之，愛誦覽索而不置，在東方文學上，實給予巨大的影響。又如其格言規箴，最為膾炙人口，可以當為處世的教訓，而貢獻於一般人士者不少。故《孫子》不獨在兵法上具有最高權威，且在思想上亦蔚為巨觀。

——摘譯自尾川敬二：《孫子論講》的自序

日人福本椿水的評語

抑通觀《孫子》，其文遒勁瑰麗，雁行老、莊、韓非諸子，至其局面之大，或出於諸子之上；尤其意圖深遠，謀策精細，術略的確；此孫子所以為兵家之神也。古來日本明君賢將多精讀之，視為自家藥籠中物，而樹日本獨特之兵派，武威因以揚於海外，可謂有故也夫。余曩讀《孫子》大有所感，蓋《孫子》者，兵書而外交教書也已，亦人事百般座右銘也。今更生於新時代，依各人之職務，而活用之，處世上有所裨益也必矣。（原文）

—照錄自福本椿水：《孫子評註訓註》的自序

日人北村佳逸的評語

活的原理沒有腐敗性，蛆的產生是死的證據。不知從多少億年前起的太陽，老是今日明日投照著新的光於我們；《孫子》的戰鬥原理，不論何時，於人類也老是無限地供應著力、熱、生命和希望以及其他一切祈禱。漢民族自在黃河流域建築了文化基礎，春風秋雨五千年了，其間不知死生了多少人，用劍或有優於孫子，用筆而賢於孫子者實無一人。彼是兵學家，哲學家，且是東方第一流的大文豪。

——摘譯自北村佳逸：《孫子解說》的自序

日人平田晉策的評語

政治與兵法是楯的兩面，東西古今的大政治家，皆是兵學家。

兵法的寶庫無盡，有信長式，有秀吉式，有家康式，又有拿破崙式，列甯式，蔣介石式：積極，消極，強氣，弱氣，正法，奇道，裏表四十八手，（日本力士賽技，正從四十八法）不論什麼都有。

東方兵法的生命，由於近代科學的勃興，更增其光輝。倘若通曉《孫子》與《三略》，則使用航空戰隊，機械化兵團，都可以不錯。天下第一流的大場少將《孫子講義》，是通俗兵學的最高峰，比任何軍談與軍事小說為有趣味，且可做各國陸

軍大學的兵術教科書。

　　兵法書在公則為政治祕訣，在私則為處世祕訣，《孫子》以下的《兵法全集》六卷，皆是立身處世的教科書。

　　　　——摘譯自大場彌平：《孫子兵法》中平田晉策的題序

自　序

　　最近有友自新大陸歸來，他告訴我：《孫子兵法》在美國很流行，譯本有數種以上，他某次聽到一個軍事專家演講——盛譽孫子為世界兵學之祖，推崇孫子「不戰而屈人之兵」為頂好的戰略原則，並說羅斯福總統深得《孫子》的道理。

　　《孫子》的偉大可見。其實《孫子》的至理名言不特為古人與今人奉為圭臬，即在千百年後的人們亦必驚嘆它的偉大。不管未來的戰爭是原子戰爭也好，宇宙線戰爭也好（？），或其他新型戰爭也好，這都是物質的進步，而運用此物質，有待於高深的哲理。《孫子》是兵學哲理的最高峯，可順而不可逆，順之則勝，逆之則敗。在這次戰爭（註：二次世界大戰）中，曾有許多專家用它來分析日本的必敗，中國的必勝，德國的必敗，盟國的必勝，到如今都已證明其靈驗了。大哉《孫子》！神哉《孫子》！

　　本來戰爭是不祥之物，是大流血、大浪費、大破壞的惡魔，自從這次大戰結束之後，我們不應再來談戰爭，講兵法了；但以新的世界尚未產生，舊的世界依然存在，列強國策的衝突日益尖銳化，而世界各弱小民族仍未得到解放，所以在這個時候，乃想「消滅戰爭」「廢除兵法」，其心雖惻隱，其事則近於作夢。那麼我就有把本書付梓的必要了。不過我們今後研究《孫子》，千萬不可忘記他那一個已如上舉的最崇高偉大——「不戰而屈人之兵」的教條，即是說，我們今後對於國際間的糾紛與衝突，應盡其可能運用和平方式來謀解決，不可輕啓戰端，尤不可好大喜功去侵略人國。

　　然欲「不戰而屈人之兵」，先須充實軍備，加強國防，正如孫子說：「先為不可勝」，「立於不敗之地」。那麼我們今後應精誠一貫地來實踐我們這位兵聖的偉大遺訓了。

　　其次，我要特別提出來說的是：

　　（一）本書之成，有一部份取材於第二次大戰前日本各家的註解，如北村佳逸的《孫子解說》，大場彌平少將的《孫子兵法》，陸軍士官學校教官尾川敬二的《孫子論講》，福本椿水的《孫子訓註》，櫻井忠溫少將的《孫子》，阿多俊介的《孫子之新研究》，落合豐三郎中將的《孫子例解》，板井末雄的《孫子評釋》，大谷光瑞的《孫子新詮》，尾池宜卿的《孫子》，及大戰中出版之大場彌平的《袖珍孫子》，北村佳逸的《兵法孫子》，多賀義憲的《東洋古兵法之精神》等書，（請讀者注意！日人對《孫子》研究的著作雖多，但各有缺點，未了解《孫子》的真諦者亦不少。）另為自己多年研究之所得，引證德將克勞塞維慈的名著《戰爭論》，魯登道夫的名著《全體性戰爭》，美將馬歇爾的名著《致陸軍部二年報告書》，我國最新《步兵操典》，《作戰綱要》等書，及此次中日戰爭，世界大戰的資料。在內容上，儘量求其一致，至於不同的見解，或重複之文，則隔以「○○○」的圓圈，并註明所屬，以免混淆不清。又其中所摘錄的英譯《孫子》，係 Captain E. F. Calthrop 和 Lionel Giles 的英譯本（譯文之末，分別用簡名 C 和 G 等字母注明所屬），聊供讀者一窺白人對我國兵學的研究，雖說未必一一譯的十分正確。

　　（二）《孫子》這一部書雖作於平面戰爭的時代，但以他天才的超卓，眼光的遠大，其所建立的原理原則卻可以運用於現代的

立體戰爭上； 陸戰固勿論，即海戰空戰亦多適用； 且合政治、外交、經濟、宣傳諸端而言之，又成為現代所謂「綜合戰爭」，或「全體性戰爭」理論之母。至在解釋上，因它是古文，又是哲理的書，便因人而有不同的解釋，或大同小異的解釋；其實所謂解釋，亦不過供讀者參考而已——出之於言，則為死言，筆之於書，則為死書。運用之妙，存乎一心。

（三）孫子的哲理淵源於老子，卻不入於玄，他經過消化之後，是變為科學的了；所以過去有人怪我把他和老子拉在一起，實因未深加研究之故。又，我對於《孫子》的原理原則並不是盲目的崇拜，乃是批判的接受，讀者於本書中自可領略到。其次，我還有一個意見：即欲使《孫子》與時代不脫節，合乎新戰爭的需要，則非五年或十年來一次新註解不可；正如《孫子十家註》是過去了，新的註解，新的研究應隨時而興。

完了，我且期待著讀者的指正！

李 浴 日

一九四六、三、廿五日序於南京

再　序

　　彷彿記得我十五年前在《孫子兵法之綜合研究》一書的後記上，說過這麼幾句話：「人生是苦與樂交流於他的心田，是成與敗編成他的歷史。《孫子》是一部「聖經」，倘若你苦悶時，拿起讀讀，必會快樂風生，雄心萬丈；倘若你失敗時，翻開研究研究，必可鑑往知來，呼吸著成功的氣氛。」所以它——《孫子》是蘊蓄著一種生氣、朝氣、雄氣，其中有雷達和原子能。

　　《孫子》以兵法勝，亦以文學勝；它是明月，它是太陽；它好像龍飛鳳舞，又好像海嘯雷鳴；它好像黑森森大海裏的燈塔，又好像渴而思飲的甘露醴泉。倘若你是一個軍人，你反復披誦它，自會精神振作，鬥志充沛。倘若一個部隊裏個個都學習它，則部隊裏首先就會產生一種蓬蓬勃勃的新氣象。

　　《孫子》是中華民族的軍人魂，傳家寶，《孫子》的偉大精神遺產，唯有中華民族的軍人們才能真正接受它，攝取它。外國與中國國情不同，外國人不會把它翻譯得盡善，因此外國人亦不會真正了解它，巧妙運用它。我們今日正面臨生死存亡關頭，我們應澈底了解它，接受它，巧妙地運用它！

　　在抗戰初期，我寫過一篇《從孫子兵法證明日軍侵華必敗》，已成為事實了。

　　本書在臺又再版與讀者相見了，為使讀者對《孫子》得到更充分而全面的了解，我且拼擋俗務，再編一部與本書成為姊妹篇的《孫子兵法總檢討》，貢獻於讀者之前。

我們應發揚《孫子》建立中國兵學思想體系，

我們應活用《孫子》建立國防萬世不拔之基。

李　浴　日

序於臺北，民國四十年三月十八日

總　論

一　《孫子》是中國現存的最古兵書，列於《七書》中

　　《孫子兵法》是中國現存的唯一最古兵書，為春秋時代吳王
闔閭之臣孫武所著。在中國向稱黃帝軒轅為兵法的始祖，於《事
物紀原》一書中，也有這樣的記載；相傳黃帝得其相風后氏授與
《握奇經》，用以征伐而統一天下，孫子在本書的〈行軍〉篇
說：「凡此四軍之利，黃帝之所以勝四帝也，」似乎洩露了祖述
黃帝兵法的口吻；但黃帝的兵法是怎樣呢？因為失傳，不得而
知。在《漢書・藝文志》道家之部，也記載有太公二百三十七
篇，（註為呂望撰），其中含有兵法八十五篇，由此足見周初的
功臣太公望，呂尚也有兵書的著述，惜亦失傳；至於現存的《太
公六韜》，迭經學者證為後人所假託，已無可疑。其他，於《孫
子》中所引證：或「兵法曰」或「軍政曰」，由此亦可想見當時
流傳有不少古兵書，但那是怎樣一類的東西呢？亦因失傳，不得
而知。原來文武是經國的兩翼，中國以《四書》、《五經》為文
經，故把有力的兵書，稱為兵經或武經，以匹配之。就中，為唯
一傑作而最被重視的是《孫子》。漢唐以來，把兵書當作武學生
的教科書。我們看《後漢書》所記：「立秋之日，兵官皆習孫吳
兵法，六十四陣。」以及《宋史》所載：「習七書兵法，騎射」
等語，便可瞭然。且兵經之稱，早見於《戰國策》，即《隋書・
經籍志》，也有《孫子兵經》二卷的記載。至稱武經，則以註釋
《孫子》的唐代杜牧為最早，其詩說：「周孔傳文教，蕭曹授武

經。」又從《宋史》所記：「聖朝稽古，崇茲武經。」以及宋曾公亮等撰《武經總要》諸書而看，可知唐宋以後稱為武經。

再據晁公武的《郡齋讀書志》所載：宋元豐中頒佈《六韜》、《孫子》、《吳子》、《司馬法》、《黃石公三略》、《尉繚子》、《李衛公問對》為武學，號稱《七書》，此乃《七書》名稱的起源。後來，國子司業朱服曾改其次序為《孫子》、《吳子》、《六韜》、《司馬法》、《尉繚子》、《李衛公問對》、《黃石公三略》。又宋王應麟的《小學紺珠》曾把《三略》、《六韜》置於《尉繚子》之後，《李衛公問對》之前，是則《七書》次序的編排，因人而異，並無一定的標準。在《七書》中，《六韜》是假託的，已述於前。且《三略》、《司馬法》、《尉繚子》亦為杜撰，即《吳子》、《李衛公問對》也沒有《孫子》那樣的真確性。實實在在只有《孫子》才是東方唯一最古而最可信的兵書。

二 孫子及其著書的真確性與世系

孫子的傳記，見於《史記》卷六十五，名武，齊人；《吳越春秋》書為吳人，其世系等則沒有說明。至宋之碩儒鄧名世的《古今姓氏書辨證》載：「齊田宗字敬仲，四世孫無宇，無宇子書，字子占，齊大夫，伐莒有功，景公賜姓孫氏，食采於樂安，生馮，字起宗齊卿，馮生武，字長卿，以田鮑四族謀作亂，奔吳為將軍。」校訂《孫子十家註》之清乾隆進士孫星衍亦言此：「孫子蓋陳書之後，陳書見《春秋傳》，稱孫書，《姓氏書》以

為景公賜姓，言非無本。又泰山新出孫夫人碑亦云與齊同姓，史遷未及深考，吾家出六安，真孫子之後。」即孫子是從唐代之樂安郡，即清代之山東省武定府，今之惠民附近，奔吳為將，是可為信的。《史記・孫子吳起傳》載：「闔閭知孫子能用兵，卒以為將，西破彊楚，入郢；北威齊晉，顯名諸侯，孫子與有力焉。」而與此書對立的《左傳》，於吳破楚時，僅言伍員（字子胥）之事，不記孫武之名，弄得葉適與陳振孫發生懷疑，即前者說：《孫子》之書為春秋末，戰國初的山林處士所作；後者則說，尚未知其果為何代人。甚至亦有說《孫子》或是古書，根本不信是孫武所著。更有現代學者梁啟超氏於所著的《中國歷史研究法》亦涉及《孫子》說：「現存十三篇之《孫子》，舊題春秋時吳之孫武撰，吾儕據其書之文體及內容，確不能信其為春秋時書。雖然，若謂出之秦漢以後，則其文體及其內容亦都不類。《漢書・藝文志》兵家本有《吳孫子》、《齊孫子》兩種，「吳孫子」則春秋時之孫武，「齊孫子」則戰國時之孫臏也。此書若指為孫武作，則可決其偽，若指為孫臏作，則可謂之真。此外，如《管子》、《商君書》等，性質亦略同，若指為管仲、商鞅所著作則必偽，然其書中大部分要皆出戰國人之手。」這是現代學者一種的流行傾向，然一般亦不過僅憑文體思想的漠然論據，而斷定不是春秋時代的產物而已。但依我的考察：如《藝文志》所載：孫子著述兵書八十二篇，而我則認為除現存的《孫子》以外，一定尚有許多冠以"孫子"之名——這著者是何時何人呢？特別可以想起的是戰國齊孫臏，而將他的著作，一括地稱為《孫子》而傳下。孫武的子孫——孫臏祖述祖先的兵法，那是應當，把這一括地稱為《孫子》而傳下，並沒有什麼奇怪。《史記》

載：「孫臏以此顯名天下，世傳其兵法」。即孫臏的兵法，換言之，《齊孫子》是不能懷疑其存在了。因此，我以為《漢書‧藝文志》所謂《吳孫子》、《齊孫子》俱是真確的，而梁啟超氏指為孫臏所作則不對。倘若說《孫子》十三篇的語句，間有為後人加入，非全屬原著，那還可以說的過去。但以一小部份的懷疑，而把全部斷為戰國時代產物，實沒理由。總之，在前漢著作《史記》的司馬遷憑當時所傳的有力材料而言明孫武所撰，此外確再沒有足以推翻它的有力證據了，所以輕易地斷為偽撰，那是不對的。至我：

第一、憑《越絕書》載：「巫門外大冢，吳王客齊孫武冢也，去縣十里。」

第二、憑《左傳》的不紀名，便有人說孫子為吳客卿，贊襄推薦自己的伍子胥，而每戰運籌於帷幄中。

第三、又憑《史記》載：「……孫子與有力焉。」等記述，便可相信《史記》所載：孫子為求吳王闔閭之用而著是書。要之，孫子的世系出齊之陳氏，因齊亂而奔吳，獻此書於吳王，得其信用，任為客卿而建偉功無疑。東方兵學之祖孫子，其帷幕獻策的事跡，實與《戰爭論》的著者，西方兵學的創始人又為迭以幕僚長而立功的德國的克勞塞維慈（按克氏曾充沙綸和斯特將軍，布留爾歇將軍的幕僚，及第三軍團參謀長等職），成為趣味的對照。

三 孫子的傳記

　　孫子的傳記，均見於《史記》與《吳越春秋》；《吳越春秋》所記載孫子見用於吳王闔閭的話，雖與《史記》的大同小異，卻近於小說家之言。《史記》把孫武、孫臏與吳起三人合為一傳，名曰《孫子吳起列傳》，其關於孫武的記述如下：

　　孫子武者，齊人也。以兵法見於吳王闔閭，闔閭曰：「子之十三篇，吾盡觀之矣，可以小試勒兵乎？」對曰：「可。」闔閭曰：「可試以婦人乎？」曰：「可。」於是許之，出宮中美女，得八十人，孫子分為二隊，以王之寵姬二人各為隊長，皆令持戟，令之曰：「汝知而心與左右手背乎？」婦人曰：「知之。」孫子曰：「前，則視心，左視，左手，右，視右手，後，即視背。」婦人曰：「諾。」約束既布，乃設鈇鉞，即三令五申之。是於鼓之右，婦人大笑，孫子曰：「約束不明，申令不熟，將之過也。」復三令五申而鼓之左，婦人復大笑，孫子曰：「約束不明，申令不熟，將之罪也。既已明而不如法者，吏士之罪也。」乃欲斬左右隊長，吳王從臺上觀，見且斬愛姬，大駭，趣使下令曰：「寡人已知將軍能用兵矣，寡人非此二姬，食不甘味，願勿斬之。」孫子曰：「臣既受命為將，將在軍，君命有所不受。」遂斬隊長二人以徇，用其次為隊長，於是復鼓之，婦人左右前後跪起，皆中規矩繩墨，無敢出聲。於是孫子使使報王曰：「兵既整齊，王可試下觀之，唯王欲用之，雖赴水火猶可也。」吳王曰：「將軍罷休就舍，寡人不願下觀。」孫子曰：「王徒好其言，不能用其實。」於是闔閭知孫子能用兵，卒以為將，西破彊楚，入郢，北威齊晉，顯名諸侯，孫子與有力焉。

　　且孫臏亦成為本書的著者之問題中人，及因其兵法祖述孫武，特錄其傳記於下，以供參考。

　　孫武既死，後百餘歲，有孫臏，臏生阿鄄之間，臏亦孫武之後世子孫也。孫臏嘗與龐涓俱學兵法，龐涓既事魏，得為惠王將軍，而自以為能不及孫子，乃陰使召孫臏至，臏至，龐涓恐其賢於己，疾之，則以法刑斷其兩足而黥之，欲隱勿見。齊使者如梁，孫臏以刑徒陰見說齊使，齊使以為奇，竊載與之齊。齊田忌善而客待之，忌數與諸公子馳逐重射，孫子見其馬足不甚相遠，馬有上中下輩，於是孫子謂田忌曰：「君第重射，臣能令君勝。」田忌信然之，與王及諸公子逐射千金，及臨質，孫子曰：「今以君之下駟與彼上駟，取君上駟與彼中駟，取君中駟與彼下駟。」既馳三輩畢，而田忌一不勝而再勝，卒得王千金。於是忌進孫子於威王，威王問兵法，遂以為師。其後魏伐趙，趙急，請救於齊，齊威王欲將孫臏，臏辭謝曰：「刑餘之人，不可。」於是乃以田忌為將，而孫子為師，居輜車中，坐為計謀。田忌欲引兵之趙，孫子曰：「夫解雜亂糾紛者不控捲，救鬥者不搏撠，批亢搗虛，形格勢禁，則自為解耳。今梁趙相攻，輕兵銳卒必竭於外，老弱罷於內，君不若引兵疾走大梁，據其街路，衝其方虛，彼必釋趙而自救，是我一舉解趙圍，而收弊於魏也。」田忌從之。魏果去邯鄲，與齊戰於桂陵，大破梁軍。後十三歲，魏與趙攻韓，韓告急於齊，齊使田忌將而往，直走大梁，魏將龐涓聞之，去韓而歸，齊軍既已過而西矣。孫子謂田忌曰：「彼三晉兵素悍勇而輕齊，齊號為怯，善戰者因其勢而利導之，兵法：「百里而趣利者蹶上將軍，五十里而趣利者軍半至。」遂使齊將軍入魏地為十

萬竈。明日為五萬竈。又明日為三萬竈。龐涓行三日，大喜曰：「我固知齊軍怯，入吾地三日，士卒亡者過半矣。」乃棄其步軍，與其輕銳，倍日並行逐之，孫子度其行，暮當至馬陵，馬陵道狹，而旁多阻隘，可伏兵，乃斫大樹白而書之曰：「龐涓死於此樹之下」。於是令齊軍能射者萬弩夾道而伏，期日暮見火舉而俱發，龐涓果夜至斫木下，見白書，乃鑽火燭之，讀其書，未畢，齊軍萬弩俱發，魏軍大亂相失，龐涓自知智窮兵敗，乃自剄，曰：「遂成豎子之名。」齊因乘勝，盡破其軍，虜魏太子申以歸，孫臏以此名顯天下，世傳其兵法。

這是《史記》關於孫臏的記述，其中，既載孫臏引本書的〈軍爭〉篇之句：「百里而趣利者……」更在最末說：「世傳其兵法」。依此觀察，我們可以判斷本書與孫臏的著述是有區別的了。

四　《孫子》是完書，且為自撰

現存的《孫子》為十三篇，於《史記・孫子吳起列傳》所錄吳王闔閭之言，亦顯然稱為十三篇。但漢班固的《漢書・藝文志》則載「孫子兵法八十二篇，圖九卷。」所以唐張守節於注《史記正義》，則引梁阮孝緒的《七錄》之說「《孫子兵法》三卷，十三篇為上卷，又有中下卷，」而解決《藝文志》所記的篇數。又，唐杜牧說：「武所著書，凡數十萬言，魏武削其繁剩，筆其精切，凡十三篇，成為一篇。」——主張刪約說。實際，除十三篇外，稱為孫子的各種遺文是有流傳著的，即：鄭玄的《周

禮注》有：「孫子八陳，有苹車之陳。」及《隋書・經籍志》載有：《孫子八陣圖》一卷，《吳孫子牝八變陣圖》二卷，《孫子兵法雜占》四卷，《孫子戰鬥六甲兵法》一卷，及《唐書・經籍志》載有：《吳孫子三十二壘經》一卷等。（還有《孫子算經》三卷，謂孫武撰，實後人假託，舊有李淳風，甄鸞註，今佚）又，於《吳越春秋》、《通典》、《孫子之何氏註》、《太平御覽》、《潛夫論》、《文選注》、《周禮注》、《隋志》等書，均錄有孫子與吳王的問答，或單獨孫子的話。其在日本，於讀《日本紀》淳仁天皇紀天平寶字四年十一月之條，曾有關於命令大宰大貳（官名）吉備真備學習《孫子》之“九地”及“結營向背”的記載，按〈九地〉見於十三篇，但可當為“結營向背”之篇則無，故可相信當時傳往日本的《孫子》比現存的為多，即《史記》所說的十三篇為孫子手著，以之求用於吳王，已可明白。其餘諸篇，或為彼自撰，或為侍從者所筆記，或為後人所假託，則不得而知。但依於前述，我想：戰國時代孫臏等的著述是統括地稱為《孫子》的。總之，不論如何，除東漢以前的西漢司馬遷所記：「闔閭曰：『子之十三篇，吾盡觀之矣。』」外，縱有其他遺文，現存的《孫子》，我卻始終認為是一卷獨立的完書，從〈始計〉至〈用間〉——篇次有序，立論有體，孫子的真意盡在是書了。

五 孫子著述的動機

　　孫子究竟師何人而學兵法呢？卻不清楚。但從彼的祖父孫書為齊將，伐莒有功這點看，則可知其生長於通曉兵事的家系。

《孫子》十三篇，據《史記》所載，係以此而求用於吳王闔閭。而推薦彼於吳王的人，據《吳越春秋》所載，則為當時仕於吳的楚之亡將——伍子胥。《吳越春秋》為漢趙煜所著，雖近乎小說家之言，但全然記載虛構的事實，想未必是。該書述：「吳王登臺向南風而嘯，有頃而嘆，群臣莫有曉王意者。子胥深知王之不定，乃薦孫子於王。孫子者，名武，吳人也；善為兵法，辟隱深居，世人莫知其能。胥乃明知鑒別，知孫子可以折衝銷敵，乃一旦與吳王論兵，七薦孫子。」總之，孫子為求用於吳王，特著是書，據《史記》所載：「闔閭曰：「『子之十三篇，吾盡觀之矣。』」已可瞭然。即魏武之序亦斷定：「為吳王闔閭作兵法一十三篇，試之婦人。」且在孫子原文中亦有許多可信的考據，如〈虛實〉篇說：「越人之兵雖多，亦奚益於勝哉？」〈九地〉篇說：「夫吳人與越人相惡，當其同舟濟而遇風，其相救也，如左右手」等，這樣的引用吳之敵國 ——越為例，我們也可以解釋：他為激動吳王而求用己的。

　　由上而觀，孫子著作本書的動機是顯然了。

六　《孫子》的注釋書

　　《孫子》的注釋書，以魏武帝即曹操之注為最古，《漢官解詁》說：「黃魏瑣連，孫武兵法」，就是指此。自此以後，唐宋諸代迭有注釋書出現，宋吉天保集曹操及其他九家之注，編《十家孫子會注》十五卷，所謂十家是 —— 一、魏武，二、梁孟氏，三、唐李筌，四、杜牧，五、陳皞，六、賈林，七、宋梅堯臣

，八、王哲，九、何廷錫，十、張預。而以經清代孫星衍校訂的為佳本，世人多愛讀之。又有三家注，如唐紀燮集孟氏、賈林、杜佑之注。五家之注，如賈隱林集魏武、杜牧、陳皞、賈隱林、孟氏之注。杜佑為杜牧的祖父，彼並沒有注釋《孫子》，不過彼著《通典》引用孫子的話加以訓釋而已。此外尚有宋鄭友賢的《孫子遺說》一卷、明劉寅《孫子直解》三卷、茅元儀的《武備志》中有《孫子兵訣評》一卷，及趙本學《孫子注》五卷、清郭偉的《孫子金丹》六冊、孫星衍的《孫子注》三卷、魏源的《孫子集注》等百餘種。降及現代，雖有人作新的註解，但為數亦不多，佳者尤少，於此不能不令人感到中國近代兵學的落後。 請看《孫子》的在日本：

據日人的考證：《孫子》傳到日本，為吉備真備從唐攜歸。自此而後，注釋之者風起雲湧，有：林羅山的《孫子諺解》、山鹿素行的《孫子諺義》、荻生徂徠的《孫子國字解》、伊藤子德的《孫子詳解》、新井白石的《孫武兵法選》、佐佐木琴臺的《孫子合契》、犬飼博的《孫子活說》、藤崎司直的《孫子發微》、河田東岡的《孫子句解》、佐藤一齋的《孫子副詮》、藤井節齋的《孫子口義詳解》、平山行藏的《孫子折衷》、三上致之的《孫子集說》、吉田松陰的《孫子評註》、尾池宜卿的《孫子》。其見於《七書》的有：岡重秀的《七書正義》、中村經午的《七書童觀抄》、神田白龍的《七書俚諺抄》（內有《孫子》）等，其中則以徂徠、松陰之註為最流行於世，降及近時，自從阿多俊介的《孫子之新研究》於一九三一年出現後，頓開註釋上一新面目，於此書的前後，在軍人方面，有：海軍中將佐藤

鐵太郎的《孫子御進講錄》（著重於海軍用兵法上的研究，為教授日皇而作，非賣品）、陸軍中將落合豐三郎的《孫子例解》、緇重兵大尉岡本的《古代東洋兵學孫子解說》、陸軍士官學校教官尾川敬二的《孫子論講》、陸軍「肉彈」少將櫻井忠溫的《孫子》、空軍少將大場彌平的《孫子兵法》等。在哲學家、政治家方面，有：福澤諭吉的《孫子評註》、大谷光端的《孫子新詮》、北村佳逸的《孫子解說》、福本椿水的《孫子訓註》、板井末雄的《孫子評釋》等，有作一般研究，有著重於哲學的研究，有著重於政治外交的研究，有著重於海軍理論的研究，有著重於戰史與名將言論的研究，有著重於近代戰爭理論的研究，有看重於典範令的研究，其研究的結果，每多至數十萬言，務將這部古代的兵書，注入新的內容，使其適用於今日的時代。

《孫子》已成為世界的學問了，世界各國均有譯本，注釋書，除上述外，目下我看到英文的 Lionel Giles, Captain Calthrop 兩氏的譯本。近我國亦有一種英譯本，譯者鄭麔氏（Cheng Lin）。

七 《孫子》的基本原理

我們研究某種學說，或某種著作，最重要的是尋出它的基本原理，或根本思想。但《孫子》的是怎樣呢？《孫子》十三篇僅僅有六千餘字，而近時日人作現代化的研究，竟達數十種，約數百萬言。一九三五年春初，我在日本熱海養病時，於無意中，讀到北村佳逸的《孫子解說》，大為驚異，春初返東京，即陸續購全是類注釋書，以供參考，著手編著，一直到了是年十月間，第一

次草稿方告成，告成後，復以疾病纏綿，整理無力。但以不時的迴想，於無意中，卻發現了它的十大基本原理，即解剖《孫子》的結果，主要的可分為這十大原理，其中不管篇名怎樣的不同，言詞怎樣的差異，而歸納起來，不外是這十大原理的發揮，《孫子》的構成在此，《孫子》的偉大亦在此。十大原理是—— 一、先知原理，二、計劃原理，三、自然原理，四、求己原理，五、全存原理，六、主動原理，七、利動原理，八、迅速原理，九、祕密原理，十、變化原理，現將略述如下：

一、先知原理：這是說，在未戰之先，必需知道己彼天地的各種情況，以決定計劃行動，方可取勝，其論據為： 〈謀攻〉篇說：「知己知彼，百戰不殆；不知彼而知己，一勝一負；不知彼不知己，每戰必敗。」〈地形〉篇說：「知彼知己，勝乃不殆；知天知地，勝乃可全。」但是怎樣纔會達到「知」的目的呢？這，固須如〈始計〉篇說：「經之以五事：一曰道，二曰天，三曰地，四曰將，五曰法。」與「較之以計，而索其情，曰：主孰有道，將孰有能，天地孰得，法令孰行，兵眾孰強，士卒孰練，賞罰孰明。」而其主要的知彼方法，則為使用間諜，如〈用間〉篇說：「故明君賢將，所以動而勝人，成功出於眾著，先知也。先知者，不可取於鬼神。不可象於事，不可驗於度，必取於人，知敵之情者也。故用間有五：有因間，有內間，有反間，有死間，有生間。…… 昔殷之興也，伊摯在夏，周之興也，呂牙在殷。故明君賢將，能以上智為間者，必成大功，此兵之要，三軍之所恃而動也。」

二、計劃原理：這是說，在未戰之先，必須定下周密的作戰計劃。然計劃生於先知，前已言之，因為作戰計劃的良否，即周密或疏漏，對於全戰役，既有至大關係，且常決乎勝敗之事。如〈始計〉篇說：「夫未戰而廟算勝者，得算多也；未戰而廟算不勝者，得算少也。多算勝，少算不勝，而況於無算乎？吾以此觀之，勝負見矣。」〈軍形〉篇說：「兵法：一曰度，二曰量，三曰數，四曰稱，五曰勝。地生度，度生量，量生數，數生稱，稱生勝。」〈九地〉篇說：「運兵計謀，為不可測。」又說「踐墨隨敵，以決戰事。」這不是一些明確的論據嗎？

三、自然原理：孫子這個原理，是淵源於老子。彼主張戰爭及戰鬥須因自然的情勢而實施（合乎天地自然的法則），纔有勝利的可能，且易於勝利，而反對人為的勉強的戰爭及戰鬥，認為這樣必致失敗。彼在〈軍形〉篇說：「古之所謂善者，勝於易勝者也。故善戰者之勝也，無智名，無勇功。……勝者之戰，若決積水於千仞之谿者，形也。」又在〈兵勢〉篇說：「故善戰者，求之於勢。不責於人，故能擇人而任勢。…… 故善戰人之勢，如轉圓石於千仞之山者，勢也。」再在〈虛實〉篇說：「夫兵形象水，水之形，避高而趨下，兵之形，避實而擊虛。」更於戰鬥實施時，須置士卒於死地，以期利用其自然之情而收偉效，如〈九地〉篇說：「投之無所往，死且不北，死焉不得，士人盡力。兵士甚陷則不懼，無所往則固，入深則拘，不得已則鬥。是故，其兵不修而戒，不求而得。不約而親，不令而信。」同篇又說：「帥與之期，登高而棄其梯；帥與之深入諸侯之地，而發其機。若驅群羊，驅而往，驅而來，莫知所之。聚三軍之眾，投之於

險，此將軍之事也。」同篇再說：「故兵之情，圍則禦，不得已則鬥，逼則從。……投之亡地然後存，陷之死地然後生。夫眾陷於害，然後能為勝敗。」

四、求己原理：戰爭之事，不管敵人如何，最重要的先求本身的強大，即自己先立於不敗之地，然後方能乘機取勝。近年來各國所實施的各種國防計劃，不外是在這個原則之下而努力著。閑話休題，請看孫子的名言：彼在〈軍形〉篇說：「昔之善戰者，先為不可勝，以待敵之可勝；不可勝在己，可勝在敵。」同篇又說：「故善戰者，先立於不敗之地，而不失敵之敗也。是故，勝兵先勝，而後求戰，敗兵先敗，而後求勝。」又在〈九變〉篇說：「故用兵之法，無恃其不來，恃吾有以待之；無恃其不攻，恃吾有所不可攻也。」再在〈九地〉篇說：「是故不爭天下之交，不養天下之權，信己之私，威加於敵，故其城可拔，其國可墮。」這在今日，是多麼發人深省呢！

五、全存原理：用兵的最高理想，是以彼我不經血戰，即全存，使敵屈服於我。因為這樣的勝利，才是完全的勝利，最善的勝利。其所採取的策略為政治、外交、經濟諸端，然必須擁有龐大的軍備為背景。如〈謀攻〉篇說：「夫用兵之法，全國為上，破國次之；全軍為上，破軍次之；全旅為上，破旅次之；全卒為上，破卒次之；全伍為上，破伍次之。是故，百戰百勝，非善之善者也；不戰而屈人之兵，善之善者也。故上兵伐謀，其次伐交（此兩項指用外交等策略），其次伐兵，其下攻城。」同篇又說：「故善用兵者，屈人之兵，而非戰也；拔人之城，而非攻也；毀人之國，而非久也；必以全爭於天下，故兵不頓，而利可全。此

謀攻之法也。」因為戰爭是勞民傷財的，如〈作戰〉篇說：「凡用兵之法，馳車千駟，革車千乘，帶甲十萬，千里饋糧，內外之費，賓客之用，膠漆之材，車甲之用，日費千金，然後十萬之師舉矣。」〈用間〉篇又說：「凡興師十萬，出征千里，百姓之費，公家之奉，日費千金，內外騷動，怠於道路，不得操事者，七十萬家。」故戰而勝，其犧牲亦不免，然拔人城，毀人國，其禍根亦愈深。所以在用兵上，必須奉「不戰而屈人之兵」為最高原則。

六、主動原理：這是說，在作戰時，我必須掌握著戰場的支配權，常立於主動地位，陷敵於被動地位，處處受我左右，惟我的意圖是從，而我的動作則自由自在，出其意表而攻之，必可取勝。如〈虛實〉篇說：「凡先處戰地，而待敵者佚；後處戰地，而趨戰者勞。故善戰者，致人而不致於人。能使敵人自至者，利之也；能使敵人不得至者，害之也。故敵佚能勞之，飽能饑之，安能動之。」同篇又說：「故我欲戰，敵雖高壘深溝不得不與我戰者，攻其所必救也。我不欲戰，雖畫地而守之，敵不得不與我戰者，乖其所之也。故形人而我無形，則我專而敵分，我專為一，敵分為十，是以十攻其一也。」〈兵勢〉篇亦說：「故善動敵者，形之，敵必從之，予之，敵必取之。」

七、利動原理：孟子喜談仁義，而不談利。孫手則著重於利，這是兵法家與儒學家不同之點。利與戰爭有密切關係的，孫子把它分為三點：（一）、見利而後戰，如〈九地〉篇說：「合於利而動，不合於利而止。」〈火攻〉篇說：「非利不動，非得不用，非危不戰。主不可以怒而興師，將不可以慍而致戰，合於利

而動，不合於利而止。」〈軍爭〉篇說：「故軍爭為利 …… 故兵以詐立，以利動」（二）、以利鼓動我的士卒，如〈作戰〉篇說：「取敵之利者，貨也。車戰，得車十乘以上，賞其先得者。」〈軍爭〉篇說：「掠鄉分眾，廓地分利。」〈九地〉篇說：「施無法之賞」是。（三）、以利引誘敵人，如〈始計〉篇說：「利而誘之」。〈兵勢〉篇說：「以利動之，以卒待之。」〈軍爭〉篇說：「故迂其途，而誘之以利。」〈九變〉篇說：「役諸侯者以業，趨諸侯者以利。」〈虛實〉篇說：「能使敵人自至者，利之也」是。

八、迅速原理：孫子原是主張「不戰而屈人之兵」，倘若不得已而戰，則以速戰速勝，把戰事結束得愈速為愈佳。不然，拖延下去，演成長期的持久戰，這不獨生命經濟犧牲浩大，且釀成「漁人得利」之虞。所以孫子在〈作戰〉篇裏說：「其用戰也，貴勝，久則鈍兵挫銳，攻城則力屈，久暴師則國用不足。夫鈍兵挫銳，屈力殫貨，則諸侯乘其弊而起，雖有智者，不能善其後矣。故兵聞拙速，未覩巧之久也。……國之貧於師者，遠輸，遠輸則百姓貧。近師者貴賣，貴賣則百姓財竭，財竭則急於丘役。力屈財殫中原，內虛於家，百姓之費，十去其七。公家之費，破車罷馬，甲冑矢弩，戟楯蔽櫓，丘牛大車，十去其六。……故兵貴勝，不貴久。」因此，在作戰上，必須採擇迅速的行動，如〈九地〉篇說：「兵之情主速，乘人之不及，由不虞之道，攻其所不戒也。……敵人開闔，必亟入之，後如脫兔，敵不及拒。」〈軍爭〉篇說：「故其疾如風，侵掠如火。」現代的速戰速決主義，實胚胎於此。

九、祕密原理：在軍事上，如作戰計劃，企圖行動及一切措施必須保守密，不為敵知，方可收效。請看孫子的名論：〈始計〉篇說：「攻其無備，出其不意，此兵家之勝，不可先傳也。」〈軍形〉篇說：「善守者藏於九地之下，善攻者動於九天之上，故能自保而全勝也。」〈虛實〉篇說：「出其所不趨，趨其所不意。……故吾之所與戰之地不可知。」同篇又說：「形兵之極，至於無形，無形則深間不能窺，智者不能謀。因形而措勝於眾，眾不能知，人皆知我所以勝之形，而莫知吾所以制勝之形。」〈軍爭〉篇說：「難知如陰」。〈九地〉篇說：「易其事，革其謀，使人無識；易其居，迂其途，使人不得慮。」同篇又說：「是故，政舉之日，夷關折符，無通其使。……是故，始如處女。」〈用間〉篇說：「事莫密於間，間事未發，而先聞者，間與所告者皆死。」

十、變化原理：這是說：一切戰法，必須因時因地因敵而使用，決不可拘泥於一端。好比今日所用的戰法為是，明日未必為是在此地為良法，在彼地未必為良法；對此敵為制勝之術，對彼敵未必為制勝之術；要之，必須盡其運用變化之妙才可。孫子于此發揮其高深的哲理說：「凡戰者，以正合，以奇勝。故善出奇者，無窮如天地，不竭如江海；終而復始，日月是也；死而復生，四時是也。聲不過五，五聲之變，不可勝聽也。色不過五，五色之變，不可勝觀也。味不過五，五味之變，不可勝嘗也。戰勢不過奇正，奇正之變，不可勝窮也。奇正相生，如循環之無端，孰能窮之哉？」——見〈兵勢〉篇。〈虛實〉篇又說：「水因地而制流，兵因敵而制勝。故兵無常勢，水無常形，能因敵變化而

取勝者，謂之神。故五行無常勝，四時無常位，日有短長，月有死生。」 關於這，孫子更具體地提供一些應變的原則說：「用兵之法，高陵勿向，背丘勿逆；佯北勿從，銳卒勿攻；餌兵勿食，歸師勿遏；圍師必闕，窮寇勿迫。」——見〈軍爭〉篇。「圮地無舍，衢地合交，絕地無留，圍地則謀，死地則戰，塗有所不由，軍有所不擊，城有所不攻，地有所不爭，君命有所不受。」——見〈九變〉篇。

上述十大原理，我僅著重於材料的整理，尚未作詳細闡明，繼雖發現一些其他原理，亦未暇加入，擬俟諸異日另寫專書。又，《孫子》這十大原理，不獨可應用於軍事上，且可應用於政治鬥爭上，經濟鬥爭上，以及一切鬥爭上，《孫子》的原理真是不朽！

八 《孫子》的偉大

日本近世大史家賴山陽氏很愛讀《孫子》，曾評《孫子》說：「與其說是兵學的書，不如說是文學的書。」其他各家對於《孫子》，有評為「兵學聖典」，有評為「不朽不滅的大藝術品」，或「外交教書」，或「政治秘訣」，或「人生哲學」。所以古今的軍事家，固不用說，即政治家，文學家亦莫不研究《孫子》。

在我國：如張良、韓信、鄧禹，曹孟德、諸葛亮、杜預、唐太宗、李靖、蘇老泉、王安石、歐陽修、岳武穆、劉伯溫等均為研究《孫子》的代表者。韓信於紀元前二百零四年在井陘口布背

水陣，大破趙軍，事後部下問以取勝之理，彼答道：「兵法不是說過嗎？投之亡地然後存，陷之死地然後生。」這兩句話出自〈九地〉篇。「亂世奸雄」的曹孟德，彼為註釋《孫子》的開山祖，其序說：「吾觀兵書戰策多矣，孫武所著深矣。」諸葛亮於《後出師表》中評曹說：「曹操智計殊絕於人，其用兵也，彷彿孫吳。」然「惟英雄能知英雄」，於此亦足見諸葛亮對《孫子》的研究。至於蘇老泉在文學上批評《孫子》說「孫吳之簡切」。降及近代，如太平天國諸將皆研究《孫子》，即曾國藩、胡林翼等均受《孫子》的影響很大。

其在日本：日本古代各種兵法，如《甲陽軍鑑》、《信玄全集》、《兵法記》、《兵法秘傳》等書，其中心思想，均出自《孫子》，武田信玄很崇拜《孫子》，彼曾錄〈軍爭〉篇：「其疾如風，其徐如林，侵掠如火，不動如山」四句，塗上軍旗，豎於軍門。（附圖）又，八幡太郎受兵法於大江匡房，陸奧之役，由於悟起〈行軍〉篇：「鳥起者，伏也。」故看見雁鳥的亂然飛起，遂斷為有敵的伏兵，得免於危。降至近代，如日俄之役，聯合海軍總司令東鄉元帥於對馬大海戰，大敗俄國的海軍，其陣法出自《孫子》，彼於出發時，曾攜有《孫子》隨身，於戰勝後，道其戰勝之理：「以逸待勞，以飽待饑。」這二句話，出自〈軍爭〉篇。又，是役的陸軍大將乃木希典，於戰勝後，曾以私費出版《孫子諺義》贈友。曾任陸軍教育總監的真崎甚三郎大將於尾川敬二的《孫子論講》中題以「以正合，以奇勝。」這二句話，出自〈兵勢〉篇。過去日軍侵華時，中央公論社曾將大場彌平著的《袖珍孫子》一書加印五千冊，分贈侵華倭軍。

　　至在歐洲：拿破崙於陣中，常手不停披法譯《孫子》，（按係當時法國到東方傳教的教士，攜原本返本國所譯成者）。威廉第二於沒落的僑居中，看著歐譯《孫子》，曾發了這樣的浩嘆：「在二十年前，倘若讀到這書，則……」因為最感動他的是〈火攻〉篇說：「主不可以怒而興師，將不可以慍而致戰；合於利而動，不合於利而止。怒可以復喜，慍可以復悅；亡國不可以復存，死者不可以復生。」蔣百里先生的傑作《國防論》，其中有一文曾述及彼見伯盧麥將軍於柏林南方森林中的別墅，按伯氏曾任普法戰爭的普軍大本營作戰課長，又為世界馳名的《戰略論》的著者，當時以手撫彼肩說：「好為之矣，願子之誠有所貫徹也！抑吾聞之：拿破崙有言：「百年後，東方將有兵略家出，以繼承其古昔教訓之原則，為歐人之大敵也。」子好為之矣！」彼又點睛說：「所謂古昔之教訓云者，則《孫子》是也。（是書現有德文譯本，余所見也。）」於此，亦足見歐洲軍人對《孫子》的注意。《孫子》真是世界一部不朽的兵學寶典！最後我且引日本漢學家山鹿素行的話來作本篇的結語，使讀者對《孫子》先知一個梗概，然後再往下研究。

　　〈始計〉一篇者，兵法之大綱大要也。〈作戰〉〈謀攻〉次之者，兵爭在戰與攻也；戰攻相通，以形制虛實，是所以〈軍形〉、〈兵勢〉、〈虛實〉并次；此三篇全在知己，知己而後可軍爭；軍爭有變有行，故〈軍爭〉、〈九變〉、〈行軍〉次之，是料敵知彼也；知彼如己而後可知天知地，故〈地形〉、〈九地〉、〈火攻〉次之；地形、九地者地也，火攻因時日者天也。計始自迄修功，末嘗不先知，是所以序〈用間〉於篇末，三軍所

恃而動也。然〈始計〉、〈用間〉二篇，為知己知彼知天知地之綱領，軍旅之事，件件不可外之矣。〈作戰〉〈謀攻〉可通讀，〈形〉、〈勢〉、〈虛實〉一串也，〈九變〉、〈行軍〉一貫也，〈地形〉、〈九地〉一意也，〈火攻〉附水攻也。〈始計〉、〈用間〉在首尾，通篇自有率然之勢。文章之奇不求，自有無窮之妙，讀者不可忽。

——原文錄自山鹿素行著《孫子諺義》

一九四六、三、十二日草於南京

一九四七、一、七日訂正於南京

（附圖） 武田信玄的軍旗

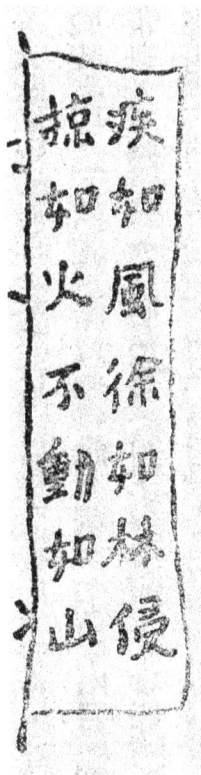

始計第一 SHIH CHI（Preliminary Reckoning）I

戰爭是古今國家間所不能避免的現象。然戰爭必須「始計」——首先確立週密的作戰計劃，誠以戰爭的勝敗，恆決於此。五事七計乃作戰計劃的大本，次外，又提供十餘項所謂「詭道」的原則——政略、戰略、戰術的原則。

孫子曰： 兵者，國之大事，死生之地，存亡之道，不可不察也。

戰爭是國家最重大的事件，作戰計劃之良否，就軍人說，是決定死生命運的分水嶺；就國家說，是劃分盛衰存亡的分歧點；所以在未戰之初，非詳加審察不可。

The art of war is of vital importance to the State. It is a matter of life and death, a road either to safety or to ruin. Hence it is a subject of inquiry which can on no account be neglected. (G) To all nations, War is a great matter. Upon the army death or life depend； it is the means of the existence or destruction of the State. (C)

［孫子與老子］

孫子劈頭像點大炬火般的揭出綱領，這種筆法，正和老子相同。這，倘若不加留意，也許看不出孫子的偉大。彼不說情感的話，而是極有組織的、合理的推論，悠然進筆，一字一句一節的順著次序而建立他戰爭的哲理，從戰爭「下子」的開始，徐徐地變化而發展下去。老子說：「知常曰明，不知常，妄作，凶，知常容，容乃公，公乃王，王乃天，天乃道，道乃久，沒身不

殆。」這是告誡為元首與主將者不可因感情的衝動，而輕啟戰端，必須如〈火攻〉篇所說：「主不可以怒而興師，將不可以慍而致戰，合於利而動，不合於利而止。」同時也是暗示著為元首與主將者要「安不忘危，治不忘亂。」即說常要充實國防力（精神力與物質力），以達到「武裝和平」；或進攻敵人，或抵抗敵人，不致招來失敗之慘。要之，戰爭是繫乎國家與人民（軍人）的生命與前途很大，有以戰爭而生而死，有以戰爭而存而亡，所以孫子於這開卷的第一頁，就用著警告的口吻說：「不可不察也」，而促其內省。

【孫子曰】子字，在中國古代有以美稱男子，有以尊稱教師或聖賢。有人說：中國古代子書多出於門生弟子筆記或追記，其中所用的「子曰」，（如「孟子曰」等），為他們尊師之稱，似今謂「先生說」之意。故孫子於每一篇首所用「孫子曰」，實可疑為彼（孫武）門生弟子筆記或追記的尊稱。但據考證的結果：孫子十三篇實為孫武自撰以獻吳王，彼並無開館授教之事。又有人說：此書「孫子曰」三字，非孫武自用，乃後人加上以尊稱之；獻於吳王時，當不便自稱「孫子曰」。至於《孫子》或《孫子兵法》的書名，亦為後人所標題。編者贊成此說。

［兵字的種種意義］

【兵】字在此為戰爭的意思，原有種種的使用：（一）軍隊（army troops），例如「抗兵相加」。（二）軍火（兵器），例如「棄甲曳兵而走」。（三）兵丁（兵士）（soldiers）例如募兵。（四）軍事（military affairs）例如通曉於兵。（五）打仗或戰爭（war）例如「開兵端」。（六）武力的支配（the supreme military power）例如兵權。（七）軍略（兵法）（strategy）例如「兵者……」（八）戰鬥力（兵力）（fighting power）例如「兵強卻敗」。【國】是領土、人民、主權的三個要素所構成（倘若缺了某一個，就叫做「擬國家」）。換言之：在一定地域內所集合的人民，且有統治力的政府的存在，就叫做國家。但此書的所謂「國」，是指周王所封的王族與有功者乘著天子失了統治力後，肆意兼併弱國，身為諸侯，卻僭號國王，而把其領土稱為「國」的一種變態的國家。【地】與【道】含有界限意。

[戰爭定義的種種]

古代人著書與近代人不同，近代人著書於開卷第一章，照例先下定義，闡明本質，古人往往則否。孫子在這劈頭，僅言戰爭的重要性，而於戰爭的定義則未下（後面也不下），也許因為時代的關係吧！由來戰爭的定義很多，幾如統計學的一樣，有說：「戰爭是一方軍隊為得勝利，乃盡一切手段而取攻勢的狀態。」有說：「戰爭是權利的最後裁判，何則？因為國王與國家在地球上不被承認為一種最高權力，所以最終的裁判，非委於兵器之神不可。」也有說：「戰爭不外是人與人之間的最後暴行的繼續狀態。」……不過大家一致推許的，乃為克勞塞維慈將軍的定義，彼在其名著的《戰爭論》上說：

戰爭不外以別的手投（強力手段）而進行政治的繼續……戰爭是決鬥的進化。……因之所謂戰爭是屈服敵人而實現自己意志所用的暴力行為。

但是，於此要注意的，即在克勞塞維慈以後，因為「社會的狀態」，發生了顯著變化，所以把近代戰爭，單認為政治的繼

續，尤其不問自己意志的是非，而使用暴力，都是錯誤的；因此，便不能僅以軍隊為主的武力行為當作戰爭的手段了。

［國力戰］

今日的戰爭，是構成於——伴著現在國家間之生存競爭白熱化的——全國民生活的本身，即國民的各種生活悉成為戰爭的手段（即所謂國力戰）。而區別這各種生活，則可以概括為：第一武力作戰，第二經濟作戰，第三政略作戰，第四思想作戰四部門。請看下表，此表見日人神田孝一的《近代戰爭論》一書，可作為《孫子》的註腳。

近代戰爭的形態	
武力戰	併用戰
陸上戰（含地中戰） 　野戰軍的戰鬥 　各種化學戰 　在戰線內的間諜戰、宣傳戰 　敵國要地的破壞 海上戰（含海中戰） 　艦隊間的戰鬥 　圍攻、破壞敵的要塞 　掩護本國海上交通、截斷敵國的交通路 　破壞敵國要地、艦隊根據地 空中戰（海陸空中戰） 　空中戰鬥	經濟戰（宣傳戰） 　破壞敵國的經濟力，並擾亂其金融 　對敵國施行經濟封鎖 　經濟封鎖的對抗手段 　妨害敵國戰費的調整 　本國戰費調整的圓滑完成 　總動員資源的護得與保持 　國民生活的安定與保障 政略戰（外交戰、宣傳戰、內政戰） 　喚起正義的輿論及同情者 　防止第三國變為敵國 　避免國際孤立且確保其優越地位 　運用外交手段以導致戰局有利 思想戰（間諜戰、宣傳戰）

空襲敵國要地（包含投原子彈——浴日註）於戰線上加入宣傳戰 防衛本國要地的空中	偵察敵國政情，經濟及軍事狀態
	對敵國內的異族，不平分子，社會主義者的煽動及操縱
	妨害敵國的總動員
	破壞敵國軍需工廠、發電廠、火車站、自來水廠、瓦斯廠
	破壞敵國道路、鐵道及其它交通機關
	煽動助長敵國的同盟罷工，農民暴動及其它叛亂
	暗殺敵國要人，策謀國體政體的傾覆
	誘導助長敵國的政治思想的動搖
	誘導敵國軍民戰意的消沉和喪失
	誘導敵國內部產生妨礙戰爭運動
	誘導敵國外交失敗
	轉化敵國戰爭為內亂及誘導國內起革命

故經之以五事，校之以計，而索其情，一曰道，二曰天，三曰地，四曰將，五曰法。

　　故在未戰之初，即當計劃戰爭之時，就要度我以下述的五事，即問我是否已具備這五種條件——優越的五種條件，又拿下述的七計（自主孰有道，至賞罰孰明），以比較之，而尋出敵我的實情——敵我的優劣。於是，就可以預先推知勝敗了。所謂五事：即道、天、地、將、法五項。詳於次節。

The art of war, then, is governed by five constant factors, to be taken into account in ones deliberations, when seeking to determine the conditions obtaining in the field. These are: (1) the moral law, (2) heaven, (3) earth, (4) the commander, (5) method and discipline. (G)

【經】是度意。【校】——此較意。【計】應解為項目或條件意。【故】字，孫子很喜歡用，於各篇中，共用「故」八十一個。「是故」十四個。又孫子亦喜用「必」字，于各篇中共用了四十五個，如「必勝」，「必敗」，「必取」，「必固」等。不待說，這是在加強語氣，並顯示立論真確，以建立鐵的兵學。也可以說：孫子獻策吳王，為求自己的見用，必須十分措信吳王，故出以堅決的斷言，不暇左顧右盼之意。再孫子亦喜用比喻，如各篇所用的「積水」，「木石」，「日月」，「如風」，「如林」，「如山」，「如雷霆」，「處女」，「脫兔」等。

道者，令民與上同意，可與之死，可與之生，而不畏危也。

[道字的解釋]

五事的第一項是道，道是什麼？即元首或政府行道，可使國民與他（上）的意志一致，共同生死，人人燃燒著必勝的信念，不管在怎樣情形之下，都不怕危的。

【道】字在中文上有種種的意義：如路、理、術、說、治、引、順等。更在哲學上、經濟上、政治上各有其意義。本項的所謂道，是淵源於老子，但道表現於政治上，具體說，即統治者（元首或政府）對被統治者（人民）有道——施行善政。在古代，君主施行仁政，省刑薄斂，是謂有道。有道方能「令民與上同意，可與之死，可與之生，而不畏危也。」《孟子》上亦有同意義的記載：

[證之《孟子》]

鄒與魯鬨。穆公問曰：「吾有司死者三十三人，而民莫之死也。誅之則不可勝誅，不誅則疾視其長上之死而不救，如之何則可也？」孟子對曰：「凶年飢歲，君之民，老弱轉乎溝壑，壯者散而之四方者，幾千人矣。而君之倉廩實，府庫充。有司莫以告，是上慢而殘下也。曾子曰：「戒之戒之！出乎爾者，反乎爾者也。」夫民今而後得反之也，君無尤焉！君行仁政，斯民親其上，死其長矣。」

（按我國古代政府採取徵兵制度，士兵係由國民中抽出的壯丁，所以民即民兵，兵即民，好比現今列強所採取的「全國皆兵主義」。但《孫子》上，《孟子》上的所謂「民」，非僅指一部份兵卒，且指全體國民。）

在現代，元首或政府厲行廉潔政治，救濟失業人口，改善人民生活，改良社會制度，發展產業與文化等，總之，為人民除痛苦，謀利益，是謂有道。這樣，人民便信仰政府，造成堅強的團結力，假設政府有時為正義而戰，或為民族生存而戰，乃動員他們去作戰，他們必服從命令，踴躍犧牲，不畏避，不叛變。要之，道的目的，在使民族的一致團結，或舉國一致（the whole nation with one accord）。

[道與精神力]

戰爭的勝敗，繫乎民族精神的一致團結與否至鉅。一次歐戰德將魯登道夫(Ludendorff)氏於一九三五午，發表《全體性戰爭》一書，是書為彼一生對於兵學研究與作戰經驗的結晶，其中反復闡明民族精神的一致團結為全體性戰爭的基礎，彼說：「一國之

國防力，植根於其民族中。國防力為民族中之一種成分，視我民族之物理力、經濟力及精神力之大小以定，而全體性戰爭中之國防力之大小，其中尤以精神力為重要，所以使民族武力一致團結者為精神力，所以能在為爭民族生存之全體性戰爭支持日久者，視其精神力。此項戰爭，非今日始而明日終，可以遷延至極長之年月。今日世界上任何國家，咸知軍備與軍人教練，軍人之武裝之不可缺，然所以決定其民族生存之戰爭之勝敗，則視此精神力。惟有此精神的一致團結，然後其國民對於前方軍隊常有新精神力之灌輸，且為國防而工作，而能在極艱難之戰爭中，與夫敵方之攻擊中，尚存有戰勝與克敵的決心。」而其所以使民族的一致團結的方法，彼站在德國的立場上，則主張實施種族政策，宗教政策（以種族本位之上帝觀念為基礎），並改善國內經濟狀況，肅清政治上的弊竇等。孫子以「道」的方法達到民族的一致團結，魯氏則以上舉的方法達到民族的一致團結，方法雖因時間與空間的不同，致生多少差異，而其目的則一；孫子於五事、七計中，均列道於首位，而魯氏則以精神力為全書的中心，足見真理的不分東西，他倆成為「同心同道」的兵法家了。

天者，陰陽、寒暑、時制也。

五事的第二項是天，即利用陰陽、寒暑的時制而相機作戰的事情。

［迷信的利用］

【陰陽】是晝、夜、朝、暮、風、雨、晦、明意，但亦有解為鬼神、卜筮、扶乩的陰陽說，這是屬於迷信的，而孫子乃一破除迷信大家，彼在〈九地〉篇說：「禁祥去疑」，又在〈用間〉篇說：「不可取於鬼神，不可象於事，不可驗於度。」據此足證其誤。不過，在神權時代，聰明的主將，間亦有因士卒人民的心理而利用迷信以鼓舞鬥志的事。例如日本永祿三年，桶狹間之役，織田信長詣熱田神官錢占說：「出現的是錢面則吉，錢背則凶。」那時，出現的全是錢面，所以士卒皆大歡喜，踴躍地向桶狹間殺去，結果大勝。殊不知，這錢，乃織田信長豫先鑄定兩面俱為面的。至於全憑迷信以決定戰爭，那是必敗無疑。

［德軍的失敗］

【寒暑】在古代，可用《司馬法》上說：「冬夏不興師」的一語說明。誠以在防寒防疫設施尚未完善的時代，是最忌酷寒酷暑的。所以冬夏之戰，往往病死者比戰死者要多，即在科學發明的現代，依然尚未做到「天時的征服」。例如此次蘇德戰爭，以科學發達的德軍於迫近莫斯科之際，因困於嚴寒無情的「冬將軍」，便不能前進了。

［寒帶演習］

惟美國近對於防寒裝備似有相當辦法，如美軍曾進行在荒涼之阿留申群島及阿拉斯加等地舉行寒帶作戰演習，該地溫度曾達零下六十度，藉以測驗射擊武器，雷達（Radar 無線電探測器），無線電訊及坦克飛機等所受的影響，而謀改進，並擬在北極冰山上建立機場，以防禦來自北極對美攻擊的敵人。巴黎的報紙說：

「北極區城在任何未來的戰爭上，將占一重要地位。」不過這要
看將來防寒問題能夠解決到什麼程度而已。

[軍事氣象學]

【時制】是總括四季、風、雨、雲、霧、霜、雪、天體的變
動及其氣象。總之，本項具屬於氣象問題。關於氣象的研究，在
古代有半正確不正確的天文學。在現代，則有氣象學。氣象學為
研究天氣變化的科學。而應用氣象原理於戰爭，則為軍事氣象學
。氣象與軍事（尤其是空軍、海軍）有密切關係的，如砲兵的發
彈，化學部隊的施毒，飛機隊的轟炸，以及軍艦的活動，都非先
知當時的天氣變化不可。又如士兵衛生的設施，軍需材料的備置
，軍械運輸的策劃，以及海港空港的選築，都必須熟知各地的氣
候，方可著手。惟欲豫先測知氣象的變化，則須仰賴各種科學儀
器，如氣壓計、溫度器、濕度器、風向器、風力器、及「雷達」
等。（現此器已能探知二百哩外的暴風雨，及在十小時前便能預
知天將下雨。）而於軍中欲詳知氣象，除儘量自備是種儀器外，
尚須與各地氣象台合作。

地者，遠近、險易、廣狹，死生也。

所謂地是：從根據地到戰場的遠近。戰地的險隘與平坦，戰
線的延長與廣狹，以及或可以退卻的生地，或不能退卻的死地，
即根據此等條件而從事作戰的研究。

本項詳見〈行軍〉、〈地形〉、〈九地〉諸篇。其在現代，
則為地形學，五萬分之一的地圖及模型圖的研究。

［地理與軍備］

一國軍備與地理有著密切的關係，大凡大陸國家看重陸軍的建設。海洋國家著重海軍的建設；至於空軍則附屬於海陸軍，依其狀況而定多寡。例如英國是海洋國家，故彼的主力在海空兩項，而陸軍次之。法蘇是大陸國家，所以他們的主力在陸空兩項，而海軍次之。美國為海洋國又為大陸國，故建設有世界最強大的陸海空軍，固然這是由於擁有最大的財力，工業力，非他國所能仿傚的。此係就諸建軍而言。

［地形與攻守］

至在攻守上，克勞塞維慈將軍說得好：「地形為戰略的一個要素，影響於攻守很大。」（見拙譯：《克勞塞維慈戰爭論綱要》）又說：「地理影響於戰略如此重大，但僅以此而欲取得戰勝則不可能。地形是死物，有待於利用，戰勝是依於戰鬥的勝利而獲利。」（見同書）但以現代武器威力的增大，已使地形減少了障礙力，不似昔日影響於戰略戰術的重大了。

將者，智、信、仁、勇、嚴也。

五事的第四項是將，即說為將者必須具備智、信、仁、勇、嚴的五個要素。

【智】是多謀，運籌帷幄之中，決勝負於千里之外。【信】是不欺，信賞必罰，財政公開。【仁】是仁愛，愛士卒，愛人民。【勇】是不懼，沉著應戰，身先士卒。【嚴】是寬之反，態度嚴正，紀律嚴明。這五個要素，亦有稱為「五才」或「五德」，

然欲求其全具備有這五個要素的將帥，殊非易易。大凡長於智者，往往短於勇；長於勇者，往往短於仁；長於仁者，往往短於嚴。此曾國藩所以有：「招兵易，選將難」之嘆。自古偏才之將多，全才之將少。其在我國，除孫武、諸葛亮、李藥師、岳武穆、戚繼光諸人外，實不可多得。

請再看：

［證以《操典》《綱要》《規則》］

《步兵操典》上說：「各級幹部為軍隊指揮之樞紐，士氣團結之核心。故凡事必須率先躬行，與部下共同甘苦，而使之尊信，且於戰鬥殘酷之際，尤須勇敢沉著，從容指揮，以打破其艱險困窮之環境，使部下信仰彌篤，視若泰嶽，乃能克敵致果完成使命。」

《作戰綱要》上說：「指揮官為軍隊團結之中心，其德威之高下，影響於士氣之消長者甚大。故指揮官必須具有高尚之品格，勇毅之精神，堅確之意志，卓越之識見，俾一言一行，足為部下所矜式。凡事尤貴率先躬行，與部下共甘苦，而獲得其愛護與尊信，以樹立統御之基礎。」

《軍隊內務規則》上說：「上官為部下之表率，故宜修養道德，增進學識，高尚品格，明公私之別，以大公處事；於嚴守法規中，須寓有愛護之意。待遇部下當情同骨肉，使部下真心愛戴，誠懇悅服；如此則上下相感，意志互通，雖不期部下之信賴，信賴自集於一身；及至死生患難之間，終克為部下景仰之中心，是乃得眾望之道，而統馭之要訣即在於斯。」

以上《作戰綱要》所說的「卓越之識見」，可以當孫子的智。內務規則所說：「上下相感，意志互通」，可以當信。「待遇部下當情同骨肉」，可以當「仁」。「嚴守法規」，可以當嚴。《步兵操典》所說：「於戰鬥慘酷之際，尤須勇猛沉著，從容指揮，以打破艱險困窮之環境，使部下信仰彌篤，視若泰嶽。」可以當勇。這正是說明古今將帥應具同樣的要素。再，關於主將應具的要素及應負的責任職權等，在克勞塞維慈的《戰爭論》及魯登道夫的《全體性戰爭》兩書中，論之綦詳，讀者可參考。

法者，曲制、官道、主用也。

最末一項叫做法，分為曲制——軍隊的編制，官道——各官的服務規律，主用——軍費，軍需品的三種，即屬於軍制的事。

By method and discipline are to be understood the marshaling of the army in its proper subdivisions, the gradations of rank among the officers, the maintenance of roads by which may reach the army and the control of military expenditure. (G)

［古代的編制］

【法】為軍制意，其範圍包含軍政、軍令、軍法三大部門。【曲制】——部曲的制度，現今部隊的編制，分為平時編制與戰時編制。戰術單位為營，戰略單位師。我國古代軍隊的編制：五人為伍，十人為什，五十人為隊，百人為曲，二百人為官，四百人為部，五百人為旅等。又我國古代的戰鬥序列，據美國軍事家 H. S. Gibso 的考證：弓隊列最前綫，槍戟列第二綫，其次為車隊，再次為步兵、中軍（左翼，右翼）、騎兵、輜重等。【官道】——各

官所奉行之道，即在其職務上所應遵守奉行的各種法規，以及陞遷賞罰等事項。【主用】——軍隊的主要用度：如軍費、兵器、彈藥、糧食等。

凡此五者，將莫不聞，知之者勝，不知者不勝。

上述五事，凡為主將者雖已聽過，但求其能知能行的，那就難了。故能知能行的，（即能取得人和，利用天時與地利，善選擇將材，健全軍制等），就可取勝，反之則敗，這是戰爭的基本論。

These five heads should be familiar to every general; he who knows them will be victorious, he who knows them not will fail. (G)

【將】在我國古代有主將及偏將裨將之分。所謂主將如今之總司令、總指揮等。偏將如今之軍師長等。裨將如今之參謀長等，本書中有將字很多，有的指主將，有的指偏將，或裨將。有的統括一般將官而言，這是讀者要注意的。【知】孫子所用知字，多含能行意，即能知能行意。

故較之以計，而索其情。

解釋見前。但亦有以為重複而省略之。如櫻井忠溫所註的《孫子》。

曰：主孰有道，將孰有能，天地孰得，法令孰行，兵眾孰強，士卒孰練，賞罰孰明，吾以此知勝負矣。

雙方的元首，誰是有道的（有道則得人和，內部團結）；將帥——那方面的有才能，那方面的無才能（律以智信仁勇嚴）；天時地利那方面是有利的——敵方或我方？法律命令的切實執行是敵國或我國？兵士多寡與其武器精劣的比較；教練熟的與不熟的；賞罰嚴明的，與陷於濫賞濫罰的；這七項，若以之比較計算，則在未戰前，就可以斷定勝負了。

本節，在今日觀之，編者以為應補充三項：（一）財政孰足，（二）生產（農工業）孰富，（三）外交孰利，未審讀者以為何如？雖然孫子在後面各篇中，亦已提到外交及財政經濟諸端。

將聽吾計，用之必勝，留之；將不聽吾計，用之必敗之，去之。

戰爭之事，在乎將領得人。將領（指偏將裨將）倘若聽從，力行我（主將）的計劃，用他必可操左券，這樣，就留下以為手足。反之，不聽從我的計劃，即意氣不投，喜歡自由行動，必致償事，那非把他辭退不可。因為這樣，纔能上下一致，如身之使臂，臂之使指，進而爭取戰勝之果。

[服從第一]

　　孫子所謂：「聽」與「不聽」，不外是說下級軍官對上級長官的服從問題。魯登道夫氏亦有同樣見解，彼在《全體性戰爭》上說：「今後主帥軍權之統一，較之昔日世界大戰，尤為進步。主帥應要求方面或大軍軍長或軍團長之直接於主帥者，絕對服從其命令，同時對於此外之不直接者，原以頒發特定命令為限，亦可提出絕對服從之要求。其為方面大軍，軍長與軍總司令者對於其所屬部隊，亦可提出同種之要求，惟如此而後有統一動作之可言。一九一四年八月下級司令竟與上級司令衝突，妨礙上級意志之實行或遲延之，此萬萬不可者也。世界大戰中最高統帥部常以決定之權委諸軍團師令部代行，且發下模稜兩可之命令（如臨機酌辨字樣——譯者註），致令勞林方面之第六軍與一九一四年九月九日第一第二兩軍陷於罪戾。此亦萬萬不可者也。蓋各方大軍得向中央要求明顯之命令，猶之元帥得要求各軍之絕對服從也。假令下級將官認為中央命令有難以執行之處，則電訊往還亦甚便利，自可請命中央予以變通。此所言者，非為下級將官之不服從開方便之門。乃正所以求作戰行動之統一也。余本於實戰之經驗，要求全體將官對於主帥之絕對服從，惟在絕對服從之範圍內，許以多少之獨立性。在此基礎之上，主帥乃能確保其意志之貫澈。（註：余所著《戰時之不服從》一書中，力言統帥權受下級司令抗命之害，可參考而證之。）」

○　　　　　　○　　　　　　○

[選將應有的注意]

　　不論任何名將，個性的一長一短，在所難免。故當軍司令部等的編成時，就要配以長短相補的幕僚。孫子的所謂「陰陽」，

我想：在這種情形下，也自有其真理吧？又，任何國家，雖然沒有故用必敗之將的事，但出乎意料以外，眩於本人的虛名、聲望及其他種種的對內事情，也有誤認必敗的將帥為必勝的將帥。例如，戰國時代，趙中秦的宣傳，誤認名將趙奢之子趙括會談兵為良將，用之將兵抗秦，結果戰敗。原來兵——戰鬥是活物，戰略戰術大家，往往在實戰上，變為格外的拙手，這是要注意的。本節，張預曾臆解為：「將，語辭也，謂君將聽吾所陳之計而用兵，則必勝，我乃留之矣。將不聽吾所陳之計而用兵，則必敗，我乃去之他國矣。以此辭激吳王而求用也。」

——見尾川敬二的《孫子論講》

計利而聽，乃為之勢，以佐其外；勢者，因利而制權也。

　　主將根據上述五事七計等項，定了有利計劃，部下諸將領已經聽從了。（因為內部意志已趨一致，作戰計劃亦已確立，所以就轉而著手於外部工作。）於是，就努力把周圍的形勢，導致有利於我軍事行動，而從外部以佐助之，（如行反間，播謠言，或高唱正義，以造成輿論，及運用外交手段，以取得鄰國的同情聲援，而使敵國陷於孤立等。）所謂勢者，即依我利益的所在，採取權宜的處置，而不拘束於常法。

While heeding the profit of my counsel, avail yourself also of any helpful circumstances over and beyond the ordinary rules. According as circumstances are favorable, one should modify one's plans. （G）

【因利而制權】權字，原為錘意，錘在秤上，因物體的輕重而起變化，是為權衡，借用甚廣。制字應解為處置或解決意。

[不能佐外舉例]

魯登道夫氏在他的《大戰回憶錄》一書，曾論第一次世界大戰的教訓說：「德國對於敵人之注意於後方作戰，既自有所感覺，豈不應用此有力武器，反加諸敵人之身乎？敵國圖所以動搖吾國之精神團結，吾豈不應用同等之方法以對待之乎？此種戰鬥法，可謂係由內而外之法，先由後方下手，再及於中立國，更移而至前綫。當然吾德國之不如人者，在其缺乏一種宣傳之輔助法門，及對於敵作饑餓封鎖以動其人民是矣。」這是德國主將不能「為勢佐外」的寫真。

又，日本東條英機在侵華之戰中，既不為之勢以佐于外，反令偷襲珍珠港，與美國為敵，因有此失，遂踏德國的覆轍，彼真愚蠢！

兵者，詭道也。

兵法是奇詐的術策，不是正經的倫理道德。

[詭道的真諦]

〈軍爭〉篇亦說：「故兵以詐立，以利動，以分合為變者也。」下述十餘項，便是詭道，即戰略戰術與政略，在現代國防作戰上，可資借鏡。

本項的解釋，昔人有此說：「詭是欺詐，道是方策。用兵雖本仁義，然致勝必在詭詐。古之良將，未有不好計謀，取方便。」

又有此說：「不僅詐敵，且詐我士卒，可使由之，不可使知之。」

所謂對敵或對內，均用詐術，雖不光明正大，但「兵者詭道也」，是鬥力，同時也是鬥智——這樣解釋方為恰當。戰法原是一種權謀，不論怎樣說法，都是大同小異的。

「王者之兵，以仁義為本，故不用詐。」這樣說，簡直是詭辯。用兵——有正亦有奇，有體亦有用，有常則亦有變則，一至兵刃相見時，就非用詭計而求易勝不可。

不要把詭道曲解為：「詭與道」，詭道一定是欺道，權道，變道，奇道。

戰爭是手段，不是目的——達成政治目的的一種手段。而欲用此手段，必須抱有偉大的政治目的，或為正義而戰，或為和平而戰方可。

故能而示之不能，

自己有才能的，表面卻裝著無才能的樣子，使仇己者安心，這是就個人處世上說。

我軍有能戰的力量，破敵的戰鬥能力，在表面上卻裝著卻弱而不能戰的模樣，以引誘敵人，或待機而動，這是就戰略戰術上

而說。至就一國的國防而說，現在各國為準備將來的戰爭，其兵器裝備及兵員的素質等，都是絕對保守祕密的，這是準備戰爭一爆發時，即出乎敵的意表，挾其優越的戰鬥力，以決勝負於疆場。自此項起，共有十二個「之」字，均為指敵。

用而示之不用，

已有用兵的決心，表面卻裝著不用的樣子，使敵不備，乃乘隙而攻之。

艾森豪威爾將軍於一九四四年為登陸諾曼第，開闢歐洲第二戰場，乃先用空軍轟擊丹白與加萊之間的目標，使德軍以為盟軍將由那裏登陸，乃把大部兵力調離諾曼第很遠，遂得乘虛侵入，完成史無前例的大登陸，可為例證。

近而示之遠，遠而示之近，

攻擊敵人之期已迫近，卻使敵人以為尚未迫近，甚至以為沒有開戰之意，使敵忽於準備，而乘其隙。

[日俄之役]

據日本學者的引證：如日俄之役，日本於最初已決意與俄開戰，但不顯露於表面；當時國民同志會、學者們、國民等都是催促立即開戰的，而內閣總理桂太郎卻不輕於表明意旨，一到決定斷絕國交，瓜生艦隊即不失機地擊沉俄艦兩艘於仁川。

至於「遠而示之近」可以解為：欲奪取遠的城市，而裝著奪取近的城市；或要從遠的彼方退卻，而示以從近的此方退卻，俾敵集中主力於此方，而得以乘隙脫離敵人。

［拿翁退卻］

一八一二年之冬，拿破崙慘敗與俄京，在退卻的途中，偵知波利梭的橋樑已被敵佔領，乃留二萬四千兵於烏志諾將軍，命其向波利梭以南移動；烏志諾將軍故意修築道路，播散流言，努力把俄軍的先鋒、主力集中於此方，俄軍竟上其當，於是拿破崙便乘隙架橋於斯齊亨卡的東方，完成全軍的渡河。

利而誘之，

「餌以小利，取其大利。」

具體點說：棄一方而取他方，犧牲一部隊以為他部隊的取勝，這是戰場上常有的事。

至以金錢爵位收買敵人投降，在歷史上亦不少。

亂而取之，

這是說要運用種種術策，以擾亂敵軍敵國，而得乘隙攻取之。

如今日所謂游擊隊，第五縱隊等，便是此項任務執行者。又如第一次大戰中，英京倫敦《日日新聞》的社長諾氏（Northcliffe）操縱著協約國的新聞，對德內部，大播不利的宣傳，使德國前

方受著鐵彈，後方又受著紙彈，後來德國雖知講求對策，但已太遲了。因此，內部加緊崩壞，雖有精銳的前綫部隊也沒有用處了。

實而備之，

敵軍兵強馬壯，我則嚴陣以待。

亦可以解釋為：假想敵國的軍備充實時，我非特加防備不可。例如今日列強的發展重工業，製造新武器，構築要塞，陳兵國境等是。

強而避之，

敵強，則暫避其鋒銳，而等待時機。

例如一八一二年俄國對拿破崙侵入的軍事行動。至於後述：「小敵之堅，大敵之擒也。」或「銳卒勿攻」等，與此項的意義相近。

怒而撓之，

這是說要刺激敵怒，以撓亂其理性，使陷於輕舉妄動，俾我有機可乘。

但必須敵將是剛戾的，躁急的，方得售其計。不然，也是徒勞。例如諸葛孔明試贈司馬懿以巾幗婦人之服，而懿不為所動。

卑而驕之，

我採取謙遜懦弱的態度，使敵驕慢。

例如赤壁之戰，黃蓋欺騙曹操的手段。——見《三國志》。或採取退卻行動，使敵驕慢，例如孫臏用減竈計，以欺龐涓。——見《史記》。

佚而勞之，

敵軍駐紮一地，兵力充實，給養豐足，安閒以蓄其銳氣，將為所欲為，是謂「佚」；而使之疲於奔命，是謂「勞之」。

其法：或用空襲，或行夜襲，或威脅敵後或示以進攻敵線之狀等。

親而離之，

這裏所謂「親」，不僅指君臣將卒間的相親者，即國與國間的相親者也包括在內。凡此敵人，均要設法離間之，使其孤立崩壞。

前者，如楚漢之爭，漢之對范增。後者，如第一次世界大戰，英國用外交手腕，把同盟軍方面的意大利，拉到協約軍方面來。

攻其無備，出其不意。

無備與不意，均為敵之虛——〈虛實〉篇之所謂虛，即前者為有形之虛，如某點，某地之虛；後者為無形之虛，如意中所忽略之事，或想不到之事；這種虛，乘而攻之，定可百戰百勝。

《作戰綱要》說：「攻擊愈能出敵不意，其成果亦必愈大。」又說：「作戰必須常立於「主動地位」。為欲達到此目的，凡對於我軍之企圖計劃與行動等，尤須「嚴守祕密」，全軍相戒，然後能以疾風迅雷之勢，出敵不意，使敵不遑應付，乃得奏臨機制勝之效也。」

［太平洋之戰的佐證］

于此，在過去太平洋戰爭中，可以得到兩個例證：一為日本奇襲珍珠港，一為美國使用原子彈空襲日本。前者使美國太平洋艦隊幾乎消滅殆盡（據美方公布：被擊毀主力艦五艘，二艘驅逐艦，其他一艘；重傷主力艦三艘，輕巡艦三艘，驅逐艦一艘，其他三艘；被擊毀飛機一百八十八架，傷一百五十九架），并延長其反攻時間達兩年之久。後者使廣島長崎損失無算，并促使提前向盟國投降。否則各為對方先知，嚴加戒備，決難發揮這種驚人的效果無疑。

此兵家之勝，不可先傳也。

上述各項，均為兵家制勝的要諦，但是戰爭之事，不測的狀況常突如其來，極其千變萬化，要臨機而應變，在這裏，到底不

能預先一一傳授的。亦有解為：兵家之所以取勝，因為所用的是詭道，要絕對祕密，不可於事前洩漏，致傳聞於敵人。

夫未戰而廟算勝者，得算多也；未戰而廟算不勝者，得算少也；多算勝，少算不勝，而況于無算乎？吾以此觀之，勝負見矣。

在未戰之初，元首召集軍事要員，鄭重會議於廟堂之上，以決定作戰計劃，即檢討上述五事七計以決定作戰計劃，這計劃的好否，足以決定戰爭勝敗。申言之，未戰之初，其計劃已足勝敵的，是由於計劃的周密，敗者反是。即：一戰則必勝，一戰則必敗，至於沒有計劃的，更不用說。故依此觀察，於戰前就可預先判知誰勝誰敗了。

Now the general who wins a battle makes many calculations in his temple where the battle is fought. The general who loses a battle makes but few calculations beforehand. Thus do many calculations lead to victory, and few calculations to defeat：how much more no calculation at all！ It is by attention to this point I can foresee who is likely to win or lose. (G)

【廟算】興師為國家人事，在政祭一致的古代，君臣必先謹告於祖廟，並在廟內會議軍事： 一為求祖先的佑助，二為統一君臣的意志，三為防謀略的外洩。此時，基於彼我的考慮比較，而定出作戰的基本計劃，即為「廟算」。【多算】是周密的計劃或成算。

［四大例證］

【少算】是疏漏的計劃。計劃的疏漏者戰則必敗，在近代戰史上可找到兩大實例：一為日俄戰爭中的俄國，一為一次歐戰中的德國。德國對協約軍的作戰，當初參謀本部計劃一年便可結束戰事，因之，對於物質不作充分的準備。殊不知，戰爭的延長卻超出他們計劃之外，終以物質的不足，發生恐慌，引起內部的革命，便乞和了。俄國對日作戰，戰前沒有計劃到西伯利亞鐵路單線運輸的不足，與波羅的海艦隊東航的疲勞，交戰後，以海陸軍的大敗，只得屈服。又在這二世界大戰，亦有兩大實例：一為日本進犯我國，原計劃以三個月攻佔我首都後，便可結束戰爭，否料，戰事竟延長八年之久，反為我取得最後勝利。次為德國攻蘇，希特勒亦計劃以三個月征服了他，否料，莫斯科未攻下，即遇「冬將軍」，陷於膠著，翌年進兵史丹林格勒，又遭慘敗，一直被蘇軍跟蹤殺到柏林。於此，可見一國對外作戰計劃是不能錯誤的，一錯誤即失敗，而亡國隨之。所以孫子於開端便大聲疾呼道：「不可不察也」。

表一 〈始計〉篇鳥瞰表

始計	
兵者 國之大事	
生死之地 存亡之道	
要審查	
內謀－廟堂之謀	外謀－詭道，以詭道佐內謀
五事	能而示不能
道－上下共同生死	用而示不用
天－天時	近而示遠
地－地利	遠而示近
將－智信仁勇嚴	利而誘
法－軍制	亂而取
七制	實而備
主－賢愚	強而避
將－能否	怒而撓
天地－得失	卑而驕
法令－嚴弛	佚而勞
兵衆－強弱	親而離
士卒－練否	攻其不備
賞罰－明否	出其不意
經校之而知勝敗也	計利聽而為勢
	勢者因利制權也
未戰而廟算多者勝也	

訪孫武墓

孫武五十七世孫清孫星衍作

吳將孫子武墓在吳縣，見劉昭注郡國志。引皇覽，元盧熊府志，謂在永昌鎮。至吳郡志失載，後人遂不知其處。嘉慶庚申歲冬，予偕董文學（國華），家茂才（延）買春訪墓，至巫門外，地名雍倉，得古冢，有柏樹甚古，士人呼孫墩，惜無碑識定之。越七年乃建祠虎邱東麓，立碑塑像云。

吾家吳將高絕倫，　功成不作霸國臣。

春秋左傳佚名姓，　大冢卻在吳東門。

吳人耕種少閒地，　訪墓雍倉一舟繫；

彎環惟見古柏存，　徧覽平疇失碑記。

傳家私印不可①磨，　闔閭冢側祠巍峨，

武成王廟廢不舉，　東南淫祀何其多！

君不見鳥喙之鄰施間諜，　內嬖忽然消霸業；

西施可惜入宮遲，　不付將軍教兵法。

---

①家藏孫子銅印，方不及寸，文云：「孫武私印」

作戰第二 TSO CHAN（Operations of War）II

本篇以速戰速決主義為中心，反復痛陳久戰之害。於糧食，主張「因敵」；於俘虜，主張收編；最後則強調將帥的重要性，以結束全篇，意思尤深長。

[這篇主要的是戒進攻人國者不可久戰，並非說被進攻的抵抗者不可久戰。因為進攻者在速，而抵抗者在久，即是說被進攻者多屬力弱者，力弱則不能速勝，唯有持久者方能勝之。故我國過去對日所取的持久戰略，不特不見有違反《孫子》，反見逆用了《孫子》。]

孫子曰： 凡用兵之法，馳車千駟，革車千乘，帶甲十萬，千里饋糧，內外之費，賓客之用，膠漆之材，車甲之奉，日費千金，然後十萬之師舉矣。

大凡用兵的法則，因時不同，僅就普通的戰爭說：駕四匹馬的快速而用於攻擊的戰車千架，與附屬而用於守禦的皮革裝甲車亦千架，合計配置佩帶甲胄的武裝兵十萬人，這大批軍隊，其輸送糧食於千里之遠的費用，國內外的戰事特別費，外交費，（如遊說家的懷柔費，對與中立的使節所需的外交費，及其它間諜費等）製造弓矢甲胄的膠漆原料費，以及兵車甲胄的修繕費，補充費，合計每日約需千金的巨款，然後方能出動了這十萬遠征軍。

[軍隊的機械化]

【馳車千駟，革車千乘，帶甲十萬】中國古代的佈陣，類似荷馬時代的希臘，戰車為重要的原動力，每架配以一定人數的步兵。在春秋時代馳車配七十五人，革車配二十五人，各一千架，

合計十萬名。張預說：「馳革即攻車也，革車即守車也。」曹操《新書》載：攻車一乘，前拒一隊，左右角二隊，共七十五人。守車一乘，炊子十人，守裝五人，廄養五人，樵汲五人，共二十五人。說到這裏，使我想起今日「軍隊的機械化」來，古代所謂「馳車，革車，帶甲，」無疑的等於今日所謂「軍隊的機械化」。第一次歐戰後，世界列強莫不努力於軍隊機械化的裝備，即配屬戰車、汽車、裝甲汽車、汽車砲兵、瓦斯汽車等於軍隊，以調和充實其攻擊力，運動力，防護力，並增進其機動力，而使戰術與戰略上的急襲，得以確實。更進而創設「機械化兵團」，使其可以獨立作戰。其次，古代的馳車、革車是用牛馬拖動的，但現代的戰車、汽車等是一變為用石油了；這「地球之血液的石油」，平時列強俱作它的爭奪戰，因為到了戰時，倘若石油發生缺乏，簡直足以導致戰爭的失敗。即：軍用的最重要武器——戰車、飛機等物沒有石油使用，則變為死物；至於兵艦沒有石油使用，則速度亦低，如使用石炭，則濃煙上升，易為敵人所發現。法國福煦元帥曾說過「一滴石油比一滴血還寶貴」。又說：「協約國是乘石油之浪而泳到戰捷的彼岸」。真是經驗之言。

【千里，千金】是漠然的數字，一言其遠，一言其多。金是貨幣的通種，中國古代並不是以金貨為本位。

[兩次大戰動員及戰費數目]

【舉兵十萬，日費千金】這是兩千年前戰爭的一種狀態，可是降及現代的戰爭，其規模的龐大，迴非古代可比擬。第一次世界大戰，雙方動員達三千餘萬人（指直接間接參戰的兵員），二次世界大戰，雙方動員達九千餘萬人，約為一次世界大戰三倍

弱。至於二次世界大戰，雙方所用的戰費則為上次四倍弱，據瑞士國際票據兌換銀行最近的報告：「第二次大戰所耗費用，計為第一次大戰之四倍弱，至去年夏季為止，世界各國國庫所負擔經費約達六千八百萬萬美元。將一九一三年幣值合成一九四五年幣值（因物價高派故），第一次大戰費用約為一千八百萬萬美元。以上各數僅為直接戰費；生命之犧牲，財產之毀損，生產之減少，戰事救濟費用以及中立國所受損失，俱未計算在內。」我想：這個天文學的數字，為孫子當時所未夢想到吧！

　　　　○　　　　　○　　　　　○

［戰爭與經濟］

　　奧國戰將莫德古古里氏說：「作戰之第一要素曰金錢，第二要素曰金錢，第三要素亦曰金錢。」足見金錢的重要。在腓特烈的記錄中，亦屢說「軍力」與「財政」的密切關係，彼所導演的七年戰爭，倘若不得英國財政上的援助，決不會維持得那麼長久。一次世界大戰英、法各國如無美國的借款和供給軍需品，恐在美國參戰前，早被德國打敗，亦未可知。至二次世界大戰，英、蘇、中、法等國亦靠美國物質的租借，才能支持戰爭，打敗敵人。據美國總統杜魯門氏最近宣佈：美國在一九四五年九月卅一日以前，根據租借法案，曾借予盟國物資達四百六十萬萬美元，數目之大可見。要之，現代戰爭與經濟的關係，比古代更為密切，而其必須依賴外國，尤為古代所未見。即以物資豐富的美國，在二次世界大戰中，亦賴於「反租借」——由各盟國租與美國的物資，亦達六十二億五千萬美元（根據杜總統的宣佈），所以時代進化了，我們研究《孫子》也要知所闡揚才可。

其用戰也，貴勝，久則鈍兵挫銳，攻城則力屈，久暴師則國用不足。

戰爭是以速勝而結束得愈快為愈佳，倘若遷延時日，則兵器鈍敝，官兵的銳氣挫折，漸次喪失了戰鬥力，尤以攻城戰，多耗時日，易演成兵力屈竭——死傷消耗過多。同時，暴師於戰場的時間既久，必使國家的財政經濟枯竭。

攻城戰，以能避之為最得策，因為，一來犧牲太大，二來不能迅速解決。

羅馬時代，迦太基的猛將漢尼拔，帶著十萬雄兵，越過阿爾卑斯山，以破竹之勢，粉碎敵的大軍，於殺近敵國政府的所在地——羅馬時，知道它是堅固的大要塞，攻之不利，乃出以別種巧妙的作戰。要塞攻擊不利，影響戰爭的勝敗甚鉅。日俄之役，日軍攻下旅順要塞，竟費時五月餘，死傷五萬九千餘人。一次歐戰時，德皇太子親帶了十五師兵（後增至六十師）攻擊法國凡爾登要塞，結果浪費無數彈藥，死傷五十萬人（法軍為二十萬人），依然攻擊不破。

［德國每敗於攻城］

但是，德軍因為受了這次大創，在戰爭遂行上，發生一大漏洞，且引起國內的騷動，後為協約軍所屈服，於此不能不謂為一因。至於此次德國之敗於蘇俄，亦可謂由於「攻城力屈」。攻莫斯科不下，攻列寧格勒亦不下，尤以攻史丹林格勒不下，更使戰力消耗無算，遂為俄軍乘此「力屈」，實行反攻，打得一敗塗

地，德國軍人今後如讀及是書，當必後悔莫及，要奉《孫子》為圭臬了。

○　　　○　　　○

軍隊久戰，則經濟必告破產。

一次歐洲大戰，德國到了第三年，戰線的兵士要穿紙製的鞋子了，國內採用票券制度給食，也逐漸陷於不足了，即剛發育的兒童也不能給與充份的食料，自然，母乳亦不足，其結果表現於後來德國青年的身上（體弱）了。戰後德人曾慨嘆道：「不到三十年，就會不像從前的德國人了。」

［久戰的艱危］

那時，德國各小學生搜集了紙屑、空罐、瓶塞、皮屑、玻璃片等物貢獻於政府以變造軍需品，人民則把貴金屬大量地奉納於政府以充軍費；甚至也有人募集女人的頭髮，用為製造火藥的原料，結果，德國的崩壞，仍因物質的不足。

過去我國抗戰，達八年之久，其間所發生的「國用不足」，實在嚴重，弄得士兵食不飽，穿不暖，遠行無車，傷病無藥，至於兵器，亦很落後；幸能艱苦支持，及盟國的援助，得有今日的勝利，否則，恐怕我們早已變為亡國奴了。

夫鈍兵挫銳，屈力殫貨，則諸侯乘其弊而起；

這樣綿亙長期的戰爭，在外則兵器鈍散，官兵的銳氣挫折，戰鬥力屈竭；在內則財源枯竭，軍費無著，內外均陷於疲弊之

境，於是大難到來了，即觀望形勢的中立國，乘我的疲弊而起，企圖收獲漁人之利，或襲擊我，或干涉我，或壓迫我簽訂不平等條約。

[久戰則國內革命起]

久戰是很不利的，尤其在現代資本主義的國家，革命易起於國內。例如一次歐洲大戰，俄國於一九一七年產生了社會革命，德國於一九一八年爆發了民主革命，魯登道夫氏在其所著《全體性戰爭》一書，曾這樣批判歐戰說：「總之，世界大戰之中，不以戰鬥定戰爭之勝敗，而以革命定戰爭之勝敗，革命既起（指德國），勝負隨之而分矣。」

[蘇聯與日本]

一九四五年蘇俄在遠東以中立國的地位，突然對日宣戰，我們也可以解釋為「諸侯乘弊而起」吧？原來日本對華之戰已苦了八年，對英美之戰也苦了四年，益以美國原子炸彈的投擲，更使其吃不消，于是蘇俄便「乘其弊」，遵照雅爾達及波茨坦協定，進兵滿洲之野，迫使日本從速作無條件投降。雖說日本早知蘇俄將「乘其弊而起」，故對蘇俄極盡其拉攏親善的能事，定有種種協約以維繫之，但因其罪惡滔天，已無可恕，且自己亦已危，故終難逃此厄運，哀哉日人！慘哉日人！

雖有智者，不能善其後矣。

到了這時，雖有絕頂聰明的元首與主將，都無從打破這個危機！

今日以前的歷史不能避免戰爭，今日以後的歷史（世界未大同前）大概也不能避免的吧？列國之力的尖銳，均向著戰爭而躍動，戰爭的炸彈隨時有爆發的可能。然而開戰易，收獲戰勝的成果難。老子說：「民之從事，常於幾成而敗之。慎終如始，則無敗事。」不求善後的放棄責任之爭是一次歐洲大戰，媾和條約簽訂了不過二十年，第二次歐洲大戰又爆發了，現在二次大戰雖已結束，而第三次大戰又在醞釀了。故孟子說：「始於條理者，智之事也；終於條理者，聖之事也。」

故兵聞拙速，未覩巧之久也。

基於上述的理由，戰爭（以及戰鬥）是以大巧，而作迅速的處理，迅速的結束為最佳。反之，僅弄小巧，延長戰爭時間，我未見過得到善果的！

Thus，though we have heard of stupid haste in war， cleverness has never been seen associated with long delays. (G）

[拙巧真義]

【拙速】拙字，見解不一，據編者的研究：此非真拙——無謀無策，乃為老子所說：「大巧若拙」意。按王弼註：「大巧因自然以成器，不造為異端，故若拙也。」或「大智若愚」意。真拙是不成的，孫子不是把「智」列為將帥所應具的五大要素的第一位嗎？足證此「拙」為「大巧」或「大智」。而「巧久」的巧，乃為小巧。大巧與小巧不同，所謂小巧者：不顧將來，不管整個局勢，僅是立異為高，醉心目前的利益，大巧反是。一八六六年

普奧之役，普軍大勝，若依毛奇的主張，乘勢追擊，可以擊滅奧軍，而陷其首都；但俾斯麥從政略上著眼，則制止追擊，意在避免結成萬世不解之仇，阻礙將來聯合對付其大敵——法國，後來竟得結為同盟，第一次歐戰時便與英、法等協約國作戰，便是一例證。

〔速拙論的根源〕

近代戰爭的觀念是速戰速決，（即集中無比的威力，一舉殲滅敵人，迅即結束戰事，以免事久變生），這就是數千年前孫子所倡導的拙速主義。老子說：「善者果而已，不敢以取強；果而勿矜，果而勿伐，果而勿驕，果而不得已，果而勿強。」這是說要果斷地給敵以一大打擊，不可延長戰期。又說「物壯則老，是謂不道，不道早已。」戰爭不合乎自然之道，則早衰，所必在未衰中，非速制勝不可。這大概是拙速論的根源吧？——我想。

○　　　　○　　　　○

〔名將與迅速主義〕

古來名將的作戰，莫不採取迅速主義。建設橫跨歐亞兩大陸，前古未有的大帝國——亞歷山大王是以不失時為戰勝的原則。拿破崙的戰略，彼曾簡單地說過：「以一日當作十時而進軍而作戰，而後休息。」這是孫子所謂「其疾如風」的神速戰略，同時也是不失時的孫子所謂「拙速」。又，所謂古今無雙之海軍名將納爾遜說：「時是我們最善的同志，其他的同志都嫌棄我們，所以我非尊重它不可；與戰爭有密切關繫的時是萬事之本，五分鐘常決定勝敗之差。」這樣尊重兵的神速。

上述古之名將的迅速與時的戰略，換言之，是進而捕捉敵的虛隙而不躊躇地果敢斷行，決不是普通所謂無謀無策的拙速。

——見大場彌平的《孫子兵法》

○　　　　○　　　　○

［時的原理］

謀的巧拙，對於戰爭雖關係重大，但比謀的巧拙更重大而為支配勝敗的結果，是「時」的原理。在這書中有「拙速」、「巧久」、「迂直」、「先後」等字眼，要而言之，是「時」的研究，時的尖銳是「機」。

從大阪到東京的火車，分有慢、快、特別快的等級，係照著等級的票價付錢。而特別快票，係把時間（Time；Zeit；Temp）用金錢來縮短的最高速度的代價，所以時間越短，價格越高。

到了東京，寄宿旅館，從一天而二天，二天而三天，時間越遲，價格越高，係照著與電車反對的時間所換算的房金而付錢，為付錢而把著錢袋，這時，也許懷疑錯了吧？

旅館之遲而價昂是老子，電車之速而價高是孫子，左右於兩者之間，不誤時之遲速是孔子。文明人比野蠻人對於時間的感念較強，濫用從天所賦與的時間而自疲，或為了生活而疲於無意義的勞動者，不能說是賢人。倘若把那昇於最高的階段，達於好像釋迦的境地而超越時間，就與天地同以悠久。「偶來松樹下，高枕石頭眠。山中無曆日，寒盡不知年。」——如果到了這裏，僅有枯木寒巖，沒有社會氣味，忘卻時間，忘卻曆日，自然戰爭也不會發生了。但人到底不能脫離社會的。這樣，所謂支配人的思

想，戰之勝敗的怪物——時間究竟是怎樣呢？所謂時間，在哲學上說，是直觀事物的持續關係的先驗形式，一元地把一切現象表現於所謂數量上時，常導出一種獨立的變數；但在相對原理上，是經驗地否認絕對時間的存在。

這麻煩的時間是與計劃互相奏效於戰爭。戰爭動員愈速，愈有利，行軍也是一樣。在軍艦方面，速力即戰鬥力，砲彈以速而強；馬速牛遲，所以有騎兵，沒有牛兵。兵法上對於天時、地理、水、火以至無論什麼，雖是隨手利用，但其中第一強的是時間。

——見北村佳逸的《孫子解說》

夫兵久而國利者，未之有也。

所以戰爭的時期延長，結局能夠切實有利於國家的，過去尚無此例。要之，以速戰速勝為有利於國。

但不能執此以論被壓迫者對壓迫者之戰，因為被壓迫者對壓迫者作反抗之戰，勝固戰，敗亦要戰，雖不敢希望速戰速勝，但以長期抗戰而勝，由此得以獨立復興，就算真正有利於國了。

故不盡知用兵之害者，則不能盡知用兵之利也。

所以沒有完全了解兵的害處的主將，決不會完全了解用兵的利處。

〈九變〉篇說：「智者之慮，必雜於利害；雜於利，而務可信也；雜於害，而患可解也。」

善用兵者，役不再籍，糧不三載；取用於國，因糧於敵，故軍食可足也。

善於用兵的主將，僅一次動員必要的兵力以迅速壓倒殲滅敵人，而迅速結束戰爭，決不再動員，以免民勞怨生；並且糧食的輸送，僅以二次為限，決不三次，免使國內空虛；弓箭甲冑等武器，供給補充自本國，糧食則徵收自敵國；這樣，軍隊的糧食就不會缺乏的。

【役不再籍】役為兵役，籍為徵集意，即不做第二次徵兵，或第二次動員意，與「糧不三載」均是說良將的速戰速決。【糧不三載】春秋時代，軍隊出征時，載糧送至國境。至凱旋時，則載糧以迎之於國境，僅此兩次，沒有第三次，因為到了敵國，必須「因糧於敵」。【取用於國】因各國兵器各有特點，制式相異的敵國兵器，不適於用，故須取給自本國。【因糧於敵】有兩點利益：一使國內的食料不致減少，二使敵國的糧食因而缺乏。

［《作戰綱要》］

《作戰綱要》說：「戰地人馬之給養，與兵器、彈藥、燃料、器材、被服等各種補給，影響於作戰甚大。就中給養、燃料、彈藥尤不可缺。」這是指示給養補充的重要。又說：「為增進或保持軍隊之戰鬥力，須廣泛利用敵國之工場設施，故軍隊對於已經佔領者，應即講求防止破壞及散失之處置，同時并迅速報告，務

使儘量利用而無遺憾。」再說：「必要時得以鹵獲品，補充其所屬部隊之馬匹器材燃料糧秣等，但須講求所要之（除）毒或防疫等處置。」這是說因糧（物）於敵應注意之點。

日俄戰爭：人口四千七百二十一萬，其中男子二千四百萬的日本，徵集了一百一十萬，其中四十三萬出動於戰綫。俄國人口一億四千六百八十萬，其中男子七千四百五十萬，徵集了一百二十萬。

〔兩次世界大戰動員人數〕

一次世界大戰：英、法、意、德均徵集了三分之一的人口。德國，可以說差不多舉國參加戰爭了，男子的工作，代以婦人，電車的售票員，以至煙突的打掃夫，也完全代以婦人。到了二次世界大戰，各國在「全民參戰」的口號之下，聯合國（或稱同盟國）與軸心國雙方動員之男女合計九三、〇〇〇、〇〇〇人，其中聯合國超過六二、〇〇〇、〇〇〇人，敵方占三〇、〇〇〇、〇〇〇人（據美將馬歇爾《致陸軍部二年報告書》的統計）而在聯合國中尤以英國的動員更為澈底，無論海陸空軍及交通界，均有婦女參加工作，即倫敦郊外的高射砲手，海岸瞭望哨，亦有女子服役。總之跟著戰爭規模的擴大，人的需要是沒有限度的；機械戰的時代雖已到來，但不用人的戰爭時代還未到來。「不用人的戰爭」，僅是一種幻想。所謂「機械的戰爭」，僅是戰爭的一種手段，過去的兩次大戰，已立下鐵證了。

依然，人是戰爭的要素，仍未改變；但人的需要愈多，而附帶的問題亦愈大，這個問題是什麼呢？一言以蔽之曰糧食。

　　所以出征部隊必須「因糧於敵」，日軍過去進攻我國所採取「以戰養戰」策略，即為抄襲孫子此法。但我卻採取「焦土政策」，及「空舍清野」以制之。

○　　　　　○　　　　　○

［因糧及因燃料於敵］

　　魯登道夫氏在他所著的《全體性戰爭》上說：「世界大戰中，海陸軍燃料之供給，為政府極焦慮之事，所以侵入羅馬尼亞而佔據瓦拉西者，非但糧食問題，同時亦為獲得燃料。羅馬尼亞有極多之油池，羅軍退出時，先行破壞。而德軍入羅後，尚能採取多少煤油，可充自動車及飛機之燃料。」這是近代因糧並因燃料於敵的事實。

國之貧於師者遠輸，遠輸則百姓貧。

　　國家出師遠征，倘若不「因糧於敵」，而把大批糧秣作遠距離的輸送於國外，這不獨使國貧——財政困難，而且使民貧——既被課以重稅，又疲於勞役（運糧），必致減少生產。

　　管子說：「粟行三百里，則國無一年之積；粟行四百里，則國無二年之積；粟行五百里，則眾有飢色；所齎之物，耗於道路，農夫耕牛，俱失南畝，則百姓貧矣。」足見遠輸的不利。

近於師者貴賣，貴賣則百姓財竭，財竭則急於丘役。

　　及至軍隊進入敵國，倘若不「因糧於敵」，則所經過的地方，尤其駐軍的附近，土人為求暴利計，乃提高物價，並以需給失了平衡，物價又行暴漲，但軍用的必需品是不能不買的；因此軍費陷於不敷，即須向本國請求撥給補充，政府為應此要求，遂增稅又增稅，一直演成「百姓財竭」的一幕；百姓財竭後，於是迫不得已，復按丘甸的役制，着手於糧食牛馬等實物的徵發。

　　【丘役】為丘甸的役制。據《周禮》：九夫為井，四井為邑，四邑為丘，丘出馬一匹，牛三頭；四丘為甸，甸出長轂一乘，馬四匹，牛十二頭。

[戰爭與物價]

　　戰爭一起，國內物價必因之騰貴，古今同然。在過去抗戰中，我國因受日軍的封鎖破壞，益以天災的流行，商人的囤積居奇及通貨的無限制發行，弄得物價日漲一日，於最後一年平均竟漲至三千倍上，真是歷史所未見，世界各國所未聞。

力屈財殫中原，內虛於家，百姓之費，十去其七。

　　這樣，國內（中原）的人民為了運糧至力屈，為課稅而至財殫，家家變成空虛，到了這時，人民的所得已被征收了十分之七了。

　　本節為現代戰時的工役及財政問題，均要從人民的身上來求解決，即所謂「出錢出力」及「出物」，在過去抗戰的過程中，我們對于孫子這個描寫，真不勝今昔之感！

公家之費，破車罷馬，甲冑矢弩，戟楯蔽櫓，丘牛大車，十去其六。

就政府的消耗說：由於戰爭的延長，這時，戰車的破壞，軍馬的殘廢，以及甲冑、矢弩、戟楯、蔽櫓、大牛、輜重大車等物的損廢，已達十分之六了。

【楯】楯與盾通。【蔽櫓】櫓為大盾，蔽為障意，即為抵禦敵人矢石的大盾。【丘牛大車】丘為形容詞，丘牛即大牛。大車為重車，輕速車曳以馬，重遲車牽以牛。中國的馬小，非始於今，觀於殷墟的出土古物，便可瞭然。由於小而力弱，這是可以想像得到的。周穆王的八駿，即是例證。

[武器與重工業]

古代的武器和近代的不同，近代的武器以重工業為基礎，重工業是軍需工業，國防工業。所以假設孫子生在近代，他在這裏必力說重工業的重要性了。所謂重工業，即是鋼鐵、石炭、石油、機器、造船、電汽等工業，舉凡國防用具，如船隻、車輛、飛機、兵艦、大砲、鎗彈等均為重工業的出品。故先發達重工業，始有資格從事於近代的戰爭。記得日本軍事評論家平田晉策所著「一九三六年」一書評我國說：「中國雖擁有兩百萬的大軍隊，但沒有一個強有力的軍需工業根據地，徒有龐大的陸軍，於近代戰爭上不會有獨力作戰的能力。」雖為持平之論，卻忽略了我國所需的軍需品可以仰給於外國。例如過去抗戰中，我所得美國物資的援助約值六萬萬餘美元。

[美國的援華]

據美總統杜魯門氏最近的宣佈：我人所接獲之報告顯示，在一九四一年三月至一九四五年十月一日期內，援華和借品共值六三一、五〇九、〇〇〇美元，其中計分種類如下：

一、兵器與火藥　　　　　　一六五、八〇五、〇〇〇美元

二、飛機與零件　　　　　　一一二、九七〇、〇〇〇美元

三、坦克與零件　　　　　　　一一、〇七〇、〇〇〇美元

四、摩托車與零件　　　　　　八九、四九三、〇〇〇美元

五、機器與五金屬　　　　　　三四、六四四、〇〇〇美元

六、汽油　　　　　　　　　　　七、〇八七、〇〇〇美元

七、其他供應品　　　　　　一九三、九四八、〇〇〇美元

八、運輸及其他費用　　　　　一七、四九二、〇〇〇美元

倘若非我海口的被敵封鎖，駝峰空運的困難，我想美國過去援華物資當不止此數，但對我長期抗戰已給予助力不少了。

〇　　　　　〇　　　　　〇

[大砲與機關鎗數量]

近代戰，因其規模的龐大，便需要大量的兵器。第一次歐洲大戰，所謂「近代戰的惡魔」機關鎗，與「戰場的支配者」的大砲，於初期與末期的比較：

德軍：　機關鎗：　從一萬二千挺至十萬四千挺

　　　　大　砲：　從七千五百門至二萬五千門

法軍：　機關鎗：　從五千挺增至二十萬挺

大　砲：　從四千八百門增至一萬七千五百門

——大砲為重砲輕砲合算，機關鎗為重輕的合算。

［坦克數量］

又，為運輸而活躍於戰場上的汽車總數，協約軍有二十六萬七千架，俄軍有一萬五千架，德、奧軍有八萬架。出現於大戰未期，號稱「活城」的坦克車。英、法、美軍方面有三萬三千輛，德軍有一千輛以上。

［飛機數量］

更至所謂「鐵鳥」的飛機，所有大戰期間的補給數自為：

德軍：四七、六三七架

法軍：六七、九八二架

英軍：約五、〇〇〇架

美軍：一一、二二七架

以上合計十三萬一千八百四十六架。

至於二次世界大戰—— 一九四三年至四四年間五大參戰國的飛機生產數量：美國二十三萬架，蘇聯十二萬架，德國八萬架，英國七萬九千架，日本五萬三千架，合計五十六萬二千架，約為一次大戰四倍強，這真是孫子所說「馳車千駟，革車千乘」的大發揚。

［武器的消耗］

且，近代戰亦是兵器的大消耗者，例如普法戰爭，普軍消耗了砲彈五十萬發。日俄戰爭，互全期間的日軍所發射的砲彈達百

萬發。一次世界大戰，馬魯奴的一周間，法軍發射了百萬發。凡爾登的攻防戰，二週間為四百萬發。松姆的會戰，一日竟射至百萬發（以上均指砲彈，至於二次世界大戰，飛機的投彈殆已取大砲而代之，而英美空軍對德日投彈數量之大，更為驚人，見〈用間〉篇）。又，坦克車為英國於一次大戰末期所發明的，據一九一八年的調查，約有三千三百輛，就中百分之四十五已用不得。飛機的壽命，平均只有兩三個月，至於其他步鎗、機關鎗、兵艦等的消耗，也是大量的，不問可知。總而言之，這是孫子所謂「十去其六」的大證明。

[新式武器的出現]

再，近代戰是需要最新銳的兵器的，所以自一次大戰後，世界列強莫不爭相改良兵器，發明新兵器，其已出現於二次世界大戰，而為世人所週知的：有俯衝轟炸機，有磁性水雷，有火箭砲，有噴火坦克，有火焰噴射器，有飛彈，有雷達，有超空保壘，有原子炸彈等等，這都是科學的產品，所以現在世界各國莫不以全力從事於科學的研究與發明，相信將來還有新武器的出現，不過各國老是保持她內容的祕密。

恩格斯說：「依賴於經濟的前提條件，沒有甚於陸海軍。兵器、編成、組織、戰術及戰略——特別依賴於其當時的生產程度與交通機關。」富勒將軍說：「勝利的祕密，百分之九十九在兵器。」真有見地！

故智將務食於敵，食敵一鍾，當吾二十鍾，萁稈一石，當吾二十石。

糧食遠輸，對於本國的不利，已如上述；所以智將務要盡量奪取敵國的糧秣以給養人馬。因為吃彼一鍾兵糧，足以當我們運輸的二十鍾；用彼一石馬秣，足以當我們遠輸的二十石。誠以「千里餽糧」，遠輸的費用，以及路上的損耗，是非常大的。

【一鍾】為六斛四斗。【一石】為一百二十斤。【萁稈】萁為豆稭，稈為禾藁，均為牛馬飼料。

［古今的給養問題］

在交通未機械化的古代運輸，既因道路的惡劣，復以所用的運具為牛車、馬車、及人力挑擔，加以氣候的影響，平均每日走路有限；這樣，若作遠距離的輸送，則所帶的糧秣豈不是於途中已用去大部份嗎？又益以途中意外的損失，則所運到目的地的，豈不是所謂：「所遺無幾」嗎？這便是孫子所以極力主張「食敵」。在孫子以後的歷史，《史記·平津侯主父列傳》有這樣記載：「秦征匈奴，率三十鍾，而致一石。當是時（漢武建元中），通西南夷，作者數萬人，千里負擔餽糧，率十餘鍾，致一石。」雖然，因糧於敵，戰務食於敵，固屬必要；但以近代國際戰爭，往往動員至數百萬以上，遠征敵國，據軍事專家的觀察，以這樣龐大的軍隊，乃欲專靠敵地的給養，實在戛戛乎其難，根本仍在乎本國的供應。至關於運輸，在機械化交通的現代，大可省了古代那種弊病，不過卻有敵機敵艇或游擊隊截擊破壞的危險。

故殺敵者，怒也；取敵之利者，貨也。

所以，要使我士卒爭先地去殲滅敵人，須先鼓起他們的怒氣——敵愾心；要使我的士卒勇敢地去奪取敵人的利益（如軍需品、城市等）在乎秉公分賞他們的功勞。

【怒】可解為敵愾心，即煽動士卒對敵憤怒——此為現代軍隊中的政治工作，或精神講話。【貨】為賞賜意。

［上海之戰］

過去上海之戰，我軍的英勇殺敵，是由於憤怒日帝國主義的結果。總之此為攻擊精神問題，福煦元帥說：「必勝之意志，乃勝利之第一條件，兵卒應以此為第一要義，同時指揮官亦必須以最高之決心，貫注于每一個兵士之精神中。」

故車戰，得車十乘以上，賞其先得者，而更其旌旗，車雜而乘之，卒善以養之，是謂勝敵益強。

例如車戰，如果我士卒俘獲敵人的戰車十架以上，則以厚利（或升級）獎賞其陷陣先得者的功勞，以資勸勵餘眾；同時又將其所俘獲的戰車，拔去敵人的旌旗，插上我旗號，而雜配於我戰車中，每車除降卒外，又雜入我士卒而乘之，以防叛亂；降卒善為待遇他，使為我用。這就是叫做戰勝敵人後，更使我兵力強大。

［車戰民族］

【車戰】說到車戰，就使我們想起我國是一個長於車戰的民族，有著數千年車戰的悠久歷史，所以我們今日在這個軍隊機械化的大潮流中來建軍，就應加強我們對於車戰的自信心，發揚過去車戰的精神，致力於現代化的戰車部隊建立才可。

［俘虜處理問題］

【卒善而養之】這是收編俘虜的問題。收編俘虜為我國內戰常有的事，即在日本戰國時代也是如此。但收編俘虜，在近代國際戰爭上則未見。誠以種族心理等等的互異，勢必發生叛亂，貽禍無窮。例如日俄之戰，日軍雖將所俘獲大砲，編為戰利重砲隊或戰利砲連（即車雜而乘之一套），但俘虜一概不用，——或殘殺或戰終放還。但殘殺俘虜或敵國非戰鬥人員，是國際公法所不許，更為人道所不容。然而過去中日之戰，日軍不獨殘殺我俘虜，且殘殺我非戰鬥人員，其野蠻可見。又，二次世界戰爭中，各國多用俘虜從事勞役（如修路、耕種、製造等事）尚無編組為軍隊使其獨立作戰的事。

故兵貴勝，不貴久。故知兵之將，民之司命，國家安危之主也。

依於上述，戰爭是以迅速的得勝為最佳，倘若拖延長久，那是最忌的。所以深知用兵之法的賢良主將，簡直可以說是握著人民生命，繫乎國家安危的偉人。

【司命】是星名。一種司人之命運的星神。

［主將應具的慎心］

主將的責任是這樣的重且大，所以吳子曾指出他要具有這五項慎心，原文是：「故將之所慎者五：一曰理，二曰備，三曰果，四曰戒，五曰約。理者，治眾如治寡；備者，出門如見敵；果者，臨敵不懷生；戒者，雖克如始戰；約者，法令省而不煩；受命而不辭，敵破而後言返，將之禮也。故師出之日，有死之榮，無生之辱。」

○　　　　　○　　　　　○

［名將所關的重大］

名震古今的政治軍事天才家諸葛孔明，破出茅廬後，輔佐劉備、後主，建國蜀土，造成三足鼎立的局面，但「五丈原頭，大星先殞，」於逝世不久，蜀也就滅亡了。

馬其頓之兵統率於亞歷山大王，常破十數倍的大敵，征服廣大無邊的土地。

迦太基軍，統帥於漢尼拔，遠征羅馬，雖與隔海的故國斷絕連絡，尤能孤軍奮鬥十有餘年，席捲羅馬全土；不久，漢尼拔死，迦太基的隆盛便變為如落日一般的了。

腓特烈大王征戰數年，精銳的軍隊雖損失了大半，猶能逐個擊敗歐洲諸國的軍隊，確立普魯士帝國之基。

一七五七年十一月羅斯巴哈（Rossbach）之戰，為腓特烈大王所擊敗的法蘭西兵眾，以拿破崙的出現而指揮之，於是昨日之羔羊，忽變為猛虎，蹂躪了歐洲全土。

震駭世界，如百雷同落般的蒙古軍，自成吉思汗與其孫拔都歿後，便可憐地被驅逐了。

良將與軍的強弱，國之安危，已如前述，在現代，因為國家的機構，國策的根本，與前不同，若以全盤「律古證今」，當是不對。但一八六六年普奧戰，一八七〇年普法戰爭，以毛奇將軍一人的連戰連勝，而建立德意志帝國。

一次歐洲大戰，法國有霞飛、福煦將軍等的努力，終救了沉於死淵的法蘭西。

同時，在德軍方面，倘若當初就啟用名將興登堡與其參謀長魯登道夫在大本營中指揮，或者不致於失敗，也未可知。

二次歐洲大戰，美有艾森豪威爾，英有蒙哥馬利，俄有朱可夫諸將，終把希魔打垮，博得大捷。

一國到了生死關頭的時候，與其有千百的凡將劣將，不如得一智勇兼全，振起全軍的名將。至於以一身之榮利富貴為依歸的俗將之徒，唯有百害無一利，見於歷史，不知多少。

表二 〈作戰〉篇鳥瞰表

作戰	
久戰之不利	善用兵者（智將）
出師十萬 日費千金 內外之費 賓客之用 膠漆之財 車甲之奉	知久戰之不利 知用兵之害
故久暴師	故
鈍兵力屈 百姓貧 國用不足	役不再籍 – 取用於國 糧不三載 – 因糧於敵
諸侯乘其弊而起	故 軍食可足也
故兵者貴拙速	
振作士氣（殺敵者怒也） 賞典（取敵之利者貨也） 先功表彰(賞先得者) 善養俘虜（卒善而養之）	
以勝敵而益其強	
兵貴勝 不貴久 即兵者 貴拙速 而不靚 巧之久也	

桓桓我祖　　傳此韜鈐　　信賞必罰　　不殘以嚴

霸吳入楚　　折衝樽俎　　歸功伍胥　　榮名不處

兵經煌煌　　名將之則　　適道以權　　我戰則克

士有誦法　　神所憑依　　支族分布　　崇祠在斯

左瞻巫門　　北倚虎阜　　魂無不之　　死而不朽

廢祀復舉　　武功右文　　吳都永庇　　潢池掃氛

—清孫星衍於吳縣虎邱新建吳將孫子祠堂碑記銘

謀攻第三 MOU KUNG (The Attack by Stratagem) III

本篇以提倡「不戰而屈人之兵」的全存主義，為用兵的最高則，即是說運用外交的解決，勝於武力的攻取。此外，並力言統帥權的獨立，與知己知彼的重要性。

孫子曰：凡用兵之法，全國為上，破國次之；全軍為上，破軍次之；全旅為上，破旅次之；全卒為上，破卒次之；全伍為上，破伍次之。

用兵的法則，對敵人以謀攻，即運用外交、經濟等和平手段，不經血戰，（一可免我兵力的損失，二可免我財政的破產，三可免我人民的貧勞），彼卻屈服於我，而達到我的目的，這是上等戰略；反之，不得已出於血戰，擊破其國，彼方為我所屈服，這是下等戰略；推而至於與敵的軍、旅、卒、伍作戰，都以不經血戰，而彼卻屈服於我，為上等戰略；反之，將其擊破，彼方屈服於我，為下等戰略。

【軍、旅、卒、伍】依《司馬法》：一萬二千五百人為軍，五百人為旅，百人為卒，五人為伍；但在這裏，則不限於人數；自「軍」以下，均是同樣意思的反復，在文法上，為一種疊句法，用以加強語氣。

[不可好戰]

老子說：「和大怨，必有餘怨，安可以為善。」兩國經過大戰之後，而遺下大怨恨的是春秋時代的吳越，在現代則為德法的關係。打敗敵人，而遺下復仇之種的怨恨，不是勝者之利。《中庸》載：「衽金革，死而不厭，北方之強也，而強者居之。」僅強不是軍人，更不是兵法家。

專用兵取，不用謀攻，往往自蹈滅亡。吳子說：「天下戰國，五勝者禍，四勝者弊，三勝者霸，二勝者王，一勝者帝。是以數勝得天下者稀，以亡者眾。」

　　　　　○　　　　　　○　　　　　　○

自從上古的亂世，以至於今，主要的是同胞相殺的國內戰，但也有刃不血而佔領敵國的土地，屈服其人民的事；這種精神，便是孫子所謂：「全國為上，破國次之；全軍為上，破軍次之；……」即敵國全存的佔領，敵軍全存的屈服為善中之善；實際訴于干戈，弄得血流成河者為下策，「至仁之言」，誰不首肯！

[全破主義]

但實證了近代戰之本質的第一次世界大戰，(二次大戰亦然——浴日註)恰與孫子所說的完全相反，不獨企圖殲滅敵軍，並且空襲無防禦的都市，而殺戮非戰鬥員的老幼男女；或行無限制的潛艇攻擊，而使非戰鬥員的商船乘客葬於魚腹中；或陷敵國人民於飢餓線上，依於肉體的衰弱而消滅寄托於其中的抵抗意志；總之，不管你願意與否，都是使用著強迫屈服的手段。

總而言之：這是欲根本傾覆整個敵國敵軍的全破主義。

固然，運用這種戰法，並非始於近世，在十三世紀的初葉，征服歐亞全土的成吉思汗，為其最著者，所以彼便能於短期中，征服了廣大的土地，屈服了幾十種民族。日本文永弘安之役，蒙軍進攻壹岐對馬、九洲北岸，所加於居民的暴虐，真是言語所不能形容。總之，這種現象在過去異民族間的戰爭上是往往不能避免的。

［孫子與克勞塞維慈］

於此，從正面而論全破主義的，有克勞塞維慈將軍，彼關於殲滅主義說：「有惻隱之情者也許這樣相信吧？對於敵人不加以多大損害，而解除其武裝，或不講求擊破的方法，而認為是戰爭術策的正當傾向；這種說法，在外觀上雖是美麗，實際則成為謬見，我們非把這種謬見打破不可。」這無異駁斥孫子言論的錯誤。彼又關於暴力之無限界的行使說：「戰爭是暴力行為，其行使沒有什麼界限；所以某方行使暴力，他方就不得不酬答以抵抗的暴力；這樣所生的互相作用，在概念上，是沒有極限的。」要之，敵國的人民，不問老幼男女（僅有直接與間接之別），都一樣成為敵軍戰力的因素；故戰爭的本質，可以說是在消滅敵人之肉體的抵抗與心力的抵抗。

雖然，倘若不經流血與破國，而能屈服敵人的方法也有，則彼（克勞塞維慈）也不會反對的。因為，孫子是從大的政署上論理想的兵法，克勞塞維慈係依交戰手段，以屈服敵人的實際行為作軸心，孫子亦於第十二篇談殘虐的火攻，第七篇說：「侵掠如火」與第十一篇說：「千里殺將」的猛烈的殲滅作戰；故互於巨

細的檢討，他倆的思想，實沒有多大出入。

——見大場彌平的《孫子兵法》

是故百戰百勝，非善之善者也；不戰而屈人之兵，善之善者也。

所以，縱是百戰百勝，不能稱為至善的；不戰而屈服敵人，讒是善中的最善的（即用謀攻）

戰則必有損害，損害的大小是比較的計算，沒有絕無損害的交戰，而戰勝的害，不及不戰而勝的利。

Here again, no modern strategist but will approve the words of the old Chinese general. Moltke's greatest triumph，the capitulation of the huge French army at Sedan，was won practically without bloodshed. (G)

[好戰必亡]

「百戰百勝」是多麼不善！秦將白起戰勝攻取，拔城七十餘，破趙斬首四十萬，但秦的士卒也損失了過半。拿破崙算是百戰百勝的了，結果，一敗塗地，慘死孤島。德軍在一次歐戰，老是擊破敵軍於國境之外，結果仍不免於敗；迄二次大戰，閃擊歐陸各國無不成功，且攻入莫斯科近郊，史丹林格勒市內，結果亦不免於敗。日本呢？在中國戰場每戰必勝，在太平洋戰場最初也是每戰必勝，結果仍是重蹈德國的覆轍。這也可以說是侵畧者自食其果的。

[不戰而勝的一例]

「不戰而屈人之兵」是多麼可貴！在歷史上已有不少戰例，但過去美軍的佔領日本本土，亦不失為一例證。原來美國已經準備了數百萬大軍，實行敵前登陸，殺到東京；日本亦準備「本土決戰」，作「玉碎」的奮鬥，但以原子彈的投擲，及俄軍向東北的出動，裕仁自知勢弱力屈，只得向盟國乞和，完全遵照波茨坦宣言，使美軍不須再來一次重大的損失和犧牲，便安然進兵東京，佔領整個日本本土。

故上兵伐謀，其次伐交，其次伐兵，其下攻城。

依於上述，用兵的最上戰略，是以強大的軍備為背景，把敵國的企圖或計謀，於未成熟前，而挫折之，粉碎之，使不能實現，唯我的意志是從；次等的，或離間或收買敵的親交國、同盟國，使陷於孤立，而為我所屈服，（在春秋時，因為列強的對峙，所以孫子很注意站在局外的鄰國之向背）；再次等的，直接與敵軍交戰，擊破了他，方達到我的目的；最下等的，圍攻敵人的城砦，發生了重大犧牲後，讒得解決。

【上兵伐謀】老子說：「其安易持，其未兆易謀，其微易散。為之於未有，治之於未亂。」春秋時代，如鄭弦高以牛犒秦師，而使孟明還師，中止襲鄭，可為例證。【其次伐交】如秦之運用「遠交近攻」策略，以滅六國，算是一例。【其下攻城】城字，在我國文字上，具有城市的意義，因有防禦的設備，亦具有要塞的意義，與德文的 Burg（堡），法文的 Bourg 俄文的 Grad 意義相同。

[要塞戰]

說到要塞戰，自古以來，不知苦惱了多少作戰家。對於傲然蟠居於軍之前面的要塞，或應正攻，或應包圍，或應監視？——這固然是依於什麼時期，怎樣場所而決定；但攻擊部隊，在作戰上老是成為重大的疑問。濫用大兵力從正面攻擊大要塞，是拙策的拙策；於此，海軍若用艦隊從海的正面試行砲擊等，那也是無益的冒險。攻擊要塞，於作戰上的理想，在使其孤立或迂迴其側背。

[因時制宜]

最後，我可以來一個結論：孫子在這裏所說：「伐謀」，「伐交」，「伐兵」及「攻城」的四策，固有上下策之分，上策為人所喜，下策為人所惡；但在戰爭上因情況的千變萬化，自不限於一策的單獨使用，有時須併用二策，或三策，以至四策，纔能爭取最後勝利。

攻城之法，為不得已；修櫓轒轀，具器械，三月而後成，距闉又三月而後已；將不勝其忿，而蟻附之，殺士卒三分之一，而城不拔者，此攻之災也。

攻城是到了萬不得已時所採取的方法，亦為最艱巨的作業，既要三個月修具防禦矢石的大楯（櫓），攻城用的戰車（轒轀），以及種種攻城器械；又要三個月建築用以射擊，或用以掩護，或用以偵察的土壘（距闉），合計須六個月的長期間準備，方能正式攻城；這樣，為將者（攻城司令官）覺得太慢，不勝焦燥（

失了忍耐自制之心，不待攻城具的完成），急於建功，便連下總攻擊的命令，士卒像蟻群一般的攻到城下，攀登城壁，弄至喪失了三分之一，而城還攻不下，這是攻城最倒霉的慘事！

【轒輼】是攻城用的四輪戰車，用巨木造成，脊以繩為之，上蓋以生牛皮或犀皮，中可容十人，推到城壁下，施行破壞工作，為金、火、木、石所不能毀，類似今日的坦克車。【器械】本是一般兵器之謂，但在這裏係指攻城的工具，如飛樓、雲梯、浮格衡、飛石、連弩等。【距闉】距與拒通，闉有書為堙。【三月】是概算，說要多費時日。

攻城之法，在我國往昔尚有水攻與火攻（指用火藥炸毀城岨），降及近代所用的武器，有飛機、大砲、坦克車等。在這種立體進攻之下，如果對方缺乏此種武器，則城之被攻破，指顧間耳，那裏需要「三月」又「三月」的長久時間？

故善用兵者，屈人之兵，而非戰也；拔人之城，而非攻也；毀人之國，而非久也。必以全爭於天下，故兵不頓，而利可全，此謀攻之法也。

所以良將用不著交戰，也可以屈服敵兵；用不著圍攻，也可以拔取敵城；用不著久戰，也可以迅速地覆滅敵國。把握著不受絲毫損失的全存之計，而爭勝負於天下，這樣，則兵器兵力不致鈍挫損失，安然收穫完全的勝利，這是叫做謀攻的法則。

［孫子與老子、孔子、孟子］

這一節，是兵法的哲學，也是孫子的蘊奧與精華，它淵源於老子，而與孔孟的學說相提攜。

過去在國際會議上，照著強國的主張，對於軍艦加以限制，使彼我的對比不均等，不能反抗而受其束縛，這是「屈人之兵而非戰」。又如在軍縮條約上禁止建築要塞，或用思想宣傳促成內部的崩壞，這是「拔人之城而非攻」。又如豐臣秀吉不戰，而使伊達政宗臣隸，這是鑒於「毀人之國而非久」。但這僅是外貌相似，還沒有觸著孫子的原意。哲理之根，會生應用之枝，應用之枝，不會生哲理之根。最接近的引例是武王滅殷的史實；然做這種證明，孫子的哲學就要消失了。老子主張：「戰則果而已」。意即說，如交戰的話，則果斷地給以一擊而解決。這與儒教的觀點稍異，孟子對梁惠王說：「地方百里而可以王。王如施仁政於民，省刑罰，薄稅斂，深耕易耨，壯者以暇日修其孝悌忠信，入以事其父兄，出以事其長上，可以制梃以撻秦楚之堅甲利兵矣。」孔子抑制子路的狃勇而說強：「南方之強與，北方之強與，抑而強與？寬柔以教，不報無道，南方之強也，君子居之。袵金革，死而不厭，北方之強也，而強者居之。」老、孔、孟的思想是順次的穩健，孫子則連絡了這三者。

——北村佳逸的《孫子解說》

以上為北村佳逸的解說。在這裏，我且添上一些關於「屈人之兵，而非戰也」的例子：美國現在真可以說是這個原則的奉行者，他為維持世界的和平，又為避免生命財產的犧牲，所以對於假想敵不輕於一戰。然既不願一戰，又要使其聽命就範，那真不容易。好在她掌握著聯合國安全理事會，又擁有絕對優勢的原子

彈，（最近對原子彈的宣傳，極為誇大，意在先聲奪人也。）現他正運用著這兩種工具，也許必可以保持相當長久時間「屈人之兵，而非戰也。」

故用兵之法，十則圍之，五則攻之，倍則分之。

這是到了不能不相見於戰場了。就這時用兵的法則說：若我有十倍於敵的兵力，則宜四面包圍攻擊之，以收一網打盡之效；若我有五倍於敵的兵力，則宜集中攻擊之，一鼓作氣，殲滅敵人；若有兩倍於敵的兵力，則宜分為兩部攻之；一部從正面，其他從背面或側面。

【用兵之法】即兵法意，狹義為戰略戰術的原則。

［康納戰法］

此節可用古代「康納戰法」解釋之，這個戰法創始於迦太基名將漢尼拔，漢氏於紀元前二一六年在康納（Cannae）與羅馬軍會戰，置重點於兩翼，因而造成典型的兩翼包圍殲滅戰，以後名將如腓特烈大王、拿破崙、毛奇等莫不師承之，前德參謀總長史蒂芬尤崇拜是項戰法，著有《康納》一書，由是康納戰法更為知名。

［奧林匹克行動與王冠行動］

又可用美軍過去對日作戰擬採取的「奧林匹克行動」（Operation Olympia）及「土冠行動」（Operation Coronet）解釋之；前者為美軍擬於一九四五年秋向九洲南部進擊的戰法，後者為美軍擬於一

九四六年春初向東京平原進擊的戰法。詳見美將馬歇爾近著《致美國陸軍部二年報告書》。

敵則能戰之，少則能守之，不若則能避之。

前節所說，係關於優勢兵力的使用，這裏，係就諸對等與劣勢兵力而言：——倘若我的兵力與敵相匹敵，則宜竭盡全力和他死戰，因為相匹敵，則勝敗難斷，若能效力而戰，亦可得勝；倘若我兵力比敵少，則宜據著險阻或城砦而取防禦態勢；倘若我的兵力比不上於敵，則可巧為退卻，避與交鋒。（言外即說：俟有援軍，即轉為攻勢。）

此節各「能」字，須留意！【少則能守之】守字，有些版本作【逃】字。至於「敵則能戰之」，及「不若則能避之」的兩個原則可做為現代游擊戰術的基本原則。

孟子說：「小固不可以敵大，寡固不可以敵眾，弱固不可以敵強。」

故小敵之堅，大敵之擒也。

所以力弱的小敵，倘若不知自量，徒作頑強的堅守堅戰，那簡直是力強的大敵所多謝的俎上肉。

上述十、五、倍、少、不若、小、大等字，雖是就軍隊之量來計算，當然亦包含著質的方面，如武器的鈍銳，訓練的精劣，兵質的好壞，糧食器材的足否等。——陸戰力的強弱以此測定；

至就海軍說，固以噸數為基本，但速力、備砲（口徑）、根據地的遠近、艦載飛機的性能等，也必須計算在內。

[兵數的重要性]

拿破崙說：「以僅有敵六成的兵力而戰，等於賭博。」

魯登道夫說：「一次世界大戰明白昭告於吾人者，即敵人在數目方面之優勢，實勝敗之所決，故數目為戰事之要鍵，不可不注意者也。戰事中，置數目之重要於不顧，而妄冀以少制多，實為大誤。法蘭西在一次世界大戰以前，確知所以為全體性戰爭之後盾者，惟在於傾盡一國之全力。」

夫將者，國之輔也，輔周則國必強，輔隙則國必弱。

這是說關於政府內部的問題。主將為國家元首的輔佐，好像車之支柱一樣，這支柱般的主將，倘若具備了智、信、仁、勇、嚴的五德（周），元首亦信任之，國家必可日臻強盛；反之，主將的五德不全（隙），有了缺點，元首亦妄加制肘，國家必日益衰弱。

【國】是國君（元首），是國家，也是政府。這三者，在古代往往成為三位一體的。像春秋時代的君主，係以個人的私經濟而撥給國家財政，又以絕對權而取自國民；所以政府、國家是包含於國君之力中；國君固依自己的意旨而行政、立法，而且特別掌握著宣戰媾和的人權，所以國即君。【輔】車的支柱，即兩旁的夾車木，轉用為輔佐意。

故君之所以患於三軍者三：不知三軍之不可以進，而謂之進，不知三軍之不可以退，而謂之退，是謂縻軍。

這裏有一問題應注意的：即元首足以為患於軍事的有三大項：其一、妄濫干涉軍事，不應前進時，而命令前進；不應退卻，而命令退卻，這叫做縻軍。

【三軍】古代軍制，天子之兵，定為六軍，諸侯之兵，定為三軍，三軍為三萬七千五百人。【縻軍】縻為絆意，如有絆之馬的軍隊，意謂束縛軍隊的行動。岳武穆班師之事，可為例證。

不知三軍之事，而同三軍之政，則軍士惑矣。不知三軍之權，而同三軍之任，則軍士疑矣。

其二、沒有軍事的知識經驗乃掌握和總司令一樣的職權，妄行處理軍政，弄得軍中行政混亂。朝令夕解，於是將士茫然莫知適從了。其三、不懂軍事上的權變，缺乏戰略戰術的知識經驗，也負起和總司令一樣的任務，妄行指揮，弄得笑話百出，於是，將士互相疑懼了。

上述三項，實沒有區別的必要，可以說均是戒不懂軍事者干預軍事。古人說：「國容不入軍，軍容不入國。」又說：「國不可以從外治，軍不可以從中御。」亦即此意。

三軍既惑且疑，則諸侯之難至矣，是謂亂軍引勝。

　　將卒對軍中一切既生疑惑，於是鬥志沮喪，內訌發生，必致招來敵國諸侯（當前之敵，或第三國）乘虛而壓迫我、攻擊我；唉！這真是攪亂自己的軍隊，以導致（或製造）敵國取勝於我的愚蠢舉動！

But when the army is restless and distrustful， trouble is sure to come from the other feudal princes. This is simply bringing anarchy into the army，and flinging victory away. (G)

　　元首對於前線的指揮官，不加干與，應任其進退自由；不然，就會發生「亂軍引勝」的禍害。

［指揮權要獨立］

　　統帥權獨立呼聲的原因，就是在此。如果君主或政府干涉軍事，則適合戰況的行動，當付之闕如。

　　英國的國王僅有陸海軍大元帥的虛名，沒有任何統帥的實權，過去日本，意大利也是一樣。

　　一次世界大戰的時侯，英國閣員常常議論戰爭實行上問題的是非，因之，每誤了各事之機宜的處置，後來政府覺得了，立刻從戰線上召回羅白特遜（Robertson)將軍，任以參謀總長，負起一切責任。

［克雷孟梭的權宜］

　　其在法國，對每一將帥雖沒有交與兵事之權的慣例，但鑑於前綫狀況的日非，克雷孟梭總理方委貝當將軍（堅守凡爾登的勇將）為全法軍的統帥，於是出征軍的指揮權，方從此完全獨立。

克雷孟梭總理斷然的處置，雖救了法國，但於此以前，前綫的指揮權，可以說握於法國政府之手。當時視察前綫的國會議員，吃驚於激戰的慘狀，乃要求陸軍部長立刻中止攻擊的命令，但亦不足怪，因為他們不懂軍事，不知戰況的推移，僅見局部的慘狀，遂於悲觀之餘，出此下策。

［柏脫曼的誤國］

其在德國也有這種事實：立法院每派員到前綫干涉，弄得戰事不易進行，魯登道夫氏在其所著《全體性戰爭》一書說過：「內閣總理柏脫曼氏（德國）阻止無限制的潛艇戰爭，使德國有精良的武器而不能使用，謂為誤國有何不可。」

［羅斯福的偉大］

到了二次世界大戰，各國政府因鑒於一次大戰政治與軍事間發生摩擦的惡果，所以對於軍隊的指揮權始能保持其獨立，不加以無謂的干涉，就中首推美國大總統羅斯福氏為代表的人物。正如馬歇爾將軍《致陸軍部二年報告書》上說：「羅斯福總統對余之信任，及其所以應付戰爭危急關頭之嚴肅的決意，余迄今仍抱持一種至深感激之情。當諾曼第登陸時，總統除看例行報告外，從未在任何時要求情報，於亞德納斯反攻之役，情勢異常危急，總統對予及艾森豪威爾將軍亦未嘗有一語之詰問，此乃一饒趣味之歷史事實也。至其對軍部管理之信任，則使陸軍部之官員辦事上大覺方便。」羅氏此舉，真是今後政治家的楷模！

故知勝有五：知可以戰，與不可以戰者勝；

在未戰之先，從這五個原則上，便可以判知勝利之事：第一、為主將者知道自己的兵力優於敵，則可以戰；敵優於己，則不可以戰；那麼戰則必勝。（按此項與〈始計〉篇的五事七計有密切關係，且含有本篇的圍、攻、分、戰、守、避的意義）。

「能戰與不能戰，亦視乎時與地為轉移，不知此而妄戰必敗。過去日俄之戰，對陣於沙河已久，日軍豫計，一待春意初動，決然大舉猛襲；這時，適值攻破旅順，遂調此方面軍隊增配於最左翼，準備一經完成，便乘春冰未解的機會（倘若春冰已解，則妨礙軍的行動）而攻之，果獲大捷。故可以戰則大軍猛襲，不可以戰，則堅壁固守，此為日軍在滿洲戰勝俄軍的原因。」——這是日人大谷光瑞的例解。

識眾寡之用者勝；

第二、在戰略上，對於兵力的使用，沒有錯誤了某一方面宜用重兵——主力，或寡兵——一部，當可取勝。其次，就戰術說：對於攻擊防禦沒有錯誤了兵力使用的重點選定，亦可取勝。（按此項含有本篇所說十、五、倍、敵、少、不若等的用兵之法的意義）。

[王翦與李信]

王翦事秦始皇，拔趙取燕，這時，有叫李信者，年青而氣秀，曾以數千兵破過燕太子丹，始皇奇之，問信說：「朕要取荊，將軍度用幾萬人？」信答道：「不過二十萬人。」至問王翦則答：「非六十萬人不可！」

始皇說：「王將軍老矣！何怯也？」於是，以李信為將，帶兵二十萬攻荊，不足，結果以六十萬兵破之。王翦真可謂為「識眾寡之用」的名將了。古人說：「大兵適於廣的平地，小兵適於狹的山地。」又說：「小兵適於夜戰，小兵可以依其使用之法，而破大兵。」又說：「用眾宜分，用寡宜合。」這也是用大兵與小兵的法則。

上下同欲者勝；

第三、上下一心，目的一致，視敵人如私仇一樣，當可取勝。

《作戰綱要》說：「協同一致，為達戰鬥的目的之要素。不論兵種，不分上下，均須「同心戮力」，「同仇敵愾」，始可獲戰鬥之成果。」

以虞待不虞者勝；

第四、虞是戒備意，這項是說在戰時的戰場上，我要嚴加戒備，以求安全；一經發覺敵人沒有戒備，即猛攻之，必可取勝。至就平時說，我時時預防，改進軍備，而敵則否，那麼乘機攻之，亦可取勝。

吳子說：「出門如見敵」。

老子說：「禍莫大於輕敵」。

將能而君不御者勝；

第五、主將有才能，即具有智、信、仁、勇、嚴的五才，元首不在後方遙為牽制，而聽其運用自如，必可取勝。

《史記》載：孫手將斬不服軍令的吳王寵姬二人時，雖有吳王「勿斬」的命令，但以「將在軍，君命有所不受，」遂斬之；這，不僅是軍紀維持問題，同時也是暗示軍隊的指揮權，如果被制肘於內，則不能運用自如，爭取勝利，所以吳王卒用彼為征楚之將了。

[羅、杜的不御]

這次美國在歐亞兩戰場的勝利，固由於艾森豪威爾、麥克阿瑟、尼米茲、安諾德諸將之「能」，亦由於元首羅斯福、杜魯門的「不御」，即不干涉其指揮權，而讓其自主，否則，恐怕也就不會這樣順利地完成任務了。

此五者，知勝之道也。

總之，這五項原則是一體的，不是分開的，一套判別勝敗的法則。

Thus we may know that there are five essentials for victory： (1) He will win who knows when to fight and when not to fight. (2) He will win who knows how to handle both superior forces. (3) He will win whose army is animated by the same spirit throughout all its ranks. (4) He will win who， prepared himself， waits to take the enemy unprepared. (5) He will win who has military capacity and is not interfered with by the sovereign. Victory lies in the knowledge of these five points. (G)

故曰：知己知彼，百戰不殆；不知彼而知己，一勝一負；不知彼，不知己，每戰必敗。

知己知彼，是多麼膾炙人口的名句！實為人類社會一切鬥爭的法則。這裏僅就軍事而說：明白彼我的情形，或虛實（如關於作戰計劃，戰鬥能力，天時地利等），縱是百戰，都不會發生危險的；其次不明敵情，僅是認識自己，那麼打起仗來，必致或勝或敗，勝敗不能預斷，適等於賭博之舉。再其次，對敵情既不明白，甚至連自己軍隊的如何也不清楚，打起仗來，宛如暗中摸索，那有每戰不敗？

老子說：「知人者智，自知者明。勝人者有力，自勝者強。」

吉田松陰說：「前半篇，伐謀、伐交、伐兵、攻城，事皆與敵關，故以知彼結之。後半篇，三負五勝，事皆在自為，故以知己結之。三句用韻，反復嘆詠，結法似不甚緊，而其實極緊。」

[名將的知己知彼]

知己知彼，戰則易勝，不知己又不知彼，戰則必敗，這是戰史上常見的事。普奧之役，普軍之所以打敗奧軍，是由於毛奇將軍既明白「己」——普軍的實力，又認識「彼」——奧軍的素質、裝備、戰鬥力等；反之，奧將昧於彼此則敗。至如普法之役，毛奇認為欲統一南北德意志，建設一個強大的帝國，非把西歐

的霸者法蘭西打敗不可，所以於勝奧後，又攻法，結果普勝法敗，亦是由此。自古名將，除知己外，而對於知彼更為著眼。普魯士腓特烈大王說：「若能常常豫知敵的企圖，雖以劣勢的軍隊，每回都可以立於優越地位。」拿破崙為探知敵情，用間固勿論，且於將會戰時，都是先以優勢的騎兵集團行進於數日路程之前，偵察敵的運動，另一面又極力掩護己軍的運動，即自己既明瞭敵情，同時，又使敵絲毫不能窺知己軍的行動。

［珍珠港之敗在此］

　　一九四一年冬美國在珍珠港所吃日本的大虧，不待說，也是因為「不知彼」之故，即事先沒有知道日本進攻珍珠港的企圖，致毫無戒備，為其所欲為。正如最近美國聯邦最高法院以司法官勞勃茲為首領負責審查此案之委員會宣稱：「珍珠港被襲之令人驚異一點，為美方之情報缺乏，而非配備缺乏，即使當時有更多之飛機與雷達配備，情形恐亦未必較佳，蓋最大之錯誤在於對敵人之全面襲擊，事先未有戒備，致不克立起應付。吾人之組織並無錯誤，吾人對局勢之估計錯了。」由此可見一國不能一時一刻不知敵國的動態，同樣一軍也是不能一時一刻不知敵軍的動態，否則只有覆軍殺將，亡國滅種。孫子的名言，應永遠作為我們謀國者，治軍者的座右銘吧！

表三 〈謀攻〉篇鳥瞰表

謀攻					
善用兵者		用兵之法		將者國之輔佐也	知勝之五道
全（國、軍、旅、卒、伍）為上 破（國、軍、旅、卒、伍）次之		十則圍之 五則攻之	倍則分之 敵則能戰之 小則能守之 不若則能避之	輔周則國必強 輔隙則國必弱	知可以與戰不可以與戰者（論知戰法之將也）識眾寡之用者（論知用兵之將也）上下同欲者（論上下一致之法也）以虞待不虞者（論治而乘亂之法也）將能而君不御者（論君將之和不和也）
故皆貴謀也		主攻城	主野戰	君之所以患於三軍者三 縻軍 軍士之惑 軍士之疑 所以使亂軍引勝也	
不戰而屈人之兵善之善者也	百戰百勝非善之善者也				故 不知彼而知己一勝一敗 不知彼不知己每戰必敗
故上兵伐謀 屈人之兵而非戰也 拔人之城而非攻也 毀人之國而非久也 必以全爭天下也	其次（策）伐交 其次伐兵 其下（策）攻城－為不得已殺士卒三分之一此攻城之災也	論眾寡之用法也			故 知彼知己百戰不殆（知己者五事知彼者七計）
此謀攻之法也					

111

軍形第四　CHUN HSING (Tactical Dispositions) IV

> 戰爭必須先立於不敗之地，而完成之法，則為「修道保法」——
> ——實現軍隊之精神物質的兩全主義。攻守以保持行動的秘密為
> 最上，一經發覺敵的敗形（虛隙），即集中無比的威力，一舉
> 而殲滅之。

孫子曰：　昔之善戰者，先為不可勝，以待敵之可勝，不可勝在己，可勝在敵。

　　古時善戰的主將，當要進攻敵人，都是預先充實了自己的內部（精神物質的兩全），使敵不能勝我；而且確保主動地位，一待敵發生有可勝的虛隙，即乘之。敵之所以不能勝我，是由我預先充實了我的內部，——這是屬於向己的問題，雖可以自由處理；但僅是這樣，還不能勝敵的，勝敵必須乘敵的虛隙，然而虛隙的發生與否，則屬於敵方的問題，不讓我自由強求。

The ancient masters of war first made their armies invincible, then waited until the adversary could with certainty be defeated. The causes of defeat come from within；victory is born in the enemy's camp. (C)

　　【先為不可勝】即於未戰前，充實了自己的內部，與後述「先立於不敗之地」的意義相同；其完成之法，為後述的「修道保法」，因之修道保法，便是全篇的主眼，詳後。又此篇，有人評為：「現代一篇頂有價值的國防原理」，實有見地。

［美國的先為不可勝］

美國過去反攻日本，真可以說是「先為不可勝，以待敵之可勝。」即美國於一九四一年遭受日本對珍珠港的奇襲，一時因損失過大，自知反攻無「先勝」的把握，於是乃暫取守勢，埋頭準備，直至一九四四年認為戰鬥力已加強，即已具「不可勝」的條件，同時日軍亦已陷於勢分力弱，遂轉取攻勢，由瓜加林之役至琉球之役——其間真是所向無前，每戰必勝。亦即後面所說：「勝兵先勝，而後求戰」。那有不勝的道理？

故善戰者，能為不可勝，不能使敵必可勝；故曰：勝可知，而不可為。

所以善戰的主將，雖能夠使敵不能勝我，決不能依我的意志，造成敵的敗因——虛隙以取勝。故曰：勝敵之事，是可推知的，但不讓我自由造成敵之虛而取勝。

［乘虛制勝］

良將不為敵所乘，卻能乘敵之虛以取勝，這虛，是待敵自然發生而捕捉之，故解為由我造成之則不對。《作戰綱要》等書所謂「立於主動地位」，即使敵不能捕捉我之虛意。在戰爭與戰鬥的過程中，彼此必會自然發生虛隙，而能捕捉之，這是名將與凡將之所由分。柔道家（柔道為日本為一種拳法）所乘的是對手之虛，決不是勉強地造成對手之虛而乘之，而是乘其自然發生的間不容髮之虛而取勝。這節雖是難解之文，但舉出這個譬喻，也許可以使讀者領悟孫子所說兵機的要諦吧？

范蠡說：「時不至，不可強生；事不究，不可強成。」

不可勝者，守也；可勝者，攻也；守則不足，攻則有餘；善守者，藏於九地之下；善攻者，動於九天之上；故能自保而全勝也。

　　這是就戰場上而說：倘若我尚未有勝敵的兵力，則暫行防守；反之，倘若我一有勝敵的兵力，即速行攻擊。大凡我守的時候，是因勝敵的兵力尚不足，而攻擊的時候，則由我勝敵的兵力已有餘，（兵力的有餘或不足，是相對的，不是絕對的）；當勝敵的兵力不足而守，這時所謂善守者，好像藏於最深的地下一樣，使敵無從偵知我的虛實，以施其技，且常保主動的地位；及至勝敵的兵力已有餘，這時所謂善攻者宛如飛翔於最高的天空一樣，行動秘密而機敏神速，乘虛攻之，使敵無從應付。這樣的攻守，便可以保全自己的軍隊而取得完全的勝利。

［九天九地］

　　攻守原為用兵不定之形，用兵的最後目的為取勝，但欲取勝，結果必取決於攻擊。故「不可勝者，守也，」不是永久的防守，乃是暫時的防守。【守則不足，攻則有餘】兵力不足是弱，兵力有餘是強。大場彌平少將解說：「日清戰爭之前，日本的陸海軍比清劣勢，因之在未獲得海權的當時，便以守勢為骨子，著手構築本國內各戰略要點的要塞，以為防衛國土。可是日本以前是怎樣「守的不足」呢？現在各地所留存的要塞，便是最好的證明。不久，陸海軍俱達於必勝的境地，於是乃捨守勢而轉取攻勢，進兵於遼遠的滿洲之野，求決戰的戰場於大陸。」【九天九

地】為中國舊天文地理學的名詞，據楊雄《太玄經》的記載：九天—— 一為中天，二為美天，三為從天，四為更天，五為睟天，六為廓天，七為減天，八為沈天，九為成天。九地—— 一為沙泥，二為澤地，三為泜崖，四為下田，五為中田，六為上田，七為下山，八為中山，九為上山。在這裏，此喻其深與高，即形容行動詭祕，莫測高深。但是現代戰爭上還有其巧妙的意思，這令人想到孫子又是一個預言家了。

〇　　　　〇　　　　〇

［藏於九地之下的要塞戰］

在一次歐洲大戰，一九一六年凡爾登的要塞戰，優勢的德軍以猛烈的砲擊，幾乎盡將法軍的堡壘粉碎，創造了「凡有形的，必被破壞」的新記錄。因此，以巨砲巨彈，空中爆擊等破壞火器為攻擊之主力的現代戰，對於要塞的構築，有愈趨藏於地下的傾尚。例如法國的馬奇諾防綫，德國的齊格飛防綫，又如俄軍在東部西伯利亞的國境防綫上，建築了數千僅露一點頭角於地面的「托赤卡」（Tortica）分散要塞群。孫子於兩千多年前就說「藏於九地之下」的守城戰，真是意思深長。

［動於九天之上的飛機］

又，在一次歐戰時，一種新的兵器——飛機登場了。據說：英法協約軍於最初的國境戰，發現德軍侵入比利時，是由於「動於九天之上」的一架飛機偵察的結果。

　　與漢尼拔的康納包圍戰，俱稱為世界二大美技的一九一四年秋坦能堡殲滅戰，是飛機活躍的賜物；興登堡元帥於戰後，曾這樣述懷：「沒有飛機，便沒有坦能堡。」

　　最近飛機愈呈跳躍的進步，不僅可舞於九天之上而俯瞰，且可搭載大量炸彈作遠距離的轟炸，成為直接攻擊的強銳武器；倘若想起：牠加於敵國的首都、主要都市、戰略要點的巨大威力，則孫子「動於九天」的戰略，正是古今一貫的大原則。

——大場彌平的《孫子兵法》

○　　　　　○　　　　　○

〔藏於九地之下的防空室〕

　　到了二次世界大戰，以馬奇諾防綫及新嘉坡要塞的陷落，使一般人對於要塞的價值，起了動搖，使一般人以為孤守「藏於九地之下」的要塞，是無用的，所以我們應把孫子這個原則活用到防空方面來。在二次大戰中，像重慶桂林等地的大隧道、防空洞，真不知救了多少人民的生命。至於倫敦的地下避彈室，乃建築於地底七十英尺深處，更為安全，其中分有：地下內閣，用厚達十六呎的鋼骨水泥來保護，且有避毒氣的門戶和禦捕炸彈的鋼網，戰時首相邱吉爾及其閣員就是在這裏工作著。地下總部，內部共有一百二十七個房間，屋頂上面有通風管，空氣調節器，氣管等設備，在那裏工作的人員限於中級以上軍事人員，所以倫敦當時不論在德機怎樣瘋狂的轟炸之下，均不足以妨礙他們的安全及工作。尤其是自從原子炸彈出現後，使將來的防空設備愈有深藏於九地之下的必要，所以現在有人主張在將來原子戰爭的時候，

所有軍事設備和有關作戰的工廠均要預先移入地下，必要時人民也要完全躲避到地下去。

[動於九天之上的傘兵與空軍]

其次說到「善攻者，動於九天之上；」更成為二次大戰的制勝鐵則。例如為一次大戰所無的降落傘部隊，全以「飛將軍自天而降」的姿態，乘敵方的不備，降落於敵後，而收驚人的戰果，像德軍的佔領荷蘭水閘，及攻破列日要塞，均為傘兵之功。至於空軍，不特可以制陸，且可以制海，例如美日海軍在太平洋之珊瑚、中途、塞班諸島及菲律濱、台灣海面諸海戰，雙方的兵艦往往相距百里以上，即開始空戰空襲，不待兵艦的接觸而勝負已分，不待說，這是由於美國空軍占絕對優勢，把日艦炸得片甲不留，或畏戰而逃。至於原子彈的轟炸日本，這是超空保壘以動於九天之上的姿態演出。孫子於兩千年前已預言了今日戰爭的形態，彼真是一個空前絕後的大軍事思想家！

○　　　　○　　　　○

[全勝的哲理]

這一節還未見過健全的解說，大概是因為不知解釋之法吧？所謂「全勝」是怎樣的呢？我軍以千人之力，而殺敵百人，這不是全勝，何故呢？蓋其中僅發生一死一傷，都不是全勝；僅損失一矢一弦，也不是自保了；有損害的僅是比較的勝利，不是自保，也不是全勝；不然，我以千人之力而遭遇萬人的戰鬥力，那就要完全消滅了；像這樣相對的考察，不是孫子的根本思想；勝者即敗者，勝與敗是互生於同一根蒂，故孫子的所謂全勝與全敗相同，色即空，空即色。老子說：「善行無轍跡」，這便是戰爭

的哲理，亦即孫子所說：「形兵之極，至於無形。」這節所用「九天九地」的名詞，其意形容至高至深；天地雖高深，用科學之力，卻可以測定其高深；至於無形在物理學上則為無限大，縱是若何剛健者，都不能取勝於無形，且又看不見其無限大，故敵不能與之戰，所以老子把牠叫做「不爭之德，不負之強。」故謂：「敵兵雖百萬，我僅一人未必敗。」這，由於哲理比數理的觀念更高，在朦朧的夢境中，孫子的戰爭哲學露著微笑。

　　說起來是很複雜的，但因是孫子的要點，所以再有回頭作一度解說的必要。用拳頭擊暖簾，強是不勝弱的；鐵腕比暖簾，暖簾比空氣，而克服空氣的是什麼？空氣雖強，卻有氣象構成牠的原素，但夢幻是無形的，所以最強，所謂「形兵至於無形」，就是這樣。於描寫禪的祕境，有「電光影裏斬春風」之句，山岡鐵舟在道場中對於掛著這七字匾額，認為是劍道真諦，但同時也是兵法的真諦；閃然的電光，於很快消失之前，立刻拔劍而斬春風，——那是狂人吧？我想：精神變態者因於物慾，是不會嘗得這種妙味的；然在那反復披誦中，自可以領略其妙吧。

　　關尹子說：「聖人藏於天，故不能傷焉。」尉繚子說「治兵者，若祕於地，若邃於天。」

　　　　　　　　　　　　——北村佳逸的《孫子解說》

見勝不過眾人之所知，非善之善者也；戰勝而天下曰善，非善之善者也，故舉秋毫不為多力，見日月不為明目，聞雷霆不為聰耳。

原來良將是用不著作戰而屈人之兵的，故洞識勝利的機會，超不出常人所洞識的範圍，（為人不知而勝取的，以謀攻為最善。）不是最善的勝利，因為結果必出於交戰；至與敵人力戰苦鬥後，方獲勝利，為天下人人拍手贊美說：「勞苦功高呀！勞苦功高呀！」這也不是最善的，因為自己已蒙了無限的損失。總之，這簡直好比能夠舉起一根輕細獸毛的人，不能叫做體力強的人；能夠看見太陽與月亮的人，不能叫做視力強的人；能夠聞得轟轟的雷聲的人，不能叫做聽力強的人。

在歷史上，燦爛輝煌（殺得血流成河）的大勝，以兵法家的眼光來看，不是之善中之善，而以屈服敵作戰於未萌為至善；次之，為不費摧枯拉朽之力而勝的自然之戰。

老子說：「上善若水。」又說：「聖人為而不恃，功成而不居，其不欲見賢。」

古之所謂善戰者，勝於易勝者也；故善戰者之勝也，無智名，無勇功。

古時所謂善戰的主將，其取勝，是勝於很容易取勝的敵人，即不待敵人的兵形已成，而機智敏捷，運用伐謀伐交等手段，不經交戰，而使敵人屈服，——這是一種微妙機祕的動作，故為一般人不注意，不驚訝。因此，這種勝利，就不會震動炫耀於一般人的耳目之前，被稱贊為智者勇者的了。

［以《墨子》為證］

墨子說：

　　公輸盤為楚造雲梯之械，成，將以攻宋。子墨子聞之，起於齊，行十日十夜而至於郢，見公輸盤。公輸盤曰：「夫子何命焉為?」子墨子曰：「北方有侮臣，願藉子殺之。」公輸盤不說。子墨子曰：「請獻千金。」公輸盤曰：「吾義固不殺人。」子墨子起再拜曰：「請說之：吾從北方聞子為梯，將以攻宋，宋何罪之有？荊國有餘於地，而不足於民；殺所不足，而爭所有餘，不可謂智；宋無罪而攻之，不可謂仁；知而不爭，不可謂忠；爭而不得，不可謂強；義不殺少而殺眾，不可謂知類。」公輸盤服。子墨子曰：「然，胡不已乎？」公輸盤曰：「不可，吾既已言之王矣。」子墨子曰：「胡不見我於王？」公輸盤曰：「諾。」子墨子見王曰：「今有人於此，舍其文軒，鄰有敝轝，而欲竊之；舍其錦繡，鄰有短褐，而欲竊之；舍其粱肉，鄰有糠糟，而欲竊之，此為何若人?」王曰：「必為竊疾矣。」子墨子曰：「荊之地方五千里，宋之地方五百里，此猶文軒之與敝轝也；荊有雲夢，犀兕麋鹿滿之，江漢之魚鱉黿鼉，為天下富；宋所為無雉兔狐狸者也。此猶粱肉之與糠糟也；荊有長松文梓，梗枏豫章；宋無長木。此猶錦繡之與短褐也。臣以三事之攻宋也，為與其同類，臣見大王之必傷義而不得。」王曰：「善哉！雖然，公輸盤為我為雲梯，必取宋。」於是見公輸盤，子墨子解帶為城，以牒為械；公輸盤九設攻城之機變，子墨子九距之。公輸盤之攻械盡，子墨子之守圉有餘。公輸盤詘而曰：「吾知所以距子矣！吾不言。」子墨子亦曰：「吾知子之所以距我，吾不言。」楚王問其故。子墨子曰：「公輸子之意，不過欲殺臣。殺臣，宋莫能守，可攻也。然臣之弟子，禽滑釐等三百人，已持臣守圉之器，在宋城上而待楚寇矣。雖殺臣不能絕也。」楚王曰：「善哉！吾請無攻宋

矣。」子墨子歸，過宋，天雨，庇其閭中，守閭者不內也。故曰：「治於神者，眾人不知其功；爭於明者，眾人知之。」

故其戰勝不忒，不忒者，其所措必勝，勝已敗者也。

良將對於戰鬥的勝利，是一定有把握的，即其所戰必勝；而其所以勝，則由於捕捉著已露敗形的敵人。

【不忒】為不差或一定有把握意，有本作「不惑」。【所措】為所戰，或所舉兵意。

故善戰者，先立於不敗之地，而不失敵之敗也。

這與前節的「自保而全勝」相應，良將的作戰，先使自己立於不敗之地，一經發見敵人露出敗形，就不失時機而速攻之，使敵不能倖免於敗。

老子說：「善建者不拔。」（拔：超過）孔子說：「暴虎馮河，死而無悔者，吾不與也；必也臨事而懼，好謀而成者也。」

是故勝兵先勝，而後求戰；敗兵先戰，而後求勝。

所以可勝的軍隊，於戰前已具備著戰勝的條件（即前說的內部充實），然後出而捕捉著敵人的虛隙以決戰，故百戰百勝；反之，必敗的軍隊，事前沒有其具備戰勝的條件，貿然出而戰鬥，僥倖勝利於萬一，結果每戰必敗。

Thus it is that in war the victorious strategist seeks battle after the victory has been won, whereas he who is destined to defeat first fights and afterwards looks for victory. (G)

　　戰爭哲學者克勞塞維慈用辯證法研究戰勝的結論說：「勝利的最初是極微小而難感覺的；但在戰爭的進行中必擴大，而其結果更大。」老子說：「見小曰明，守柔曰強。」又說：「天之道，不爭而善勝，不言而善應，不召而自來，坦然而善謀。天網恢恢，疏而不失。」

善用兵者，修道而保法，故能為勝敗之政。

　　以上所述，要而言之，善用兵的良將，既修明道——「令民與上同意，可與之死，可與之生，而不畏危；」又保法——保持「曲制，官道，主用」的完整；所以，就能夠支配勝敗，即我可以乘敵之虛而取勝。

　　【修道保法】道與法，均為〈始計〉篇所說的道與法，但這裏所說的道，據編者的研究，乃為將帥對部下士卒的有道，如共同甘苦，財政公開，訓練有方，紀律嚴明，賞罰公平等是。保法，為保善軍制或保持軍備的充實意。這樣，則軍隊的精神與物質俱臻於優越，先立於不敗之地，然後出而求戰，其攻則動於九天之上，守則藏於九地之下，那麼，當然能夠「為勝敗之政」了。但亦有此種解釋：「修道」的道，為戰略戰術。「保法」的法，指下引的五項用兵之法。

【為勝敗之政】為勝敗即為勝（必勝），敗字乃無意思的接尾詞。好比一旦有緩急的緩，是無意義的接頭詞；能辨異同的同，是無意義的接尾詞，——在古文上，此類頗多。

板井末雄說：「修道保法為全篇的主眼，本論已盡於此，下為餘論。」

兵法：「一曰度，二曰量，三曰數，四曰稱，五曰勝；地生度，度生量，量生數，數生稱， 稱生勝。」

在古代兵法上說：「戰爭之事，先從度（地理的研究），經過量、數、稱，而到達勝。即憑測度地形的險易遠近，而決定作戰大綱為度；度決定以後，其次為依戰場的廣狹；而研究戰綫的長短，兵種的配備為量；以量為基礎，而決定兵員的多寡為數；由數的計算，而估定彼我戰鬥力的輕重（強弱）為稱；依於這四種法則的研究，而得的勝算為勝。」

For the rule is the survey of land； the measure tells the amount of that land's produce； the tables its populations：from the scales their weight or quality is made known； and then can we calculate victory or defeat. (C)

孫子這裏所說的「度」、「量」、「數」，若以今日的眼光觀察，實過於物理的，大有一讀難解之感。但在古代，用密集集團，而各持原始的白兵，以猛烈的衝擊力，而壓倒突破敵人，乃依兵數的量與其速力的相乘積以構成運動的摧毀力而求勝，因有量、數之說，並不足怪。

〔孫子與西方軍事家的觀點相同〕

在拿破崙戰爭後，普魯士軍事著述家 Rustow（著有《十九世紀的作戰》等書）曾這樣說過：「兵力的優勢，非先從數的優越中求之不可。如果得不到絕對的優越，亦須得到相當的優越，這就是決定戰爭的要點，即不論在某戰地，某地點，某戰場，非求得到勝利的最確實而最容易之點不可。」

拿破崙關於兵力量，在其筆記說：「軍隊的力量，好像機械學的運動量一般，是質量與速度的相乘積。」

這是說軍隊的行動迅速，同時，也是從物理的和量的來看戰鬥的軍隊。這點，與孫子的看法同一。

故勝兵若以鎰稱銖，敗兵若以銖稱鎰。

良將明於上述的五項法則，定下勝算。然後開始戰鬥；敗將昧於上述的五項法則，糊里糊塗而戰，於是兩者的相差：前者如以一鎰之重而臨一銖之輕；後者，如以一銖之輕而當一鎰之重；那麼，勝敗之數，在未戰之前，已昭然若揭了。

A victorious army, opposed to a routed one, is as a pound's weight placed in the scale against a single grain. (G)

【銖鎰】為我國古衡名，十黍為累，十累為銖，二十四銖為兩，二十四兩為鎰。

勝者之戰，若決積水於千仭之谿者，形也。

所以良將一經開戰，好像決開數千米突深之山谿的積水奔瀉而下一樣（即集中無比的威力，一舉粉碎敵軍），這是叫做軍形。

The attack of conquering forces is as the outburst of long pent up waters into sunken valleys. Such are the orders of battle. (C)

【積水之谿】谿是山中之澗，積水是蓄積著的水，即澗中蓄集著的水。【千仞】古以周尺八尺為仞，合令營造尺六尺四寸八分。

老子說：「天下莫柔弱於水，而攻堅強者，莫之能勝。」

一八○六年拿破崙在耶納的戰勝，其戰勢的猛烈，正如孫子於此所說：「決積水於千仞之谿者，形也。」彼於戰後向天大嘯：「殺我的彈丸還未鑄造!」

［優勢］

其勝因，固由於戰略的巧妙，用兵的迅速等，要而言之，還是以二十萬的大軍對普軍的十五萬之壓倒的優勢， 為其重大因素。

［速力］

談到孫子的這種戰勢論，同時，也令人聯想起軍的速力。美國的偉大海軍戰略家馬翰氏，於其者作中，解說當為海戰必勝的要訣，就是這速度的問題。

［壓倒］

　　過去太平洋之戰，美空軍常以壓倒的態勢，奪取了制空權，擊敗日空軍，而各機均以無比的速力火力，保持其優勢的戰鬥之姿，這也令人想起彷彿孫子所謂：「決積水於千仞」的威勢。

表四　〈軍形〉篇鳥瞰表

軍形（無形）			
內形　－　善戰者			外形　－　兵法
先為不可勝 （在己） 以待敵之可勝 （在敵）	勝於易勝： 見勝不過眾人之 所知非善之 善者也 戰勝而天下曰善 非善之善者也	立於不敗之地 而不失敵之敗	度　－　地生度 量　－　度生量 數　－　量生數 稱　－　數生稱 勝　－　稱生勝
故 勝可知而不可為	故 舉秋毫不為多力 見日月不為明目 聞雷霆不為聰耳	故 勝兵先勝而後求 戰 敗兵先戰而後求 勝	故 勝兵若以鎰稱銖 敗兵若以銖稱鎰
守（不足）－ 　藏九地之下 攻（有餘）－ 　動九天之上	攻其勝也 無智名 無勇功	即良將者先有一 定之勝算然後求 戰	故 勝者之戰若決積 水 於千仞之豀者形 也
故自保而全勝也	故不忒而勝 勝已敗者也		
故修道而保法　能為勝敗之政			
內外無形			

虛　實

兵法是虛對實。虛實。

○　　　　　　○　　　　　　○

虛實的轉化、相生，虛變實，實變虛，虛虛實實。

○　　　　　　○　　　　　　○

虛對虛，實對實的虛虛實實不是兵法。兵法是虛對實，
實對虛的虛實實虛。虛變實，實變虛的虛實實虛。

○　　　　　　○　　　　　　○

虛實轉化而變為虛實實虛，虛實展開而變為虛實實虛，那
麼所謂虛實實虛是虛實的轉化，是虛實的展開。

○　　　　　　○　　　　　　○

虛虛實實原為兵法向來的意義，但不過是虛實的單一返
復、循環，并表示虛實的轉化、展開而已。

　　　　　——譯自多賀義憲著《東洋古兵法的精神》一書

兵勢第五 PING SHIH (Energy) V

用兵之法不外奇正兩端，活用奇正，便可制勝。而導致戰鬥於有利，以發揮部下的特長，亦為本篇的要點，與次篇成為姊妹篇。

孫子曰：凡治眾如治寡，分數是也。

統帥大部隊，恰如統率小部隊一樣的簡易，是由於有了分數——編制編成，倘若編制編成適切，縱是十萬以至數百萬的大軍，亦可由一人統帥指揮自如。

〔古代編制〕

【分數】是軍隊的編成，即戰鬥序列，軍隊分區。曹操註：「部曲為分，什伍為數。」即：分是部隊編成，數為人數意。古代部隊的編成有種種的記載：依周禮分：五人為伍，五伍為兩，四兩為卒，五卒為旅，五旅為師，五師為軍（一萬二千五百人）另把十人稱為火，五十人稱為隊。依司馬穰苴分：以五十人為一隊，而把一軍的一萬二千五百人，分為二百五十隊，其中七十五隊為握奇（總豫備隊），其他一百七十五隊，分為八陣，即本隊八千七百五十人，豫備隊三千七百五十人。據張預述漢制：一人曰獨，二人曰比，三人曰參，比參為伍，五人曰列，二列為火，五火為隊，二隊為官，二官為曲，二曲為部，二部為校，二校為裨，二裨為軍，一軍計三千二百人，比周制一軍的人員較少。至於現代各國軍隊的編制，通常分為班、排、連、營、團、旅、師

、軍等；并有平時編制與戰時編制之分，前者為後者的基礎，後者依前者而產生，造成有組織的武力，即基於此。

○　　　○　　　○

[指揮要簡易]

孫子於此是論戰場指揮的簡易的，西歐名將說：「戰爭計劃的第一要件是最簡單，因為簡單的計劃，比複雜的計劃，令人容易想起，容易實行。」語雖不同，其意則一。拿破崙戰略戰術的全貌，始終是盡於「極簡單」一語。因為簡單便可「治衆如治寡」，進而奇想天外，捕捉良機，衝敵之虛。

拿破崙侵略英國，嘆為唯一的缺點是彼艦隊的不振，於一八○五年二月一日致書羅斯敦說：「我海軍的最大缺點是做司令官者，不論在什麼場合之下，老是不慣於下命令。」這，雖與孫子所謂「分數是也」的組織關係很少，卻證明了「治衆如治寡」的戰場指揮之適切簡單，在海戰的戰略上也是同樣的重要。果然，法國的海軍慘敗於特拉法加。

組織統帥適切的軍隊，大將有大將的職責，推而至於師長團長也各有其不可侵犯的權限；將軍干涉連長的職分，等於士兵侵犯軍官的範圍，凡此都足以紊亂紀律，削喪軍隊的鬥志的。

——大場彌平的《孫子兵法》

鬥眾如鬥寡，形名是也。

與大軍交戰，好比與小軍交戰一樣的輕鬆自在，這由於有了形名，即用旌旗之形與鐘鼓之音的信號為指揮。

【形名】形是旌旗，名是聲音，即鐘鼓。在古代戰場上指揮軍隊，所用的是旌旗與鐘鼓。在現代為喇叭、電報、電話及其他傳令信號。

○　　　　　○　　　　　○

［亞歷山大王與孫子的所見相同］

亞歷山大王之密集長槍隊（Phalanx）的密集戰法，也是用旌旗指揮，且認為是戰鬥指揮上最重要的事。但那是怎樣的重要呢？在大王對密集步兵隊訓練的文告上，有下面的話：

「各員要注意將帥所發細微的信號，依其軍旗而保持隊形；所命令的事，不論何事均要實行。」

「至於向敵包圍，攻此擊彼，變更戰鬥序列等，其操縱兵的容易，要如操縱將的容易。」

由此觀之，大王所見與孫子所見，實是不約而同。至於日本戰國時代，如信玄、謙信等名將指揮「鶴翼」或「車懸」的密集陣時，都是用旌旗與大鼓。

——大場彌平的《孫子兵法》

吳子說：「夫鼙鼓金鐸，所以威耳；旌旗麾幟，所以威目；禁令刑罰，所以威心。耳威於聲，不可不清；目威於色，不可不明；心威於刑，不可不嚴。三者不立，雖有其國，必敗於敵。故曰：將之所麾，莫不從移；將之所指，莫不前死。」

三軍之眾，可使必受敵而無敗者，奇正是也。

大國三軍之眾，不論在任何場合之下，可使其與敵作戰而不敗的，是由於奇正戰法運用的不誤，即不誤了戰鬥的常則與變則的運用。

[奇、正的種種解釋]

【奇正】奇正與虛實向為兵家所殫精竭慮研究的課題。曹孟德註：「正者當敵，奇兵從旁擊不備也。」尉繚子說：「正兵貴先，奇兵貴後。」（即正兵先向正面攻擊，奇兵擊其背面之謂）。李衛公說：「兵以前向為正，後卻為奇。」唐太宗說：「以奇為正者，敵意其奇，則吾正擊之；以正為奇者，敵意其正，則吾奇擊之。」尾川敬二說：「正是戰鬥的常則，如正攻等；奇是戰鬥的變則，如迂迴等。」至依北村佳逸的見解：「防備得使敵不能勝我為正，乘敵之敗形襲擊為奇。潛水艇，航空母艦等是奇，戰鬥艦隊是正。在春秋戰國時，正攻用車隊，奇襲用馬隊（騎兵）：現代騎兵的任務，除搜索警戒外，還可擔任破壞，衝鋒工作的「乘馬用刀，下馬用槍。」奇兵尚神速，對於戰車隊難以通過的小道，為便利而用馬隊，把「騎」字的馬兒傍書為「奇」，不是基於此嗎？就將棋（日本玩具，略似中國象棋）說：金銀步等是正兵，飛車角是正奇兩用，善用奇者，常有以弱卒擒獲主將的妙事。正兵與正兵的衝突雖勝，死傷卻多。所以損失少而獲大勝的，僅限於奇兵。」

[春秋戰國的教戰法]

春秋戰國的詳細教戰之法，不傳於後世。據吳子述：「教戰之令：短者持矛戟，長者持弓弩，強者持旌旗，勇者持金鼓，弱者給廝養，智者為謀主。鄉里相比，什伍相保，一鼓整兵，二鼓習陣，三鼓趨食，四鼓嚴辦，五鼓就行。聞鼓聲合，然後舉旗。」

［羅馬時代步兵的裝備］

初期的羅馬軍團區分步兵為重甲兵與輕裝兵：重甲兵戴垂至肩膊的鐵兜，並披胸甲與屈伸自在的鎧、脛甲、臂甲等，左手佩長四尺寬二尺的楯，右手執投槍（與敵戰，則先投此投槍）。左身插三尺的長劍，右腰插短劍。輕裝兵頭戴兜子，左手佩楯，或佩手楯，右手依兵種之不同而持投石器、弓、戟，跟著重甲兵之後，而排成整然的隊伍。

兵之所加，如以碬投卵者，虛實是也。

我軍所向——攻擊敵人，恰如以至堅的石塊投擲那脆弱之卵一樣，一碰必破，這是由以我之實擊彼之虛。

The enemy is crushed, like the fall of a grindstone upon an egg, by knowledge of his strength and weakness, and by the employment of truth and artifice. (C)

【碬】是磨刀的石，堅實的石。【虛實】在用兵上，有弱點叫做虛，沒有弱點，精神物質俱保持充實的狀態，叫做實，詳〈虛實〉篇。

［腓特烈大王、拿破崙與希特勒的用兵］

腓特烈大王每以劣勢的兵力，破優勢之敵，即彼常出乎敵的意料以外，而以迅速微妙的迂迴運動，把主力移向於敵之一翼，造成優勢的兵力以擊敵的弱點——虛，即是孫子所謂「虛實是也」。至於拿破崙的屢戰屢勝，亦由於採取以實擊虛的破卵戰法；但最後在滑鐵盧之役，因以虛擊實，致自碰鐵壁。被譽為「戰爭之王」的希特勒，他在歐洲戰場上的勝利，如以四週而解決波蘭，五天而解決荷蘭，七天而解決比利時，六週而解決法蘭西，亦由於使用「以碫投卵」的戰法；而最後的失敗，乃由於精疲力竭，變為以卵當石，盟軍卻以「以碫投卵」的威勢，展開東西夾擊，使其無從抵禦，終至一敗再敗，慘死柏林。

凡戰者，以正合，以奇勝。

一切戰鬥，首先多是運用戰鬥的常則，作堂堂正正的合戰，然後因著戰況的變化，運用變則（奇兵）以取勝。

老子說：「以正治國，以奇用兵。」

稱為現代空軍之花的單座戰鬥機，在空中的格鬥，正是這樣的「正合奇勝」。他們一上一下地相搏於大空中的壯觀，真是發揮著高度的鬥志、智力、體力、熱情和機械的能力及一切一切的奇術而角逐。

［外國著作家喜引用孫子的話］

現代世界各國兵學家多愛用孫子的名言。近讀美國拉姆氏撰：《蒙古的戰法》一文，曾引孫子這個原則，批評一九一六年福根漢與德皇太子攻擊凡爾登要塞的失敗說：「福根漢與德皇太

子的戰術應用，顯然違背二千年前《孫子》〈兵勢〉篇所指示：「凡戰者以正合，以奇勝」的原則，故有此失。即是說，他們僅作頑強的正面攻擊，未能以奇制勝。」

故善出奇者，無窮如天地，不竭如江河；終而復始，日月是也；死而復生，四時是也。

所以善用變則的將帥，常是因著戰況刻刻的變化而運用之，使敵無從偵知應付，恰如天地的運行無窮，江河的奔流不竭；又宛如沒於西天又昇於東天之日月的終而復始，春夏秋冬之循環的死而復生。

【天地】老子說：「天長地久，天地所以能且長久者，以其不自生。」這是無窮的理由。【江河】如長江與黃河，老子說：「聖人不積，既以為人，己愈有；既以與人，己愈多。」。《中庸》說：「溥博淵泉而時出之」。【日月】是循環理法之物的證明。老子說：「天下萬物生於有，有生於無。」【四時】春死夏生，夏死秋生，秋死冬生。老子說「有無相生，前後相隨。」

聲不過五，五聲之變，不可勝聽也。色不過五，五色之變，不可勝觀也。味不過五，五味之變，不可勝嘗也。

音樂之譜，大別為宮、商、角、徵、羽五種，但變化起來，卻令人聽不勝聽。色彩大別為青、黃、赤、白、黑五種，但調合起來，卻令人看不勝看。味素大別為酸、苦、甘、辛、鹹五種，

但調和起來，卻令人嘗不勝嘗（這是喻奇正的變化，用兵的藝術）。

老子說「五色令人目盲，五音令人耳聾，五味令人口爽。」

Cornelius Scipio 為攻擊迦太基人——Hasdrubal，取道西班牙； Hasdrubal 豫想羅馬人的慣用戰法，置精銳於中央，乃配主力於中央以相對；但敵人反其豫期，卻把勇敢的軍團配於左右翼，在中央僅配以最弱的部隊，中央軍在遲緩的行進中，兩翼便急速進出，於中央未交戰前，迦太基軍的兩翼便潰亂了，敗兵像雪崩般的退到中央來，因此，中央軍的隊伍也混亂崩潰了。馬基雅弗利（Niccolo Machiavelli）的戰評說：「羅馬軍所用這奇的戰術，倘若用進步的砲兵以對之，則勝敗的結果，將成為相反的吧！為什麼呢？因為中央軍在這距離中的躊躇，正是砲擊的好目標，其受損害，必比接戰為大。」但是不管大砲怎樣進步，飛機怎樣發達，特別不要忘記了轉變樣式的奇兵，常操勝利之機。

戰勢，不過奇正，奇正之變，不可勝窮也；奇正相生，如循環之無端，孰能窮之哉?

戰場的情勢雖是千變萬化，但在用兵法則上，其實也不過是奇與正的兩種；這兩種奇正的變化，由正變奇，由奇變正，即正兵忽變為奇兵，奇兵忽變為正兵，奇生正，正生奇，兩相變化互生而無窮盡，好比那無端的圓環一樣，縱是任何天才作戰家都不能窮窺其究竟的呢！

In battle, there are not more than two methods of attack – the direct and the indirect； yet these two in combination give rise to an endless series of maneuvers. The direct and indirect lead on to each other in turn. It is like moving in a circle – you never come to an end. Who can exhaust the possibilities of their combination? （G）

奇正，虛實是宇宙的兩大動力，即陰陽，天地間的萬有以此而生滅變化。《易‧繫辭》說：「太極生兩儀」的兩儀是陰陽，物的表裏。朱子亦說「陰陽原為一氣」。要之，係從太極所分裂的一元二面。就辯證法說：正是 Thesis，奇是 Antithesis。天地、晝夜、剛柔、強弱、勝敗、興亡、生死、虛實、消長等名詞的上一字是陽，下一半是陰，二者交錯著、表裏著、循環著。中國最古的哲學體系，在《易經》上，便可窺見；而孫子則從這原理中抽出必勝與必敗的兩大原則而用為兵法的根據。在自然界、人類界中的物質消長現象，雖是神秘不可捉摸，但那奇術的種子，不過在陰陽二氣的規律命令之下，依著時與地而離合，給予起伏屈伸的動機。在古代民族的原始生活中，於智的方面，竟有這樣可驚的大發現：重疊八卦，造成六十四卦，依此而說明萬有的變化，真是令人敬服靡已！（在希臘古代，柏拉圖的觀念，暗示宇宙論的進路，類似伏羲八卦之點很多）。孫子吸收為現代科學所不能說明的陰陽而用於兵法方面作為勝敗的本原，總算沒有缺陷的了。

老子說：「禍兮，福之所倚；福兮，禍之所伏。孰知其極？其無正。正復為奇，善復為妖。人之迷，其日固久。」知正而不知奇，那是紙上談兵。

——北村佳逸的《孫子解說》

激水之疾，至於漂石者，勢也。鷙鳥之疾，至於毀拆者，節也。

　　水本比石輕而柔，因其奔流急速，至於漂流石塊；其原理，可以用勢字說明。又如鷲或鷹等鷙鳥，利用其猛速力，至於毀拆小鳥的骨與翼，是由於善為節量距離和時間而對目標作突然的搏擊（此亦可作為今日俯衝轟炸機投彈的原則）。

As the rush of rock-shouldering torrents, so is the spirit of the troops. Like the well judged flight of the falcon, in a flash crushing its quarry, so should the stroke be timed. (C)

是故善戰者，其勢險，其節短。

　　所以善戰的良將，　其進軍是迅速的，　其衝擊是猛烈的。

Wherefore the spirit of the good fighter is terrifying his occasions sudden. (C)

　　【勢險】水勢險，當是迅速。【節短】節，是節量意。鷙鳥對於小鳥，節量了很短的距離和時間，然後搏擊之，自然發生很大的破壞力與摧毀力。

　　希特勒在二次歐戰中，所採取閃電戰的行動，真似「勢險節短」。而閃電戰所具的條件有三「S」，亦名「三 S 戰術」，即（1）surprise 奇襲，（2）speed 迅速，（3）superiority 優勢，但這些原理均為孫子於是書中說破了。

勢如擴弩，節如發機。

又以他物比喻之：所謂勢者，當進軍時，恰如張滿的強弩，聲勢洶洶；至衝擊時，所謂節者，恰如射者立於適當距離；瞄準著標的而拉動發條機一樣，—— 一往無前，百發百中。

【弩】古之軍用強弓，弓身裝有發條機，用以發矢。【機】為上述發條機，如今步鎗扳機。

紛紛紜紜鬥亂，而不可亂也；渾渾沌沌形圓，而不可敗也。

兩軍交戰時，我軍的旌旗隊伍，甚至像那絲一樣的紛亂，似乎敗形已現，但由於訓練有素，指揮統帥的適當，即「分數正，形名宜」，決不致紛亂的。又我軍在混混沌沌的狀態中，似乎敗形已露，但由於奇正的善用，正像圓環的旋轉滑脫，使敵無從捕捉著我的弱點以制勝。

此節以下，曹孟德謂為「皆毀形匿情也」，藉以蒙蔽敵人的聰明。老子說：「挫其銳，和其光，同其塵。」又說：「道之為物，惟恍惟惚。惚兮恍兮，其中有象。恍兮惚兮，其中有物。窈兮冥兮，其中有精。」

《作戰綱要》說：「戰鬥方酣，敵我死命相搏，尤其勝敗將分之際，戰勢更形混沌，狀況亦極慘烈，此時之指揮官，須知敵之艱苦，與我相同，勿萌畏縮之心，應本必勝信念，以堅確意

志，遂行當初之企圖為要。」這是說在混沌的狀態中，應巧為利用兵勢，捕捉戰機而收戰勝之功，正與孫子的論調一致。

亂生於治，怯生於勇，弱生於強。

看之似亂，其實是治，唯治者方能為假的混亂；看之似怯，其實有勇氣，即從勇氣中裝著假的怯懦；示弱的是為詐敵，係由強中生出的詭計；要之，皆是隱匿我的真形以誤敵人。換言之：亂戰亂鬥的戰法，是由真治而生；怯弱的軍形軍容，必待真強真勇者始能為之。亦有解為：治亂、勇怯、強弱，原無一定，亂從治生，勿恃治而怠，怠則生亂；怯從勇生，勿恃勇而驕，驕則生怯；弱從強生，勿恃強而懈，懈則強變為弱。這是戒為將者，勿怠、勿驕、勿懈。

治亂，數也；勇怯，勢也；強弱，形也。

還有一點要注意：軍隊的或治或亂，大半基於「分數」的明不明，明則整治，否則紊亂；士兵的或勇或怯，大半基於兵勢的得失，得勢雖怯者亦勇，失勢雖勇者亦怯；軍隊的或強或弱，大半基於軍形（配備）如何，軍形不為敵人所知則強，反之則弱；亦有解為：基於地形、軍形、運用的得宜與否。

故善動敵者，形之，敵必從之；予之，敵必取之；以利動之，以卒待之。

　　所以巧於誘動敵人的良將，故意示以亂、怯、弱，則彼必為所動而來戰，故意給以小利，則彼必為所誘而來取；要之，以利益誘出敵人，就要整備著勁卒而待機，這也是用奇的一個要諦。

Thus one who is skillful at keeping enemy on the move maintains deceitful appearances, according to which the enemy will act. He sacrifices something that the enemy may snatch at it. (G)

　　這節【卒】字，有本作「本」字，解為本軍，主力軍。

故善戰者，求之於勢，不責於人；故能擇人而任勢。

　　良將唯從自然的情勢上去求勝利，決不因戰鬥的如何而責備部下或推諉責任於部下。換言之：部下不能發揮其最善的戰鬥力，是因為將者對於戰勢的指導拙劣。故良將既善為使用部下的長處與各部隊的性能，同時，又善為指導戰鬥的情勢，向著自然而有利方面發展； 亦唯如是，才能使部下與各部隊盡量發揮其長處與性能。

[以《作戰綱要》為證]

　　這個規箴，對於自己不努力，而動輒責備部下的長官，正是給予當頭一棒。實在說，負責指導戰鬥於有利，是指揮官的任務；在此情勢之下，又使各部隊應機完成其準備，而發揮其全能力，於是戰果便可以擴大了。《作戰綱要》：「命令須適合受令者之性格及識量，又凡受命者能自行處斷之事項，不可妄加拘束。」又說：「各級指揮官縱使戰況不利，亦須盡各種手段以圖挽回戰勢，而導之於勝利。此際指揮官之一言一動，於戰鬥之利

鈍，具有重大影響，不可不毅然負責，而開勝利之途。」又說：
「高級指揮官至見有可能戰勝之徵兆時，為求捕捉殲滅敵人於戰
場，須使各部隊應機完成其準備，迅速移於有利之態勢，最為緊
要。此際各級指揮官，務須不失時機，各在前方，行其所要之準
備。」

老子說：「聖人常善救人，故無棄人。」

尉繚子說：「因其所長而用之。」

任勢者，其戰人也，如轉木石；木石之性，安則靜，危則動，方則止，圓則行。

巧為利用自然之勢的良將，其指揮部下與敵人戰鬥，恰如推
轉木石一樣，原來木石的性質，置於平地——安，則靜止；置於
傾斜地——危，則轉動；至於四角形的則不動，圓形的則易動；
要之，這是說，因勢用兵。

［戰勢如轉木石］

以軍比木石，驟看之雖似粗魯之詞，其意思卻深長。現從戰
理上，把它解釋如下：

安——是軍的兵勢如磐石般的狀態，士兵的精神亦鎮靜。

危——是兵勢的不備缺陷，士卒互相疑懼，部隊陷於危殆，
而發生動搖的狀態。

方——是戰法上，僅有正的一面則不勝；有奇正兩面，奇正
變化的妙用，然後可期善戰善勝。僅用方的正面兵勢，則缺乏奇

面的機動性，於是士卒的精神澀滯，軍隊亦不發生實際的活動力。

圓——是兵勢如木石之圓，富於機動性，應著千萬變化的狀況，沒有任何澀滯，而圓滑地推進戰鬥；士卒亦被驅於其勢，好像圓石的旋轉般前進。

——大場彌平的《孫子兵法》

故善戰人之勢，如轉圓石於千仞之山者，勢也。

良將利用自然之勢，指揮軍隊對敵作戰，恰如從那幾千米突的高峰投轉圓石而下一樣，愈進愈猛，所當者破，這是兵勢。

上項「戰人」與本項「戰人」的人字，均指敵人，戰人為與敵人戰鬥之謂。

［勢字的研究］

孫子在這裏的所謂「勢」，這勢當然是指自然的情勢，而能作具體的解釋者卻未多見，依我的研究：一為指利用我軍有利的情勢，如士兵思鄉之心急，人人想「打回老家」去；或援軍到達，人人懷必勝之心；或我軍所長，如長於攻者則使之攻，長于守者則使之守，長於山岳戰鬥者則使之擔任山岳戰鬥，長於河川戰者則使之擔任河川戰鬥等，這樣必可發揮全力，勢如「轉石」一般。次為指敵軍發生不利的情勢，如士兵厭戰，內訌爆發，彈糧告絕等，這樣，我乘而攻之，亦可發生「轉石」的威勢。這是為將者要善為運用的。

孟子說：「雖有智能，不如乘勢；雖有鎡基，不如待時。」

老子說：「道生之，德畜之，物形之，勢成之。」

表五　〈兵勢〉篇鳥瞰表

兵　勢	
形（正）	勢（奇）
分數（治衆如治寡） 形名（鬥衆如鬥寡）	奇正（可使必受敵而無敗者） 虛實（兵之所加如以碬投卵者）
以正合	表裏不相離　以奇勝
奇正相生如循環之無端　戰勢不過奇正　奇正之變不可勝窮	
其勢險（如擴弩）　其節短（如發機）	
故	
紛紛紜紜(奇正之變) 鬥亂而不可亂（勢之整）	渾渾沌沌（奇正之變） 形圓而不可敗（勢之全）
亂生於治 - 分數	怯生於勇 - 勢　弱生於強 - 形
故善動敵者	
形之敵從之　予之敵取之　以利動之　以卒待之	
故善戰者	
求之於勢　不責之於人	
故　能擇人而任勢　其勢如轉木石	
安則靜　危則動　方則止　圓則行	
故　善戰人之勢，如轉圓石於千仞之山者，勢也	

奇　正

正是正兵，是正道、正面、正正堂堂之陣等的正。奇是奇兵，是奇異、奇計、奇襲、奇變等的奇。

○　　　　○　　　　○

奇中有正，正中有奇；奇變為正，正變為奇，這是奇正的轉化、展開。恰如虛中有實，實中有虛，虛變而為實，實變而為虛，虛實的轉化、展開。

譯自多賀義憲著《東洋古兵法的精神》一書

虛實第六 HSU SHIH (Weak Point and Strong) VI

> 戰鬥貴立於主動地位，避實擊虛，與因敵變化，以決策制勝。
> 唐太宗說：「朕觀諸兵書，無出孫武；孫武十三篇，無出《虛實》。夫用兵，識虛實之勢，則無不勝焉。」

孫子曰：凡先處戰地而待敵者佚，後處戰地而趨戰者勞。故善戰者，致人而不致於人。

大凡先於敵人到達戰場，一切準備完善以待者，爾後在作戰上就極順手（佚）了；反之，後於敵人到達戰場，慌慌張張，須出而求戰，那就極麻煩（勞）了。故善戰的良將，老是在未戰之先，先到戰場，立於主動地位，使敵闖進我方，供我宰制；而不陷於被動地位，闖進敵方，中敵奸計。

【先處戰地而待敵者佚】這項在戰術上解為：是強調防勢的有利，或攻勢防禦的必要，固是不錯；但有人以為：更進一步，做戰略上的解釋尤為恰當，即「先處戰地」，為先到戰地，據守要點，築好工事，立於主動地位而待敵，那麼就與後文「致人而不致於人」，首尾一致了。

［證以《作戰綱要》］

《作戰綱要》說：「作戰必須立於主動地位」。又說：「當定決心時，須對敵立於主動地位，力求獲得動作之自由，尤須出敵不意，最為要緊；倘一陷於被動，必致始終追隨敵人，而歸於失敗。」又說：「戰鬥之主眼，在能確保主動之地位，并出敵意

表，於敵預期之地點與時機，予以澈底的打擊，而達成戰鬥之目的。」正是同一旨趣。

［李衛公的評語］

【致人而不致於人】人指敵人，致同至或到字意。其要義是說立於主動地位以宰制或支配敵人，不可陷於被動地位為敵人所左右。李衛公說：「千章萬句，不出於致人，而不致於人而已。」鬼谷子說：「實貴制人，而不貴制於人。制人者，握權也，制於人者，制命也。」老子說：「故不可得而親，不可得而疏；不可得而利，不可得而害；不可得而貴，不可得而賤。 故為天下貴。」

能使敵人自至者，利之也；能使敵人不得至者，害之也。故敵佚能勞之，飽能飢之，安能動之。

大凡能使敵人自進於我所預期的地區，供我殲滅，則在使其判斷這種動作的有利，就虛實說：為示敵以虛；又，我的陣地，不欲敵來攻，而所以能使之望而生畏，不敢來攻，是因使其感覺來攻時有覆滅之害，就虛實說：為示敵以實。至於敵人先佔有利地區，戰備完成時，即欲以彼之佚待我之勞時，則要誘之以利，使彼唯我追隨，疲於奔命；又，敵人於糧食等物充實時，則宜採取遮斷其運輸線，或別働隊燒燬其糧食儲藏庫等手段，陷彼於饑餓，以削喪其鬥志。又，敵人安定時，即佔有利的據點，或安於警戒部隊的掩護而行動或休息時，或據守堅固的陣地時，則宜破壞或襲擊之，使彼不得安定，為我所左右。（要之，這是說不論

在任何場合之下，常要以主動地位去支配敵人，擾亂其備戰，摧
毀其鬥志。）

[一個空軍戰略]

本節所說「佚勞」、「飽餓」、「安動」三個原則可做為現
代游擊戰術原則，或空軍戰略原則。方今空軍的作戰，主要的以
大編隊的轟炸機連續轟炸敵軍敵地（如陣地、倉庫、工廠、交通
線等）；這樣，實足以「勞之」，「餓之」，「動之」，而達目
的。孫子的戰理，至今竟可運用於空軍上，真是偉大！

出其所必趨，趨其所不意；行千里而不勞者，行於無人之地也；攻而必取者，攻其所不守也；守而必固者，守其所不攻也。

敵人預想為我必攻的方面，或為我攻擊所不能忽略的方面，
敵必應我攻擊而進出防禦；對於這方面，我就要派遣一小部隊進
出，俾敵誤認我的意圖。同時，我則另使用大兵力向彼所不顧慮
的方面——弱點（虛），而猛攻粉碎之。我行軍千里之遠，沒有
感到任何疲勞危險，是由行於沒有敵人之地（不設防之地）或行
於敵人抵抗薄弱之點，兵不勞而破敵通過。又，攻而必取的，是
由於攻擊敵人不施防守的地區，或防守不固的陣地，即出乎敵的
意表而攻其弱點。守而必固的，是由於守著為敵人不敢進攻擊的
險要，或守著為敵人怎樣攻擊都莫可奈何的要塞，以至以攻擊而
守，或以機動而欺騙敵人，或遠離陣地而戰等，使攻者無從達到
目的。

【出其所必趨，趨其所不意】二其字均指敵人。出字為遣兵進出意。前趨字，意謂敵軍進出防禦，後趨字，意謂我出兵攻擊。要之，這項是說捉敵弱點而攻擊的，這種戰法，歷代名將多用之。

［歷代名將皆是擊虛］

亞歷山大王以寡兵破波斯的大軍，是由於洞察敵的弱點，而加以突擊的，即大王巧於搏敵陣之翼，更搏其背面，而施行包圍攻擊。漢尼拔的攻擊點，差不多與彼同樣。愷撒亦為窺破敵的弱點而攻擊之，如發見敵的弱點在左翼，則以彼的右翼攻擊之。

腓特烈大王以彼精練機動的部隊，攻擊敵的弱點——主要的側面，而博善勝。拿破崙有時擊中央，有時擊翼。要之，都具捕捉著戰術上的弱點而傾注全力以破敵。

又，日本海的海戰，東鄉艦隊對於分為二列縱陣而來的俄艦隊的先頭，是壓迫包圍其不備而薄弱的一點，向之集中砲火。

【行千里而不勞者，行於無人之地也】看來似是無味平凡的言詞，實則說做戰略的前進時，選擇進路的重要。

［伐義仲的戰略前進］

例如，日本戰國時代，源義仲跋扈京都，大逞橫暴，賴朝使其弟範賴、義經往討之，這枝兄弟之軍，進出於名古屋，更要西進時，範賴的主力軍乃通過美濃近江路，以瀨多為目標而前進，但義經軍一轉而經伊勢、伊賀，指向京都的南方宇治；這樣，義經軍在途中，如行無人之境，一瀉千里，一日行軍約七十里，很

快地到達宇治，結果攻擊義仲為從宇治方面而宣告成功。這偉大的戰略前進，即是孫子所謂「行於無人之地」。

又如鄧艾之越陰平，拿破崙之越阿爾卑斯山，亦為最恰當的例證，尤其于此使我聯想到今日飛機的飛行於天空，真有「行於千里而不勞者，行於無人之地也」之概。像二次大戰中美國超空堡壘攜帶原子彈投擲於廣島長崎的成功，就是由於空中未遇敵機，否則那有這樣輝煌的成功？美機真巧「行於無人之地」！

[現代戰的攻守]

【攻而必取，守而必固】在現代的運動戰、陣地戰、要塞戰上，攻者往往先以大隊飛機的轟炸與大砲的轟擊，使敵方的兵員工事幾乎熸滅之後，方用戰車掩護步兵進攻，其間尚有飛機大砲的掩護，并阻止敵軍的增援，以期攻而必取。守者欲「守而必固」，固須構築有堅固的防禦工事，最重要的還要擁有強力的空軍，將敵機擊敗，並協同砲兵熸滅其砲兵與戰車部隊或重兵威脅其側背。

故善攻者，敵不知其所守；善守者，敵不知其所攻。

故長於攻擊的將帥，由於企圖動作的祕密，足令敵人不知怎樣防禦；同樣，長於防禦的將帥，由於虛實的不露，足使敵人不知從何而攻擊。

〈軍形〉篇說：「善守者藏於九地之下，善攻者動於九天之上。」可作為此二原則的註腳。這是一個「神韻縹渺的戰略」（大場彌平的評語）。

微乎微乎，至於無形，神乎神乎，至於無聲，故能為敵之司命。

虛實的法則，已如上述；至於實地運用，則要因時、因地、因敵制宜，其微妙神秘，至於無形無聲，為筆墨口舌所不能形容；故對此有深造的良將，實操著敵人生死之權。

[東方哲理]

這一節的哲理，是東方哲聖的蘊奧。老子說：「視之不見，名曰夷；聽之不聞，名曰希；博之不得，名曰微；此三者不可致詰，故混而為一。其上不曒，其下不昧。繩繩不可名，復歸於無物，是為無狀之狀，無物之象，是謂恍惚。迎之不見其首，隨之不見其後。」莊子說：「言而足，則終日言而盡道；言而不足，則終日言而盡物；道，物之極，言、默不足以載；非言非默，議有所極。」孔子說：「『參乎！吾道一以貫之。』曾子曰『唯。』」文殊師利於答維摩詰問不二法門說，「善哉！善哉！乃至無有文字語言，是真不二法門。」妙喜說：「道與物至極處，不在言語上，不在默然處，言也不載，默也載不得。」他們這樣的一致，實為西方學者用科學方法分析哲理所無的特點。

進而不可禦者，衝其虛也；退而不可追者，速而不可及也。

當進擊敵人時，能使敵人莫能抵抗我，是由我衝擊其虛隙 ——沒有佈防之點，或守備薄弱之點。至退卻時，能使敵人莫能追及我，是由我退卻時企圖的祕密，行動的迅速。

[以《作戰綱要》為證]

《作戰綱要》說：「攻擊愈能出敵不意，其成果亦必愈大。」又說：「攻擊之重點，依狀況，尤依地形之判斷定之，通常指向敵之弱點，或其最苦痛之方向。」這與本節所謂攻擊的意義相同。同書又說：「退卻之主眼，在能迅速與敵隔離。」這和孫子所謂退卻，若合符節。又，近代軍隊在戰場上的退卻，都是置有掩護部隊拒敵，俾得安然後退。其次關於追擊敵人的退卻部隊，同書說：「追擊之主眼，在迅速捕捉敵人而殲滅之（中略）。軍長以下各級指揮官之獨斷專行，與放膽行動，實為收獲偉大效果之要件。當將敵擊退時，步兵須迅速移於追擊前進，始終與敵接觸，使其主力無脫逸之機會，尤不可為敵一部之抵抗所抑留，應將我之大部，勉力速向敵之側方，或其間隙突進。」

這可作為從反面解釋本節的有力參考資料。

[軍隊要摩托化機械化]

惟於此要注意的：在現代戰場上，進退欲速，有待於軍隊的摩托化，否則，徒步而行，退固遲，進亦遲。例如日軍過去在我國戰場上的行軍，往往進用汽車，退亦用汽車，而我軍僅用兩足，故在前者則使我措手不及，在後者則使我徒喚莫奈何。哦，這個教訓難道還不深重嗎？此可見我今後的建軍非向摩托化，機械化的大道邁進不可。

〇　　　　　　〇　　　　　　〇

[證以魯氏戰理]

　　魯登道夫氏在其《全體性戰爭》中，關於衝虛說：「用兵之際，主將先審察敵人弱點所在，集中力量以攻之，以求勝利，此謂用兵之重點。」又說：「戰事關鍵，又視其戰術上與戰略上之巧妙，此在小戰與大戰中，無處不然。所謂戰略與戰術的巧妙，即在造成一種可以利用敵人所犯弱點之處而攻之。在坦能堡之戰中，可以證明，不特大挫敵人，且可保全自己實力。至於最廣闊之戰略的包圍，最後亦須在某地點上，作一種戰術的攻擊，使敵人被迫之翼，因而後退，再加上餘力，以助其圍攻，可使敵軍雖欲退卻而不可得。其有與此形勢相似者，即敵人陣線中忽得一虛隙，包圍者乃得間深入而制之。此為余在坦能堡戰中所採之方略也。處此情況中，應先在戰術方面集中火力於敵之內翼，使彼此不能相顧，乃生出漏洞，吾軍可乘隙而入，彼之漏洞愈大，我乃可截斷而宰割之。」關於退卻說：「兵家每視退卻為受戰略支配不得已而出此者，故羞言之。但依實戰之經驗而說，苟其部隊對於其指揮者有絕對之信仰，雖作普通之退卻，未必有損於軍隊向前之勇氣，其後退也，以平日預備有素而整然有條，果如此者，雖後退無害。有時軍隊在戰勝之後，竟放棄戰線，退至自身之根據地，不獨陸軍為然，海空二者亦復如是。雖然，後退之結果，為放棄陣地，可以大影響於戰事之士氣，此不可不注意者也。」又說：「依實戰經驗言之，陸地上之被追擊者，其行動較勝利者為迅速，以被追擊者常可用極少之器材，阻止追擊者之前進，而其大隊人馬乃有從容退卻之餘。」以上可當為孫子此節的註解。

而為退卻之反面的追擊，魯氏力主窮追說：「在今日而言窮追，較昔為易，以天上則有飛機，陸地則有自動車隊及鐵甲車隊，可以在側面及正面襲擊敵人。然而敵人仍能對此追擊者，設置種種障礙，阻其前進，如軍民之召集，如自動車部隊之使用，與夫號召人民使為堅壁清野之舉，使勝利者雖欲盡勝利之果而不可得。然正惟其如是，勝利者尤應用其全力於窮追，以盡收勝利之效，因最大成功，即在眼前也。就海上與空中言之，應竭汽鍋及摩托之最大速率而用之，俾得完全殲滅敵人。」此亦與孫子在〈九地〉篇所說：「千里殺將」的意思相同。

故我欲戰，敵雖高壘深溝，不得不與我戰者，攻其所必救也；我不欲戰，雖畫地而守之，敵不得與我戰者，乖其所之也。

故我欲與敵決戰，敵人縱高壘深溝以固其守，採取持久之策，結果不得不與我交戰，是由我分兵攻其弱點或最苦痛之點；又我一時為避免與決戰，縱不設防而守之，好像僅在地上畫了一條線，卻足以使敵人束手無策，不敢與我作戰，是因使敵進則懼墮入我詭計中，與其原來的願望相反。（例如諸葛亮對司馬懿所用的空城計）此句尚有另種解釋：我不欲出而與敵決戰，僅佔領著某種地點，選擇地形（畫地意）而配備兵力，不設堅固的深溝高壘，而使敵不敢與我戰，即不敢進擊，是因我在其所佔領的地區，具有戰略上的要機，足以牽制敵軍的行動，即現代兵學上所謂的戰略側面陣地。

本節要義，是由我知敵虛實，敵不知我虛實的結果。【畫地而守之】 為不構築防禦工事的形容詞。【乖】為背，不符，相反意。【所之】之字，為往，進意。

故形人而我無形，則我專而敵分；我專為一，敵分為十，是以十攻其一也，則我眾而敵寡，能以眾擊寡者，則吾之所與敵者，約矣。

故我示形（攻防之形，如佯攻，偽裝工事等）於敵人，但非我的真形（真虛實），於是敵人誤判於斷，分散其兵力，而我的兵力卻可集中；換言之： 我的兵力能集中於一點而使用，敵的兵力非分散配置於十處或多處不可；這樣，我便可以用十倍兵力攻擊敵比我僅有其一倍兵力的一點，即形成我的兵力占優勢，而敵的變為劣勢，而能運用這種「以眾擊寡」的戰法與敵作戰，那就容易地戰勝敵人了。

【約矣】 約字有各種解釋：（一）約是少數，即敵少數意；（二）約是節約，可以節約我兵力； （三）約是要點，即攻擊其要點； （四）約是敵方成為少數，而我方成為大多數等等。但依編者的研究，約是簡易或容易意，即說我以優勢的兵力攻擊劣勢的敵軍，那就可以容易地戰勝敵人了。

吾所與戰之地不可知，不可知，則敵之所備者多，敵所備者多，則吾之所與戰者，寡矣。

這是把前文稍做具體說明。例如我欲進而攻擊敵地，為敵所不知道，（由我企圖的秘密）敵因為不知道，乃左顧右盼，茫無頭緒，到處分兵防備，陷防綫於廣泛與稀薄；這樣，則準備與我戰的敵軍，在我軍當面的兵力，就變成為寡弱了。

故備前則後寡，備後則前寡，備左則右寡，備右則左寡，無所不備，則無所不寡；寡者備人也，眾者使人備己也。

敵人因不知我企圖的結果，故對於兵力的運用，多備於前面，則後面的兵力陷於寡弱；多備於後面，則前面寡弱；多備於左，則右寡；多備於右，則左寡；弄至各方而皆備，則各方面皆寡。要之，這樣寡弱者，是因自己失去主動地位，受我所擺弄而多方防備的；反之，我集中雄厚的兵力，立於主動地位者，可以使敵備我，依我的意志而指導戰鬥。

[日軍違反孫子而致失敗]

日本軍人在二次大戰中，其勝利固由於抄襲孫子，而失敗亦由於違反孫子，或誤用《孫子》。以他有限的兵力，除用以防衛本土外，還散佈于中國大陸，南洋群島及安南緬甸等地，其戰場之廣，戰綫之長，為有史以來所未有。即他無所不攻，則無所不備，無所不備，則無所不寡，故一遇盟軍反攻，則無所不敗。你看他在緬甸及瓜加林、塞班、關島、帛琉、菲律濱、硫磺、琉球等地的失敗，其失敗那麼快，莫非由於兵力分弱。所以孫子的原

則是不可違反的，違反必失敗。日本軍人如再拿起《孫子》時，不知將作何感想！

故知戰之地，知戰之日，則可千里而會戰。

能夠預知何地為與敵必戰的戰場，又預知何日為與敵交戰的時期，於是，在某地某日便可準備完成，這樣，縱遠往千里之外與敵會戰，都可以「不殆」。

《史記·孫臏傳》載：「……孫子度其行，暮當至馬陵，馬陵道狹，而旁多阻隘，可伏兵，乃斫大樹白而書曰：「龐涓死於此樹之下」，於是令齊軍能射者，萬弩夾道而伏，期日，暮見火舉而俱發，龐涓果至斫樹下，見白書，乃鑽火燭之，讀其書未畢，齊軍萬弩俱發，魏軍大亂相失。」這是孫臏知戰地與戰日，龐涓反之。

不知戰地，不知戰日，則左不能救右，右不能救左，前不能救後，後不能救前，而況遠者數十里，近者數里乎？

反之，不諳敵情，沒有預知與敵會戰的戰場和時日，於是在某地某日毫無準備，倉皇地與敵會戰，弄至敵人攻我右翼，則不能調左翼部隊以相救；敵人攻我左翼，（亦可解為左翼趨往相救），則不能調右翼部隊以相救；敵人攻我後面部隊，則不能調前面部隊以相救；敵人攻我前面部隊，則不能調後面部隊以相救（

均因被截斷）。何況部隊之間遠則隔離數十里，近則隔離數里麼？（按古代戰場上部隊間距離很短）那當然不能協同動作，以相救援的。

與敵軍（假想敵）交戰的戰場及時日的調查算定等，原在平時，已要準備完成；至出師後，則更要搜索偵察，以求準確，自不待說。其次關於部隊必須協同一致，方能制勝，古今不變。又關於調兵相救一點，現代以有飛機、汽車、火車、兵艦等工具以供運輸，即遠在數百里，亦可很快到達，已不同古代那樣的遲滯了。

以吾度之，越人之兵雖多，亦奚益於勝哉？

要之，勝敗的決定，基於明瞭敵的虛實，極用兵之妙者，敵兵雖多，亦不成問題。故以我的觀察，越國的兵力雖此我多，但使其多備，豈能勝我嗎？

【吾】有書為吳。俱下平，同音。意義亦通。【越人之兵】吳越是世仇，這書，孫武為獻於吳王闔閭而作，故特提及，以期打動吳王。至可注意的：孫子自篇首至此，其間未用過一個固有名詞或一段史實，《老子》八十一章的全卷中，沒有用過一個固有名詞與史實，所以有人說：老子是反歷史主義者；孫子的文法酷似老子的很多，但自此後，卻使用好幾個固有名詞。

故曰：勝可為也，敵雖眾，可使無鬥。

依於上述，故可以說：勝利之事，倘若敵軍不知我的虛實，當然可以由我造成，敵軍縱怎麼多，也可以使其不能發揮協同一致的作用（即敵不知戰地戰日，弄至「無所不備」之故）。

有人說：〈軍形〉篇說：「勝可知而不可為」，這裏乃說：「勝可為」，豈不是矛盾嗎？不，〈軍形〉篇說：「不可為」，是指實的敵人，（只得待其自然生虛，然後擊敗之），這裏說：「可為」，乃指虛的越軍，不知戰地戰日的越軍，決不會矛盾的。總之，我們研究孫子學理，決不可以詞害意，作呆板的解釋。

故策之而知得失之計，作之而知動靜之理，形之而知死生之地，角之而知有餘不足之處。

我與敵相對立，欲探知敵的虛實，約有四種方法：第一、先考究彼我的情況，戰場及敵的當然行動，而推知利害得失；第二、漸漸與敵相見時，則用盡一切搜索偵察的手段，以看敵人對此所引起的動作，而判知其動靜，即敵人有何種企圖；第三、為準備與敵戰鬥，乃施以具體之形（配備），即作兵力的運用，這時乃努力偵察判斷地形，以便明瞭那個地點為生死所分的重點；第四、這樣還不足，則更試行小小衝突，以暴露敵的兵力、配置及企圖，從而較量彼我兵力，以辨知我兵力，果是有餘抑或末足？

【策之而知得失之計】策是占筮用的蓍草，轉用為推定或推測意。這項是說對於彼我的情況，戰場及敵的當然行動等，作慎密攷察後，以判定利害得失。

[以《作戰綱要》為證]

此項具有首先著手判斷一般敵情的意義。《作戰綱要》說：「為期指揮適切，須不斷判斷狀況。然狀況判斷，以「任務」為基礎，綜合「敵情，地形，我軍狀態，及天候氣象」等各種資料，而加以較量，積極決定「完成我任務」之有利方策。關於敵情，尤其是「敵之企圖」，雖然不易明瞭，然依軍隊自己蒐集之情報，及由他方面所得之各種資料，並與敵之國民性、編制、裝備、慣用戰法、指揮官之性格、敵軍之特性、及當時之作戰能力等，綜合研究，依戰術上正當的著眼，由多方面判斷敵人，可能之行動，更於其若干可能之行動中，更進一步，考慮其「實現之公算較多」，及「與我之利害較切」之行動。則其判斷當不致大誤。」

【作之而知動靜之理】作是引起意，比推定更進一步；憑用直接搜索偵察的手段以引起敵人對此的動作，又看敵人對此的處置，以判別其採取某種行動。《作戰綱要》說：「行搜索時，不問兵力之大小，須努力以積極手段，迅速達成其目的，但須注意勿為敵之欺騙手段所惑為要。」且本項是指近距離搜索的，又如同書說：「近距離搜索，乃為各級指揮官收集「戰術上之部署及戰鬥指導」，接敵愈近，其搜索愈周密。此等搜索，以騎兵及機械化部隊為主，飛機為副，迨與敵接近，則各部隊亦宜自行派遣斥候，或小部隊，以實施搜索，近距離搜索若能善用便衣偵探，以為補助，常可獲得充分的效果。」

【形之而知死生之地】形是戰鬥實施已迫的運用兵力，即所謂配備；死生之地，是辨別怎樣的地是死地，或生地，即勝敗所

分的重點。要之，這是就戰鬥前的搜索而說的，與《作戰綱要》此條相當，是：「戰鬥前之搜索，其主要目的在一使戰鬥部署適切，及爾後之戰鬥指導有利。」

【角之而知有餘不足之處】角即角逐、角力的角。這項是憑戰鬥搜索，戰鬥實施，以得愈加明瞭敵情，而應機使用適切的兵力。《作戰綱要》說：「戰鬥間之搜索，繼續戰鬥前之搜索行之。其主要目的，在為「各部隊之戰鬥實行及上級指揮爾後之戰鬥指導」求得必要之資料。又敵之兵力及配備，常因「實行戰鬥」而暴露，有時更可依戰鬥，而得窺知敵軍之企圖，故須細心伺察之。」

孫子以上所述，條理井然，實與現代的搜索順序一致，其故由於古往今來的戰鬥經過，沒有多大差異。

吳子說：「夫總文武者，軍之將也，兼剛柔者，兵之事也。凡人論將，常觀於勇；勇之於將，乃數分之一耳。夫勇者必輕合，輕合而不知利未可也。」這也是和孫子的論調一致的，即是說要經過策、作、形、角等，方可與敵會（合）戰。

故形兵之極，至於無形，無形則深間不能窺，智者不能謀。

良將用兵臻於極致（神妙）之境，千變萬化，沒有一定的形式（等於無形）； 這樣，縱是眼光精深的間諜，（亦有解為，深入我方的間諜）也無從窺知我的企圖與虛實；縱是智慧超常的參謀，也無從發制我的奇謀。

【形兵】為向敵示我的兵形，即用兵，或運用軍隊作攻防的部署配備之意。

老子說：「明道若昧，夷道若纇，進道若退……廣德若不足……大器晚成，大音希聲，大象無形。」

因形而措勝於眾，眾不能知；人皆知我所以勝之形，而莫知吾所以制勝之形；故其戰勝不復，而應形於無窮。

因敵之形，即因敵之虛實情形，以決定戰法，而為部下兵眾贏得勝利，但部下兵眾卻無從了解其所以然之理由，即不明為何得勝的理由；戰後，一般人憑著戰績等等得知我以這種陣地、這種戰法而制勝，至說到為何採取這種陣地戰法，以制勝的理由，卻沒有一人能夠知道。因為良將不把同一的戰勝方法，做二三次的反覆使用，而是完全因著敵人千變萬化之形，運用適切的戰法以制勝。

The general makes his plan in accordance with the dispositions of the enemy and puts his hosts in motion； but the multitude cannot appreciate the general's intention； they see the signs of victory, but they cannot discover the means. (C)

【措勝於眾】措勝應解為決定戰法，以取勝意。【制勝】為制敵取勝，亦有解為製造勝利意。【應形無窮】是說因著敵人的無窮變化之形。原來戰史、戰略、戰術及平時訓練的諸原則，諸法則與諸制式，不過死物而已，而能活用與否，就是名將與凡將之所由分。岳武穆氏說：「運用之妙，存乎一心。」正此之謂。

還有本節所謂「眾不能知」及「人莫知吾所以制勝之形」，皆因他們（眾人）兵學知識及戰爭經驗的不足。益以良將運用的機密巧妙和千變萬化，那更足使他們莫明其妙了。

　　魯登道夫氏說：「凡為領袖者，不應為理論的試驗所束縛，且尤不可抱一成不變之計劃，以為可以應敵。」

夫兵形象水，水之形，避高而趨下；兵之形，避實而擊虛；水因地而制流，兵因敵而制勝。

　　原來兵力的運用，可取象（似）於水（水與兵是建立於同一的原理上），蓋水的性狀避高處而向低處奔流，兵力的運用，亦在避敵之實而擊其虛；又，水是因著地形的如何而成種種的流形；兵力的運用，也是因著敵情的如何而臨機應變以制勝。

［哲理與水］

　　中國古代的哲學家很喜歡用水以喻其哲理。除孫子外，老子說：「天下莫柔弱於水，而攻堅強者莫之能勝，以其無以易之。弱之勝強，柔之勝剛，天下莫不知，莫能行。」又說：「上善若水，水善利萬物而不爭，處眾人之所惡，故幾於道。」莊子說：「平者水停之盛也，其可以為法也。」又說：「水靜則明，燭照鬚眉，平中準，大匠取法焉；水靜猶明，而況精神？聖人之心平靜，天地之鑒也，萬物之鏡也。」孔子說：「夫江河長百谷者，以其卑下也。」又說：「夫水遍與諸生而無為也，似德；其流也埤下，裾拘必循其理，似義；其洸洸不涸盡，似道；若其決行之，其應佚若聲響，其赴百仞之谷不懼，似勇；主量必平，似

法；盈不求概，似正；綽約微達，似察；以出以入，以就鮮絜，似善化；其萬拆也必東，似志；是故君子大水必觀焉。」孟子說：「水信無分於東西，無分於上下乎？人性之善也，猶水之就下也，人無有不善，水無有不下。」又說：「今夫水，搏而躍之，可使過顙，激而行之，可使在山，是豈水之性哉？其勢則然也。人之可使為不善，其性亦猶是也。」

故兵無常勢，水無常形；能因敵變化而取勝者，謂之神。

所以每次用兵（每戰）沒有一定的形勢，恰如水的性狀沒有一定的流形，能夠因著敵情變化，運用兵力及戰法以取勝利的將帥，叫做神明。

孫子為說明虛實，而以水的性狀譬喻之，真是中肯而趣味之言。但從「因敵制勝」，與「因敵變化」等句看來，似乎孫子放棄自己的主動地位，實則不然，孫子不是於本篇之始，以「致人不致於人」為大前提，而定虛實的用法嗎？足見依然以堅確的意志，實現自己的企圖，絕不放棄主動地位。

故五行無常勝，四時無常位，日有短長，月有死生。

依於上述，兵力的運用，是變化無常，沒有一定的，正像五行的運行。也沒有那一種能夠常勝的，即有勝必有負，木勝於土，卻負於金；火勝於金，卻負於水；土勝於水，卻負於木；金

勝於木，卻負於火；水勝於火，卻負於土；（因其如何配合，而生勝負）。又，好比春夏秋冬的四時，也是不斷變動的，沒有那一種能夠經常停止於某一階段；又，好比晝間有長時（夏長），也有短時（冬短），一月之中有死日，也有生日。

Among the five elements there is no settled precedence； the four seasons come and go； the days are long and short and the moon waxes and wanes (so in war, there is no fixity).（C）

［五行之說］

【五行無常勝】據北村佳逸於此曾附帶下了這一個解說：「五行說，係從《易經》的深奧哲理而派生的學說，附以迷信，更為奧妙，因為奧妙、神祕，所以從周末，便蔓延到戰國，又從戰國而流傳到漢代，一時代比一時代繁盛。迄至所謂陰陽家的異端學者出現，于《周易》之理，配以曆法，又加上自然現象以立說，一時風行，從之者榮，背之者衰，一直發展到算命（如人生的壽夭、富貴、貧賤等）擇日（如結婚、開張、旅行的吉日等），成為一家之說。其在日本，於平安朝以後，極為隆盛，縱至今日仍有多少信仰者，尤其從事冒險事業的人如船員、投機家、旅行家、政客至軍人等，其信仰的程度更強。」但孫子於此決不是提倡迷信的五行之說。

［生死考證］

【月有死生】此句一般學者向註解為「月有盈虛」或「月有滿時，亦有缺時。」這都是錯誤的。它原為周曆制中的二段，即死是「既死霸」，生是「既生霸」。據王國維《生霸死霸考》說：「周人月行四分制；曰初吉，曰既生霸，曰既望，曰既死

霸，與近人之星期相類。」又據海寧《王靜安先生遺書》說：
「余覺古器物銘而得古之所以名日者，凡四：曰初吉，曰既生
霸，曰既望，曰既死霸。因悟古者蓋分一月之日為四分，一曰初
吉，謂自一日至七八日也；二曰既生霸，謂八九日以降至十四五
日也；三曰既望，謂十五六日以後至二十二三日也；四曰既死
霸，謂自二十三日以後至於晦也。」

［相對論辯證法］

　　孫子在這裏用「五行」，「四時」及「日月」等自然界的變化
原理，又為相對原理（非絕對的）來指示吾人的用兵，真是不朽
之論。西方學者批評克勞塞維慈的名著《戰爭論》是「一貫地用
輝煌的辯證法寫成」。而孫子寫成這部傑作，我亦有同感，他日
有暇，當作「孫子的辯證法」一文。原來用兵有虛有實，有實有
虛，沒有絕對的虛，也沒有絕對的實，要能變化制宜，不可拘於
一端。故知此而能以實擊虛者，或以虛而使敵認為實者，必可取
得燦爛的勝利 。

表六 〈虛實〉篇鳥瞰表

虛 實 奇正者為虛實之形 而奇正者體虛實者用也			
先處戰地而待敵者佚 後處戰地而趨敵者勞		衝其虛	兵形（象水）
凡兵者　故善戰者		進而不可禦-攻其所必救 退而不可追-乖其所之	避高而趨下-水因 地而制流 避實而擊虛-兵因 敵而制勝
致人	不致於人 （我實而彼 虛）	故 形人而 我無形	兵無常勢　水無常 形
			能因敵變化而取勝
利之-能使 敵人自至者 害之-能使 敵人不得至 者	行千里而不 勞者行於無 人之地者 攻而必取者 攻其所不守 也 守而必固者 守其所不攻 也	則我專而敵分	
		能以眾擊寡則吾之所與戰者 約矣	
		敵所備者多則吾所與戰者寡 矣	
		備前則後寡 備後則前寡 備左則右寡 備右則左寡 無所不備則無不寡 寡者備人 眾者使人備己	
故 敵佚能勞之 飽能饑之 安能動之 出其所不趨 趨其所不意	故 善攻者-敵 不知其所守 善守者-敵 不知其所攻	故 知戰之地知戰之日 　　千里會戰 　不知戰地不知戰日 　　左不能救右 　　右不能救左 　　前不能救後 　　後不能救前	
此轉實為虛 之法而致人 之術也	故 至於無形 至於無聲	故 勝可為　敵雖眾 可使無鬥	
		策之而知得失之計 作之而知動靜之理 形之而知生死之地 角之而知有餘不足之處	
	致人之極致	故 形兵之極者無形也	
為敵之司命		深間不能窺知者不能謀	
		因形而措勝於眾 戰勝不復 　應形無窮	

軍爭第七 CHUN CHENG (Battle Tactics) VII

軍爭是兩軍相對而爭利，有爭戰略戰術的利益，有爭財貨領土的利益。孫子認為戰爭的勝敗多決於軍隊的機動，故在這篇裏倡導機動的用兵，如「以迂為直」，便是一大原則。後面所述的治氣、治心、治力、治變的四治，及八項的用兵之法，亦為讓讀者不可忽略的要點。

孫子曰：凡用兵之法，將受命於君，合軍聚眾，交和而舍，莫難於軍爭。

大凡用兵之法，主將受大命於元首，而集合各鄉邑的軍眾（即動員全體國民）以編組作戰軍，一直發展到戰爭快要爆發，與敵對峙宿營時，此後在互相爭利的戰鬥行為上，就要熬費苦心，成為最艱難的事情了。

【交和而舍】和是軍門，交和是我的軍門與敵的軍門相對峙。舍是宿營，戰國策裏有【與秦和而舍】之句，言與敵人對壘而舍。但亦有解為軍隊上下一致和睦，然後可以出兵宿營，《吳子》上有「不和於國，不可以出軍，不和於軍，不可以出陣」之句。

○　　　　○　　　　○

［謀略戰］

【軍爭】亦有解為：軍戰，戰則先定謀，軍爭即謀爭。或「抄襲」。軍爭二字：從來有此兩種解說：（一）軍不和協一致，而相爭於內部，即軍的內爭，治之極難；（二）從事土地的佔領

，軍器的俘獲等——這均是外行的解釋。其實孫子在本篇是述其意思深遠而最難的戰略用兵之妙。例如說迂迴作戰，或疾風般的用兵，或懸軍萬里的猛勇進擊，皆為孫子兵學十三篇中的白眉。倘若僅憑簡單文學的印象，而忽略了祕奧的真理，那孫子就要哭泣於九泉了。又，軍爭既是「抄襲」，即對正兵而用奇兵，是最重要的謀略戰。依照這樣的解釋，方與孫子的真意一致。

——大場彌平的《孫子兵法》

軍爭之難者，以迂為直，以患為利。

軍隊相爭的最困難之點，是以迂迴曲折的遠路，當作直線的近道，并變禍患為利益的。

The difficulty of tactical maneuvering consists in turning the devious into the direct， and misfortune into gain. (G)

老子說：「曲則全，枉則直，窪則盈，敝則新，少則得，多則惑。」

【以迂為直】可解為迂迴作戰。談到迂迴作戰，拿破崙的越阿爾卑斯山，算是最有名的例證。

〔拿破崙的迂迴作戰〕

一八〇〇年春，法軍介在阿爾卑斯山系，其南，有在北部意大利澤尼亞的馬仙納（拿破崙部將）軍，拿軍則在萊茵上流左岸的特勻因附近，與當面的奧軍相對，這時麥拉斯將軍率其優勢的奧軍向馬仙納軍攻擊而來；拿破崙看破了這整個態勢，便決心放

棄以前正兵的計劃，一轉而越過阿爾卑斯山，壓迫敵的麥拉斯軍的背後。

　　拿破崙於五月十三日，統帥著六萬大兵出發，除漢尼拔以外，誰也不能繞行的天下無比的峻險——二百三十餘里的阿爾卑斯山，彼於備嘗辛苦艱難中，居然征服一切障礙，一共費了八天而踏破之，好像百雷同落般突現於奧軍的背後，把慌慌張張的敵人，任意地粉碎於馬倫哥（Marengo），時是六月十四日。

　　　○　　　　　　○　　　　　　○

［迂迴戰法的批判］

　　迂迴作戰，曾為現代蘇聯的軍事家普力特孟氏所否定。他說：「迂迴戰是向敵之一翼或兩翼而徹底地給予側面的攻擊，乃是迅速地，且決定地殲滅敵人的戰法；因此，這個戰法的條件是「機動的祕密」與「急襲」。但以飛行隊的空中搜索，已不容機動的祕密，更以敵軍擁有鐵道、汽車等大交通機關時，也不能實行急襲。百萬軍與百萬軍之戰，包圍行動，倏忽間，就會暴露而被阻止。敵人利用快速交通機關而輸送大軍於包圍軍的攻擊方向，其結果，包圍變為正面衝突；所以這時包圍軍方面，反陷於危險的狀態。」又說：「運用大兵團的作戰，迂迴戰法，是退卻於過去歷史的領域；正面打擊，正面突擊、突破，這是新戰場的戰術形式。」雖然，但在現代侵略戰爭中，仍有使用迂迴戰法，尤成為日軍的慣用戰法，舉凡上海之戰，徐州之戰，桂林之戰，莫不出此。又如德軍對英法比聯軍的作戰，則避開馬奇諾防綫的正面，而從其延長綫急速地突破色當，跟著即向英法海峽地帶作

深遠的迂迴，結果迫使法比兩軍全部投降，而英軍則演出敦克爾克狼狽撤退的悲劇。

故迂其塗，而誘之以利，後人發，先人至，此知迂直之計者也。

故我欲迂迴其進軍之途，必先在他方面誘敵以小利，以轉移其視綫，並牽制其行動；這樣，雖後於敵人向目的地出發，卻可先於敵人佔領了目的地——有利的地點，出其不意，而制機先，這是叫做深明迂迴之計的良將。

Thus, to take a long and circuitous route，after enticing the enemy out of the way, and though starting after him，to contrive to reach the goal before him， shows knowledge of the artifice of deviation. (G)

【後人發，先人至】含有迅速與秘密性。

故軍爭為利，軍爭為危。

軍爭是有利的事情，也是危險的事情；取利避害，以能否深明迂直之計為斷。

舉軍而爭利，則不及；委軍而爭利，則輜重捐。

倘若舉全軍而爭利，即爭有利的據點或戰略上的利益，則運動不能輕快，失了時機；倘若不顧全軍的統一，委棄了一部份，

只以輕兵或騎兵急進而爭利，則後繼的輜重必至捐棄，為敵所掠奪。

Employing our whole force at one time in order to gain advantage over the enemy, we may not have time enough to gain our object; if we push on with a portion of the force only，the transport is lost. (C)

［《作戰綱要》］

軍的機動的行動，最須注意的是輜重問題，而為高級長官煞費苦心之點。《作戰綱要》說：「戰地人馬之給養，與軍需品之補給，為維持並增進軍隊戰鬥力之重要事務，在現代作戰，軍之需要，益趨繁複，其實施亦易生困難，苟措施不得其宜，往往影響作戰之利鈍，故各級指揮官，關於輸送連（即行李以下同）及輜重等之的部署，常須加以周密之注意為要。」又說：「高級指揮官須時時應乎作戰之推移，預察本軍之需要，權其緩急先後，竭力施行有計劃之補給。對於補給路線之設定，輸送機關之運用，暨軍需品之整備及交付等，務使適切機宜，而能以統制實施其補給為要。」

是故卷甲而趨，日夜不處，倍道兼行，百里而爭利，則擒三將軍；勁者先，疲者後，其法十一而至；五十里而爭利，則蹶上將軍，其法半至；三十里而爭利，則三分之二至。

更詳言之：不帶甲冑而輕裝急行，晝夜完全不休息，以兩日的行程為一日，而做這種強行軍，這時，倘若開往百里之遠的前

方（在古代，為三日半的行程，）爭利作戰，則三軍——上軍、中軍、下軍之將，必至被擒於敵；又由於這種強行軍，弄得強者先行，弱者落後，及達到目的地時，就通則說：兵力也只得十分之一了；倘若開往五十里的前方（二日弱的行程），爭利作戰，則前敵指揮官——上將軍必遭挫折，兵力到達戰場時，也只有一半了；倘若開往三十里的前方，爭利作戰，其兵力也只有三分之二到達參加作戰了。（要之，這是說長驅作戰的危險性。）

Disarming helmet and armor; stopping neither day nor night; marching double distance; doing double work; and finally contending with the enemy at a distance of hundred leagues; result in the loss of the generals since the drop in rear only one tenth of the forces is available. A forced march of fifty leagues to secure an advantage may result in failure to the leader of the vanguard for only half his men will arrive. After a forced march of thirty leagues to secure an advantage only two thirds of the army will be available. (C)

【卷甲而趨】卷是收藏，在此為脫卸意，即各脫卸重鎧，僅穿輕便戎裝而疾走意。就現在的軍隊說，則為脫卸背囊等物。雖然輕裝對於強行軍很有利，但卻要作麻煩的輸送了。【三將軍】是上軍、中軍、下軍，即三軍的將軍，相當今日各軍指揮官。【蹶】是失敗或挫折意，亦有解為被俘虜意。

[古代長途行軍的大消耗]

長途行軍在運輸機械化前的古代，其消耗是很大的，即在克勞塞維慈《戰爭論》上亦有這樣一個論述：「行軍對於兵力所生的消耗作用，極為顯著。在戰場上因食料和宿舍的缺乏，又因車輛的往返致通路的損壞，及須不斷警戒，為戰爭的準備等，均可

使有形的及無形的諸力發生無比的消耗。試觀莫斯科戰役，便可知精銳的法軍是怎樣的困苦了。拿破崙於一八一二年六月二十四日趾高氣揚地渡過尼門河時所統率的兵員共有三十萬一千人，到斯摩稜斯克時，尚有十八萬二千人，直到莫斯科時，僅剩十一萬人了。」惟現代以運輸的機械化，像孫子拿翁時代所發生的那種消耗現象，已大大減少了。

是故軍無輜重則亡，無糧食則亡，無委積則亡。

像這樣的強行遠征，是特別要給與充足的。所以倘若沒有輜重（如彈藥、器材帳幕、服裝等物）的補給，或沒有糧食的接濟，或沒有倉庫貯藏品的準備，這都是足以陷全軍於敗亡之境。

老子說：「君子終日行，不離輜重。」

［空中補給］

補給所給予作戰的影嚮，於今尤甚。因為現代軍隊所用的武器，如大砲所需的砲彈，機鎗步鎗所需的子彈，以及飛機車輛船艦所需的燃料，不能一時或無，既要多，又要快，否則，便等於死物，無法戰鬥。在二次大戰中，軍隊在前線作戰，由于空中補給系統的建立，縱是背後聯絡綫被截斷，或被包圍，或深入敵地作戰，決無「彈盡糧絕」之虞，即是說：一切軍用品均可由運輸機運到上空投下補給的。

故不知諸侯之謀者，不能豫交；不知山林、險阻、沮澤之形者，不能行軍；不用鄉導者，不能得地利。

加以在平時，對於中立諸侯的企圖，沒有充分調查研究，則不能預先結交，以為戰時的援助，誠恐戰時彼以利害所關而撕毀前約；又，對於敵國的地理地形，倘若沒有預先精密的偵察研究，則進軍時就不能出以機敏的行動；且為得到這地理地形之利，則必須利用當地土人以為嚮導。

【諸侯之謀】春秋時，在北方中原有晉、齊、秦、楚、宋五強的對峙，在南方有吳越二雄的對立；這，就物理說：以物體互相引力的作用，很難保持均衡的；倘若兩國交戰，則以中立國的向背而破壞均衡，故孫子常注意其動向，雖是敵之敵，意外亦可成為我之敵，所以非先知其本意不可。

【山林、險阻、沮澤】張豫註：「高而崇者為山，衆木聚者為林，坑坎者為險，一高一下者為阻，水草漸洳者為沮，水所歸而不流者為澤。」即近代兵學上所謂戰場上的地形地物。這，倘若不明瞭，固不能行軍，更不能戰鬥。《作戰綱要》關於行軍與此有相同的指示：「當選定行軍路時，通常依地圖，及偵察所得報告，或諮詢地方居民，而決定之。」

【鄉導】屬鄉間，詳見〈用間〉篇。

故兵以詐立，以利動，以分合為變者也。

用兵之術，以詭詐為根本，（即使敵人誤認我的虛實，而亂其判斷為本），捕捉著有利於我的戰機而行動；當行動時，或把兵力合一，或把兵力分開，——因時、因地、因敵制宜，而收戰勝之效。

Disguise your movements; await a favorable opportunity; divide or unite according to circumstance. (C)

［內外線作戰］

【以利動】亦有解為以利動部下意，與後面所說「掠鄉分衆，廓地分利」相照應。【以分合為變】在廣義上解：為戰畧的內外線作戰等的兵力之集散分離，或別働隊、挺進隊等的派遣意；在狹義上解，則當於戰術上的助攻、主攻，或支隊、先遣隊等的派遣，或在攻防上的預備隊的使用等之義。本此以達到我的目的而變戰局為有利，故言【為變】，實是言簡意遠。至於所謂內線作戰，是指我作戰軍對敵的作戰軍，立於被包圍或被夾擊的關係位置而作戰；這種作戰，有集結兵力，將敵逐個擊破之利，但動輒失去良機，且因陷於被夾擊的位置，易招來士氣的沮喪。而外綫作戰，為我作戰軍對敵作戰軍，站在包圍或夾擊的關係位置而作戰；這種作戰，概以攻擊為主，易於包圍殲滅敵人，且易以一方面的成功，而促進他方面士氣的昂揚，但易受逐個擊破，及有指揮困難，連絡不便，加以兵力轉運阻滯之害。總之，不論那種皆須以分合為變的。在戰術上由於支隊或先遣隊的協力，而把戰局推進於有利方面。又，在攻擊上，分為助攻方面與本攻方面，藉預備隊的使用而增大攻擊力或防禦力等，這都是一種「以分合為變」的。《作戰綱要》說：「預備隊已經用盡，或雖未用

盡，而狀況有「保持預備隊必要兵力」之需要等時，務須由狀況上需要較少之方面，抽出所需之兵力，重新編成預備隊，或增大其兵力。」可作為孫子分合的注釋，幫助讀者對本節的了解。

故其疾如風，其徐如林，侵掠如火，不動如山，難知如陰，動如雷霆。

故良將的用兵，當時機已至，則行動迅速得如疾風般的去來無蹤；戰機未熟，則徐徐然、肅肅然，好比林木的並立無語，使敵人不加注意；侵掠敵地時，則如燎原之火，一草不留；佔據一地而等待機會時，則屹然好此泰山一樣，不為威嚇利誘；隱匿我的兵力企圖時，使敵無從窺知，恰恰如陰雲蔽天，不見日月星辰；攻擊敵人時，則出以迅雷不及掩耳之勢，猛烈迅速，使敵無從退避。

Let your rapidity be that of the wind, your compactness that of the forest. In raiding and plundering be like fire, is immovability like a mountain. Let your plans be dark and impenetrable as night, and when you move, fall like a thunderbolt. (G)

本節從「其疾如風」，至「不動如山」四句，曾為日本戰國時代的名將武田信玄，以之書上軍旗，豎於軍門。足見日本軍人向對孫子的熱烈崇拜。有人撰文謂此為「機動戰術」的基本原則，不無見地。

〔閃電戰〕

魯登道夫說：「戰爭之勝負決於戰鬥，故戰鬥即「軍事行動」之核心。在此種軍事戰鬥行動中，各種戰鬥部隊，應傾其全力。在各戰鬥部隊中所儲蓄之「戰鬥力」，應盡用之以加於敵人，第一步即以優勢之火力，毀滅敵人。」這可作為「動如雷霆」的說明。又據編者的研究，「動如雷霆」可解釋為孫子主張「閃電戰」。

掠鄉分眾，廓地分利，懸權而動；

我軍既進敵地後，則掠奪（亦可解為徵發）其都市鄉村的財貨糧食（即因糧於敵），以分配於我的兵眾；又，對於攻略而佔領的敵地——領土，則將之論功分封於我將領；總之，進軍均要權衡利與不利，作周密的打算，以定行動。

[帝國主義的侵略目的]

【掠鄉分眾】即以在敵地所掠奪之物，慰勞士卒之謂。拿破崙時代，曾有限定時日，以兵士掠奪的事例；後來認為違反人道，且足以釀成不測的弊害，終於禁止了。此次中日之戰，日軍在我國不祇到處掠奪，且強姦婦女，屠殺平民，其野蠻可見。【廓地分利】廓是開拓意，是說戰勝佔領了某一地方後，則以之分封於有功將領，以資激勵。

上述兩項，很明顯的，屬於封建軍事侵略主義。近代帝國主義者在戰爭上所採取的侵略主義，其目的為：（一）敵國的完全征服，（二）破壞敵的戰鬥力，（三）排除威脅，（四）佔領土地，（五）保衛權利，（六）發展貿易，（七）搾取利潤，（八）

奪取資源，（九）掠奪金屬品、賠償金，（十）破壞經濟力，（十一）確立制空制海權。這自然是破壞世界和平，又是製造新戰爭的，我們非根本反對不可。

先如迂直之計者勝，此軍爭之法也。

預先了解前述的以迂為直的計謀，而善用之，就可制勝，這是與敵爭取利益的良法。

So he who understands the crooked and the straight way conquers. These are the methods of battle tactics. (C)

軍政曰：「言不相聞，故為金鼓；視不相見，故為旌旗。」夫金鼓旌旗者，所以一人之耳目也；

古代《軍政》書說：「指揮大部隊，因為說話不能相聞，故用鍾鼓為信號，因為視力所及的範圍有限，故用旌旗為記號。」要之，金鼓旌旗的效用，是在統一兵眾的耳目於指揮官的意圖之下。

[現代的通訊工具]

指揮軍隊所用的通訊工具，在古代是那笨拙的旌旗與金鼓，到了現代以科學的發明，工業的飛達，它是進步得驚人了，主要的有電報、電話、信號彈、閃光器及警報器等，故對於軍隊的指揮調動極為便利，雖遠隔數千里，依於無線電的利用，瞬間即可將命令傳達。第二次歐戰，德軍對於前綫官兵的傳令，使用有一

種為肉眼所看不見的光線，這是利用紅外線製成的無線電話。這
電話機與普通電話機不同，能把人的言語變成紅外線的波浪，傳
達到若干英哩外（天氣良好，話程可達十英哩），然後在收音機
中變成了言語，極為靈便。

人既專一，則勇者不得獨進，怯者不得獨退，此用眾之法也。

　　這樣，兵眾既專一，服從號令，構成集團人格，於是縱有特
別勇敢者，也不得自由地前進；縱有特別怯弱者，也不得畏縮而
獨自退卻；這就是指揮大部隊作戰的方法。

The host thus forming a single united body, it is impossible either for
the brave to advance alone, or for the cowardly to retreat alone. This is
the art of handling large masses of men. (G)

故夜戰多火鼓，晝戰多旌旗，所以變人之耳目也。

　　故在夜戰時，宜多燃燒炬火與大擂鼓聲，晝戰時，則宜多舉
旌旗，其效用，在變亂敵人的耳目，而起恐怖。

In night-fighting, then, make much use of signal-fires and drums, and
in fighting by day, of flags and banners, as a means of influencing the
ears and eyes of your army. (G)

　　本來夜襲是禁戒舉火發聲的，但此處所言「多火鼓」，大概是用於佯攻偽戰，藉以威脅敵人，促其誤認我兵力雄厚，不戰而退。

故三軍可奪氣，將軍可奪心。

　　這樣，既可奪了三軍的氣，使之沮喪；又可奪了敵方將軍的心，使其不能謀。

［攻心為上］

　　此二句承上文，起下文。原來三軍以鬥為主，鬥是乘氣，奪了此氣，則鬥怯；又，將軍以謀為主，謀是運心，奪了此心，則謀亂；下不能鬥，上不能謀，敵人上下怯亂，而我的心氣專一，那就可以一舉把他打得落花流水。

　　美國艾森豪威爾元帥說：「士氣是打勝仗唯一的最大因素。」又說：「破壞敵人的士氣應該是每一個司令官的經常目標之一。」再說：「士氣最容易在打勝仗時生長起來，但良好的領袖縱在漫長的困難時期中，也能使士氣在軍中保持不渝。然一時未能取得全面的勝利前，領袖們必須隨時找一些小勝仗打。」

是故朝氣銳，晝氣惰，暮氣歸；故善用兵者，避其銳氣，擊其惰歸，此治氣者也。

　　大凡就一人或軍隊的精神說：在拂曉，充滿著銳氣，在日中漸趨惰倦，至黃昏後，則以一日的疲勞，各有歸休之感；故善用

兵的良將，對於敵人的攻擊，必避其拂曉的銳氣，而乘其日中日沒的惰氣、歸氣。但這可以說是了解了氣的利用嗎？——不，還有下面的解釋：

［士氣］

福特說：「朝的工作是金，晝的工作是銀，夜的工作是銅。」倘若說戰鬥也是從午後至夜裏面方漸衰，那是極淺薄的解釋。因為敵銳時，我也銳，敵惰歸時，我也適為此時刻。假設成為中國與美國一樣：一方是朝，二方是夜，則那種解釋雖可適用；但在交戰地，由於彼我時刻同樣，則為不合理。

［真諦治氣］

宮本武藏的《劍法》說：「敵人第一回打來時，用全力，其勢銳；第二回打來時，慚衰；第三回打來時，已疲，便有虛隙，擊之必勝。」這節所謂朝氣、晝氣、暮氣也是一樣；即朝氣，是第一回的攻擊，晝氣是其次，暮氣是第三回，而不是談時刻的。其意是說：先避開敵的猛衝，即避其銳氣，迎其氣衰的第二回的晝氣，而用自己的銳氣以擊之；倘若敵之氣未衰，又努力於再度作戰，則在第三回的合戰時，就以全力向敵之歸氣以猛攻，這是治氣的祕訣。《左傳》所載：曹劌在長勺之戰所用的戰法，即其一例。老子說：「飄風不終朝，驟雨不終日，孰為此者？天地；天地尚不能久，而況於人乎？」

——北村佳逸的《孫子解說》

「避其銳鋒，擊其惰歸，」亦可以引《吳子》上的話為證：「武侯問曰：「暴寇卒來，掠吾田野，取其牛羊，則如之何？」

起對曰：「暴寇之來，必慮其強，善守勿應，彼將暮去，其裝必重，其心必恐，還退務速，必有不屬，進而擊之，其兵可覆。」
」

以治待亂，以靜待譁，此治心者也，

　　以我的安定，待擊敵的混亂；以我的靜肅，待擊敵的紛擾，這是治心的良法。

Disciplined and calm，　to await the appearance of disorder and hubbub amongst the enemy：-- this is the art of retaining self-possession. (G)

[心理戰]

　　治與靜是由於訓練有素，指揮命令的徹底，計劃準備的完全。亦有解為：治是軍的人和，靜是軍容整肅；亂與譁反是。

以近待遠，以佚待勞，以飽待飢，此治力者也。

　　以近於戰場的我，待擊遠來的敵；以安佚的我，待擊疲勞的敵；以糧食充足的我，待擊糧食缺乏的敵，這是運用軍隊戰鬥力的良法。

[武力戰]

　　【以近待遠】照普通的解釋，為我軍先到戰場，佔領戰地，迎擊從遠方進擊而來的敵人，即解為採取防禦態勢者亦多；然而如克勞塞維慈在《戰爭論》上所說：「防禦之後，斷然轉為攻勢。」那還不失為真理。

愷撒、漢尼拔、成吉思汗、腓特烈大王、拿破崙的戰略，都是採取攻勢，因能制勝。防禦的名將惠靈吞在滑鐵盧之勝，不是以防禦粉碎拿破崙的，是由於猛將布留歇將軍向拿軍的側面與乘其不意的採取攻勢。所以孫子這個原則實含攻勢防禦的意思。

［東鄉之勝］

【以佚待勞】在對馬海戰的東鄉艦隊，先殲滅了旅順的俄國艦隊，僅以海參崴艦隊為敵的日本海軍，乃在佐世保、吳等軍港，修理各艦，整備大砲彈藥，且在朝鮮南岸的鎮海灣及其附近的要地構築根據地；司令長官及全體戰員一致鬥志充盈，浩氣衝天，等待著從印度洋東航的波羅的海艦隊。

這時，東鄉艦隊本可遠出新嘉坡，或台灣海峽的附近求敵決戰的，但這不獨反使兵員疲勞，且足以消耗了戰鬥力的航續力，殊非得計；於是乃採取孫子所謂「以佚待勞」的戰法，迎擊「鵬程萬里船足遲」的心身過勞之敵，而殲滅之。

［封鎖轟炸］

【以飽待飢】使敵飢餓，在戰爭遂行上極為重要。一次歐洲大戰時，英法協約軍以潛艇水雷對德實施經濟封鎖，使德國人民盡受飢寒之苦，因而鬥志日喪，發生革命，至於屈服。據說：協約軍於一九一八年曾擬定了一個這麼大規模而殘忍的計劃，即預期於翌年一九一九以大隊空軍撒布毒瓦斯於全德的田園，使一切穀物枯死，陷全德於澈底的饑餓，人人變成餓殍，但未實施而休戰了。誠以天天進步的飛機的魔力，所謂「空中戰略」（戰略轟炸），唯有愈趨愈烈，這又是孫子的飽飢戰略的大發揚。

——大場彌平的《孫子兵法》

○   ○   ○

[日人襲用孫子的失敗]

孫子在這裏所說的武力戰上三原則，其中之一的「以飽待飢」，在過去抗戰中，曾為日軍用以對我作戰——施以狂炸，復施以經濟封鎖，弄得我官兵吃不飽，以至穿不暖，行亦無車，真是慘不堪言。然以抱著必勝的信念，堅持到最後五分鐘，遂使無所售其技，而我便博得最後勝利了。其次，日軍於太平洋之戰初捷以後，亦滿以為利用此三原則，即以為從美國遠渡洋來進攻日本，路程不為不「遠」，身心不為不「勞」，加以運輸不為不難，因而引起供應不足，發生飢餓，而自己卻可以「待」擊之。這樣便足以制美軍的死命，重演東鄉擊破俄國海軍的一幕；否料，美軍由於實力的強大，有著快速飛機與船艦為用，便縮小遠渡大洋的距離及減少精神肉體的疲勞，加以供應的充足，既無飢餓之象，且無彈盡之虞。於是一味憑其壓倒優勢，施以無情的打擊，弄得日軍每戰必敗。不待說，這又是由於犯著孫子所說：「不知彼，不知己」的大毛病。

無邀正正之旗，勿擊堂堂之陣，此治變者也。

望見敵人的旌旗整齊不亂，是不可迎擊的；又，對於堂堂而強大的敵陣，也是不可進擊的。（此皆言敵軍無虛可乘，須待其生虛，然後擊之。）這是治變之法，即制止禍變的良法。

[正面攻擊的評價]

【正正之旗，堂堂之陣】均是形容敵軍的強實，前句指敵攻，後句指敵守；當敵採取守勢，陣地堅強，我乃以大兵對之作正面攻擊，結果誰勝誰敗，雖未可知，但攻者的犧牲往往較大於守者。魯登道夫將軍說：「陸戰上最後制敵之法，唯有使用砲火，坦克車與飛機之轟炸，對於敵人作正面之攻擊而使之後退，且衝破其陣綫。蓋在他種方略無法使用之時，惟有正面攻擊一途而已。世界大戰中，英法俄在東方與西方謀衝破德國陣綫，而皆失敗；一九一八年，西綫上德軍之攻擊，但能使敵人陣綫稍一進而不克截斷之……要知正面攻擊之戰略，在攻者方面，必受極大損害，此勢所必然也。」由此亦可見步兵攻擊「堂堂之陣」的不合算，難勝利。但是戰爭之事，在戰鬥上不勝亦不要緊，而運用其他術策，如「亂之」——宣傳戰爭，「飢之」——經濟封鎖，亦可達到勝利的目的。一次世界大戰，協約國的取勝德國，可為鐵證。孫子在戰鬥上，係著重乘敵人的弱點——「有虛之陣」而攻之（因為在相持中，敵陣必有弱點發生）此點，魯氏亦有同樣見解，彼說：「負指揮之責者，不論其為海為陸為空，能憑其數目與火力之優勝，選擇敵人之弱點，自可成作戰重點而猛攻之，庶幾可以形成敵之大敗，而我之大勝。」

故用兵之法，高陵勿向，背丘勿逆，

這是局地戰法，即對於佔據高地為陣地的敵人，我不可仰攻，因為仰攻，則不利。又，對於以丘陵為背，即從高地上進出的敵人，我也不可迎擊，因為這足以暴露我的行動，而受敵的瞰制。

佯北勿從，銳卒勿攻，

　　對於佯為退卻的敵人，不可跟蹤追擊，因為彼必設有伏兵。又對於士卒精銳，鬥志旺盛的敵人，也不可攻擊，因為損失必大，且無必勝把握。言外是說：要逐次消耗其精銳，然後可擊之，亦有「強而避之」的意思。

餌兵勿食，歸師勿遏，

　　對於以一部弱卒，或以軍需品，或以都市、港灣、要塞等餌我的敵人，亟須辨別之，不可貿然上其釣。對於退自陣地，急向本國歸去的敵軍，其歸心如箭，倘若我在途中給予截擊，阻止其退路，彼必死力奮戰，結果，不獨我的目的難以達到，反使自己飽受極大的損失，此非注意不可；故欲殲滅之，應講求其他術策。

圍師必闕，窮寇勿迫；

　　包圍敵人，僅可包圍其三面，應闕一面；不然，四面包圍，使彼沒有退卻的生路，勢必出於決死的搏鬥，反使我蒙極大的犧牲，這是就野戰而言；至於攻城則非四面包圍，使彼與外部斷絕一切連絡不可。又，對於無路可逃的敵人，也不可急於迫擊的；因為這種敵人，勢必上下同心，出於死裏求生的抗戰，即所謂「鳥窮則搏，獸窮則噬。」迫擊之，反使我蒙不測的損失。

此用兵之法也。

以上四節（八項），均為用兵之法。

Do not attack an enemy on high ground, not one who has high ground at his back; do not pursue an enemy who is imitating fight; do not attack a spirited enemy. If the enemy offers an allurement do not rake it. Do not interfere with an enemy who has struck camp and is about to retire. When surrounding an enemy allow him an outlet, do not press a desperate enemy. These are the methods of employing troops. (C)

　　它與上述四治有密切關係。但據前人張賁、劉寅的研究：從「高陵勿向」至此，為次篇〈九變〉的錯簡。在〈九變〉之始的「合軍聚眾」之下，加入「高陵勿向，背丘勿逆，佯北勿從，銳卒勿攻，餌兵勿食，歸師勿遏，圍師必闕，窮寇勿迫」八句，連原有「絕地無留」一句，以備九變之數，次置「此用兵之法也」一句；而把〈九變〉篇中之「圮地無舍，衢地合交，圍地則謀，死地則戰」四句，當為〈九地〉篇的錯簡而刪除，文義較順。特錄於此，以供參考。

[戰術革命]

　　上述八項兵法，殆由於古代的弓矢刀矛的軍隊使然；但以今日空軍的發達（一變為立體戰），炮兵的進步，殆已不適用。今日的軍隊，是使用最新火器而作戰的，故以遮斷退路，立體進攻，完全包圍，徹底追擊為擴大戰果的良法，於是一變為——「高陵可向，背丘可逆，銳卒可攻，歸師可遏，圍師勿闕，窮寇可迫」（或用飛機、或用大砲、或用戰車攻擊）了。

吳子說：「凡料敵有不卜，而與之戰者八：

一曰：疾風大寒，早興寤遷，刊木濟水，不憚艱難。

二曰：盛夏炎熱，晏興無間，行驅飢渴，務於取遠。

三曰：師既淹久，糧食無有，百姓怨怒，妖祥數起。

四曰：軍資既竭，薪蕘既寡，天多陰雨，欲掠無所。

五曰：徒眾不靈，水地不出，人馬疾疫，四鄰不致。

六曰：道遠日暮，士眾勞懼，倦而未食，解甲而息。

七曰：將薄吏輕，士卒不固，三軍數驚，師徒無助。

八曰：陣而未定，舍而未畢，行阪涉險，半隱半出。

諸如此者，擊之勿疑。」

表七 〈軍爭〉篇鳥瞰表

軍爭 爭利 用兵之法					
將受命於君			合軍聚眾		
交和而舍					
以迂為直			以患為利		
故 迂其途而誘之以利 後人發先人至					
迂直之計也					
軍爭為利			軍爭為危		
懸權而動 – 故為良將者			舉軍而爭利則不及		委軍而爭利則輜重捐
不知諸侯之謀者不能預交	不知山林險阻沮澤之形者不行軍	不知鄉導者不能得地利	百里而爭利 – 擒三將軍 勁者先 疲者後 – 其法十一而至	五十里而爭利 – 蹶上將軍 – 其法半至	三十里而爭利 – 則三分二至
故兵者			軍		
以詐立	以利動	以分合為變	無輜重則亡	無糧食則亡	無委積則亡
故 其疾如風 其徐如林 侵掠如火 不動如山 難知如陰 動如雷霆 掠鄉方眾 廓地分利					
此用兵之法					

軍政 專一 用兵之法			
金鼓		旌旗	
所以一之耳目也 人既專一			
勇者不得獨進		怯者不得獨退	
此用眾法也 – 三軍可奪氣 將軍可奪心			
治氣者	治心者	治力者	治變者
朝氣銳 – 避之 晝氣惰 – 擊之 暮氣歸 – 擊之	以治待亂 以靜待譁	以近待遠 以佚待勞 以飽待饑	無邀正正之旗 無擊堂堂之陣
故 高陵勿向 背丘勿逆 佯北勿從 銳卒勿攻 餌兵勿食 歸兵勿遏 圍師必闕 窮寇勿迫			
此用兵之法			

賴山陽說：「莊妙於用虛，左妙於用實，兼之者孫子論兵也」。

余讀《孫子》常當作兵法七分，文章三分。即兵七文三之讀書法。余在兵法中見文章法，在文章法中見兵法之活用，不論何人研究孫子，自覺兵法與文章相輝映於紙上。

——譯自多賀義憲著《東洋古兵法之精神》

九變第八 CHIU PIEN (The Nine Changes) VIII

> 九是數之極，九變不限於九種變化，而是多種多樣變化的意
> 義，與「七變八化」，「千變萬化」的意義相同。利害為戰爭
> 的指針，先述為將者遇利害應知所變通，次述對敵運用利害，
> 最後則指出為將者五種有害的性格，而促其省察。首尾一致，
> 天衣無縫。

孫子曰：凡用兵之法，將受命於君，合軍聚眾。

這與前篇的發端相同，想是孫子用以起下文。解釋見前。

圮地無舍，

圮地，即濕地，不衛生之地，這種地帶不可宿營。

這裏所說的「圮地」與〈九地〉篇的「圮地」，一為指示吾
人以「無舍」，一為「則行」，意同詞異。

衢地合交，

衢地，即介於我、敵及他國之間的中立國，彼之向背，影響
戰爭至鉅，故應好好地和他結交，以便我軍通過，更進而使其切
實援助我，或參加我方對敵作戰。

[外交的重要]

在近代戰爭上，中立國更為重要，因為一國對外作戰，絕不能樣樣依賴本國，如軍費、糧食、燃料、武器等免不了要仰給於中立國，（如二次世界大戰，中英蘇各國皆租借於美國），且空軍之通過其領空，及其飛行根據地的借用；海軍的通過其領海，及其軍港的借用，燃料的補給等，亦所必需，然這都是取決於外交的。孫子於兩千多年前，早已注意到中立國與外交的重要，彼的眼光，真是遠大！

絕地勿留，

對於水草缺乏，糧食困難，與交通不便的絕地，應迅速通過，不可停留或久留。

這是一種常識，毋須詳解。

圍地則謀，死地則戰，

陷於被包圍之地時，則宜速出奇謀以解脫之，詳〈九地〉篇。又，陷於難以生還的死地時，則宜出以死戰，以圖死中求活。

塗有所不由，

軍隊的行進，有時對於正大的道路也捨而不走的，例如拿破崙征奧的越阿爾卑斯山，鄧艾征蜀的繞道陰平。又如一次歐洲大

戰，德軍竟採取非常手段，破壞國際公法，取道中立國的此利時以攻擊英法的協約軍。過去日軍進攻我國，在南中國各役中，往往走小路而不走大路。

【塗】與途同。

軍有所不擊，

敵軍有些也不必攻擊的，如果在整個作戰上沒有什麼影響，也有僅予以監視牽制，而不進擊。

城有所不攻，

敵城有些也不必進攻的，也有僅行包圍——以炮擊或封鎖，而不作肉彈的強襲。例如一次歐戰，德軍於一九一四年八月侵入比利時，為了速調主力軍侵入法國，對於列日、奈爾姆兩城，僅以預備軍監視之，而待其自滅。

地有所不爭，

敵地（或中立地）有些也不必爭奪的。這裏的地字，依編者的研究，具有兩種意義：（一）可供戰鬥上用的土地，如城塞、要隘等。（二）有財富之地，如都市、鄉村等。

［美軍行動合乎孫子原理］

上面所說：「軍有所不擊」，「城有所不攻」，「地有所不爭」，這三個原則，至今還是不變的。像美軍此次在太平洋上的反攻，當攻下菲律濱、硫磺島之後，次一行動應為台灣，或小笠原，甚至同時登陸中國。他卻不然，仍本其「越島攻擊」的戰法，登陸琉球，以硫球為基地，進攻日本本土。因為在這廣大的戰場上，如果「軍有所必擊」，「城有所必攻」，「地有所必爭」，一來既分散兵力，增加消耗，二來還要延長戰勝的時間。所以美軍此舉是對的，合乎孫子的原則。

君命有所不受。

在戰場上，元首的命令有時也可以不服從，而採取臨機應變的處置。

春秋時，元首（君侯）是文官，不是武人，所以服從不諳軍事的元首之命，而致債事是不行的，孫子大概有感於斯而發吧！孫子是言，實與「軍不可從中御」及「軍中不聞天子詔」兩格言，皇然成為歷代主將的口號。

　　　　○　　　　　○　　　　　○

「自『圮地無舍』至『死地則戰』為常法。自『塗有所不由』至這項為九變。先常法，次及變通。老子說：『不知常，妄作凶。』」

—— 北村佳逸說

故將通於九變之利，知用兵矣；將不通於九變之利者，雖知地形，不能得地之利矣。治兵不知九變之術，雖知地利不能得人之用矣。

所以將帥能夠通曉這九變之利，那算是用兵的能手了；倘若不通曉這九變之利，縱是熟悉地形，也不會得地利。又，在指揮統率上，不知這九變之術，縱見熟悉如何取得地利，也不會發揮用兵的微妙，而博得勝利。

【九變】為多樣變化、變通意。不限於九種變化。【得人之用】是說善於用兵。

是故智者之慮，必雜於利害。

基於上述，所以智將的思慮，必常顧到利害的兩面；因為利中必有害，害中亦有利；利害是相錯綜的，沒有絕對的利，也沒有絕對的害，好像形之有影，影之隨形。

［凡事皆有利害兩面］

〈作戰〉篇說：「不盡知用兵之害者，則不能盡知用兵之利也。」

老子說：「天下皆知美之為美，斯惡已。皆知善之為善，斯不善已。有無相生，難易相成，長短相較，……前後相隨。」於此，可見老子與孫子的話，實合乎今之相對論、辯證法。

雜於利，而務可信也；雜於害，而患可解也。

於害中，雜入利以考慮，乃竭力抓著幹去，則任務可以完成；於利中，雜入害以考慮，而巧避之，則禍患亦可免除。

【信】是相信，或把握，或完成意。

自「智者之慮」至此，尚有人做這樣稍具體的解說：即智者對於敵軍的企圖、地形等情勢的考察，必併以利害的兩面，其結果，判斷為對我軍有利的；但有利必有害，其所雜入的害，如能設法除去，則我就可戰勝敵人。結果，判斷為對我軍有害的，（如上述的圮地、絕地至受君命等），但有害必有利，其所雜入的利，倘能把握著，（如上述的勿留、則行至不受君命等），則在戰爭上便可避免覆軍殺將的禍患。

老子說：「勇於敢則殺，勇於不敢則活。此兩者或利或害，天之所惡，孰知其故？……是以聖人猶難之。」

是故屈諸侯者以害，役諸侯者以業，趨諸侯者以利。

是故，欲使諸侯屈服於我，聽我指揮，在捉著彼的弱點而示之以害；欲使諸侯為我奔走，在委託以事業；欲使諸侯奔附於我，在誘之以利。

為達到本節各項的目的，當然是採取外交手段。至關於「役諸侯者以業」亦有解為：慫恿諸侯大興土木，或嗾使其與他國交戰，以蕩盡人力、財力，而失去戰鬥力免為我患。

「有時討之，有時誘之，有時利之，——德川家康是其標本；今日的友，明日的敵；昨日的敵，今日的友；好惡由己，生殺隨意——這是家康的狡獪；弄得諸侯一日不安，互相猜忌，天下洶洶。」——櫻井忠溫曾這樣批判此節。

故用兵之法，無恃其不來，恃吾有以待之；無恃其不攻，恃吾有所不可攻也。

故用兵之法，不可僥倖敵人不來，要恃我常有足以抵抗的國防力；也不可僥倖敵人不來攻，要恃我常有攻而不破的防禦力，或常保持著沒有為敵可乘的虛隙。（例如一次歐戰時，凡爾登要塞，為德軍多次猛攻，屹然不陷）。

Wherefore in the conduct of war do not depend on the enemy's not coming， but rely on your own preparations； don not count on the enemy not attacking your fortress， but leave nothing undefended. (C)

本節是孫子勸人「厚於求己」。與〈軍形〉篇說：「先為不可勝，以待敵之可勝」的意思照應。

[充實國防]

戰爭是達成政治目的的手段，是一種動的東西；看之似爆發，卻不爆發；看之似不爆發，卻又爆發；這爆發的時間，是超乎一切理論之外，為任何人所不易斷定的。故一國為應付不時的戰爭，最好豫先充實國防力；國防力充實，便可「恃吾有以待之」，與「恃吾有所不可攻也」。像今日各國的普及軍訓，擴充軍備及獎勵科學發明，即屬此意。孫子在春秋時代，目覩群雄對

峙，一國時有被侵略的危險，所以在這書中，力說充實國防力的重要，其原理至今，益見正確。

故將有五危： 必死可殺，

就將帥的性格說，約有五種危險性應戒除的：其一，是必死，本來決死而戰的果敢，是軍人的本分，也是最高尚的行為；但由於缺乏智謀，暴虎馮河，必致為敵誘殺。

老子說：「堅強者死之徒。」又說：「勇於敢則殺。」

司馬法說：「上死不勝。」岳武穆將軍說：「勇不足恃，用兵在先定謀。」

必生可虜，

有智謀者，往往沒有必死之勇；及至身臨戰場，畏怯多疑，只想生還，必為果敢之敵所生擒。

於此，亦可來個這樣的解釋：「富有智勇，欲以小兵當敵的大軍，以最少的損失想收最大的戰果，固是良將之器；畢竟因為兵力寡弱，變為「以卵投碯」，則不難為優勢之敵擊破，俘虜而去，例如李陵的被擒於匈奴。」

老子說：「人之生，動之於死地，亦十有三，夫何故？以其生生之厚。」

司馬法說：「上生多疑。」

忿速可侮，

容易受刺激而輕躁的人，是可以侮辱的；彼遇受侮辱時，則失了自制心，變為輕躁，易墮入敵人的詭計中。

「忿速」對任何事情，僅是用感情，使意氣，缺乏鎮靜與理智。

老子說：「輕則失本，躁則失君。」

仲尼說：「小不忍，則亂大謀。」

廉潔可辱，

廉潔本是可貴的德性，但失之急於潔己，喜矯飾，好名譽；便易為敵利用其短以污辱之，而乘其隙。

愛民可煩。

愛惜士卒，本是善德，但因溺於愛惜，便不能採取果斷的行動，易為敵人所煩——「勞之」，疲於奔命。亦有解為：對於扼守險阻的敵人，我乃分兵騷擾其人民，這時，有仁心的敵將，不忍坐視，倉皇赴援，勢必墜我術中，而吃大虧。

老子說：「天地不仁，以萬物為芻狗。聖人不仁，以百姓為芻狗。」

[作戰綱要]

《作戰綱要》說：「欲使完成戰勝之效果，須行猛烈果敢之追擊；然當戰勝之後，一般多以目前之成功為滿足，而躊躇果敢之追擊，常致功虧一簣；故各級指揮官應以極鞏固之意志，斷行追擊。戰鬥後，勝者之疲勞固大，而敗者之體力與氣力更屬困憊；故勝者慎勿為部隊之損傷整頓等所拘束，尤須克服疲勞與補給之困難等，一意決行追擊，以完成最後之勝利。此際各級指揮官不惜對部下為過劇之要求；否則仍須更大之犧牲，而再攻擊敵人也。」

這是關於追擊戰鬥的記述，可作為本節的註解。

凡此五危，將之過也，用兵之災也；覆軍殺將，必以五危，不可不察也。

以上所說的五種危險性格，或偏倚性格，是為將者最大的缺點，用兵上最大的災殃；足以造成全軍的覆滅，自己被殺的悲慘，必以這五種為原因，這是為將者不可不深深地審查的。

These five faults in the leader are disastrous in war. The overthrow of the army and the slaughter of the general arise from them；　therefore they must be carefully considered. (C)

[五危與五德]

原來利中有害，害中有利；長處即短處，短處即長處；然所以能棄短留長，則在於修養有素；取利避害，則在雜於利害而考慮；此孫子最後所以督促吾人說：「不可不察也」。但這樣的解釋還是不夠的，為將者欲避免此五危，一定要具備〈始計〉篇所

199

說的五德——智信仁勇嚴，然此固繫乎先天的秉賦，尤關乎後天的修養，為將者能本此不斷地修養，自可兼備五德而避免五危了。

表八 〈九變〉篇鳥瞰表

九變		
將受命於君 合軍聚眾	君命有所不受	將之五危
圮地無舍 衢地合交 絕地勿留 圍地則謀 死地則戰 塗有所不由 軍有所不擊 城有所不攻 地有所不爭	將通九變之利者知用兵矣 將不通九變之利者雖知地形不能得地之利 用兵不知九變之利雖知地利不能得人之用	必死可殺 必生可虜 忿速可侮 廉潔可辱 愛民可煩
	故 智者之慮雜於利害	此 將之過 用兵之災
	雜於利而務可信也 雜於害而患可解也	覆軍殺將不可不察
	是故 屈諸侯者以害 役諸侯者以業 趨諸侯者以利	
	故 無恃其不來 恃吾有以待之 無恃其不攻 恃吾有所不可攻也	
此用兵之法		

行軍第九 HSIANG CHUN (Movements of Troops) IX

這篇的篇名，若以近世的兵語解釋，則頗相當於旅次行軍，戰備行軍。發端的「處軍相敵」，為全篇的綱領，即說在局地的軍之戰鬥法，與依各種徵候而判斷敵情；故相信此「行軍」以解為「用兵」較為妥當。與〈九變〉、〈軍爭〉諸篇並讀，自可澈底了解。

孫子曰：凡處軍相敵：

大凡處理我軍與判斷敵情之法。這一句，是全篇的綱領。

【處軍】可解為處理軍隊，或部署軍隊意，從「絕山依谷」至「伏姦之所」為說明「處軍」。【相敵】是觀察或偵察，或判斷敵情意，自「近而靜者」至「必謹而察之」，共三十三項。自「兵非貴益多」至篇末為附帶談及用人之法。又，本書各篇之劈頭，每用「之法」二字，如〈作戰〉、〈謀攻〉、〈軍爭〉、〈九變〉、〈九地〉等；基於此的判斷，也許在「處軍相敵」下，漏了「之法」二字未定。

［空中照相及雷達］

在近代戰場上的「相敵」，已使用科學的工具，如望遠鏡及偵察機等，尤其到了二次世界大戰，以空中照相的進步及雷達的發明。更使「相敵」一事，進入一新時代。空中照相可把地面一切狀況攝成照片，以供判知敵情。使用雷達，可探知敵機敵艦出現的距離，并給予高射炮一個準確的瞄準方向，且可測出遠距離的敵方臼砲與大砲陣地，測知敵人所盤據的公路的位置，夜間隊

伍與車輛調動情形。美國陸軍信號隊司令尹格拉斯中將（Eaglas）近曾把兩種雷達的效用公開說明是：「雷達偵察器能以驚人之準確程度，搜索距離五英里以外之敵方砲位，信號隊利用一特製雷達，測出敵方砲彈之上下進行方向，然後藉幾何三角測量原理算出砲彈全部彈道，及砲位之準確地點。根據上述方法，雷達可發現五英里以外之隱蔽砲位，其差誤最多為六十碼；用以窺測敵人夜間調動情形之雷達；雖於雷達電波四佈之區城中，亦能測出所有移動之目標，則遠在十六英里以外之車輛，亦難逃出其視線；然普通有效距離為十英里，三英里外部隊之移動亦可察覺；雷達技師技巧之熟練，竟能計算一隊中之敵兵人數，及敵人車輛之類型與速度。」這是軍事上「相敵」的一大革命，令人想起孫子時代的專用眼力以觀察敵情，真有隔世之感。

以下係述各種地形的戰鬥法：

絕山依谷，視生處高，戰隆無登，此處山之軍也。

先談山地戰：當橫斷通過山岳時，宜沿著河谷而前進，這因為有水草給養人馬的便利；又，在交通比較容易的山地，宜佔領高地布陣，可得瞰制之利；對於佔領高地的敵人，務要避免從正面攀登攻擊，最好誘敵從高地下來交戰，這是處理山上用軍或山地戰的要領。

【絕山依谷】絕是越，或橫斷，或通過意。依是沿，或擇意。沿近溪流的山道，如成為敵的前進路，以直接扼守之為宜，且谷地有獲得水草的便利，在給養方面，亦很有利。

【視生處高】生是生地，或交通容易之地。基於〈九地〉篇說：「無所往者，死地也」。所以這裏的「生地」，可作為反對的解釋。至於舊註，起自曹孟德，多註為「視者向也，面也。生者陽也，東南也。」合為面於東南之義。又荻生徂徠則解為「生是草木生長之地，視是看。」均未免牽強。但這句在下述河川戰鬥的場合，把生解為交通容易之地，更相信為最恰當。

【戰隆無登】隆是高意，即在高地上的陣地。這句是說登山的不可，但山地戰的特性，從正面強襲，因地勢險峻則不利；言外卻說，宜講求其他術策，如誘下擊之，或迂迴襲擊等。但在近代以飛機、大砲、坦克的出現，對於山地的進攻，已不似從前那樣的困難了。即敵人縱躲於水泥鋼骨的堡壘裏，尚可把他燬滅，何況高山不可登！

絕水必遠水，客絕水而來，勿迎於水內，令半濟而擊之；欲戰者，無附於水而迎客，視生處高，無迎水流，此處水上之軍也。

次述河川戰鬥的要領：當橫斷通過河川時，必須迅速前進，以遠離這種障礙為原則；至於敵渡河前進時，不可迎擊於水上，宜乘其一半剛上陸，其後一半尚未渡河的時機而擊之，這樣，則敵人前後失了聯絡，分為二段，最為不利；又，欲在河川間與敵決戰，亦不可沿著河岸以配備兵力而迎擊，應擇交通便利的高地佈陣而迎擊敵於半渡，這是就防禦而言。

【絕水必遠水】渡河，倘若不迅速前進，遠離這種障礙，必致擠擁河邊，一來妨礙後續部隊的上陸，二來無從應付敵人的奇襲，是不可不戒的。

【令半濟而擊之】擊敵於半渡，也是現代河川戰鬥的原則。《作戰綱要》說：「企圖攻勢之河川防禦，通常於預想之各渡河點，配置必要之警戒部隊，其主力則採取即能轉為攻勢之態勢，乘敵半渡，即乘敵尚末發揮其攻勢的戰鬥力之時機，轉移攻勢以擊滅之。」至就敵方說：如有強力的飛機、大砲的掩護，及水陸戰車的衝鋒，欲渡河則不難了。

絕斥澤，惟亟去無留；若交軍於斥澤之中，必依水草，而背眾樹，此處斥澤之軍也。

次述泥濘地帶的戰法：當橫斷交通困難的泥濘地帶時，宜急速通過之，不可停留；倘若不得已在這種地帶交戰時，必須佔據水草繁盛之地，又以森林為背，為得地利。

【斥澤】斥是含有鹹分海濱之地，或湖邊的沮洳之地；澤是低地，水草之地，故斥澤可解為交通不便的泥濘地帶。行軍於此種地帶，因為地氣潮濕，不獨人馬易病，且車馬亦難發揮其機能。一次歐戰時，俄軍在東普魯士遭興登堡將軍的猛擊，慘遭大敗，即由於此。

平陸處易，右背高，前死後生，此處平陸之軍也。

次述平陸戰法的要領：平陸是平原或平坦之地，但地形自有高低及河川、斷崖、樹林等物。在這種地帶行軍，當交戰時，宜佔領交通自由與便於立足的地點，右背高阜地以布陣，更宜前控河川斷崖等地形的死地，使敵前進困難，後接運動便利的生地，以利我退卻。

【右背高】以丘為右，是為防禦右側的射擊，並便於左側的正面射擊。據北村佳逸於漫遊吾國時，聞老儒說：「強弩是用左足踏弓，左手拉弦，右手放矢，正面稍左而向敵人射去。」

［西方古代兵法］

Niccolo Machiavelle 的《兵法論》上說：「佔領高地，決不可舍營於其傾斜面或山麓； 因為敵如從背後山上攻來，則我將無所倚靠。當配備軍隊以戰鬥時，應注意風向與日光，若眩惑於光綫，則射擊的命中率減低，向風則以砂塵的吹揚，而妨礙行動。漢尼拔在 Cannae 之役，Marius 與息米立亞人交戰時，常注意此點。」騎兵之數，少於敵時，宜利用葡萄園、障壁等障礙物。西班牙兵在 Naples 王國的 Cirignuola 擊破法軍，就是用這種手段。

凡此四軍之利，黃帝之所以勝四帝也。

上述山谷、河川、斥澤、平陸的四種戰術，黃帝曾活用之以取勝於四方僭帝，統一天下。

［孫子的文癖似老子］

孫子的戰爭哲學，淵源於老子，但不入於玄，此為各學者的共同意見。他倆不獨原理相契合，即文癖亦相似，如俱多用以、

故、能、善等副詞，而孫子對於警句加以押韻，亦為類似之點。老子的哲理，淵源於黃帝，這也許是孫子提出黃帝的原因。

張預說：「黃帝始主，四方諸侯亦稱帝，以此四地勝之。按《史記》：「黃帝紀元與炎帝戰於阪泉，與蚩尤戰於涿鹿，北逐葷粥。」又《太公六韜》言：「黃帝七十戰而定天下」，此即是有四方諸侯戰也。兵家之法，始於黃帝，故云然也。」

凡軍好高而惡下，貴陽而賤陰，養生而處實，軍無百疾，是謂必勝。

大凡軍隊的宿營，尚高爽地，而忌卑濕地，又貴向東南而嫌對西北；且宜位於糧秣豐富的地帶，以為養生，這樣軍中便無疾病發生，人人健壯，驅之作戰，當然可以勝操左券。

As a rule, the soldiers prefer high ground to low. They prefer sunny places to those the sun does not reach. If the health of the troops be considered and they are encamped on high and sunny ground，diseases will be avoided, and victory made certain. (C)

【好高惡下】高地除空氣新鮮，沒有濕氣，利於宿營外，且便於觀察敵情及射擊敵人。【貴陽賤陰】陽指東南，陰指西北。在戰術上亦可解為貴交通便利之地，而賤不便之地；在精神上亦可解為貴振奮旺盛，而忌沉滯萎靡，但在此則以就方向上解釋為恰當。【養生處實】養生是保持身心康健，處實是處於糧食給養容易的地帶。

[《作戰綱要》]

這節可以說是就軍隊的衛生而言，《作戰綱要》說：「駐軍間各級指揮官，為增強軍隊戰鬥力，應使士氣日益振作，努力於保健防疫及防毒等事項，俾衛生設施完備，得以克服不良之環境。」

[現代醫藥發明之功]

這是要我們切實顧慮到衛生的。惟現代以醫藥的發明，已使軍隊中的衛生大為改進，因病致死者已逐漸減少，如美馬歇爾將軍於二次大戰勝後，《致陸軍部二年報告書》中說：「若以此次戰爭之非戰鬥原因死亡率與已往之戰爭比較，則其差度至為顯明矣。當墨西哥戰爭時，每年軍官及士兵死於病者居百分之十；至南北戰爭之聯合軍方面，則減至百分之七、二；西班牙戰爭與菲律濱暴動時，又減至百分之一.六；第一次世界大戰百分之一.三；此次戰爭則僅居百分之〇.六。」要之，二次大戰美軍病死的減少，可以說由於醫藥進步之功，如盤尼西林，DDT 及各種特效針藥的發明；其次由於醫藥治療及軍事外科的進步，即美軍在二次大戰中，因受傷至死的死亡率，亦比一次世界大戰減小一半以上，且使百分之五八.八以上傷兵，得以復元重返戰地服務。

丘陵堤防，必處其陽，而右背之，此兵之利，地之助也。

當行軍於丘陵堤防時，其宿營必須選擇東南方面（冬暖夏涼），且以為右背；這樣，既可保持士兵的健康，且可以用為掩護（障礙物），這是用兵之利，同時也是得地利。

上雨水沫至，欲涉者，待其定也。

又當軍隊渡河時，上流降雨，其先流下的泡沫，這是水勢泛濫而來的徵候；這時，徒涉部隊，應採取慎重態度，待其水勢平定，方可渡河（此項可以歸併於「處水上之軍」的文中）。

凡地有絕澗，天井，天牢，天羅，天陷，天隙，必亟去之，勿近也；吾遠之，敵近之；吾迎之，敵背之。

大凡在地形上，有六種危險的障礙物：

一、絕澗——絕壁斷崖的谿谷。

二、天井——四高中陷的凹地。天為天然意，下同。

三、天牢——山林環繞，易入難出，好像牢獄一般的地帶。

四、天羅——荊棘叢生，進退不能自由，刀劍弓矢不便運用，好相投入羅網一樣的地帶。

五、天陷——非常卑濕，泥濘又多（如泥沼等地），人馬難行，好像陷阱一樣的地帶。

六、天隙——道路狹隘，坑溝多有的地帶。

［半打障礙物］

這半打障礙物，在用兵上是極危險的。若遭遇之，必須迅速離開，不可接近；至不得已而在這種地帶戰鬥時，我須遠離之，使敵接近之；且我以之迎擊於前面，使敵不得衝鋒通過，並使其控於敵人的背後，而牽制其行動。要之，本節是說要使敵立於不利的地位，而我則站於有利的立場，以一再的戰勝，而把敵人打進於這六害的危地。

軍旁有險阻、潢井、蒹葭、林木、翳薈者，必謹覆索之，此伏姦之所也。

進軍時，在路旁，倘若遭遇險阻，或潢井、或蘆葦、森林、草木屏蔽的地帶，必須慎重反覆搜索牠，監視牠，因為這種地帶，適成為敵的伏兵或偵探藏身之所。

【險阻】要隘之地。【潢井】潢是池，井是深坑。【蒹葭】蘆葦之類。【翳薈】草木叢生之處。

本節以下是相敵，即判斷敵情的方法。

近而靜者，恃其險也；遠而挑戰者，欲人之進也；其所居易者，利也；

［相地形］

兩軍迫近，敵的軍容仍靜肅不動的，這是恃其地形的險要。敵人還未到達開戰的適當地點，便遠來挑戰的，這是欲誘我進而

為彼所擊破的手段。敵軍不據險要，改擇易受攻擊的平地（易）而布陣的，這是在以利誘我。

When the enemy is close at hand and remains quiet, he is relying on the natural strength of his position. When he keeps aloof and tries to provoke a battle, he is anxious for the other side to advance. If his place of encampment is easy of access, he is tendering a bait. (G)

眾樹動者，來也；眾草多障者，疑也；

［相草木］

望見矮小的樹林動搖，這是敵人前來攻我的徵候。敵在林邊多置結草，（如今之偽裝工事），這是在使我疑有伏兵，而不敢前進。（三國時諸葛孔明曾有結草人置船上借箭的故事）。

鳥起者，伏也；獸駭者，覆也；

［相鳥獸］

鳥兒突然從林中飛起，其下必來有敵的伏兵。野獸駭然從山林裏奔出，其中必潛行著敵的奇襲部隊。

塵：高而銳者，車來也；卑而廣者，徒來也；散而條達者，樵採也；少而往來者，營軍也。

［相塵埃］

塵埃高揚而尖銳的，這是敵的主力——戰車隊來攻的徵候。塵埃低揚而廣播的，這是敵的徒步兵來攻的徵兆。塵埃分散於各處，像樹枝一樣的向上伸展，這是敵的炊事部隊的採薪。塵埃少揚，且散見敵兵（斥候）的往來其間，其後必是工兵隊從事於舍營工作。

辭卑而益備者，進也；辭強而進驅者，退也；無約而請和者，謀也；

[相辭約]

戰時，兩方使者往來，本是常例。但敵人派來使者，其言辭很謙遜，而另方面乃加緊備戰，這是前進之兆。反之，言詞強硬傲慢，示以前進之勢，這是企圖退卻的癥候。又，使者沒有提出確實擔保交換條約，僅以口頭請求和議，這是敵人的詭謀，或藉以鬆懈我軍而得乘隙，或藉以緩和我攻擊而待援軍。（例如一九四一年日本東條內閣派來栖到美國參加美日和平談判，而發動太平洋戰爭）。

輕車先出居其側者，陣也；奔走而陳兵者，期也；半逆半退者，誘也；

[相敵陣]

望見敵的戰車，先離行軍序列，作側面分進，這是敵欲尋找陣地或開始戰鬥。敵軍奔走，（如傳令等），急於兵車等布陣，

這是準備與我交戰。敵軍半部前進，半部退卻，其態度曖昧，這是引誘我的。（諸葛孔明的半進半退之陣，是其例證）。

杖而立者，飢也；汲而先飲者，渴也；見利不進者，勞也；

〔相敵卒〕

倚杖（如槍戟類）而佇立的，是因為肚子飢餓，沒有氣力。汲來的水，爭先取飲的，是因為長途行軍，天熱口渴。見有取勝的機會，或有可取的戰利品，都不進兵的，是因為疲勞已極，沒有進擊的精力。

When the enemy uses their weapons to rest upon, they are hungry. If the drawers of water drink at the river, the enemy is suffering from thirst. (C)

鳥集者，虛也；夜呼者，恐也；軍擾者，將不重也；旌旗動者，亂也；吏怒者，倦也；

〔相敵營、旌旗、聲色〕

飛鳥群集於敵營上或其徬，是因其中空虛，敵兵已經撤去。在夜中放聲高呼的，是由於無勇力弱，恐其夜襲，不能安眠，陷於神經衰弱的狀態。軍中紛亂，沒有秩序，是由於將帥威嚴不足，不得部下的悅服。旌旗擺動不定，是由於隊伍混亂，士氣不振。軍吏之所以怒罵，是由於士兵疲倦，不聽號令。

殺馬肉食者，軍無糧也；懸甋不返其舍者，窮寇也；

[相敵炊事]

　　殺馬而食其肉，是敵軍缺乏糧食之故。懸甋（土鍋）於壁上或樹枝上（即拋棄炊器意），又不返其舍，而臥於野外，這是欲求一戰以脫死地的窮寇。

The killing of horses for food shows that the enemy is short of provisions. When the cooking-spots are hung up on the wall and the soldiers turn not in again, the enemy is at an end of his resources. (C)

諄諄翕翕，徐與人言者，失眾也；數賞者，窘也；數罰者，困也；先暴而後畏其眾者，不精之至也；

[相敵軍官對下]

　　軍官和部屬說話，其樣子是慢慢的（徐），反覆叮嚀的（諄諄），而且神氣很頹喪的（翕翕），那是失了人和之故（原來軍官下令應是簡單明瞭）。對於部屬連賞了數次，以謀懷柔之，這是已窘於部屬的統率，即部屬各要離去，故姑賞以留之。又，連罰了數次的，這是已困於部屬的統御，即部屬不服從法令，故特嚴罰以戒之。最初待遇部屬極其殘暴刻薄，弄至部屬各思離去，然後畏怕之，將就之，這是太不懂將兵之道。

[軍官的條件]

　　上述數項，不外指劣等軍官而言，劣等軍官是不會將兵的，得不到部下的信任的；由此可見主將任用各級軍官，必須選拔有才有德者。魯登道夫氏曾說過：「軍官既為全軍之表率，故應有其特具之武德與標準的生活。當第一砲發聲之日，全軍先注目於彼等之身，部下對於彼等之信任心如何？——第一、視彼等是否了解士兵心理，而與以適當之指導；第二、視彼等是否注意於部下之疾苦，而不致先己後人；第三、視其平日對於士兵之訓練如何，與其能否公平執行紀律，而信任尤為紀律之基礎。……軍官之所以為人表率，非徒以其在隊伍中，上下屬之權力關係，乃以其知識道德之足為人模範，而又能了解士兵心理，然後能為其真正領袖者。不然者，以等級關係而相安於一時，在長期間之全體性戰爭中，決難以持久。」

來委謝者，欲休息已；兵怒而相迎，久而不合，又不相去，必謹察之。

［相敵休息進軍］

　　敵軍遣使帶來禮物道謝，請求休戰的，這是彼欲暫事休息，以圖再舉。敵軍聲勢洶洶的殺來，經久不和我決戰，又不退卻，這是敵人抱有別種奇謀，而我必須慎重審察之，不可墮其狡計。

　　《吳子》上載：「武侯問敵必可擊之道，起對曰：「用兵必須審敵虛實，而趨其危；敵人遠來新至，行列未定可擊，既食未設備可擊，奔走可擊，勤勞可擊，未得地利可擊，失時不從可擊，涉長道後行未息可擊，涉水半渡可擊，險道狹路可擊，旌旗

動亂可擊，陳數移動可擊，將離士卒可擊，心怖可擊。凡若此者，選鋒衝之，分兵繼之，急擊無疑」」。

兵非貴益多也，惟無武進，足以併力料敵取人而已；夫惟無慮而易敵者，必擒於人。

由來兵不貴多，多而不精，無濟於事；又，進兵不可以武勇為恃，務要做到上下一致，充分判知敵人的企圖，以期擊敗敵人；反之，沒有深謀遠慮，且輕視敵人，勢必為其所俘虜。

本節文章似不大完全，有人懷疑漏了字句。【武進】亦有解為武斷進軍意。【易】為輕視意。老子說：「禍莫大於輕敵」。論語：「人無遠慮，必有近憂。」

卒未親附而罰之，則不服，不服則難用。

士卒對於將帥還未十分信賴，而將帥遽施以嚴重刑罰，勉強其服從，則士卒不會心服的，未得心服，則難用以作戰。

卒已親附而罰不行，則不可用。

又，士兵對於將帥既有相當的信賴，而將帥怵於仁慈，應施刑罰而不施，於是士卒必驕且怠，也不可用以作戰。

故令之以文，齊之以武，是為必取。

故對部下士卒要待之以文德——仁愛恩情；而整齊之，納於正軌，則以武德——威嚴刑罰（紀律），這樣，則士卒親附，不敢犯法，驅之作戰，必可取勝。這叫做「必勝軍」。

本節亦有解釋為：「令之以文」，即教以孝悌忠信之道（政治教育）；「齊之以武」，即教以戰鬥之法，及約束之以軍紀（軍事教育）。

吳子說：「總文武者，軍之將也。」司馬穰苴說：「文能附眾，武能威敵。」《步兵操典》說：「軍紀者軍隊之命脈也，軍隊必須有嚴肅之軍紀，然後精神上之團結力得以鞏固，戰鬥力之持久性得以確保。」

令素行以教其民，則民服；令不素行以教其民，則民不服；令素行者，與眾相得也。

政令素行的元首或政府，徵集國民施以軍事訓練，為交戰之用，則彼必悅服；倘若政令平素沒有身體力行，紀綱廢弛，而欲訓練國民以為交戰之用，彼必不悅服，各懷怨心；要之，政令素行的元首或政府，方得民服，一致備戰，共赴國難。

[政令與教民]

這一節是孫子就政治而言，與〈始計〉篇說：「道者令民與上同意，可與之生，可與之死，而不畏危也」相呼應；誠以政治之良否，影響徵兵練兵之事至鉅，觀於我國此次抗戰，可想而

216

知。但亦有解釋為：屬於主將對部下士卒的事，即是說為主將者能以身作則，遵守紀律，則士卒方肯守紀律，受訓練。正如魯登道夫將軍說：「然軍紀云云，非徒士兵之所應守，同時上級長官，甚而至於著名之將軍直接立乎主帥之下者，亦當遵守。此等長官應守之軍紀，立於同樣之上下屬的服從關係之下，同時彼等不應失卻其獨立行動，與身為人先之精神，蓋服從中之紀律與獨立行動中之紀律，二者如何調和而合一之，彼等所當有事者也。」

孔丘說：「其身正，不令而行；其身不正，雖令不行。」

子夏說：「君子信而後勞其民，未信則以為厲己也。」

表九 〈行軍〉篇鳥瞰表

行軍				
處軍相敵 （對陣）	地形	軍旁	動靜三十二相	卒之親不親
處山上之軍 　絕山依谷 　視生處高 　戰隆無登 處水上之軍 　絕水必遠水 　客絕水而來 　　勿迎之於水內 　　令半渡而擊之 　欲戰者 　　無附水而迎客 　　視生處高 　　無迎水流 處斥澤之軍 　絕斥澤亟去勿留 　若交軍於斥澤 　　必依水草背衆樹 處平陸之軍 　處易右背高 前死後生	絕澗 天井 天牢 天羅 天陷 天隙	險阻 潢井 林木 蒹葭 翳薈	近而靜者恃其險也 遠而挑戰者欲人之進也 其所居易者利也 衆樹動者來也 衆草多障者疑也 鳥起者伏也 獸駭者覆也 塵：高而銳者車來也 　　卑而廣者徒來也 散而條達者樵採也 少而往來者營軍也 辭卑而益備者進也 辭強而進趨者退也 輕車先出居其側者陣也 無約而請和者謀也 奔走而陳兵者期也 半進半退者誘也 杖而立者飢也 汲而先飲者渴也 見利而不知進者勞也 鳥集者虛也 夜呼者恐也 軍擾者將不重也 旌旗動者亂也 吏怒者倦也 殺馬肉食者軍無糧也 懸瓶不返其舍者窮寇也 徐與人言者失衆也 數賞者窘也 數罰者困也 先暴而後畏其衆者不精之至也 來委謝者欲休息也 兵怒而相迎久而不合又不相去必謹察之	未親附而罰之 卒不服 不服則難用 親附而罰不行則不可用

故必勝之軍 好高而惡下 貴陽而賤陰 養生處實	亟去之勿近之 吾遠之敵近之 吾迎之敵背之	伏姦之所	故 兵非貴多雖無武進 足以併力料敵取人而已	故 令之以文 齊之以武
故 丘陵堤防處其 陽而右背之 （處山地之 法） 上雨水沫至欲 涉者待其定 （渡河之 法）			是故 無慮而易敵者必擒於人 為將者要審察	令素行以教 其民 則民服者是 與衆相得也 不然則民不 服
此兵之利 地之利也				
此行軍之道也				

《孫子略解》序文

曹孟德將軍撰

　　操聞上古有弧矢之利，《論語》曰：「足食，足兵。」《尚書》：「八政曰師。」《易》曰：「師貞，丈人吉。」《詩》曰：「王赫斯怒，爰征其旅。」黃帝、湯、武咸用干戚以濟世也。《司馬法》曰：「人故殺人，殺之可也。」恃武者滅，恃文者亡。夫差、偃王是也。聖人之用兵，戢而時動，不得已而用之。吾觀兵書戰策多矣，孫武所著深矣。孫子者，齊人也，名武；為吳王闔閭作兵法一十三篇；試之婦人，卒以為將；西破強楚，入郢，北威齊、晉。後百餘歲有孫臏，是武之後也。審計重舉，明畫深圖，不可相誣，而但世人未之深亮訓說，況文煩富行於世者，失其旨要，故撰為《略解》焉。

地形第十 TI HSING(Terrain) X

> 本篇為〈九變〉、〈九地〉的姊妹篇，先把戰場分為六種，論其性質與戰法，次從軍隊的素質上分敗兵為六種，而喚起將帥的責任心。最後，又論知己如彼，而加入知天知地，作為「全勝」的要訣，以完〈作戰〉篇的餘意。

孫子曰：地形有通者，有挂者，有支者，有隘者，有險者，有遠者。

這是孫子關於地形的分類，計有通形、挂形、支形、隘形、險形、遠形的六種。

我可以往，彼可以來，曰通；通形者，先居高陽，利糧道以戰則利。

彼我的軍隊俱便於往來之地——土地平坦，四通八達，叫做通形；對於這種地形，宜先敵佔領高峻而面於東南之地，并對後方的糧道，嚴加警戒（求其安全），及注意敵的迂迴等而作戰，那是有利的。

[《作戰綱要》為證]

在交通容易之地，應注意的是側方與後方。《作戰綱要》說：「戰鬥間，最危險者，為「側方與後方」。故高級指揮官當決定戰鬥部署時，須豫除去此危險，或為此妥定對付之策，豫防危險於未然。各部隊之指揮官，亦須按照上述要領講求警戒之處

置，當地形便於優勢之敵機械化部隊及騎兵活動或便於敵傘兵之降落等時，須互戰鬥之全經過，加以所要之戒嚴，且講求適宜對付之處置。」

可以往，難以返，曰挂；挂形者，敵無備，出而勝之；敵若有備，出而不勝，難以返不利。

向敵進攻則易，退卻則難之地，叫做挂形；在這種地形，倘若偵知敵人沒有防備，則可出擊而勝之；反之，敵人時加防備，而冒險出擊，既難取勝，又難退卻，結果必造成莫大的不利。

【挂形】挂為懸掛意，即往則順，返則逆，後高前低之地，例如我佈陣於山腹，而敵處於前面的位置是；又可解為渡河而攻擊敵人的場合，或非進出隘路則不能攻擊平地之敵等。又有人評為：像日軍過去進攻我國，深入內地至於太原、洛陽、宜昌、黔桂等地，正陷於此所說的挂形；雖我以兵力懸殊，未能將其殲滅，但最後因屈於美國原子彈，便作全面投降了。

我出而不利，彼出而不利，曰支；支形者，敵雖利我，我無出也；引而去之，令敵半出而擊之利。

彼我出擊俱不利的地形，叫做支形，在這種地形，敵雖以利（如弱卒、佯攻等）誘我，我決不可上其當——出戰，宜引軍他去，以誘敵人出擊，俟其一半通過此地時，急速反攻之有利。

【支形】為彼我兩軍可以互相利用以鞏固陣地的地形，例如兩陣地，其中挾著沼澤湖河，或雙方十字交叉火網的原野等。

隘形者，我先居之，必盈之以待敵；若敵先居之，盈而勿從，不盈而從之。

隘形之地，即在隘路的戰鬥，倘若我先敵佔領其地，必須塞其隘路口，即扼守其隘路口，以為據點而待敵為宜；倘若敵先我佔領之，且盈盈地（兵力充實）扼守著，則我不可輕率地進攻，以免墮其術中；至敵扼守不完全，即兵力的配備有弱點，宜向其弱點攻擊之。

【盈】同滿，在此處為佈滿兵力扼守意。【從】——攻擊意。【隘形】——非限於隘路的出口：亦含山中的狹隘處，即隘路內的戰鬥。這種戰法，在步鎗大砲飛機末發明，單以密集集團——肉彈的衝破力而戰鬥的古代，如果敵在隘路的兵力充實時，則避之；不充實時，則擊之，那是對的。又就海洋而言，例如地中海的直布羅陀海峽，土耳其的達達尼爾海峽，馬來半島的麻剌甲海峽等，均可稱為世界的隘形之地。

險形者，我先居之，必居高陽以待敵；若敵先居之，引而去之，勿從也。

險阻的地形，不適於大兵的運動。倘若我先敵佔領之，必須佔據其南面的高地（便於展望與射擊之地）以待敵；倘若敵先我

佔據此地，則我必須引兵他去，不可作正面攻擊，即是說，應講求迂迴機動的別種作戰。

[《作戰綱要》]

關於在險峻的山地作戰，應佔據高陽之地。《作戰綱要》亦有同樣主張：「山地戰鬥，無論攻防，均須佔領可以瞰制敵人之要點，能佔領最高點，則雖少數兵力，亦有俯瞰敵方動作，挫折敵人志氣之利。」

關於「引而去之」同書說：「山地攻擊，須力圖迂迴以達成其目的。若狀況許可，則以一部牽制正面之敵，主力行大規模之迂迴。」

要之，孫子所謂「引而去之」，是主張採取機動的用兵法，而戒傾全力從正面攻略的不可。

遠形者，勢均，難以挑戰，戰而不利。

遠形是兩軍遠挾著中間地域，（如日美之於太平洋，日俄之於西伯利亞，遙相對峙的地形）。這種地形，兩軍的兵力質量相等時，既難遠往挑戰，而誰先發動，就是誰立於不利地位。

[人為力量的可怕]

日俄之戰，俄國擁有龐大的陸軍，當時曾震駭了全歐，但戰場因是「遠形」的，以運輸的困難，未能抽調優勢兵力來應戰，遂為日軍打敗。美日之戰，美國雖處於「遠形」，但美國以生產力的雄厚，準備的充分，乃使用其優勢的陸海空軍，兩棲部隊，

由逐島攻擊到越島攻擊，把日軍打得落花流水，無從抵抗。由此可見人為力量足以克服自然的障礙，更可見一國不能專恃河山的險固以防禦敵人，所恃者應為偉大的科學力，工業力。

凡此六者，地之道也，將之至任，不可不察也。

上述六種地形，是地形的自然道理，而能活用與否，此為主將者責任之所在，故為主將者遇此等地形時，非深加審察研究不可。

These six are the principles connected with Earth. The general who has attained a responsible post must be careful to study them. (G)

故兵有走者，有弛者，有陷者，有崩者，有亂者，有北者，凡此六者，非天地之災，將之過也。

今就敗兵分為：一、走兵，二、弛兵，三、陷兵，四、崩兵，五、亂兵，六、北兵的六種，但這六種敗兵的形成，決不是天時地理的作祟，完全由於為主將者不懂用兵的罪過。

Now an army is exposed to six several calamities，not arising from natural causes，but from faults for which the general is responsible. These are：(1) flight：(2) insubordination：(3) collapse：(4) ruin：(5) disorganization：(6) rout. (G)

日本漢學家公田連太郎說：「這節是承上文所說六地的利害，而說六種敗戰之道。勝敗不一定僅因於地形的利害，而因於人事猶多，此為說人事。」

夫勢均，以一擊十，曰走。

彼我的軍隊，其素質、訓練與武器鈍銳及各種條件均略相匹敵，而為指揮官者，一任自己的勇氣，乃以僅有敵十分之一的兵力往擊之，如卵投石，必致敗走，這叫做走兵。

卒強吏弱，曰弛。吏強卒弱，曰陷。

士卒強勇，而軍官懦弱，不能發揮統轄制馭之權，坐令軍紀廢弛，這叫做弛兵。反之，軍官強勇，而士卒懦弱，軍官勇進，士卒不能伴隨，這種士卒，倘若帶往作戰，必致望風而靡，弄得軍官身先戰死，全軍亦覆沒，好比投於陷井一樣，這叫做陷兵。

【吏】指下級軍官。

大吏怒而不服，遇敵懟而自戰，將不知其能，曰崩。

主將不知上級軍官（大吏）的才能，用之不得其當，以致忿怒不平，不受節制，及遇敵時，徒逞私怨，各自為戰，演成全軍好像山崩一樣的潰敗，這叫做崩兵。

【懟】心中怨恨意。

將弱不嚴，教道不明，吏卒無常，陳兵縱橫，曰亂。

主將懦弱，毫無威嚴，對於士兵的訓練（軍事教育）不精，且濫自變更軍官與士卒的職務，弄至布陣時或縱或橫，毫無秩序，這叫做亂兵。

將不能料敵，以少合眾，以弱擊強，兵無選鋒，曰北。

主將缺乏智謀，誤於敵人戰鬥力的推算，乃以寡兵與敵的眾兵合戰，以怯弱的兵眾擊強勇的敵軍，且在軍的先鋒又沒配置選拔部隊（勁卒），弄至不能堅持作戰，僅望見敵人就後轉而逃，這叫做北兵。

Generals， who are unable to estimate the enemy， who oppose small numbers to large， weakness to strength and who do not put picked men in the van of the army， cause it to be routed. (C)

【選鋒】是選拔部隊，即昔日歐洲所謂「選拔兵」或「擲彈兵」。又如拿破崙的近衛兵。在日本，如新田義貞的中堅士，或諸將的旗本士，又如織田信長、豐臣秀吉的黃幌，及特種幌士。在近世，這種特種部隊，尤有使用之。要之，這是為先挫敵鋒，或為突破重要陣地，或為馳援陷於死地的友軍而使用的。若以對照近世的戰況，亦相當於強力的豫備隊或飛機隊、戰車隊、炮兵隊。假設誤了敵情的判斷，以少合眾，以弱擊強，而有可供馳援的強力豫備隊或飛機隊、戰車隊、炮兵隊，也不會敗北的。

凡此六者，敗之道也，將之至任，不可不察也！

上述六項，都為取敗之道，而如何講求避免之，此為主將者責任之所在，故非詳加審察不可。即是說：第一項要量力； 第二第三項對於軍官（各級幹部）與士卒要妥為配合；第四項要謀高級指揮官與下級指揮官的融和；第五項要能御下；第六項要能正確判斷敵情。

吳子說：「昔之圖謀國家者，必先教百姓，而親萬民，有四不和：不和於國，不可以出軍；不和於軍，不可以出陳；不和於陳，不可以進戰；不和於戰，不可以決勝。」

夫地形者，兵之助也；料敵制勝，計險阸遠近，上將之道也。

原來地形之利，不過是用兵上的補助要素而已。說到用兵的根本，第一在於先知敵情，對之而定勝算，及至交戰時，又精密計量地形的險阸，彼我距離的遠近等等，以求易勝，這是高級指揮官（主將）唯一的任務。

Ground is the handmaid of victory. Ability to estimate the enemy and plan the victory： an eye for steepness， and command distances： these are the qualities of the good general. (C)

知此而用戰者必勝，不知此而用戰者必敗。

此一指上文，故知此而善用者戰可取勝；反之，必打敗仗。

故戰道必勝，主曰：無戰，必戰可也；戰道不勝，主曰：必戰，無戰可也。

為主將者的權限責任，於此更應特別注意的，即：主將在戰場上對於敵人，律以戰法，（基於敵情地形的判斷，所定的戰略戰術），已有必勝的把握，為元首（君侯）者雖下令勿戰，但不顧命令，實行作戰，是可以的；反之，律以戰法，不能取勝，為元首者，雖下令必戰，認為戰則必敗，縱不奉行，也是可以的。

［魯氏言之過火］

孫子在本書中，屢言為元首者不可干涉戰場上的軍事，主將在戰場上應有至高獨立之權。但魯登道夫將軍卻比孫子更進一步倡導謂在戰時主將不獨對於軍事應有至高獨立之權，而且應有指揮政治之權，彼在《全體性戰爭》一書上說：「凡人之勝任主帥者，即應立於最高之地位；反是則於戰爭有害無益。惟有居於此最高之地位，其行事乃有統一性與強力性，而後能殲滅敵人，以維持民族之生存，彼之行事範圍，無所不包，猶之全體性戰爭之無所不包；關於國民生活之全部範圍內，主帥為其決定者；主帥之意志，即為一切之標準。」又說：「凡戰鬥力之各部份，成立於主帥命令之下，主帥即對於陸軍部長與內閣總理之意見，亦得有所制裁，此乃世界大戰中之教訓，而無可疑者也。主帥之地位，應無所不包，無所不管，其地位與腓特烈大帝同，乃余之主張。」再說：「主帥應定下政治方面之大方針，俾政府切實施

行，以為作戰之後盾。」其實，政治與軍事不應分立，政治家與軍事家應融合一致，這是對的；尤其在今日民主國家裏，實行「以政治軍」，正與孫子的道理若合符節。至說主將應控制內閣，支配政治，雖免弊病百出，動輒發動戰爭，陷國家於萬劫不復之境；因此，魯氏便被人罵為「言之過火」，「無聊的軍國主義者」。而孫子的主張，至今更見正確。

故進不求名，退不避罪，惟民是保，而利於主，國之寶也。

進退是軍的進退，即上述的必戰與無戰。故在戰場上，進軍不為立勇功、求智名，退軍也不畏避違背君命之罪，只是專心一志以謀士兵（民）的安全，而求有利於元首或政府為務，像這樣純忠至誠的大將，真是國家之寶！

〔孫子要受英美人民愛戴〕

孫子如生在今日的英美，他必得英美人民所推崇和擁戴。因他主張「惟民是保」。今日英國的人口很少，即美國的人口亦不算多，而且士兵多為富家子弟，自然生命極為寶貴；故在作戰上以「保民」為第一義，寧可拋棄無數武器，不願犧牲生命。如無必勝的把握，或萬不得已，亦決不作最後的犧牲。即巴頓將軍（美國二次歐戰名將）因打了一個傷兵的耳光，猶遭國會所反對。雖然，戰爭之事，不能無犧牲，不過能以最少的犧牲而換得最大的戰果，甚至「不戰而屈人之兵」，那是頂理想的，亦為良將之

所以為良將。至於庸將劣將視士兵如雞犬，只為求個人的功名富貴而驅他們去當炮灰，白白送死，那真是罪不容赦了。

［孫子是老子之理想的實踐者］

又，孫子所謂「不求名」，他不僅發此言，且是此言的實行者；彼為吳將，陷楚首都，震憾齊晉，樹立希世之功，其功則歸於上官伍員，而不求名，所以《左傳》上，不載孫子之名。但孫子則全壽以終，伍員則被賜屬鏤（劍），強迫其自殺，用馬革裹屍，投於揚子江，孫子於人事上真敏於見機了，又足見孫子的出處進退，是老子之理想的實踐者。

視卒如嬰兒，故可與之赴深谿；視卒如愛子，故可與之俱死。

為將者倘若待遇士卒，好像慈母的愛撫嬰兒或愛子一樣，則我要投死於深谿時，他們也必一塊兒跟著；這是說，我要去拚命時，他們也必一起地同去，生則俱生，死則俱死，不逃避，不投降。

本節為疊句的同一意義。漢李廣與士卒同甘苦，故士卒各願為拚命，屢敗匈奴，可為證明。

［證之老、孟之話］

老子說：「慈故能勇……舍慈且勇，死矣。夫慈以戰則勝，以守則固，天將救之，以慈衛之。」孟軻說：「天時不如地利，地利不如人和……得道者多助，失道者寡助，寡助之至，親戚畔

之，多助之至，天下順之；以天下之所順，攻天下之所畔，故君子有不戰，戰必勝矣。」又說：「君行仁政，斯民親其上，死其長矣。」再說：「君之視臣如手足，則臣視君如腹心……君之視臣如土芥，則臣視君如寇讎。」彼此對照，更覺真理顯然。

厚而不能使，愛而不能令，亂而不能治，譬若驕子，不可用也。

反之，厚恩士卒，竟不能驅使之；愛撫士卒，竟不能命令之；甚至士卒不守軍紀，也不能正以刑罰，（這都是因為平素厚愛姑息太過所致，即不懂恩威並用）；要之，這種士卒正同那放蕩不拘的驕子一樣，萬不能用以作戰，戰則必敗。

知吾卒之可以擊，而不知敵之不可擊，勝之半也；知敵之可擊，而不知吾卒之不可擊，勝之半也；知敵之可以擊，知吾卒之可以擊，而不知地形之不可以戰，勝之半也。

已曉得我軍可以攻擊敵人，而不曉得敵人有可擊的弱點，這僅得勝算的一半（勝五分，負五分）；反之，已曉得敵人有可擊的弱點，而不曉得我軍不足以攻擊敵人，這也是僅得勝算的一半；又已曉得敵人有可擊的弱點，及我軍足以攻擊敵人，卻不知地形對於我不利，依然僅得勝算的一半。要之，本節是說知己知彼

及知地，方能得到十足的勝算；倘若僅知其一或其二，而出於作戰，則勝敗相半，誰勝誰敗，等於未知數。

故知兵者，動而不迷，舉而不窮。故曰：知彼知己，勝乃不殆；知天知地，勝乃可全。

通曉兵法的良將，由於知己、知彼、知地，所以凡有舉動，即對於戰爭的計劃及行動，便可以不犯錯誤，且能千變萬化，層出不窮。故可結論：曉得彼我的實情以作戰，固可確保勝利；益以曉得天時與地形，可以得到萬全的勝利。

Hence the experienced soldier， once in motion is never bewildered； once he has broken camp， he is never at a loss. Hence the saying：If you know the enemy and know yourself， your victory will not stand in doubt： if you know Heaven and know Earth， you may make your victory complete.（G）

〔戰勝要訣〕

孫子開始在〈謀攻〉篇說：「知己知彼，百戰不殆。」最後更在〈用間〉篇說偵知敵情與全軍作戰的密切關係，而以最強力的言詞出之：「此兵之要，三軍之所恃而動也。」這是何等重視「知」！於此又說：「知己知彼，勝乃不殆；知天知地，勝乃可全。」總之，這是把知彼、己、天、地的四位一體，當為戰勝的要訣的。下面我且舉出一些戰例來：（見大場彌平的《孫子兵法》）

［拿破崙征埃及的失敗］

拿破崙遠征埃及，因為不知氣候那樣的酷熱，不得已地回師了。彼進擊莫斯科的慘敗，也是因為不知天地，尤其對於俄國的地質沒有經過實際調查，為其最大缺點，當進軍於泥濘潮濕之地的時候，迫得捆束樹枝，倉卒造路以通砲車，但通過後樹捆便解裂了，遂使糧秣運輸的輜重車輛不能前進，像那樣才智蓋世的拿破崙，竟克服不了自然的阻力，全軍與敵人主力未交戰前，飢餓已襲來了。

對於天地的透視，是豐臣秀吉的偉大，當攻擊小田原城時，彼已算到糧秣輸送（大軍所賴以給養）的不容易，因此便計劃海上輸送；為渡有名苦海的遠洲灘，特擇於波平浪靜的春天；這是秀吉的周到，同時亦可謂為善於知己、知天、知地的了。

［原田的知天、知地、知彼、知己］

此外，尚有知天地彼己，且善於利用天時的，是原田種之所導演的「一二八一年之戰」。日軍憑文永之戰而領略蒙古軍之戰法，又深知與彼對抗的自己實力，更由防守九洲，亦已試驗完畢地形上的價值，所以知了彼己地三者的日軍，所剩下的僅是天時問題了。然而原田種之，彼不僅知天，更進而將之利用於戰略上。

天之戰略的利用是怎樣呢？盡人皆知，日本有所謂二百十日前後（七月間）之颶風的獨特，原田種之以此足以瞞過渡海而來的蒙軍，可一舉而殺滅之，其明其智，真足驚人！

　　日軍的守備司令官原田種之欲利用這颶風的作戰計劃是一貫的，為先使蒙兵一步不能踏入日本的國土，便在北九洲一帶的海岸築起保壘來。

　　一二八一年夏五月，蒙軍的兵艦數千，旌旗蔽天，浩浩蕩蕩而來，日軍便以輕艦奇襲又奇襲，強襲又強襲，出其死力而抗拒彼的上陸；不獨抗拒，而且逐次將蒙艦窮追於松浦海上之孤島的鷹島，但鷹島對於種之在戰略上欲利用天時有何關係呢？

　　原來鷹島是低氣壓中心所常通過之處，而且潮流急激，航行困難，天與地的最險之境。

　　這樣綿亙數旬之久的連戰連鬥，被驅逐的蒙艦，愈照彼豫定計劃而集中於鷹島，種之快哉大叫：「賊多集於鷹島之風角，待著鏖戰之期吧！」果然，七月之晦，狂風暴雨襲來了，蒙艦數千好像樹葉般的被打得翻覆破碎，人馬漂溺無算，威風凜凜的十萬雄兵，結果生還者僅得三人，後世日人把這次狂風，叫做「神風」。

〇　　　　　〇　　　　　〇

［可憐的神風隊］

（浴日註：以上係大場彌平的話。可笑得很！日人過去偶一乘風力以覆敗蒙艦蒙軍，便洋洋得意，名為「神風」；但到這次太平洋之戰，知此種「神風」，已成過去，乃改用飛機作決死的進攻，名為「神風隊」以制美艦美軍，冀阻止其登陸，再來一次大捷；但精神的幻想，終敵不住高度科學的利器，即無從阻止美艦

美機的進攻，及原子彈的投擲，只得無條件投降，不知今日日人將何以解嘲?)

○　　　　　○　　　　　○

［希特勒征蘇的失敗］

可是「知天知地」不特在古代軍事上占重要的地位，即在現代依然足以影響戰爭的勝敗。像在二次大戰中，希特勒進攻莫斯科的失敗，主要的即由於「冬將軍」作祟，正如美國馬歇爾將軍《致陸軍部兩年報告書》上說：「德國最高統帥部對冬季作戰全無準備，不期氣候驟然一變，德軍遂罹浩劫；由於紅軍的抵抗及一九四一年聖誕節前後之大風雪與不適時令之嚴寒，德軍戰略遂告失敗。」

［盟軍登陸的成功］

又像盟軍的登陸諾曼第，艾森豪威爾將軍事先曾派員到該處海灘取回砂石及粘土試驗，即研究其應力的大小，計算其可載的重量，以準備適切的登陸武器；且知該處無可供登陸的碼頭，乃決由英國製造兩個人工海港，以減少障礙。這是關於「知地」的。至關於「知天」：據馬歇爾將軍於同書上，亦有一段的敘述：「至於進擊之標的日期與時間之選定，則須對於氣候、潮頭、光綫三種有利元素之合併能作一種精密的預測。欲期空中活動之有利於進行，自以月光之夜可取，於是選定其日為六月五日，嗣以氣候清明而不甚利，乃更定為六日。數百之艦艇，由英格蘭西岸之遠港出發，皆已將近進攻地區矣；此等艦艇之集中於南岸，皆須由於僻徑而來，或設法尋找掩蔽，此最後決定之標的預料其必有大風，且海中巨浪猶未息，然欲擇一潮頭與月光俱利的

另一時機，勢必延緩數星期之後。於是艾森豪威爾上將遂作前進之命定決意矣。」由于此舉出乎德軍意料之外，遂得乘虛擊破德軍防綫，造成諾曼第登陸的偉大勝利，直搗德國的「歐洲堡壘」。

表十 〈地形〉篇鳥瞰表

地形		
地形（兵之助）		兵
通者：我可以往彼可以來－先居高陽 　　利糧道－以戰則利 挂者：可以往難以返－敵無備出而勝之 　　敵有備出而不勝－難以返不利 支者：我出而不利敵出而不利－敵雖 　　利我無出令敵半出後擊之－利 隘者：我先居之以待敵，敵先居之盈 　　而勿從－不盈而從之 險者：我先居之居高陽以待敵，敵先居 　　之引而去之－勿從 遠者：勢均難以挑戰，戰而不利		走者：勢均以一擊十 弛者：卒強吏弱 陷者：吏強卒弱 崩者：大吏怒遇敵懟而自戰將不知其能 亂者：將懦不嚴教道不明吏卒無常陳兵 　　縱橫 北者：以少合衆以弱擊強兵無選鋒
此六者地之道		此六者敗之道
將之至任不可不察		

上將之道					
料敵致勝	計險阨遠近	知兵者 動而不迷 舉而不窮	視卒如嬰兒故可與之赴深谿	視卒如愛子故可與之俱死	知勝之半
知此而用戰者必勝 主曰無戰必戰可也（必勝） 君命有所不受 主曰必戰無戰可也（必敗） 故 　進不求名 退不避罪 　惟民是保 而利於主 此國之寶也		故 知彼知己 勝乃不殆 知天知地 勝乃可全	然 愛而不能令 　厚而不能使 　亂而不能治 如驕子不可用		知吾卒可擊， 　而不知敵不 　可擊 知敵可擊，而 　不知吾卒不 　以可擊 知敵與我卒俱 　可擊，而不 　知地形不可 　以戰
必勝之地形也					

孫子的兵法如其文章，文章如其兵法，——渾然一體的名文章，古漢文中的第一等。

X   X   X

十三篇中文章的最妙者是——〈軍形〉第四，〈兵勢〉第五，〈虛實〉第六的三篇。

X   X   X

自〈始計〉終〈用間〉篇，正如常山之蛇，首尾相呼應的文章法，正奇縱橫，「紛紛紜紜，鬥亂而不可亂也，渾渾沌沌，形圓而不可敗也。」大有兼備韓非子的正筆，莊子的奇筆之概。

——譯自多賀憲義著《東洋古兵法之精神》

九地第十一　CHIU TI(The Nine Situations) XI

本篇可看做〈九變〉、〈行軍〉、〈地形〉諸篇的補遺，其中反復論述九種地勢的活用法，用兵貴因士卒自然之情，「投之亡地然後存，陷之死地然後生。」便是本篇理論的重心。

孫子曰：凡用兵之法，有散地，有輕地，有爭地，有交地，有衢地，有重地，有圮地，有圍地，有死地。

在用兵之法上，關於地勢可分為九種：即散、輕、爭、交、衢、重、圮、圍、死的九地。

In respect to the conduct of war there are： (1) distracting ground， (2) disturbing ground， (3) ground of contention， (4) intersecting ground， (5) path ridden ground， (6) deeply involved ground， (7) difficult ground， (8) enclosed ground， and (9) death ground. (C)

前篇係說地形的常態，舉出六種地形；本篇是述地勢的變化，揭出九種地勢，前後有密切關聯。又，本篇所述的九地，除列入〈九變〉篇中的圮地、衢地、圍地、死地外，另加五地。然所謂九地或地勢也者，僅為本篇的外貌，非其核心，而全篇所論要以精神為主，即如何把握士兵的心理而利用之，讀者往下研究，便可瞭然。

北村佳逸說：「九地是論各種地勢，即研究人地合一。其實離開土地便沒有戰爭。軍艦要有根據地，空軍要有飛行基地，不論空軍或海軍均可以說是地上戰的延長。」

以下關於九地的說明：

諸侯自戰其地者，為散地。

本國為敵侵入而與敵戰於境內，叫做散地，即兵心離散，不能專一作戰之地。

[民族戰則不然]

散地指在本國領土內作戰而言，其所受失之大，像地方的被蹂躪，人民生命財產的被殘殺與焚掠，這是人人皆知的。至說兵心離散一層，也許在春秋之世的同胞之戰，充滿著此種現象。但是在現代民族戰爭之下，以民族思想的普遍與澎湃，此種現象已不似以前的嚴重，倘若再加以政府的巧妙宣傳，則士兵必可同仇敵愾，為圖自己的生存，為謀民族的解放，而更加團結起來，燃燒著必死的鬥志，而抗戰到底。

入人之地而不深者，為輕地。

進入敵國尚淺之地，叫做輕地，即士卒的覺悟心尚輕，由於望鄉思家之念切，與憂慮前途之心深，動輒出於逃遁之地。

我得則利，彼得亦利者，為爭地。

某種重要地盤或地點，為我軍先佔據之，則可導致戰局於有利，同樣，敵先取之亦利，叫做爭地。

[今日之爭地]

【爭地】是敵我相爭的重要地點，如古代的散關、潼關等，至在現代戰上，如軍需工業城市、金融中心地等，亦可稱為爭地。

爭地是具有戰略價值的要地，如我東北九省，過去成為日蘇的爭地，今日又成為美蘇的爭地，倘若美蘇他日交戰的話，自然以誰先佔領為對誰有利，這是我當局應知所處置和應付才可。

我可以往，彼可以來者，為交地。

敵我可以自由往來的平原，叫做交地，即在交通上有互相便利的地勢。

【交地】為彼我往來之處，如國境是，但須有交通自由的條件，如德法國境是交通自由的，所以自拿破崙戰役，一八七〇年普法戰爭，以至一次歐戰及二次歐戰，每一次都在這國境間，表演了驚人的戰鬥。

諸侯之地三屬，先至而得天下之眾者，為衢地。

諸侯之地——中立國，三屬——接壤兩三個國家，即介於我、敵及他國之間的中立鄰國，這種鄰國，誰能先與之交好，結成同盟，并取得其民眾同情援助，便可導致戰局於有利，這叫做衢地。

【衢地】如我國戰國時代，介於齊、楚、晉三國之間的鄭國是。又如一次歐戰中的此利時，及巴爾幹半島的塞爾維亞、保加利亞、羅馬尼亞等。

入人之地深，背城邑多者，為重地。

深入敵地，背後阻隔著重重城邑的這種難返之地，叫做重地。

在戰史上，如白起攻楚，樂毅伐齊，均為重地作戰。又如過去的日軍進犯我國，曾深入風陵渡、宜昌、獨山等地，亦屬重地作戰。

山林、險阻、沮澤，凡難行之道者，圮地。

山林、險阻、沮澤以及一切難以行軍之地，叫做圮地。

【圮地】圮同毀，足以毀滅軍隊之地。

〈九變〉篇所說：「圮地無舍」與這項意思不同，已詳於前。又，〈行軍〉篇所說絕澗、天井、天牢、天羅、天陷、天隙等地，均可稱為圮地。

所由入者隘，所從歸者迂，彼寡可以擊吾之眾者，為圍地。

進入的路徑狹隘，若退卻時，必須取迂遠之路，恰如大袋形的地勢，故敵利用其天險，可以寡兵而擊破優勢的我軍，這種地勢，叫做圍地。

[圍地與蹇卦]

【圍地】是山川圍繞，進退困難之地，此地雖似〈地形〉篇所說的隘形，其實不然，因為隘形，可用作我的要害，而此地則難用為我的要害。

圍地可當《易經》蹇卦的煩惱的地形，這卦，上為坎險，下為艮山，蹇是難意，墮入危險之地，則不能出，（且前為險隘，有進不得之象）。故陷於此種危險之地時，若無大人（英雄）的英斷，則將不能自救的。

疾戰則存，不疾戰則亡者，為死地。

決意迅速突破敵綫，則全軍可生存，倘若躊躇逡巡，失去時機，則難免滅亡，例如受敵包圍日緊，各方通路已被遮斷，或遇敵而無要害可守，或臨敵而食盡諸情形，均可謂陷於死地。

[死地與否卦]

死地是否卦，天氣升而不降，地精降而不升，陰陽否塞而不通。《上經》說：「否之匪人，君子不利貞，大往而小來。」《象經》說：「內陰而外陽，內柔而外剛，小人之道長，君子之道消。」又說：「君子儉德而辟難。」——雖是乏助的窮境，但捨身奮鬥，卻可以打開難關。死中求活的奇策。

吳子說：「凡兵戰之場，止屍之地，必死則生，幸生而死；其善將者如坐漏船之中，伏燒屋之下，使智者不及謀，勇者不及怒，受敵可也。故曰：用兵之善，猶豫最大，三軍之災，生於狐疑。」

以下述關於九地作戰指導的方略。

是故散地無戰；

散地以本國為戰場，對我不利，已如上述，所以務要避免之，而以敵國或第三國為戰場；但萬一被敵侵入時，則以固守城塞，採取所謂：「清野」之計，使敵人無所掠，又擾亂其後方的連絡線等，使陷於孤立為宜。例如拿破崙深入俄國，因俄軍堅壁清野之計，而遭敗衄。

[以敵國為戰場]

輕地則無止；

其次，在輕地時，即在敵國邊境時，宜長驅深入，不可停留，藉使士卒鬥志專一，力量固結。此為主張在敵境內去找戰場。至於亞歷山大王與波斯的名將麥慕安氏，亦認為在國外交戰比在本國為優；即在今日，依然成為顛仆不破的真理。

爭地則無攻；

　　為敵我互相爭奪的要害之地，倘若先為敵佔據，我則不可向
之力攻，因為所受的損失必大；此時，宜用機動部隊使敵出戰於
爭地以外之地，或攻擊其他重要之點，使之赴援，方可乘爭地之
虛而奪之。例如一次歐洲大戰初期，佔領了比利時的德軍，頓時
羽翼大張，在其佔領地，立刻築成襲擊英京倫敦的空軍機場根據
地，對協約軍的作戰給以無比的不利與威脅，弄得協約軍對此方
面的攻擊，在地勢戰勢上均告不利，又因德軍守備極固，所以在
全戰役期間，終於不攻此方面。

交地則無絕；

　　其次，在彼此交通自由的陣地，對於敵人不可分兵截斷其進
路，因為這樣是不會有效果的，言外說，以集中兵力向之猛攻為
宜。

衢地則合交；

　　對於衢地——中立國，須與之親交，或締結同盟，或使其守
中立，萬不可為敵人先行拉去。重地是進入敵地已深，這時運輸
困難，或糧道已斷，則宜掠奪其糧食，以為給養。

　　【衢地】在現代國際公法上，所謂守中立與不守中立，是屬
於國家的自由意志。一九〇七年海牙會議，雖規定了中立國的權
利與義務，但一般所說的嚴正中立或好意中立，不是國際公法的
用語，所謂永遠中立如瑞士、比利時，雖有列強締約的規定，但

在一次歐戰中，比利時的中立是被打破了。兩方交戰，中立國的向背，常足支配大局的，如一次歐戰義大利、美利堅在戰爭進行中，因加入協約軍，遂使同盟軍敗衄。

［封建時代戰爭形態］

重地則掠；

【掠】孫子在〈軍爭〉篇說：「侵掠如火」，又說：「掠鄉分眾」；在本篇又說：「重地則掠」，再說：「掠於饒野」，全書四提「掠」字，此為封建時代戰爭的形態，又為今日帝國主義戰爭的寫實；但以現代社會的進化，文化的發達，此後戰爭應為正義和平而戰爭，再不應有掠奪的行為；所以我們對予孫子這種思想固須消毒，尤希望各國軍政當局有深切的覺悟。

圮地則行；

遇著進退艱難的圮地，要迅速通過，不可停留。

「圮地則行」圮地為山林、險阻、沮澤等地，在用兵上，易受敵不意的襲擊；縱擁有大兵，也沒法使用，必為敵的寡兵所阻擋，故非急行通過不可。前人有言：「森林吞兵」這是戒在森林內作戰的，這種戰理，至今雖大體可用，但在防空上，為秘匿晝間軍的運動，則宜利用森林，這時不是「圮地則行」，而有解釋為「圮地利用」的必要了。

圍地則謀；

陷入圍地時，這是難以力勝的，必須發奇謀以打開僵局。

「圍地則謀」謀以看時、地與敵情而定，大凡在圍地時，或構築偽裝工事，以轉移敵人視線，而乘機脫圍；或遣使卑辭請降，而乘其不備脫圍，均可謂為一種計謀。在歷史上，圍地的用謀，如：「漢高祖伐匈奴，被圍於白登七日，陳平乃畫美人，使人以上閼氏曰：「單于圍漢急，漢將以美人獻單于。」閼氏恐單于之受美人也，說單于解圍而去。」又如：「田單圍於即墨，使女子乘城約降，又收民金千鎰，令富家遺燕將書曰：「城即降，願無虜妻妾。」燕人益懈，乃出兵擊，大破之。」（均見《史記》）。

死地則戰。

陷於死地時，務要併力疾戰，以圖死裏求生。

【死地則戰】亦有故意置軍於死地而後求勝，如韓信的背水陣是。

古之所謂善用兵者，能使敵人前後不相及，眾寡不相恃，貴賤不相救，上下不相收，卒離而不集，兵合而不齊。

古來良將進攻敵軍時，是能夠這樣發揮其本領的：

（一）使敵部隊前後分離，不能互相連絡，——威脅側背，為其手段。

（二）使敵大部隊與小部隊或主力與某部份不能互相協力。

（三）使敵將士間完全失了互信心，共信心，各不願相救助——放流言，使間諜為其手段。

（四）使敵上下指揮權混亂；這，便要講求上下反目的手段了。

（五）使被擊破的敵兵，不能再集結。亦有解為：使敵的士心離散，不願集結應戰。

（六）使已被擊敗而應歸復原隊的敵兵，不願一致歸復，急相逃脫。亦有解為：使敵兵於合戰時，不願協同一致動作。

Those who were called skillful leaders of old knew, how to drive a wedge between the enemy's front and rear; to prevent cooperation between his large and small divisions; to hinder the good troops from rescuing the bad and the officers from rallying their men. When the enemy's men were scattered, they prevented them from concentrating, even when their forces were united. They managed to keep them in disorder. (G)

如上所述，自然必須遇著虛的敵人，原來「勝不可為」的，但遇著虛的敵人卻可為之；至於天才的將帥，亦可捕捉著敵人自然發生的細微之虛，而用人為之力以擴大之。

［思想戰］

本節亦可解為現代所謂的思想戰，即運用宣傳，而可以使敵人「前後不相及，眾寡不相恃，貴賤不相救，上下不相收，卒離而不集，兵合而不齊。」思想戰的手段是宣傳，宣傳的形態，從性質上分為：（A）攻擊的宣傳，（B)防禦的宣傳；從對象上分為：

［宣傳的對象］

（1）對敵的宣傳——使敵國軍隊的志氣沮喪，陷於混亂，或擾亂敵軍的指揮而誤其作戰；再進而摧毀其國民的戰意，崩壞其戰勝的信念，或導之（國民）暴動革命，而破壞其社會秩序與組織。
（2）對中立國的宣傳——使對敵發生惡感，對我抱著好感，并使其參加我方作戰，至少亦使其站於利我的好意中立地位。（3）對我國民的宣傳——使對敵國發生義憤，並加強其戰爭意志，戰勝信念，而實現舉國一致的戰爭。

［兩次大戰中的宣傳戰］

這樣實施下去，尤其對於第一項成功，可以做到「不戰而屈人之兵」。例如一次歐洲大戰，德國因自己宣傳工作做得不好，同時又飽受協約國宣傳戰的猛烈攻勢，曾引起這位發動戰爭的魔王威廉第二慨嘆道：「朕沒有一種倫敦的《太晤士報》！」在軍隊方面，像基爾運河的兵變及其他各部隊的譁變與反戰，莫不因中著協約國的宣傳。按當時協約國用飛機散發於德軍的傳單，最多的時候，每天達百萬份，弄得興登堡將軍徒喚莫奈何，說：「敵軍的砲彈不足畏，而敵機散發的紙彈則最可怕。」結果，德國是失敗了。到了二次世界大戰，各國對於宣傳戰更為注意，像英國宣傳部的工作人員，有九百九十九名。我對日軍的宣傳亦以

新的姿態出現，其工具除利用標語、傳單、漫畫、小冊子等外，還有廣播電台與流動播音機。惟直至日本投降時，尚未見發生若何顯著的效果。

合於利而動，不合於利而止。

要而言之：所謂良將者，為達到上述的目的，不管任何手段，如果認為有利的，就不顧一切而用之，否則不用。就是說，用與不用，全以利益為前提。但亦有解為：戰機成熟則戰（即合於利），否則不戰。或認為在戰略戰術上有利則戰，否則，止而不戰。

敢問：敵眾而將來，待之若何？曰：先奪其所愛，則聽矣；兵之情主速，由不虞之道，攻其所不戒也。

試設一問題：現有優勢之敵，打著整然的陣容而來攻擊我，則我將怎樣應付呢？孫子自答道：宜暫避其鋒，先奪取了為其所最愛惜、最重要之所，如戰略戰術上的要點，或敵的後方連絡線及其他不能放棄之地等，那就可以使他聽從我了；然這，在用兵的真諦上，必須以迅速為第一，通過出乎敵的意表之途，而攻擊其疏忽於警戒之點。

［武裝和平時代］

現今是一個武裝和平的時代！以上解說，大家讀得，必感到非常常守著國境線不可，因為有著「由不虞之道，攻其所不戒」

的危險，弄得寢食不安，年年度著緊張的生活。但為免除這種緊張，而預防戰爭的慘禍，及為緩和平時從軍備競爭上所招來的痛苦，因此軍備縮小的運動開始了；這運動一直到了具有實際的力量，始於一九一九年《凡爾賽條約》——一面強迫限制了戰敗國的軍備，另一面亦達到了戰勝國的軍備縮小的諒解。更當為實際問題而在華盛頓會議上成立了英、美、日、法、意間的《海軍縮減協定》：同時，各國亦自動限制陸軍兵力。但是一九二七年，英、美、日三國於日內瓦會議上討論補助艦的限制問題，終於決裂了。一九三五、三六年所開的國際會議，雖高唱軍縮，反增加了猜忌與嫉視。表面是和平的逆夢，裏面是戰爭的正夢。畢竟日、德、意撕毀一切國際條約，而發動第二次世界大戰了。在春秋之世，有五霸的威力和平主義，就中如齊桓公於葵丘所召集的國際和平會議算是最有效的，在議席上很起勁地贊同和平的諸侯，於歸國後，便努力於軍備的擴充了。在戰國時代，則有墨子一派的倫理和平論。在現代，國際公法雖儼然存在，但對於國家，卻沒有更高級的權力強制執行的機關。因此，對於違法行為的制裁力也就薄弱了。原來國際公法分有平時法規與戰時法規，後者更有戰爭法規與中立法規之分，戰爭法規是關於戰爭及其附帶的行為，但因在法典上沒有體系，構成的材料，僅是習慣、道德、條約、學說等雜駁，所以不論在理論上說，或在實際上說，都是不完整的東西，那當不能發揮其制裁的效力。而發揮制裁的效力，或防止「攻其所不戒」，則須建立有強大的「國際武力」。國際聯盟是過去了，我們且瞧著今後安全理事會的努力吧！

凡為客之道：深入則專，主人不克；掠於饒野，三軍足食；謹養而勿勞，併氣積力；運兵計謀，為不可測。投之無所往，死且不北，死焉不得，士人盡力。

統率軍隊作戰於敵國領土的所謂客兵，其侵入敵地愈深（重地）則士兵的鬥志亦愈專而堅；反之，迎我於國內的敵軍（主人），則士心渙散，取勝殊難；深入的客兵，因為從本國補給糧秣的困難，所以進入敵的饒野——資源豐富的都市鄉村，則須著手徵發以給養三軍。好好地休養著，竭力避免無謂的疲勞，並統一上下的意志及蓄積著戰鬥力；一到運用兵力，使出其妙計奇謀，乘敵不備而攻之。這樣，縱投士卒於無所往之地——死地，雖死也不願退卻或私逃，即士卒只恨不得其所而死，人人各效全力而作戰（這兩句係用以加強上面二句的意思）。

［客兵主義］

孫子於本篇所主張的「客兵主義」，向為日本軍閥所拜倒。故過去進犯我國，深入而不忌，發動太平洋戰爭，遠征而不憚，其間雖曾收「專」及「掠於饒野」的效果；但以碰著強敵美國，終於一敗再敗以至投降了。

西諺說：「勇氣從好的糧食而生」。魯登道夫說：「堅強精神，造成勝利；此堅強精神，寓於堅強之身體。」本書每論及兵食，士兵康健，足見真理的不分東西。

「美軍的糧食」

說到兵食一層，近讀馬歇爾將軍《致陸軍部二年報告書》，使我感覺到我國軍的糧食更應亟加改善，該書說：「此次美國陸

軍戰地食糧之改善，已幾可謂革命的。現所規定戰鬥部隊「C」「K」兩種食糧，其變化範圍之大，當為數年前士兵所夢想不到。其中「C」種食糧，即曾引起許多有趣之批評者，此乃由十種不同之肉類雜拌品而成，即：肉與豆；肉與煮蔬菜；肉與通心粉；火腿、蛋與山薯；肉與蛋皮；肉與米飯；紅香腸與豆；豬排與豆；火腿與扁豆；雞與蔬菜。此種食品即實際在砲火劇烈下之士兵亦得食之。若烹調之時間較充裕，則部隊可得一種「十合一」之食品，所包含者有罐頭蔬菜與菓子，罐頭點心，朱古力糖及其他糖菓，烤牛肉烤豬肉，及類似之肉類拌雜品，甚至有罐頭之漢堡雞。若戰地之部隊在不接火期間，則供以「B」種食品，得視當地情形而有甚多品類可選擇。惟在供「B」種食品之地區，對於食品之冷藏與保存往往絕少便利，故此種食品仍不得不用罐頭之蔬菜、肉類、菓子及經抽去水分之山薯、雞蛋等項。若以此種食品比較美國一般家庭所食之鮮蛋、鮮肉、鮮菜，其滋味自然不如，然比之往日軍隊所發之食糧，則已有極大的進步。至在後方區域，食物之運輸較速，冷藏較便，則部隊可得「A」種食物之供給。此即與大多數人日常之生活無異。」此外，每一士兵每天尚可得維他命丸一顆及其他營養品，自然足以保持康健，而利於作戰了。

兵士甚陷則不懼，無所往則固，入深則拘，不得已則鬥。

原來士兵的性情是這樣的：陷於重圍時，由於死裏求生之念切，則恐怖之心自滅；覺得已不能逃走時，則鬥志自堅固；入敵

地已深，則舉目皆敵，精神上自受拘束，而眾志趨於一致；又，到了不得已時，即陷於死地時，則自盡全力而戰鬥。

If there be no alternative，but death，the soldiers exert themselves to the utmost in desperate place；solders lose the sense of fear. If there be no place of refuge，there will be no wavering. If deploy involved in the enemy's country，there is unity. If it be unavoidable，the soldiers will fight their hardest. (C)

是故，其兵不修而戒，不求而得，不約而親，不令而信，禁祥去疑，至死無所之。

客兵的本質，已如上述。所以深入敵地時，不待加以修明（指紀律）而自知警戒；不求服從，而自然服從；不待約束，而自相親和；不待禁令，而各自忠實於所掌的職務；但最忌的是妖祥之言的發生，與敵人流言的散布，（尤以長期戰爭，為易起之事），所以為將者必須嚴加禁止之，掃除之，以免擾亂軍心；這樣，則士卒就可專心致力於戰鬥，至死不變。

【禁祥去疑】祥是妖祥之言，即吉凶禍福的預言等。疑指敵人的流言，或反宣傳，足使軍心發生疑惑者。

《作戰綱要》說：「當審察情報時，不可有「先入為主」之成見，或陷於無的確憑據之想象」。同書又說：「敵用各種宣傳方法，以圖眩惑我軍隊，特宜注意，嚴密防範取締，並切實曉諭部下為要。」這也是就「禁祥去疑」而言的。

魯登道夫氏的《全體性戰爭》上說：「兩性之神經病的懦弱者，與夫皈依神祕主義星相卜筮之流，在民族生存之戰爭中，為極大之危險。誠以國家處於危急之際，所要求於人民者至多，非患精神病者與迷信者所能支持。以上一點，乃負全體性政治之責任者應第一明瞭之事，即令戰爭危險不致發生，此點亦為對於不死之民族的責任上，不可不實行者也。」接著說：「德國之所需者，乃為精神上，體力上健全之民族，此種民族在窮年累月中，有極充分之力量以抵抗敵人，毀其意志，使其屈服於我。」

吾士無餘財，非惡貨也；無餘命，非惡壽也。

我士卒不蓄（或不要）財貨，並不是沒有物質慾望，討厭財貨的；又不惜（或不要）生命，也并不是沒有生存的慾望，討厭長壽的，其實，均由於效死之心堅決，其他不暇計及了。

沒有物質的慾念則剛，有，則依戀於生存之慾強，雖剛亦變為怯，剛係建於無慾之上。《論語》：「子曰：「吾未見剛者」。或對曰：「申棖」。子曰：「棖也慾，焉得剛？」」《唐詩》：「葡萄美酒夜光杯，欲飲琵琶馬上催；醉臥沙場君莫笑，古來征戰幾人回？」

令發之日，士卒坐者，涕霑襟；偃臥者，涕交頤。

所以當長官悲壯作戰命令一發，弄得坐著的士卒，涕淚霑襟；伏臥著的士卒，兩眼之淚交流於兩頰。

【坐者偃臥者】為抱病或負傷的士卒。士卒之所以哭泣，悲哀憤慨，是由於恨不得不早參加殺敵，以決一死。

孫子主張投軍於死地，以加強其犧牲精神，魯登道夫曾主張士兵閱讀壯烈的文學作品，以振其勇氣，彼說：「欲求民族精神之堅固維持，不應採用機械方法（指勉強壓迫之言），應順人情而振起之。如哥德之《浮士德》Faust，非兵士行囊中應帶之書？而席勒爾 Schiller 所著之《威廉戴爾》等諸劇中之「自由熱望」Freihe Drang，可以喚起各人之英雄氣概。昔時斯巴達之作戰，有鐵而陶（Tyrtaua）其人讀詩歌以振奮士兵之氣，惜大戰中之德國，無此等詩人焉。」這是值得注意的。

投之無所往，則諸劌之勇也。

像這樣專心一志的士卒，倘若投之於無所往的死地，必皆變為專諸與曹劌一樣的勇者。

On the day they are ordered out to battle，your solders may weep，those sitting up bedewing their garments，and those lying down letting the tears run down their cheeks. But let them once be brought to bay，and they will display the courage of a Chu or a Kuei. (G)

風蕭蕭兮易水寒，壯士一去兮不復還。——荊軻

朔雪飄飄開雁門，平沙歷亂捲蓬根。功名恥計擒生數，直斬樓蘭報國恩。——張仲素

【諸劌之勇】專諸曹劌俱為春秋時代有名的勇士。專諸、吳人，為吳公子光（即吳王闔閭）欲殺吳王僚，商於謀臣伍子胥，由伍所薦的負責人。一日，公子光在本邸招待吳王僚，於燒魚中藏著匕首，使專諸獻而刺之。結果，僚被刺死，專諸當場亦遭吳王的左右殺了。孫子對於吳王闔閭而以專諸之勇喻之，確是深入肺腑之言。曹劌、魯人，見於《左傳》。《史記》載稱「曹沫」，彼以勇力見用於莊公，將兵與齊三戰三敗，割地於齊；但莊公與齊桓公會於柯，締結和約時，彼在席上以匕首威脅桓公，盡復失地。

○　　　　○　　　　○

［成吉斯汗的成功］

十三世紀初葉，崛起於興安嶺的荒野的成吉思汗，統率野蠻半開的民族，東從太平洋，西至俄羅斯，南至印度，征服了渺茫如海的大陸，不待說是得力於客兵。

那確是基於「無所往，不能逃，」——遠在幾千萬里的異域所驅使客兵的強點，原來彼所統率的純粹蒙古民族的兵很少，其他大部份都是韃靼以及數百被征服民族所徵集的雜牌混合軍隊，由於指揮的得法，與置於客兵的情況之下，恰如經過多年訓練的勁旅一樣，一塊兒而決死奮鬥；且加以成吉思汗的統御法，不是孫子的「不修而戒，不求而得。」而是嚴刑峻法，毫不寬貸。臨戰時，把其他種族軍隊置於最前線，後方配以親近的韃靼，更在最後方配以基本的蒙古軍，實施看二重三重的督戰監視，若有退卻者，不問是非，即斬之。

［拔都征俄］

成吉思汗之孫拔都遠征俄羅斯，一二三六年春二月出發於蒙古的根據地，到五六月頃已達今日的南俄，彼命令軍隊休息於伐爾加河畔，牧馬於肥饒的沃野，以肥壯之；掠於近鄰之地，以充足糧食，這樣的休養兵力，約一年有餘，充分蓄積了軍的彈性後，翌年—— 一二三七年之冬月便蹶然而起展開攻勢。

拿破崙困於莫斯科的嚴冬酷寒而敗衂，拔都則選擇嚴冬而成功，這固由於憑彼特有的戰略，最重要的還是窺伺秋收冬藏時，掠而養軍；這是客兵的「三軍足食」的妙法。

基於這樣的掠於饒野，與以疾風般的襲擊，所以在翌年正月便佔領莫斯科了。

——大場彌平的《孫子兵法》

故善用兵者，譬如率然；率然者，常山之蛇也；擊其首則尾至，擊其尾則首至，擊其中則首尾俱至。

良將用兵，簡直可以此喻為率然；率然是什麼呢？——會稽常山的一種蛇名；這種蛇，擊牠的頭，則用其尾反噬而來，擊牠的尾，則用其頭反噬而來；擊牠的中央，則其尾首俱反噬而來。即是說：如果敵擊我的右翼，則左翼包抄而至；擊我左翼，則右翼包抄而至，擊我中央，則兩翼俱包圍而至，首尾為一，上下一心。此與前說：「前後不相及，眾寡不相恃」不同。

敢問：兵可使如率然乎？曰：可。夫吳人與越人相惡也，當其同舟濟而遇風，其相救也，如左右手。

於此再設一問：究竟軍隊的運用，可以使其同那率然蛇一樣麼？——當然可以(即良將投兵於死地，導於前後左右不得不相救的情勢)。今舉一事以喻之：原來吳人與越人不是相仇視著嗎？當同舟共渡時，突遇狂風暴雨的襲來，打得動盪欲覆，這時大家必忘了生平的仇恨，出於協同動作，以相救援，好像吾人的左右手的動作一樣。

【吳越】吳在今之江蘇，越在今之浙江。這兩個國家在春秋時代，好像近代的德法兩國，互相仇視，攻戰無已。據 G 氏的年表載：「514 B.C.：Accession of Ho Lu（闔閭）. 512: Ho Lu attacks Chu（楚）， but is dissuaded from entering Ying（郢）， the capital. Shih Chi《史記》mentions Sun Wu（孫武）as general. 511: Another attack on Chu（楚）. 510: Wu（吳）makes a successful attack on Yueh（越）. This is the first war between the two states. 509 or 508: Chu invades Wu， but is signally defeated at Yu Chang（豫章）. Ho Lu attacks Chu with the aid of Tang and Tsai. Decisive battle of Po Chu（柏舉）and capture of Ying（郢）. Last mention of Sun Wu in Shih Chi. 505: Yueh makes a raid on Wu in the absence of its army. Wu is beaten by Chin and evacuates Ying. 504. Ho Lu sends Fu Chiai（夫差）to attack Chu. 497: Kou Chien（勾踐）becomes King of Yueh. 498: Wu attacks Yueh， but is defeated by Kou Chien at Tsui Li（攜李）. Ho Lu is killed. 494: Fu Chiai defeats Kou Chien in the great battle of Fu Chiaus（夫椒）and enters the capital of Yueh. 485: Kou Chien renders homage to Wu. Death of Wu Tzuhsu（伍子胥）. 478-476: Further attacks by Yueh on Wu. 475: Kou Chien lays siege to the capital of Wu. 473: Final defeat and extinction of Wu.」

【吳越同舟】這個慣用語，即出於此。孫子說：船將覆了，吳人越人便協力相救，這真是看穿人情的機微，投士卒於死地，則他們自相救助，不求協同連繫，而自然協同連繫的非常手段。亙古今東西的戰史，被目為敗戰亂戰者，皆由缺此。

從非持烈大王七年戰爭，拿破崙戰爭等實例看，聯合軍出於散漫遲緩的協同作戰，所以便為他倆（腓特烈與拿破崙）所乘，——造成兵力的優勢，一味給與逐個擊破。

[一次歐戰俄軍之敗]

一次歐洲大戰初，俄軍為策應英法協約軍，便以怒濤般的大軍侵入東普魯士，使在西部戰線，追擊協約軍中的德軍，不得已地分割一部份急往防禦俄軍的猛襲，這本是俄軍一個很好機會，可笑的，反造成坦能堡悲慘的敗北。即沙慕梭諾夫將軍所帶的拉荷軍陷於興登堡將軍的戰略，正被包圍殲滅的緊急關頭時，平素與沙慕梭諾夫交怨的陵尼肯夫將軍，擁有數軍團的大兵卻不馳援，而遠遠地隔岸觀火。倘若那時沙慕梭諾夫與陵尼肯夫具有「吳越同舟，濟而遇風」時的精神，則宛如常山之蛇，德軍若擊左的沙慕梭諾夫，則右的陵尼肯夫至；若擊右的陵尼肯夫，則左的沙慕梭諾夫至；若擊其中央，則沙、陵的首尾具至，——這樣的協同動作，則兵力懸殊的俄軍（優勢），將一踢興登堡，而奔瀉千里，殺到柏林，亦未可知。

是故，方馬埋輪，未足恃也；齊勇如一，政之道也；剛柔皆得，地之理也。故善用兵者，攜手若使一人，不得已也。

投士卒於死地，則自然戮力奮鬥，已如上述。所以縱設有險阻以阻礙敵馬敵車也是不足恃的；而齊一全軍的勇者怯者，使其一致奮戰，總算是把握著統帥軍隊的要道。又，對於剛柔的地勢，利用得其宜，纔算是明瞭地輿的自然之理。故良將用兵，縱統率百萬之眾，宛如執著一人之手而推拉之一樣的自由，這是由於把握著「政之道」與「地之理」，而投他們於不得不鬥的死地。

【方馬埋輪】過去各家註解均謂方為縛意，即說：縱是縛著戰馬并埋了戰車之輪，也不足以一士心而作一致的行動，其實這都是錯誤的。據編者的研究：古時中國民族，當進入農業經濟時代，就遇著游牧民族的壓迫，乃應用治水術，編成方陣形的農田（井田）——開設許多阡陌，許多溝澮，以阻止敵騎兵（方其足）及戰車（埋其輪）的突擊，使不能馳驅自若，如入無人之境。要之，是在使軍事與農事合一，寓設險守國之意。【齊勇如一】為〈軍爭〉篇的「勇者不得獨進，怯者不得獨退」意。【剛柔皆得】據《易經》說：「立天之道，曰陰與陽；立地之道，曰柔與剛；立人之道，曰仁與義。」故剛可解為山坡丘陵之地，柔可解為海川沮洳之地；亦即地之「遠近險易，廣狹死生。」

將軍之事：靜以幽，正以治。

將軍應修養之事：第一要沉著深邃，第二要嚴正而不亂；即前者是深謀遠慮，且為人不可測的條件；後者是立身嚴正，且處事有條有理的條件。

［靜的哲學］

孫子以靜與正為將軍之事，老子以靜與正為政治家之務，孔孟則以為修身之基。老子說：「躁勝寒，靜勝熱，清靜為天下正。」又說：「以正治國，以奇用兵。我好靜，而民自正」又說：「重為輕根，靜為躁君。」《大學》說：「靜而后能安，安而後能慮，慮而後能得。」又說：「意誠而后心正，心正而后身修。」

能愚士卒之耳目，使之無知。

大將軍統率軍隊，必須能夠蒙蔽士卒的聽覺視覺，使他們無從知道用兵上的祕密，以免自生疑懼或洩漏與人。

這一節是中國哲學的蘊奧，孫子用於兵法上，而老子孔子則用於政治上。老子說：「古之善為道者，非以明民，將以愚之；民之難治，以其智多。」孔子說：「民可使由之，不可使知之。」

易其事，革其謀，使人無識；易其居，迂其途，使人不得慮。

並之，對於敵人，則須隨時變更我已幹過的事體，及我已用過的計謀，即同事不再為，同謀不再用，使其對我無從認識判斷。又隨時變更我的居處（駐地）——或去險就易，或捨安就危，迂迴了我前進之途徑——或捨近就遠，或捨易就難，完全出乎敵的意表，使其無從策謀制我。（此可作為現代游擊戰術原則）。

帥與之期，如登高而去其梯；帥與之深入諸侯之地，而發其機。若驅群羊，驅而往，驅而來，莫知所之。

大將統率士兵開赴所預期的戰地，突然下令，使之作戰，宛如令人登了高台，在下陰去其梯子，示以必死。又，統率士兵深入敵國諸侯的領土，突然下令，使與敵戰，恰如拉開強弩的發條機，示以一往不回。總之，好像牧者的驅策羊群一樣，往來隨其驅策，而牠不知其動向，即軍之進退，僅依大將的命令，而士卒唯有服從。

【帥】是動詞，統率意。在「而發其機」下，有些版本多「焚舟破釜」一句。

［機械動作］

孫子所要求士兵的是「若驅群羊」，魯登道夫所要求的，是「類於機械動作」，其詞雖異，而意則同。魯氏在其所著《全體性戰爭》中說：「余以為各兵士訓練之目的，即為精神上之堅決，雖彼等明知危險，而仍不惜犧牲其性命。此類情形，為現代戰爭必然之要求，幾使各兵士之生活類於機械動作，有非如此不可之勢，而後能冒萬險以達其毀滅敵人之目的。要知一個戰士在

多數大眾之中，其行動隨大眾而轉移，彼心中以為大眾之目光集注於彼之一身，故彼自視如無物，事事聽命於同伍之人可矣。蓋同伍之人予彼以精神上之安頓，彼既為隊伍中之一人，故以隊伍之心理為心理矣。」

聚三軍之眾，投之於險，此將軍之事也。九地之變，屈伸之利，人情之理，不可不察也。

要之，統率大軍而投於危險之地，使不得不協同奮鬥以取勝，這是將軍本來的責任。不過對於前面所述的——依地勢而發生各種各樣的變化，如屈而退守，與伸而進攻的利與不利，發揮自然的人情的機微等，必要詳加審察，而妥為調和利用的。

凡為客之道，深則專，淺則散。去國越境而師者，絕地也；四達者，衢地也；入深者，重地也；入淺者，輕地也；背固前隘者，圍地也；無所往者，死地也。

這是孫子再就客兵的攻勢作戰而說，意義與前相同，惟文章稍異而已。

【師】是用兵，作戰意。【固】是險固之地，其他已無再加解釋必要。

是故散地，吾將一其志；輕地，吾將使之屬；爭地，吾將趨其後；交地，吾將謹其守；衢地，吾將固其結；重地，吾將繼其食；圮地，吾將進其途；圍地，吾將塞其闕；死地：吾將示之以不活。

本節亦與前大同小異，略加解釋如下：

「一其志」——專一士兵的意志。「使之屬」——使部隊間前後連屬以固其心。「趨其後」—— 爭地如先為敵佔領之，不可從正面攻擊，必須誘出敵人，一俟分兵離開，即急趨而奪取之。此項解釋，眾說紛紜，亦有採取陳嗥所註的：「若地利在前，先分精銳以據之；彼若恃眾來爭，我則以大眾趨其後，無不克者。」「謹其守」——處處配備軍隊，以嚴密守備之。「固其結」——結交諸侯，務使其固。「繼其食」——掠敵，因糧於敵。「進其途」——迅速前進勿停。「塞其闕」——敵人圍我，如留一面退路以誘我，而我則要自行阻止之，以一士心，并使其無從突入。「示之以不活」——激勵士兵非死不可。

On the distracting ground，unite the solder's minds. On disturbing ground，keep together. On disputed ground，try to take the enemy in rear. On intersecting ground，look well to the defenses. On path-ridden ground，cultivate intercourse. On deeply involved ground，be careful of supplies. On difficult ground，don't linger. On enclosed ground，close the path of escape. On death ground，show the soldiers that there is no change of survival. (C)

故兵之情：圍則禦，不得已則鬥，逼則從。

士兵的真情：被圍時，則盡力抵抗；不得已時，則奮鬥到底；危機迫切時，則依官長的命令而動作。——這也是和前文意義相同。

是故，不知諸侯之謀者，不能豫交；不知山林、險阻、沮澤之形者，不能行軍；不用鄉導者，不能得地利。

此為重複之文，見〈軍爭〉篇。

四五者，不知一，非霸王之兵也。

四加五為九，即指九地。這九地之變，多不必說，只少知其一，都不能成為霸王軍隊的。

【霸王】這個名詞是多麼充溢著英雄的氣氛！《史記·項羽本記》載：「項王自立為西楚霸王」。霸與王不同，孟軻說：「以力服仁者霸，……以德服仁者王。」本節所謂霸王，純為霸意，在春秋，如齊桓、晉文、宋襄、楚莊、秦穆是；在現代則為帝國主義國家。

夫霸王之兵，伐大國，則其眾不得聚；威加於敵，則其交不得合。

　　說到霸王的強大軍隊，當發動征伐大國時，所向披靡，使敵慌張混亂而不能集中應戰；（如二次歐戰德軍攻法及攻蘇的情況）。又由以強大的威勢加於敵國，使彼同盟陷於徘徊觀望，不敢持續其友好關係。例如一次歐洲大戰的意大利，本與德奧三國同盟，但以懾於英法協約軍的威勢，不敢遽出援助德奧同盟軍，觀望徘徊一年有餘，結果反參加協約國作戰，這是一個例證。

是故，不爭天下之交，不養天下之權，信己之私，威加於敵，故其城可拔，其國可墮。

　　霸王之國，平時決不競爭結交天下諸侯（同盟國），因為這適足養成被結交者的權勢，以為將來之患；到了戰時，唯有信賴自己的實力，并以龐大的威勢加於敵國，這樣，自可拔敵城，滅敵國了。

〔證以孟子的話〕

　　【不爭天下之交】因為到戰時，對於平時在外交上所締結的盟約，都往往靠不住的，正如上述的意大利，又如二次歐戰德國的破壞德蘇協約。孫子之發是言，大概由於目擊春秋之世，策士跳梁，合縱連橫之說盛行，雖是大國亦乏自主獨立的觀念。這，我且在《孟子》一書中找出一些證明：齊人伐燕，取之，諸侯將謀救燕。宣王曰：「諸侯多謀伐寡人者，何以待之？」，孟子對曰：「臣聞七十里為政於天下者，湯是也，未聞以千里畏人者也。」又：滕文公問曰：「滕小國小也，間於齊楚，事齊乎？事

楚乎？」孟子對曰：「是謀非吾所能及也，無已，則有一焉：鑿斯池也，築斯城也，與民守之，效死而民弗去，則是可為也。」

[美國的自強]

本節是倡導求己主義，自立自強主義。其實一個國家不求己，不自立，不自強，唯是依賴庇護於大國，必致陷於若存亡的狀態中，此就諸弱國而言；至於大國之所以制霸，當然由於奮發自強，常擁有強大的力量。美國總統杜魯門氏於一九四五年美國海軍節發表演說道：「美國即在復員之後，亦將為世界最大海軍國；美海軍在對日戰爭勝利日，有軍艦一千二百艘，另有小艇五萬艘，飛機四萬架。此一龐大攻擊力量之平時成分，將成為美國外交政策之骨幹，以維護世界和平，保證美國之自由。」又《紐約時報》亦同時發表言論說：「今日吾人必須牢記所受之教訓，吾人應知如欲使吾人聲威聞之全世，而此世上仍有強大之武力時，則吾人即必須維持強大之軍力，即於海上保持強大力量。」自然美國不祇要擁有強大的海上軍事力量，且要擁有強大的陸上與空中軍力。於此，使我們想起孫子的話是多麼有價值，又合乎現實。

施無法之賞，懸無政之令，犯三軍之眾，若使一人。

主將遇非常時——作戰時，對於部下有功者，必須頒給超出乎常法的優厚賞賜，以鼓勵之；同時，亦須揭示超出乎普通政令的嚴峻禁令，以約束之；於是人人奮勇，不敢犯法，而形成指揮三軍之眾，好比驅使一人一樣的容易圓滑。

[拿破崙施無法之賞]

　　拿破崙，彼在法蘭西革命的混混沌沌，恐怖騷動的時代，如巨星之出現，使全國國民為之奮起，青年血氣之士為之踴躍集合於軍旗之下，而且驅使於戰場，各自奮鬥到底，其原因，就是施行孫子所謂「無法之賞」，即今日在卒伍間執干而戰的士兵，若樹立勇戰偉功，明日就可一躍而陞為一軍之將，叱咤幾萬大兵，浴於謁見皇帝的光榮，或陞為元師而領廣大的土地，──這樣的綱領。

　　拿破崙的善戰善勝，薙倒群敵，一時巍然君臨全歐，固由彼不世出的天才；但憑於「施無法之賞」，而麻醉人類的本能，滿足三軍之眾的功名心，──這種的策略，是不可忽視的。然而他們的富貴，曾幾何時，跟著拿破崙的沒落，也煙消雲散了。

　　作戰時候，驅使大軍，好比手足一樣，第一要有嚴峻的軍紀。這，正如克勞塞維慈說：「血氣若無規則，到底是不能限制的。」中國、日本、歐羅巴的古代，不論任何軍隊，於戰時都是「懸無政之令」，以制裁官兵的放恣，而維持軍紀。

[成吉思汗懸無政之令]

　　蒙古成吉思汗揭旗於大興安嶺山頭，所統率的是蕃族中的竊盜、強奪、姦淫、暴虐、莫可勸導的放縱無賴之徒，於是乃確立軍紀，以統率之，「懸無政之令」以保持其秩序。例如盜馬或駱駝者處死刑；當小盜不能賠盜品三倍以上的價值者笞刑七十乃至一百；強姦者處死刑，就地捕獲姦夫時，有殺死之權；嚴禁大聲謾罵，以調和其虎狼般的習性；受賄賂者處死刑；隱匿他國的奴隸，給與衣服飲食者處死刑；不奉君命者雖帶十萬兵的大將，亦

處以刑罰或死刑；不經許可而擅往援他者處死刑。——這樣的「懸無政之令」，所以比當時歐亞大陸任何國家的軍隊，其軍紀都來得嚴峻，而得以如使一人般的指揮大軍。

——大場彌平的《孫子兵法》

犯之以事，勿告以言，犯之以利，勿告以害。

對於部下士兵，僅可命令其所做的事情，不可告知以我的用意，以免傳聞於外，而敗事機。又，僅可使其知道有利方面，不可使其知道有害方面；因為人情，見利則勇進，見害則畏避；一切事情，利害是不相離的，若有一面之利，必有他面之害，沒有僅有利的事，也沒有僅有害的事。

Order should direct the soldiers；but while what is advantageous should be make known，what is disadvantageous should be concealed. (C)

投之亡地然後存，陷之死地然後生；夫眾陷於害，然後能為勝敗。

要之，士兵的心理是這樣的；把他們投於滅亡之地時，則他們必出於苦鬥，常可保存。又，把他們陷於必死之地時，則他們必出於苦戰，常可得生。要之，陷士兵於生命危險之地時，他們定可奮鬥到底，搏得偉大的勝利。

［韓信精通孫子］

我國歷代將領，莫不研究《孫子》。漢之韓信，便是其一。紀元前二〇四年，彼在井陘口布背水陣，大破趙軍，斬陳餘，虜趙王歇，事後部下問以取勝之理，彼答道：「兵法不是經已說過嗎？「投之亡地然後存，陷之死地然後生。」」於此，足見韓信精通《孫子》，善用《孫子》，而這兩句話也便成為古今的名言了。

故為兵之事，在詳順敵之意，併力一向，千里殺將，是謂巧能成事。

用兵之事，貴在佯偽地順從著敵的意向，即敵欲進則誘之進，欲退則縱之退，不逆其意，隨其所為；一至尋出其弱點，即集中力量攻擊之，窮追之，皇然殺敵將於千里之外，這真可謂巧於作戰取勝了。

【詳順敵之意】詳同佯、順同循。《史記·殷本紀》中有「箕子懼，乃詳狂為奴」之句。【併力一向】有本作【併敵一向】，解為：使敵視線集中於某一方向，而忽略了我的動作。【千里殺將】是說勝算已在握的長驅作戰，捕捉敵人而包圍殲滅之。在今日，又可解稱為：以空軍遠襲敵的司令部，而炸斃其首要。

〇　　　　〇　　　　〇

［攻勢主義　殲滅主義］

「併力一向，千里殺將」這是多麼痛快淋漓，寸鐵殺人的警句！

但在這數語中，實含著遠大巧妙的作戰，攻勢又攻勢，打擊再打擊的克勞塞維慈的殲滅主義。

自說「少則能守之，不若則能避之」的必須等待集中相當的兵力，擁著壓倒的優勢，然後動軍的兵數戰略，與警戒無謀而取攻勢的「武進」戰略而來的孫子，至此果然面目一新，說穿了古今名將的拿手的積極戰法，彼的胸中真是奔騰豪放！

原來古昔的戰爭，僅以位置戰為主，而軍隊的運動多是在一個乃至數個的城塞的周圍，作無意義的回轉，證以歐羅巴的古戰史，便可瞭然。

但是，出現於西歷紀元前二百年前迦太基的偉人哈美克（Hamilcar Barca）曾打破這極遲鈍的戰略，發明進兵戰略。哈美克之子漢尼拔，繼承這個戰略，遠征羅馬，蹂躪了十餘年的敵地。

但這「併力一向，千里殺將」的戰略革命，至愷撒而達於絕頂。殊不知在東方二千多年前，已為孫子所說破了。於此，足見東方戰略的偉大！

可是，自愷撒歿後，戰略重返於舊態，暫呈沉滯。但以北歐名將考斯道夫的崛起，又蘇生了這「千里殺將」的戰法；更至腓特烈大王而被巧妙地活用著；尤以拿破崙之手，而使孫子所謂「併力一向，千里殺將」的戰略，燦然放光，孫子真是明智偉大！週來這「千里殺將」——天馬行空而殲敵的戰略精神，在拿破崙戰後，得於克勞塞維慈、蕭米尼（Jomini 1799-1869，著有《軍事作戰》，《拿破崙之軍事政治的生涯》等書——浴日附

註）威力星（W.V. Willisen 著有《大戰爭論》——浴日附註）三大兵學家的學說，使其具體化，理論化，成為千古不磨的原則。

普魯士的名將毛奇於一八六六年普奧戰爭，一八七〇年普法戰爭，在宣戰佈告後，不出數週間，好像疾風捲沙般擊潰了敵的野戰軍的大半，實不外克勞塞維慈殲滅戰略，即孫子「千里殺將」精神的實現。

——大場彌平的《孫子兵法》

是故政舉之日，夷關折符，無通其使，屬於廊廟之上，以誅其事。

當戰時政治施行之日，就封鎖了四方的關口，並折毀了通行券，禁止敵國使者的往來，而絕對地斷絕了交通；至出兵之後，則在朝廷內，嚴加督促百官以修明政治，而從內部以協助軍事。

When war is declared， close the barriers； destroy passports； prevent the passage of the enemy's； conduct the business of the government with vigilance. (C)

【政舉之日】是戰時政治施行之日，軍隊發動之日，現今所謂宣戰佈告之日。【夷關折符】夷是塞或封鎖意，符是通行券或出入證，折是毀意，即將留存於關口的通行券宣告無效。要之，其作用在杜絕敵間的潛入。【屬於廊廟之上，以誅其事】屬同勵，勉勵，督促意。廊廟為朝廷意，等於現今所謂中央政府。【誅】是治或修明意。

魯登道夫將軍說：「一國處於戰時，不僅有全體性政治，同時亦有全體性作戰方略，於是產生種種法令，如報紙之嚴格檢查，如軍事祕密之嚴刑，如對於中立國邊境交通之禁止，如集會之禁止，如不平份子領袖之逮捕，如鐵路電報局之監視。」這是孫子所謂「夷關折符，無通其使」的發展，均於一次大戰中各交戰國一一實現了。

敵人開闔，必亟入之。

敵人有虛隙，則不失其機，而迅速乘之。

「開闔」是開閉，闔是開的慣例接尾詞。開是間隙，即可乘的弱點。

魯登道夫將軍說：「一九一四年世界大戰中，德國最高統帥部既用全力於西線，因而使東普魯士一省之東南，淪於無法保護。當時俄人不克於動員下令之初即攻入者，非由於德之防禦周密，乃敵人疏忽有以致之。英國海軍在當時亦未令其艦隊攻入北海，以封鎖北海中德國海口，此亦由於英人疏忽，非德人保護港口之功也。」這是指摘英軍俄軍不知「敵人開闔，必亟入之。」

先其所愛，微與之期，踐墨隨敵，以決戰事。

故要以迅雷不及掩耳之勢，奪取敵所愛之所，（如港灣、要害、城市等），或衝擊其戰線最苦痛之點，而我則時常微微地偷偷地（不為敵知）預期著準備著與敵決戰；倘若敵果來奪還（指

上說城市等），或救援（指上最苦痛點），而我則依著預定的作戰計劃及應著敵情以決戰取勝。

【墨】是墨繩，墨棉斗子；又為墨守之墨，法度意，在此為預定的作戰計劃意。

本節主要的是說：於宣戰布告之初的疾風般作戰，與侵入敵國而求戰場於國外，並衝擊其最苦痛之點，而推進殲滅敵軍的方略。

［德軍的踐墨隨敵］

孫子於此所說的戰理，簡直可移用於一次歐洲大戰上。德軍於宣戰布告之初，立刻侵入為英法協約國最酷愛，不肯放棄，又為戰略上最感苦痛之所的比利時，同時又乘該國要塞的守備未完成之際，立即展開無數精銳砲兵以粉碎之，強襲而奪取之；又以「決積水於千仞之谿」的威勢，侵入法國境內，心中竊竊地預期著殲滅協約軍。

於是，德軍一再出現於比法國境，踐著該國一八六六年普奧戰爭以來的傳統最善的左翼作戰之墨，即原則與計劃，於協約軍的態勢裏，尋出其左翼防備最薄弱之點，而給予打擊。迄二次大戰，希特勒對西線的進攻也是踐著既定的作戰計劃，故一鼓而擊潰英法聯軍，直下巴黎。

是故，始如處女，敵人開戶，後如脫兔，敵不及拒。

我的企圖行動，須裝得像那怕羞的處女一樣，態度曖昧，躊躇不進；因之，敵人便疏忽不備，發生虛隙，恰如開了的門戶，而我便不失其機，忽然變為脫網之兔，迅速攻去，使敵沒有防禦的時機。

［且看安全理事會］

孫子對於反復的句子常喜押韻，與老子的文體酷似。雖是押韻，但不是唐以後限制得很狹的韻楚。女（上聲），戶（去聲），兔（去），拒（去）。兵法之要，在「以虞待不虞」。跟著科學而進步的機械，提供了人類以急速的行動。彼此意見政策衝突，說要經過什麼國際會議或宣戰手續，然後動兵，這是在現代速戰速決主義之下走不通的。我們看於過去日本的進攻我國，義大利的進攻阿比西尼亞，德國的進攻蘇俄，便可瞭然。可是到了今日，聯合國安全理事會已經成立了，也許從此可以制止國際間的戰爭，維持世界的和平；然而果能維持世界的和平否，又果能保證沒有「脫兔」之國的出現否？那只有留待將來事實的分解了。

［千古名文］

這一節被認為千古名文，處女是女子中的最聖潔者，脫兔是喻其迅速，然迅速不限於兔，尚有馬與鹿，但未有如用兔為妙。即在西洋也有此例，與遲的龜比較有速的獅與貓，但都不適合，龜的對照者，僅限於兔。這個機敏的小動物，已見稱於春秋時代的兵法上，可想見其意思了。

表十一 〈九地〉篇鳥瞰表

九 地			
用兵之法	將軍之事	霸王之兵	用兵之事在詳順敵之意 將軍之事（兵之事） 霸王之事併力一向
散地（諸侯自戰其地者）：故無戰－吾將一其志 **輕地**（入人之地不深者）：故無止－吾將使之屬 **爭地**（彼我有利者）：故無攻－吾將趨其後 **交地**（我可以往、彼可以來者）：故無絕－吾將謹其守 **衢地**（四通之地）：則合交－吾將固其結 **重地**（入敵國之地）：則掠－吾將繼其食 **圮地**（凡難行之地）：則行－吾將進其途 **圍地**（被圍之地）：則謀－吾將塞其闕 **死地**（無所往之地）：則戰－吾將示之以不活	靜以幽 正以治 能愚士卒之耳目	伐大國則其衆不得聚 威加於敵則其交不得合 施無法之賞 懸無政之令	是故政舉之日 　夷關折符無通其使 　厲於廊廟以誅其事 　敵人開闔必亟入之 　先其所愛微與之期 　踐墨隨敵以決戰事
	易其事、革其謀－使人無識 易其居、迂其途－使人不得慮 帥與之期（若登高而去其梯、發其機若驅群羊）	是故 不爭天下之交 信己之私威加於敵－城可拔國可墮 不養天下之權	犯三軍之衆若使一人	是故 始如處女敵人開戶 後如脫兔敵不及拒必勝
			犯之以事勿告以言 犯之以利勿告以害	
是故 不知諸侯之謀不能豫交 不知地形不能行軍 不用鄉導不能得地之利	聚三軍之衆 投之於險 故九地之變 　屈伸之利 　人情之理		投之亡地然後存 陷之死地然後生	
故善用兵者能衝其虛	不可不察也		衆陷於害然後能為勝敗	

故善用兵者能衝其虛（續）			
使敵人前後不相及 使眾寡不相恃 使貴賤不相救 使上下不相收 使卒離而不集 使兵合而不齊	兵之情主速	客兵之道 　深入則專 　為不可測 　軍食足 　謹養勿勞 　併氣積力 　運兵計謀	若使一人不得己也（率然之勢）
合於利而動 若敵眾整而來 攻－先奪其所愛 不合於利而止	乘人之不及 由不虞之道 攻其所不戒	投之無所往 　兵士甚陷則 　不懼 　無所往則固 　入深則拘 故死且不北 　不得已則鬥 故不修而戒 　不求而得 　不約而親 　不令而信 　至死無所之	齊勇若一- 　政之道 　剛柔皆得- 　地之理

孫夫子

平山潛序

　　夫孔子者儒聖也，孫夫子者兵聖也；天不生孔夫子，則斯文之統以墜，天不生孫夫子，則戡亂之武曷張！故後世儒者不外能於孔夫子而他求，兵家不得背於孫夫子而別進矣。是以文武並立，而天地之適始全焉。可謂二聖人之功，極大極盛矣。平山潛學兵者也，故推尊孫夫子，殆如儒者推尊孔夫子矣。孫夫子而下，千有五百歲於茲；潛也愚，獨始並稱孔孫，以嚆矢於天下，正欲挽回謬迷而不復，啟達頑固而難通而已。但某猖獗迂狂，不知自量之毀，周知無所遁也。然使武人真知天地之間有兵道者，因孫夫子而立，則雖眾矢之的，余豈敢辭？頃嘗閱《史記•孫子傳》，竊恨節略而不盡，無事實可見者焉。不知孫夫子之事業，區區此而已乎，抑載筆者不知兵，故遺失之耶？孫夫子云：「古之善戰者，勝於易勝者也，故無智名，無勇功。」蓋其功業不赫著於天下者，是反非孫夫子之所以為孫夫子耶？

（原文見日本漢學家平山潛著《孫子折衷》一書）

火攻第十二　HUO KUNG(Assault by Fire) XII

火攻為戰鬥的補助手段（有時成為主要手段），內舉五種火攻法，天時風向利用法，并附帶論及水攻；因為孫子倡導速戰速決，故不擇手段，主張運用殘酷的火攻水攻；又正因這樣，所以最後則警告為元首將帥者應鄭重將事，不可輕啟戰端。

孫子曰：凡火攻有五：一曰火人，二曰火積，三曰火輜，四曰火庫，五曰火隊。

火攻的種類有五：其一、放火燒殺敵的居民，（指火攻敵的都市鄉村）；其二、燒燬敵所積累著的糧秣；其三、燒燬敵所積載著武器服裝等的輜重車隊；其四、燒燬敵軍需品的儲藏倉庫；其五、利用火力以燒殺擾亂敵部隊。

There are five ways of attacking with fire. The first is to burn soldiers in their camp； the second is to burn stores； the third is to burn baggage trains； the fourth is to burn arsenals and magazines； the fifth is to burn dropping fire amongst the enemy. (C)

［古今火攻工具］

火攻是利用火力補助攻擊的殘酷戰術，從古代到現代，依然沿用著。火人、火積、火輜、火庫均為欲根本絕滅敵軍所賴以生存抵抗的方法，其工具，在古代有火車、火牛、火燕、火筒、火箭等，在現代則有燒夷彈、燃燒液、汽油彈、火燄噴射器、噴火投擲器、高射噴燄器、火燄噴射坦克等。惟自原子彈出現後卻使火攻進入一新階段了。試看一九四五年之秋，美國投於廣島、長

崎的兩顆原子彈，頓使此兩城化為灰燼，其威力之大（熱力達攝氏一百萬度），已可概見。但這個猛烈而殘酷的火攻武器，如果在將來戰爭上作大規模的使用，則人類以及一切唯有盡歸燼滅，所以我們仍望國際間像禁用毒氣一樣作更澈底而有效的禁製和禁用。

○　　　　○　　　　○

[火攻舉例]

中國古代的戰鬥，盛行火攻。如火燒赤壁（吳蜀對曹操），火燒連營（陸遜對劉備），算是人們腦海中最易憶起的戰史。日本古代亦然，如織田信長火攻比叡山，把山上數千僧侶僧兵燒得盡成灰燼，三年後，琵琶湖面猶彌漫著腥臭，言之令人戰慄。其在歐羅巴，一八一二年，拿破崙統率大軍侵入俄國首都莫斯科時，俄軍採取非常手段，放火於自己的首都，燒了大半房屋，使拿軍沒有禦寒的住所；且燒盡該市的糧食，使拿軍斷炊，弄得拿破崙非退軍不可，這是世界戰史上最著名的一頁。所以火攻，不問中外，都是悲慘地表演著，為一不可忽視的事。關於這次莫斯科的大火，據托爾斯泰的《戰爭與和平》一書，說是拿軍的軍紀廢弛所以失火，火為風煽而延燒全市；惟世人所承認的，則為俄軍的放火；拿破崙的鵬圖，就跟著這次火攻而煙消雲散了。

火攻，在火器未進步的蒙昧時代，確是有力的戰鬥手段；但在近代有遠射程的火砲，砲擊敵所佔據的村落與都市，忽然足以惹起大火災；尤其劃期出現於一次歐洲大戰的空軍，即孫子所謂「動於九天之上」的火攻戰法，更為猛烈。在大戰中，起初德機的空襲倫敦巴黎，協約軍的轟炸機大舉轟炸德國南部的工業地帶

；戰場的軍隊，固不用說，即戰場後方的軍橋、鐵橋、彈藥庫、糧秣儲積所、鐵道交叉點、停車站、以及有關於敵國敵軍的戰鬥力的一切，都為不相上下的兩軍，各答復以劇烈悽慘的空襲，這不是孫子所謂火人、火積、火輜、火庫、火隊而何？自此而降，世界列強更努力於空軍的擴張，——在大編隊之下，想必於宣戰布告一發，同時實行敵國空襲。故照這種形勢看，我們可以想像將來的戰爭，必以許多飛機實行「孫子的火攻」，為其重要的戰略無疑。

——大場彌平的《孫子兵法》

○　　　　○　　　　○

［火焰坦克］

降及二次世界大戰，在戰場上除用飛機投彈實行「火攻」外，尚有火燄噴射坦克，如一九四〇年德國用以摧毀法軍。

［火焰噴射器］

又有火燄噴射器，如美軍在太平洋戰場用以消滅藏身於岩穴裏的日軍。即我國軍於一九四四年騰衝之役亦用以消滅日軍，有一記者，記述是役道：「敵頑強抵抗，我將士衝至敵前，以手榴彈投入工事，不料在掩體門口即行爆炸，未能奏效；原來門口置有鐵絲網，敵之機鎗可射出，我們的手榴彈則塞不進去。然而狡詐之敵，終被我火燄噴射器燒得他焦頭爛額。這玩藝兒在中國戰場上還是第一次使用，燃燒時發熱在二千度以上，噴射距離可達六十碼，據守的敵人就被這新式武器解決了。」

［火焰防禦］

　　還有英國為守衛本土，於一九四〇與一九四一兩年，在英法海峽佈置了一道足以制德軍死命的「火焰防綫」，又稱「火焰陣」或「火焰圍牆」；這條防綫是以火油為起火燃料的，即裝置了埋在海底一二百碼深的大運輸管，將海水和蓄油池連接著，只要加以一種化學品，火油就可以著火；這種化學品製成球形，就從運輸管中送出，遇水溶解後，就可以使油著火，火燄便彌漫著整個海面；此外，尚有一條「陸上火燄防綫」，亦係以火油為之，無怪德軍無法飛渡英法海峽，進攻倫敦了。

［太陽反射器］

　　再有德國科學家，曾計劃一高五十英里，直入同溫層的空間台，上築廣達三方英里的太陽線反射器，發出一切物質焦枯的熱浪，燬滅城市，使森林起火，并化海洋為水蒸氣，但未完成而德國已戰敗了，誠以科學一天一天的進步，火攻武器的發展，真無止境。

行火必有因，煙火必素具。

　　凡行火攻，第一要有所因，或因軍隊，或因潛入者，或因間諜，或因內應者；至於所用的燒具，須在平時豫備妥當。

　　【因】亦有解為或因天時、地理意。【煙火】指火攻的燒具而言，如火箭、乾草、火藥、油類等物。【素具】為平時豫先準備意。

【煙火必素具】，這真是道破現在列強軍備競賽的秘密。你看！美國不是繼續製造原子彈嗎？英俄也不是加緊製造火箭與飛彈嗎？至於各種燒夷劑亦莫不準備著。

發火有時，起火有日；時者，天之燥也；日者，月在箕壁翼軫也；凡此四宿者，風起之日也。

其次，凡行火攻，尚有兩個天文學上的問題待解決：一為適於發火之時的問題，一為易於起火之日的問題；申言之，所謂時的問題，係指天久不雨，物質乾燥之時；所謂日的問題，是說月宿於二十八宿中的箕、或壁、或翼、或軫的星座，——這些日都是刮風之日。

The proper season is when the weather is very dry； the special days are those when the moon is in the constellations of the Sieve， the Wall， the Wing or the Cross bar； for these four are all days of rising wind. (G)

［中國古代的天文學］

【箕壁翼軫】是二十八宿的四宿的名稱，二十八宿為：

東南（蒼龍）角 亢 氐 房 心 尾 箕

東北（玄武）斗 牛 女 虛 危 室 壁

西北（白虎）奎 婁 胃 昂 畢 觜 參

西南（朱雀）井 鬼 柳 星 張 翼 軫

把這配於中國全土，稱為分野；其將東西南北命名為蒼龍、玄武、白虎、朱雀，係本五行說而配色；至於玄武亦叫真武，朱雀亦稱朱鳥。此為古代天文專門問題，不易了解。特錄二十八宿天體圖於篇后，以供參考。

○　　　　　○　　　　　○

近世科學雖否認前記的氣象學說，但從前有豫知霖雨、大風的傳說，到今日，漁師農夫們猶傳統地信賴而不疑，實際上亦每有適合。春秋時代，憑月的運行與星辰的相關，以豫算大風之起，大概不是迷信的吧？

——北村佳逸的《孫子解說》

凡火攻，必因五火之變而應之。

凡行火攻，必須因著上述五火的變化——敵的動靜，而不失機宜，舉兵應之。

火與戰爭的關係，縱在現代戰上，依然沒有變化。空中的轟炸，即從空中火攻，在一次歐洲大戰的末期，德軍與協約軍均盛行之。各以大規模的空軍，對於敵軍的戰場要部，企圖造成孫子所謂「火發於內」的抵抗體內部的擾亂與被壞後，地面部隊，便轉為攻勢，這是常用的戰法。

[一次大戰的飛機投彈]

讓我舉一例證：一九一八年春陷於四面重圍之窮境的德軍，為挽回既倒的狂瀾，便於三月至七月間，連續四回，實行孤注一

擲的猛攻，在此攻勢中，德軍對於敵軍背後所施的**轟炸**，你說是何等悽慘！從七月十八日至二十一日的僅四日間，所投下炸彈的數量，計裝於一噸半的車輛，達十一車。這樣，戰況一時雖向於有利方面進展，惟因勢已成強弩之末，也莫可如何了。

協約軍方面乘著德軍攻勢這樣的氣竭，從七月中旬起，便猛然轉為逆襲，僅在攻勢開始的七月十五日的那一天，投下炸彈達四十五噸半，這都是對準著在巴黎東方的德軍背後的重要橋樑與軍事要點，作集中的投下。以這次轟炸的效果為因，協約軍此後便以一瀉千里之勢，壓倒敵人，結果一九一八年之秋，德軍是宣告總退卻了。

——大場彌平的《孫子兵法》

○　　　○　　　○

［二次大戰的飛機投彈］

一次世界大戰的「火攻」，比諸二次大戰，真是小巫見大巫。關於歐戰方面，據最近倫敦方面發表的統計數字，自開戰至一九四五年三月底，英空軍投於德國的炸彈為六十五萬四千噸，美空軍在德境投彈為五十三萬零七百五十八噸，英空軍投於被佔領區之炸彈為二十八萬四千五百多噸，美空軍為九十五萬二千八百九十七噸，英空軍投彈的最多一次，為一九四五年三月十二日投於多特蒙德者，計五千噸。自開戰至一九四五年四月，德襲擊英國的火箭計一千零四十九枚，飛彈八千七十枚，炸彈七千六百二十噸。在太平洋戰爭方面，據美國空軍元帥安諾德一九四五年初宣稱：今後一年內準備投在日本本土的炸彈，共為二百萬噸，

這個數字真是驚人，一年三百六十五天，平均每天要投下五千四百七十九噸半，打算把日本澈底毀滅，但未投完而日本已投降了。

火發於內，則早應之於外。

又，或由內應者放火，或由我潛入者放火，或由敵的失火；要之，如火發於敵的內部時，則須立刻利用此混亂的時機，從外部迅速攻進去。

[間諜與火攻]

在一次歐洲大戰時，間諜異常活躍，或炸燬敵國內的重要建築物，或火焚其都市。戰爭第二年的一九一五年九月，協約國方面於企圖轟炸德國的澤利西市的陰謀下，有一隻搭載千百個炸彈的輪船，被荷蘭的警察扣留。又企圖炸燬德軍之輸送列車，而身帶炸彈的間諜也不少。這種事情，不限於德國方面，即在協約國方面的工廠、倉庫、穀倉的火災頻發，其原因亦多不明；尤其在協約國方面，收到從外國寄來的郵件包裹，竟發現有裝置著自然發火的可燃性藥物，這非時常小心注意不可了。

火發而其兵靜者，待而勿攻。

但有一問題要特別注意的：火起於敵營，其中將卒靜然，沒有混亂的情況，則應暫待形勢推移，不可貿然進攻，以免墮入敵軍詭計中。

極其火力，可從而從之，不可從而止。

至見火勢熾烈時，須察其火力對於敵人發生影響若何，倘若認為可乘，立刻開始攻擊行動；否則，止之，不可輕舉妄動。

【極其火力】是說火的燃燒達於極點。

火可發於外，無待於內，以時發之。

對於敵營，倘若認為從外部放火為利便，如風向、風力合宜，及敵營的旁邊為荒草叢林的可燃性物質，這樣，就用不著期待於內應者的活動，即選擇適當時機，從外部放火。

火發上風，無攻下風。

火發自上風時，切不可從下風進攻敵人，這因火煙彌漫，既辨不清敵人，反自遭火患。

[風與傘兵]

風——風向風速這些問題，不特為古代火攻者應研究的問題。即現代飛機的航行，傘兵的降落，化學部隊的施毒，亦為必須研究的問題。關於傘兵降落，我可於馬歇爾《致陸軍部二年報告書》中得到一些材料，這是敘述二次歐戰盟軍進攻意大利，傘兵所受風的影響的形情，他說：「照預定之計劃，吾人擬以空運部隊由基拉（Gela）往內地著陸，乃亦受風之阻折。此等傘兵散開

之地面甚廣，且被風吹出預定之航程，致遭吾人自己砲火之擊中而死傷甚眾；然當著陸成功時，固未嘗不發生決定之結果。」

晝風久，夜風止。

大凡晝間所刮的大風，是較久的，夜間所刮的大風，多不久而易止，這是火攻者應注意之點。原來兵靠火力以助攻擊，火須風力以發揮暴威，這三者結合，方能達到火攻的目的。

本節欲詳加研究，有待於氣象學家。但風力的強弱及方向等，係因地方與隨季節而異。此為火攻者應隨時就地注意的問題。老子說：「飄風不終朝」。

朔風吹雪透刀瘢，飲馬長城窟更寒。夜半火來知有敵，一時齊保賀蘭山。
　　　　　　　　　　　　　　　　　——盧弼

凡軍必知五火之變，以數守之。

要之，一切軍隊必須知道上述五種火攻，伴之而發生各種狀況的變化，又必須推知易於起火的時日的氣象，而嚴為防備之，蓋我可以用火攻人，人亦可用火攻我。

【軍】亦有解為在用兵上。【數】亦有解為術策。臨機應變的術策；但照編者的研究，是度數，氣象意。即指前述的天燥、四宿等而言。

[燃燒戰術]

火攻戰術即今之所謂【燃燒戰術】，美軍過去對日進攻，看穿了日本的房屋為木與紙所造成，故採取燃燒戰術以摧燬之，而其工具為 M74 型百磅汽油彈及 M69 型十磅炸彈，其中均裝有膠狀汽油，火焰極強。又，M74 型是一種薄殼炸彈，牠能在四十碼距離間分散大量火燄；M69 型裝有定時引信，當大批擲下在空中爆發時，便向目標落下一陣火雨。此外還有一種五百磅摧疊燒夷彈及岩漿炸彈，（係用汽油、黃磷及其他成分所造成的「岩漿」，從彈中爆發出來，可射達二十五碼，著物不去，立刻燃燒），用以燬滅日本。

故以火佐攻者明，以水佐攻者強，水可以絕，不可以奪。

用火為攻擊的補助手段，其利明顯，若益以水為攻擊的手段，則更增一層強力。水是適於遮斷敵的連絡，使各部隊孤立及淹死敵人；但卻沒有具著好像大火一炬，頓使萬有化為灰燼的可怕的破壞力。

本節前兩句，議論紛紛，有解為以火佐攻敵人，焚燒的炬威，顯而明；以水佐攻敵人，浩蕩之勢，強而無敵。亦有解為：凡行火攻，對於風向風力的氣象上的變化、與敵的動靜等，須有迅速辨別的明敏和機智；凡行水攻，其水引導自水源地，除決堤或作堰等工作外，尚須分兵防守之，故無強大兵力不為功。

［水火空氣］

孔孟和老子談水不談火，孫子則合水火而談之。田單與孔明善用火，韓信與秀吉善用水。現代科學部隊對於人與空氣的利用研究，雖已相當進步，但關於水還未有多大發明。依於氣壓的空氣利用，水壓的水之利用以補助攻擊力的方法，應成為各國國防科學研究機關的課題。

○　　　　○　　　　○

水攻之法，在古代，對於低窪城塞的水攻，或企圖斷絕敵人行軍聯絡的水攻，常被視為最猛烈而有效的方法。荷蘭有「水線」的設立，我國的黃河亦每被利用為水攻的工具。近年西班牙的內戰，政府軍於一九三六年十月間對叛軍的攻擊，亦使用之，請看報紙上關於此的披露：

［西班牙內戰的水攻］

西班牙軍，昨在南部陣綫中，開啟阿爾白奇河之水閘，放出水量達一千萬立方米突，以遏止叛軍，沿太格斯流域推進。首都得悉官軍用水攻策略之成功後，均極歡忭。當叛軍正沿該河已涸之河身前進時，不意洪水衝至，勢如萬馬奔騰，不及逃避，溺斃甚眾。叛軍中，雅吉上校所率向託勒杜前進之一縱隊，已遭洪水截斷歸路。同時聞官軍陣綫，已前移二十里。又聞官軍今後仍將源源放水，須俟叛軍完全潰逃而後已。

至一九三七年三月末又表演了一次，據報載：「政府軍在阿根達南面洩放河水，以淹敵軍陣地，結果被淹區域達數方哩，敵軍被迫，退守高地，目前不能進攻，故馬德里與瓦倫西亞之大路，在阿根達一帶，現已無戰事。」

夫戰勝攻取，而不修其功者凶，命曰費留。故曰：明君慮之，良將修之。

雖是戰必勝，攻必取，但不能迅收實際的功效，那是最忌的，因叫：費留，即長期破費金錢與人力而作無益的久戰；所以賢明的元首必須經過深思遠慮之後方用兵，而受命的良將也必須致力於速戰速決，以收全勝之功。

【費留】費為浪費意，留為久意，即謂長期浪費金錢與人力。

墨子：「國家發政，奪民之用，廢民之利，若此甚眾。然而何為為之？曰：我貪伐勝之名，及得之利，故為之。子墨子曰：計其所自勝，無所可用也；計其所得，反不如所喪者之多。今攻三里之城，七里之郭，攻此不用銳，且無殺而徒得，此然也。殺人多必數於萬，寡必數於千，然後三里之城，七里之郭，且可得也，今萬乘之國，虛數於千，不勝而人廣衍，數於萬，不勝而辟；然則土地者所有餘也，王民者所不足也。今盡王民之死，嚴上下之患，以爭虛城，則是棄所不足，而重所有餘也。為政若此，非國之務者也。」

非利不動，非得不用，非危不戰。

依於上述，明君良將認為不利於國的，決不動兵；認為不能取勝的，決不用兵；認為國家及軍隊沒有危殆之虞，也決不出於交戰。這種基本理念，實為元首與主將者所必須確立的。

[人性與戰爭]

據英國社會學者馬特卡爾（William MacDougall）的統計研究：「人在幼年時代已有取得某種目的物為其所有的癖性，這叫做獲得本能。其初不過是簡單的所有慾，但無節制的發達，就會成為社會的罪惡與盜癖。」不論在集團或國家中，都有個人習癖的存在。有利則動，常變為國家的侵略政策；所謂亂世的梟雄，生於有秩序的治世，沒有發揮其兇智的機會，只得蟄伏，不甘蟄伏，一遇有機可乘，便製造戰爭；因為用赤手以攫取大名大利的機會，沒有再比作亂為愈。為迎合諸侯的慾念，而遊說領土獲得戰，然為完成這種野心，則須運用兵法；所以孫子便以「非危不戰」的四字，結束節尾。

——北村佳逸的《孫子解說》

主不可以怒而興師，將不可以慍而致戰；合於利而動，不合於利而止；怒可以復喜，慍可以復悅，亡國不可以復存，死者不可以復生。

[好戰者應三昧斯言]

一國元首不可以一朝之怒而輕於興師，一軍之將亦不可因心中的怨恨，而邃出交戰；其興師，其交戰，必須以利益為前提，即認為有利益（利國利軍）就幹，否則，止而不幹；怒慍是屬於

感情範圍，感情乃一種變化不定的東西，好比今朝忿怒，明朝可以復喜起來；此時怨恨，彼時亦可以復悅起來；由於戰敗——國亡了不能再存，人死了也不能再活了。

No ruler should put troops into the field merely to gratify his own spleen； no general should fight a battle simply out of pique. If it is to your advantage make a forward move； if not， stay where you are. Anger may in time change to gladness； vexation may be succeeded by content. But a kingdom that has once been destroyed can never come again into being， nor can the dead ever be brought back to life. (G)

這是何等名文！日本近世史大家賴山陽氏極愛誦此書，其評：「與其說是兵法的書，不如說是文學的書。」德帝威廉第二於沒落後的僑居中，讀著歐譯《孫子》，曾發了這樣的洪嘆：「在二十年前，如果讀到此書則……。」日皇裕仁今日如再讀是書，不知將作何感想；至囚於「巢鴨」及「紐倫堡」的戰犯們應是追悔莫及吧！

老子說：「善為士者不武，善戰者不怒。」又說：「是謂不爭之德，是謂用人之力。」

故明主慎之，良將警之，此安國全軍之道也。

所以古之明主良將對於用兵之事，是很慎重的，很警惕的，決不出於輕舉妄動。這，實是置國家於泰山之安，保全軍隊的上策。

[發人深省]

這篇雖名「火攻」，後半則述及火攻以外的事。火攻的殘忍戰術，似乎太厭細屑，乃一轉而述其得意的戰爭原理。

兵者不祥之器，非君子之器，不得已而用之。　　——老　子

國雖大，好戰必亡。　　　　　　　　　　　　——司馬法

澤國江山入戰圖，生民何計樂樵蘇；

憑君莫問封侯事，一將功成萬骨枯。　　　　　——曹　松

王師百萬征驕虜，攻城野戰屍滿山；

愧我何顏見父老，凱歌今日幾人還！　　　——乃木希典

二 十 八 宿 圖

（下圖特錄出箕壁翼軫之形）

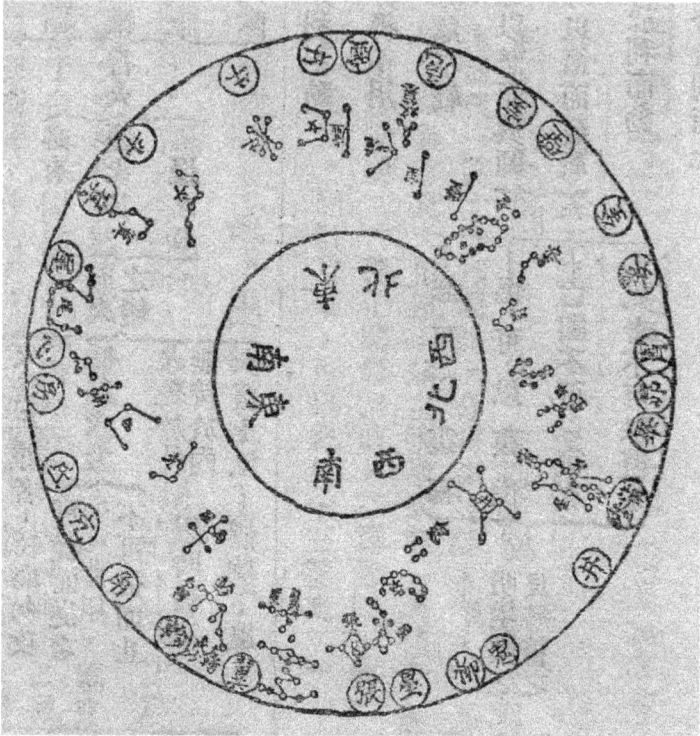

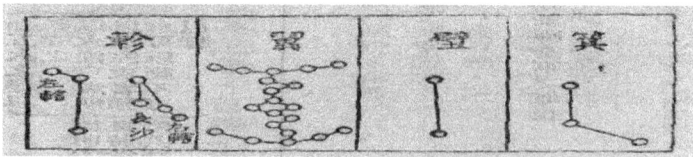

【附註】因是天上圖，故仰臥而觀此圖，則與天體的位置一致。

表十二 〈火攻〉篇鳥瞰表

火 攻 以火為兵之助				
火人	火積	火輜	火庫	火隊
行火：必有因 煙火具 風燥之日				
五火之變				
火發於內－早應之於外	火發兵靜者－待而勿攻	極其火力－可從而從之 不可從而止	火發於外 無待於內－以時發之	火飛上風－無攻下風
故 知五火之變以數守之 以火佐攻者明 以水佐攻者強 水可以絕不可以奪				
故明主良將欲修其功				
為：合於利而動 不合於利而止		不為：非利不動 非得不用 非危不戰		
主不可怒而興師 將不可慍而致戰				
怒可以復喜	慍可以復悅	亡國不可以復存		死者不可復生
故 明主慎之 良將警之				
此安國全軍之道也				

用間第十三 YUNG CHIEN (The Employment of Spies) XIII

孫子的戰爭基本觀念：第一步為運用外交手段，不戰而達成我意志；第二步為不得已而戰，戰則必速，然均須先明瞭敵情。故在這最後一篇大書用間論，分間謀為鄉、內、反、死、生五種，而以反間具有重大價值，並主張選擇第一流智者（專家）充當間諜。吉田松陰說：「孫子開卷言計，終篇言間，非間何以為計，非計何以為間，間計二事，可以終始十三篇矣。」

孫子曰：凡興師十萬，出征千里，百姓之費，公家之奉，日費千金，內外騷動，怠於道路，不得操事者，七十萬家。

大凡動兵十萬作千里的遠征，關於士兵的費用，軍官的俸給，以及其他耗費，每日約需千金之多；而且弄得內外騷然，人民奔走於道路作軍需品的運輸，以致不能耕農營商者，計七十萬家。即動員十萬人（壯丁）則八十萬家一齊開始活動，除出征的十萬士兵外，其餘七十萬家或從事運輸，或其他後方勤務，以致不得耕農營商。

【百姓之費，公家之奉】亦有解為：從人民徵收稅捐及其他用品，以奉養朝廷與官兵及供其他活動。

【七十萬家】係從井田制度算出數字。張預說：「井田之法：八家為鄰，一家從軍，七家奉之，興兵十萬，則輟耕作者，七十萬家也。或問曰：重地則掠，疲於道路，而轉輸何也？曰：非止運糧，亦供器用也；且兵貴掠敵者，謂深踐敵境，則當備其

乏，故須掠以繼食，非專館穀於敵也；亦有磧鹵之地，無糧可因，得不餉乎？」這二次世界大戰，像英美各國前方一個戰鬥員，約需後方十二個勞工的勤務。

[現代的總動員]

本節係說古代的動員狀態，即關於兵役、工役及征稅等，自然這是屬於局部的動員，而在現代戰爭上以局部的動員已不足以適應戰爭的要求，必須實施整個動員——國家總動員：（一）國民動員，（二）交通動員，（三）產業動員，（四）財政動員，（五）文化動員。而這種種動員能否適應戰爭的要求，全視平時有否充分準備，否則，必致手忙腳亂，顧此失彼。觀於過去我國抗戰，可想而知。

相守數年，以爭一日之勝，而愛爵祿百金，不知敵之情者，不仁之至也，非人之將也，非主之佐也，非勝之主也。

如果耗費了巨金與敵方對抗達數年之久，以爭取最後一日的勝利，卻慳吝爵祿百金作用間之費，以致不明敵情，弄至戰敗，這種主將，真是沒有一點仁愛之心，沒有將兵的資格，沒有輔佐元首的才能，更不能成為戰勝的主宰者。

【相守數年】係指庸將而言，並非主張久戰。【不仁】不是普遍的博愛之仁，是一方的，自我的仁；這種的仁，對敵雖是不仁，但不知敵情，則不能速勝，戰爭愈延長，則國民的困苦愈增加，戰勝既得不到大利，戰敗其禍更不堪設想。俗語謂：「佔小

便宜吃大虧」，便是若此。自「非人之將」，至「非勝之主」，是孫子用疊句法以加強其主張。不知敵之情，而將兵出戰，那簡直以國家為賭博。

孫子在這最末一篇，關於偵知敵情的重要性，又說：「而愛爵祿百金，不知敵之情者，不仁之至也。……」真是簡單明瞭的斷言。

[日本古代的用間]

由來放間諜，以偵探敵國的企圖，機密的作戰計劃及兵力、兵器等，以之為根據而講求對策，或制先而衝其虛。——這種的戰爭主動者，常成為勝利者。在日本戰國時代，如信長、秀吉、信玄、謙信等的稱霸，莫不得力於此；尤其幹得最起勁，技術最優秀的，算是毛利元就，元就的霸業，固是憑於彼的英明果斷，與將士之強勇諸點，亦由於周密的間諜網，與深奧的反間苦肉計的併用，充分偵知了敵情。

[拔都的用間]

成吉思汗之孫拔都，為臣服俄國而遠征，駐兵於伐爾加河畔一年有餘，徐徐的養兵肥馬，已如前述；但在這悠然之間，彼放了無數間諜活動於四方，不僅探知當時俄國國內嫉視反目著的諸侯們的情形，即「敵之情」，而且偵知那些諸侯們的嫉視反目，到了冬季必達於最尖端，因此，便選定凜列的寒冬進兵，勢如疾風，席捲那龐大無邊的土地。

[現代的間諜網]

在歐洲自一八七〇年普法戰爭後，各國更注意於諜報的工作，列如有名的 Dreyfus（法國軍隊中的猶太籍軍官）事件，便在一八九四年發生於法蘭西。又，一次歐戰時，在俄國曾發生了這樣驚動天下的案件，即在任的陸軍部長蘇和慕利諾夫竟為德國所收買，負著間諜的任務。在現代，世界各國對於諜報更來得大規模，巧妙而科學化。諜報機關以大公使館為中心，駐外武官、領事為其最有力的角色，因他們具有身體、財產、文書的不可侵犯權，而取得文件的送達及其他的自由；又當為支系的在外官吏、旅客、文士、宗教家、商人、美女等，則用以探索各種虛實。總之，他們各為偵知戰爭上所需要的資料，如假想敵國的兵數、兵器、編制、裝備、要塞、地理、生產、交通、科學，教育、思想等，而努力著。至在戰時，依據難民的言語，俘虜的陳述，飛機及雷達的偵察也被認為是間諜的別働機能和有力的手段。

○　　　　○　　　　○

［間諜與國際公法］

在近代國際公法上，關於間諜，有些學者主張：間諜的行為係受愛國心所驅使，不應受處罰。但這是走不通的。不過依《陸戰法規和慣例公約》的規定，凡被捕的嫌疑間諜，須經軍法會議，詳加審訊，方得處分。實際上，間諜在行動中被捕時，往往處以死刑。一經逃歸本國，此後被捕於敵國，可受普通俘虜的待遇，不究既往的行為。

故明君賢將，所以動而勝人，成功出於眾者，先知也。

所以英明的元首，賢明的主將，動必勝敵，成就超出衆人的功業，其原因，完全在於交戰之前，先知敵情。

[原子間諜]

「先知」因是制勝的要素，所以在平時就要致力於此。例如今日美蘇未戰，而「原子間諜案」已於一九四六年初發生於加拿大及美國。據報紙的報道：蘇聯為探取英美加所共同發明製造的原子彈的祕密，以為仿造，便祕派許多間諜到加、美活動，並收買「內間」供給此項情報，但未完全得到原子彈的祕密，便被破案了；所捕獲的間諜，有許多屬於官吏和科學家，即英國派往加拿大研究原子能之科學家梅南博士亦被捕，供認曾經洩漏原子彈的祕密。

自從二次世界大戰結束之後，更證明了新兵器對於戰爭有著決定性。所以新兵器的祕密及其它科學的發明，今後必成為間諜們工作的主要對象，自不待說。

先知者不可取於鬼神，不可象於事，不可驗於度，必取於人，知敵之情者也。

先知之事，絕對不可從祈禱與卜筮求之；也不可以眼前的現象，嵌於過去的事情，以類推臆斷；也不可仰觀日月星辰的天體運行的度數。（《周禮・天官》說：「日月星辰之數，天道備焉」）以糊推暗測，（因為都是渺茫不可靠的），而求其合理的、科學的，必須憑著間諜所提供的真實資料，才能明瞭敵情。

[孫子是一個摩登的兵學家]

中國古代在軍事上，依據祈禱與卜筮而擇定戰爭之日，或判斷勝敗之數——這種舉動相當流行；但孫子卻毅然排除之，而說：「不可取於鬼神，不可象於事，不可驗於度。」指出二千年前一切流弊，斷然建立所謂「由人」的科學理論，且孫子在〈九地〉篇已告誡客兵說：「禁祥去疑」，在此又力說不可以迷信鬼神，彼實為一個摩登的兵學家。

　　　　○　　　　　　○　　　　　　○

大凡古今的名將，莫不用間。其在日本，如號稱為「忠誠一貫」的楠木正成，因為精於用間以探知敵情，不知利了大小多少次的合戰。其他古之名將，姑按不提。在這裏且以拿破崙、毛奇及希特勒而說。

［拿破崙的用間］

拿破崙自奉是很儉約的，但為擴張自己的權勢，與認為對於國家有利的事情，都毫不吝惜地使用金錢，關於間諜的使用，由彼有獨創的技能，因此便節省了許多金錢。

彼的諜報機關中，有稱「別働隊」者，為有名的卡達麗娜皇后所主持，該機關係選擇一隊嬌艷的宮中女官組成，於必要時，由卡皇后配給某一貴族、某種身分的要人；他們均是經過一切精密訓練的間諜能手，可以從其婚家或愛人、良人方面，竊取各種文件，傍聽談話，且於握手、接吻、抱擁和閨房之間，探知關於政治上的機密與各種計劃。但拿破崙為這「別働隊」究竟使用了多少金錢呢？曾留有：從一八一二年三月十三日至一八一三年一月二十二日的十一個月間，支出五百三十三萬一千五百法郎的紀

錄。又，彼也很重視「間諜警察」的，不惜金錢的支出，以供他們偵查各國的情勢。

於是，彼在任何時候，皆明敵情，所以一再鞭策駿馬指揮作戰，恰如藏於雲霧的妖魔，忽然出現。變幻無常，靡有端倪，常制機先而打垮群敵，不過亦不可忽視彼是劍戟的勇將，同時又是智力的優秀者。

［毛奇的用間］

近代第一流的名將毛奇，彼亦精於用間，當一八七〇年普法戰爭時，先於國境戰，獲了大勝，便如疾風般的侵入法蘭西包圍巴塞尼（Bazaine）將軍的大軍於麥次（Metz），但為其最缺憾的，這時不明馬克馬雍（Mac-Mahon）將軍所統率法國野戰軍的此後行蹤。原來馬克馬雍將軍的行動是這樣的：他於最初國境戰潰敗後，即退卻集結於細牙隆，與拿破崙三世迂迴很遠的西方比利時國境，企圖衝擊正在攻圍麥次德軍側背。

對於這敵情的不明，老實說，是毛奇最大的弱點，即當為德軍耳目的優秀騎兵團也摸不到頭腦；不料，派在巴黎的間諜，早已探知這迂迴的行動了，接報的毛奇，立刻分兵捕捉馬克馬雍軍，將之包圍於色當，弄得拿破崙三世只得降服於德國軍門。

［希特勒的用間］

希特勒在二次歐戰中，亦以使用間諜為戰爭的主要手段；他的第五縱隊真是無孔不入，例如進攻比利時之初，他的第五縱隊隊員便穿著比利時軍官制服混入比國境內，散佈謠言說：「敵人快來到，看見不得了。」因此比國人民相率逃避，途為之塞；在

極緊張時，曾使英法機甲兵團，不能利用公路增援，甚至耽誤了兩天以上的時間。進攻法國時，第五縱隊則在法國假造信件寄給在前線的法國士兵，告訴他們，以他們的愛妻已跟英國的軍官逃跑了等等的家庭惡劣消息，以挫折法國士兵的銳氣。又當法國要人到前線時，他們的姓名，及行程日期常被德國的電台廣播出來。當某隊法軍開抵前綫的陣地五分鐘後，德方陣地的播音機開始報告法軍的番號，將官的姓名，和從某個地方調來等消息，使法軍驚惶失措，不能繼續作戰。然這都是以第五縱隊的情報為根據的。亦可見第五縱隊確做到「知敵之情」。可是間諜之為物如水，「水可以載舟，亦可以覆舟。」利用間諜可以致勝，亦可以致敗，正如德軍進攻莫斯科，列甯格勒所遭遇意外的堅強抵抗，即誤於第五縱隊情報不確實的結果。

故用間有五：有鄉間、有內間、有反間、有死間、有生間。

間諜的使用方法，分別為—— 一、鄉間，二、內間，三、反間，四、死間，五、生間的五種。

Now the five kinds of spies are these： village spies， inner spies，converted spies， death spies， living spies. (C)

【用間】間為倪（睨）、伺意，即窺伺敵之祕密的特務人員，用間為使用間諜或特務人員意。

［近代間諜的分類］

孫子分間諜為上述五種。至近代通常分為：「戰略的外交密探」與「戰術的陸軍或海軍密探」兩種。所謂戰略的外交間諜，在平時，係從事探知關於假想敵國的軍事上、政治上的狀態，或煽動其國民，以反對政府的政策，並在可能範圍內，煽動其國民暴動，以促成內部的崩壞等工作。其次，所謂戰術的間諜，則更進一步從事於危險的工作，在平時，先偵知假想敵國的軍備、兵器的改良、兵士的教育及地形等；至戰時，則對敵的特別重要橋樑、砲位等，施行破壞作業，或從事有利於我軍戰術上的一切準備。

近代戰爭的本質與形貌，已發生了顯著變化，在所謂舉國而物質戰、生產戰、科學戰、外交戰，思想戰的今日，對於假想敵的整個國力及一切機構的總和，均被認為戰力；因此間諜的工作範圍與分類，亦愈複雜多樣，自不待說。

——大場彌平的《孫子兵法》

○　　　　　○　　　　　○

[間諜何其多耶]

戰爭是需要大量間諜的，在普法戰爭時，普國曾用過三萬名。在一次世界大戰時，各交戰國所用的間諜，於英法等協約國約有二萬人，德奧等同盟國約有二萬五千人，合計四萬五千人。二次大戰，各國所使用的間諜，據專家的估計，要比一次大戰多八倍。同盟國有無數間諜，德國亦有無數第五縱隊，連法國總理雷諾的情婦寶特伯爵夫人也是第五縱隊的首領。日本過去對我進行侵略的戰爭，亦使用無數間諜，除日本人外，尚有韓人、台

人、漢奸、白俄及其他外國人。間諜機關以黑龍會為最有勢力，會員達數千人，散佈全球，即煊赫一時的女間諜川島芳子亦為其會員之一，這個在中國製造了無數罪惡號稱「遠東瑪塔哈麗」，現在跟著這次日本的失敗而作階下囚了。

五間俱起，莫知其道，是謂神紀，人君之寶也。

這五種間諜，各因其性質，或同時使用之，或輪流使用之，以探知敵情，使敵人莫由洞識我的法術（道），好此神仙玩法一樣，像這種善於使用五間的主將，而間諜們又這樣精於執行偵探任務，真可謂為元首或政府的瑰寶！

【神紀】紀字，有法、理、治等意義，故神紀可解釋為神法、神理、神治等意，但我在這裏則主張解為神法，如神仙玩法。老子說：「能知古始，是謂道紀。」

吳子說：「善行間諜，輕兵往來，分散其眾，使其君臣相，上下相咎，是謂事機。」

「五間俱起」是為搜集充份的軍事情報以供指揮官之用的，但在現代戰爭上為搜集情報，則不限於五間使用，還有其他機構與工具。茲將美國戰術書上所列舉的（即消息來源的分類）摘錄如下，以供借鏡。

1. 平時的軍政情報；

2. 俘獲的文件及裝備；

3. 各情報機構的報告；

4. 空中偵察或空中照相；

5.　　地面搜索的報告；

6.　　對敵作戰某單位的報告；

7.　　居民及交換俘虜或逃兵的詢問；

8.　　地圖的研究；

9.　　敵方或中立國報紙或無綫電台的報告；

10.　雷達的報告；

11.　無綫電的截取；

12.　空襲警報網的報告。

鄉間者，因其鄉人而用之。

所謂鄉間，除直接利用敵的鄉人為間諜外，亦含有憑鄉人的言行等為判斷的資料。

《作戰綱要》說：「諜報勤務，通常由特別組織之機關任之，然軍隊直接搜索敵情時，常宜留意間接探求諜報資料，及遇有機會，即向居民等蒐集諸情報為要。」又說：「聽察居民言語，檢查報紙、信件、電報之原稿及現字紙，並取郵局、通信所、官衙、公署之書類，判斷其他諸種徵候等，可以探知其重要之事件。」這也是含有鄉間的意義的。

〇　　　　　〇　　　　　〇

鄉間是利用敵國土著，以探敵情的，但不一定限於敵國人民。在通訊機關發達的現代，從敵國發來的公私信件、電報、電話、以及敵國所刊行的報紙雜誌等物都可當為鄉間，而蒐集利用之。

［郵件間諜］

美國二次大戰時檢查官 Marty Knight 氏撰文述及關於郵件檢查的經過說：「我們從許多商業信件中，東撷取一些，西撷取一些，得知日本商輪行走的路綫，因此美國海軍便得以等候在某地擊沉了七艘日本商船。」又說：「從一對信中，得知有人從美國偷運橡皮、錫片、雲母及鋅等到阿根廷去，便追縱到海中捕獲了回來。」又說：「從檢查信件中，我們發現三條間諜路綫向阿拉斯加新基地進發：一個日本女子計劃著化裝印第安人去刺探消息，一個間諜計劃在森林中設無線電台，另一個寫信去要求秘密墨水。」

［注意密碼］

所謂郵件間諜，非始於今日，實以法國路易十八世時的「黑暗官房」為其代表。該官房是執行這種任務的；即關於大臣與外交使節的電報，書信的來往，帶有嫌疑人物的書信的——開拆、謄寫以及封緘；至其開拆，封緘的技術，極為巧妙，毫無遺留著任何痕跡。其次，因為今日科學的萬能，數理的精密，對於密碼的解釋也很進步，所以在通訊上使用任何密碼殆有被解釋的可能。例如無綫電報所使用的密碼，當發報時，所輻射的電波則瀰漫於天空之中，可以供人自由收錄；故一方發出的電報如關於軍隊的調動進退等，若為對方收錄譯出，以確定對策，常可勝操左券。所以此種譯電技術人員，其功真不亞於高等間諜。

［注意報紙］

據感觸力敏銳的專家說：縱是劣等的報紙、雜誌的片麟，都足變為敵人的鄉間。一八七〇年普法戰爭，德軍正用著鵝眼鷹眼

以探查馬克馬雍將軍的行動，這時彼的行動，乃為本國（法）一無名小型報紙所披露，轉輾入德軍間諜之手，使德軍得以決定一瀉千里的戰勢。常人認為不關輕重的消息，而在報紙上或口頭上發表出來，有時卻給予軍事上重大的影響，這是不可不住意的。

又，在過去抗戰中，日人所收買我國的漢奸，正是這裏所說的「鄉間」，及下面所說的「內間」，彼輩毫無心肝，出賣祖國，真是罪該萬死！

內間者，因其官人而用之。

收買敵國的官吏將士及其他有力者，如學者、記者、宗教家、實業家等，使其內報祕密，或因其言行而判研敵情，叫做內間。

［俘虜亦可當做內間］

所謂內間，如前所述俄國的陸軍部長蘇和慕利諾夫，算是最著名者。又如日人的利用漢奸為內間，亦為舉世所週知的事。大場彌平曾解釋俘虜為內間的一種，彼謂巧為訊問俘虜，得益很大，例如「一次歐戰初的一九一四年八月十四日至二十四日的比法大會戰，法軍鹵獲德軍第十八軍的騎兵一名，因而知道該軍於開戰當初在何處怎樣作戰，現在向某方面活動的詳細情形，利於作戰不少。同年九月二十一日在康布拉附近的合戰，法軍又由俘獲德軍第二十一軍的騎兵一名的結果，因而知道該軍以前在羅倫方面，今則調到這方面——軍之企圖的一端。」

反間者，因其敵間而用之。

所謂反間，是收買敵的間諜，變為我的間諜，逆用以偵探敵情，或報告虛偽的事實於敵。亦有解為：捕得敵間而壓迫之，使彼不得不以實情告；或詐為不知，示以虛偽的事情，而故縱之，使其返報誤敵。

[反間一例]

反間效果的偉大，古今共認，（孫子於後面力說反間的重要性與應厚賞）。可是反間之例，古來不可多得。在一次歐戰中，有一很精彩的例子。即：富有愛國心的俄國某中尉，被德國所俘獲，彼決意與其漫然坐待歸國之日，不如為故國謀利益而暴露德國諜報部的內情。原來德國情報部輒有輕信事物的毛病，竟認該中尉為奇貨，於取得返俄活動的同意後，便授與詳細的指令，令其經丹麥瑞典而返俄，在指令中，曾有與俄國米蘇逸特夫上校及陸軍部長蘇和慕利諾夫協力之旨。哦！本身為陸長尚被敵收買充當間碟，真使該中尉驚愕失色了，只得垂頭喪氣回到俄國去，彼於回國後的工作，乃以此為基準：

一、與小間諜聯絡，漸次尋出蛛絲馬跡，而刺殺大間諜。

二、利用這些間諜，以送達虛偽的情報於敵。

於是，遂明白米蘇逸特夫與蘇和慕利諾夫等的行為。結果，前者被政府處以死刑，後者下獄，因年老氣衰，突死獄中。於此可見當反間者功績的偉大，然非富於愛國心者亦所難能。

死間者，為誑事於外，令吾間知之，而傳於敵間也。

　　死間是對生間而言，詐事是虛偽的事。我佯為虛偽的事於外，使我間知道後，即遣其潛入敵地工作，而我又使敵知其為我國間諜，於是我間被捕，不堪拷問，便以初時所知的告敵；殊不知，這完全是虛偽的事實（即彼亦受其欺）；這時，敵人如依其供狀，確立計劃，致墮我術中，怒而殺之，叫做死間。又，使我間為敵的響導，將敵引入迷途，敵怒而殺之，亦稱死間。又，在戰鬥上，遣使佯為講和，使敵驕矜疏忽，乃乘隙攻之，使必被殺，亦可稱死間。總之，所謂死間的意義，凡奉使命赴敵方工作而不期生還者，均屬之。

Having doomed spies， doing certain things openly for purposes of deception and allowing our own spies to know of them and open them to the enemy. (C)

生間者，反報也。

　　反同返。生間是普通的間者，潛入敵國中，取得情報，歸來報告；雖謂生間，當然亦置死生於度外，除具所謂大膽、機敏、沉著、剛毅的優良性格外，且要通曉敵國的語言、風土人情，固要有軍事上的專門智識，且要富有科學智識，尤其人喜裝愚直的樣子為最適合，至於富有魅力的女性，利用之更妙。

　　生間活動的場所：有在戰場上，有在敵國裏，有在中立國內。其在中立國的，如一次大戰中，英、美、蘇、法、德、意諸國各為偵查敵國的真相，便派遣許多間諜到瑞士、西班牙、葡萄牙等中立國活動，即其一例。

［著名的女間諜］

其在敵國的，如一次大戰時，德國的女間諜瑪塔哈麗算是一個最著名者。一天她在冬園舞場表演其拿手的印度舞時，為德國祕密情報局所發現，欣喜異常，於取得同意後，便派往巴黎工作去；她領了三百萬馬克，經由比利時、荷蘭、英吉利，以巴黎的紐約別墅被處分為口實，而入巴黎；她在巴黎舞場中，扮得怪妖豔的，大顯身手，巧為籠絡達官要人，所得的情報成為德國潛水艇……等活動的根據。可是，一九一七年十月，她在法國被捕，處以死刑了。

又如二次大戰中，蘇聯的女間諜柴齊巧華（Olga Tchechowa），亦曾表演了驚人的一幕。她本生於高加索，丈夫叫黎伯爾。柴齊巧華於一九二一年溜入德國，成為著名的電影明星，不久變做希特勒最親密的女友。大戰時她充任蘇聯方面的間諜，刺探德國的虛實，德國一班大亨要請求希特勒甚麼事時，多半託她關說，而她遂將這些情報記在金盒裝的小簿子裏，差她的汽車夫祕密送往莫斯科。蘇軍圍攻柏林時，柴齊巧華藏在某處防空壕內，柏林城陷，為紅軍某上校救出，護送回莫斯科去。

［要有新工具］

至於在戰場上的，像古代國內戰，因戰場的狹小，生間歸來報告還容易；但以戰綫往往廣袤數百里以上的現代戰場，歸來報告實難。且有還要迂迴經過中立國，方能歸來；故有許多重要報告，於到達時，以形勢已變，在作戰上，失了價值，便成為過去的材料了，倘若他們帶有無線電報機、電話機或傳書鴿，那也可以補救的。二次大戰中，各國間諜多備有此種工具，至於用飛機

降落間諜於敵後搜集情報，再約定時間地點用飛機接回，亦為常有的事。

故三軍之事，親莫親於間，賞莫厚於間，事莫密於間。

在三軍中的事，其親愛，其賞賜、其機密是以間諜為第一的。

[重賞之下]

這節有一項要特別注意的，就是「賞莫厚於間」，即是說為主將者必須自由使用間諜費。楚漢之爭，漢王為離間項羽與范增，以黃金數萬斤交陳平縱為反間，不問出入。所謂不問出入，是說不要收支的決算報告，——即屬於機密費。在現代機密費這一項，雖在預算審議上，不要說明內容；雖到審計機關裏也不受審查，因國情不同而有使用百萬至數千萬金圓的機密費，例如一九四〇年日本使用於美國的間諜費竟達一千二百萬金圓。

在一次歐洲大戰末期，德國曾捕得兩名水兵（德人），這兩名水兵為英國所收買當間諜的，訊問結果，判明他們與英國定了這樣的合同：暗殺了德皇，賞與百萬馬克；炸沉了德國的潛水艇一艘，賞與五十萬馬克……於此更見用間是「賞莫厚」的了。

非聖智不能用間，非仁義不能使間，非微妙不能得間之實。

用間是多麼困難的事情！真的如非聖智的主將決不會適切地選用間諜，這由於知人之難。如非仁義的主將，則間諜亦不甘為所使役，這由於必須施以恩惠，感以義氣，方肯獻身賣力。如非具有精微神妙之慧眼的主將，更不能鑒別（在近代，各國設有情報室，由專家司其事）間諜所報告的真偽消息，這由於間諜中亦有變為敵的反間，或不能搜集到實情，不得已而捏造虛偽的報告，甚至有時亦中了敵的宣傳，誤以為確實的，而拿來做報告。

Without infinite capacity in the general，the employment of spies is impossible. Their treatment requires benevolence and uprightness，except they be observed with the closest attention，the truth will not be obtained from them. (C)

［難得真實報告］

【非微妙不能得間之實】不僅對於間諜，即對於下級將官的報告，如果缺乏微妙之明，亦不會得其真實。魯登道夫氏在彼的《全體性戰爭》一書中，曾有這樣沉痛的論述：「主帥為盡其職責計，有應特別注意之事，即令其下級指揮官將袒裸的事實中之的袒裸的真相報告中樞是也。此種條件，言之甚易，行之實難，非下級將官之忠誠坦白，不易求其絕無隱匿而盡情暴露也。有時於戰勝印象之下，多以誇大之詞形容其成功；反之，於戰敗印象之下，對於險象形容，又過於悲觀。此等情形，在各種報告文中，隨處可見，其尤惡劣者，竟作諱敗之詞，以自掩飾。惟為主帥者，對於自己軍隊，胸中雪亮，然後能發為至當之命令。關於自己軍隊之報告，誠能正確，已足為主帥自下判決案之基礎。至於關於敵人之報告，其不可恃者，常居多數。」

由此，足見主帥是要多麼的具有微妙之明！

微哉！微哉！無所不用間也。

微妙呀！微妙呀！真沒有任何事情比得起用間一樣的微妙了。

間事未發，而先聞者，間與所告者皆死。

間事（諜報）是機密中的機密。故間諜從敵國取回的情報，於未實行前，其內容已洩漏於外，則間諜和傳告於人者，均處死刑。亦有解為：間諜受主將之命，赴敵國調查某種事情，於未起程前，其內容先為敵人所聞知，間諜與由間諜口中所聞知而告於人者，皆處死刑。總之，不論那種解釋，其本意都是戒間諜要守祕密的；因為不守祕密，洩漏於外，致為敵所聞知，於是敵知所準備，或改變原狀，而使我墮入術中。

If a secret piece of news is divulged by a spy before the time is ripe，he must be put to death together with the man to whom the secret was told. (G)

本節與「親莫親於間，賞莫厚於間，事莫密於間」相應。因為親、厚、密、故須以刑佐之，本節是說刑。

洩漏機密，是間諜最忌的事。在這裏讓我提供一些隱藏報告文書的法子：

[隱藏情報法子]

間諜究竟怎樣才能隱藏其報告文書呢？隱藏於香煙中，鞋底皮中、衣服夾縫中、棍棒中、帽子裏、生果內，這是較舊的法子。較新的法子：有裝入縮寫的文書於銅鈕子中，有在寫生冊的昆蟲等的寫生上，暗示著要塞與敵的配備。也有在報紙的廣告文中隱刊者諜報，因為報紙有通過中立國的交通自由。也有將全部諜報用密碼譯成後，再用照相機縮小攝成一點，置於一無關重要的書報上的「〇」字當中。

隱藏的法子，還有種種：有藏于鑲牙中，有藏於婦人頭髮中，有細書情報文於郵票的背面貼於封面上，也有在郵票的背面，纖細地繪了某要塞圖。

再有藏於舌底的，以化學的液體，塗寫於身體上等等。要之，科學愈發達，則隱藏諜報的技術愈精密。

凡軍之所欲擊，城之所欲攻，人之所欲殺，必先知其守將、左右、謁者、門者、舍人之姓名，令吾間必索知之。

敵情的主要是人，故我欲攻擊的敵軍，欲攻略的敵城，以及欲誅殺的敵國主要人物，首在洞識其守將以至顧問、參謀、副官、秘書、衛兵、傳達、勤務兵、園丁、廚子、馬夫、車夫的姓名、性格、關係等，這，務使我間索知了它，歸來報告，以便設法（或賄賂、或結交、或用美人計）接近他們，而探知敵情。

Whether the object be to crush an army， to storm a city， or to assassinate an individual， it is always necessary to begin by finding out the names of the attendants， the aides-de-camp and door-keepers and sentries of the general in command. Our spies must be commissioned to ascertain these. (G)

【守將】為守城之將，亦有解為典守其事之將。【左右】為將帥及敵國主要人物的輔佐者，即幕僚等；今之所謂顧問、參謀、副官、祕書等。【謁者】為招待賓客者，亦等今之副官、祕書等。《漢書‧百官表》說：「謁者掌書」。【門者】為傳達、衛兵等。【舍人】為勤務兵、園丁、廚子、馬夫、車夫之類。

軍與將帥的關係，已不待言。將有猛將、智將、仁將、驕將、愚將、怯將種種，因性格之不同，而各有特殊的常用戰法，有頑強的，有脆弱的……故凡攻城野戰，而第一最要緊的事，乃為「知敵之將」。

[要知敵將]

日本豐田秀吉在鳥取西方馬山之陣，故意不攻陷於死地的吉川元春，而自退卻，是知道吉川為勇將，與之交戰，徒耗兵力。又，彼亦不強襲高松城，由彼曉得守將清水宗治的堅決，為一剛毅不撓的將帥，特徐徐地施用水攻的方法。

必索敵間之來間我者，因而利之，導而舍之，故反間可得而用也。

本篇所述，關於間諜的使用，最有力的是反間，如能巧為使用，自可導致他間使用的便利。最好探知潛來我國內偵查的敵

間：對於這敵間，乃因其所好而利誘之，又懇懃地招待住宿於我
華麗的旅館，企圖收買為我的反間。

因是而知之，故鄉間內間可得而使也，因是而知之，故死間為誑事，可使告敵；因是而知之，故生間可使如期。

憑著反間的利用，因而明瞭敵情，於是敵地的鄉民，敵方的官吏，就容易使用了。又，藉著反間，而死間也可使其傳我詭詐的動作於敵，墮敵於我術中；推而至於生間，也可使其如期報告我所需要的消息。

We must tempt the converted spy into our service，because it is he that knows which of the local inhabitants are greedy of gain，and which of the officials are open to corruption. Because the converted spy knows how the enemy can best be deceived. Lastly，it is by his information that the surviving spy can be used on appointed occasions. (G)

五間之事，主必知之，必知之在於反間，故反間不可不厚也。

上述五種間諜的使用法，是為主將者所必須知道的，但最重要的還在於反間的使用，所以對於反間必須特別重視他，以為我獻身。

昔殷之興也，伊摯在夏；周之興也，呂牙在殷。

以前商湯所以能夠滅夏而統一天下，是賴他的軍師伊尹在夏做過官；周武王所以能夠滅商而奪得政權，亦賴他的參謀總長姜太公在商做過官，因為他倆在那裏做過官，所以對於夏殷的虛實十分明瞭。

In ancient times the rise to power of the province of Yin was due to I Chih， who was sent to the country of Hsia； likewise， during the found of the state of Chu， Lu Ya lived among the people of Yin. (C)

【伊摯】伊尹為商代賢相，名摯，湯王尊為阿衡，惟先仕夏，所以孟子便有「五就湯，五就桀者，伊尹也」的記述。【呂牙】本姓姜，其先封呂，因從封姓，名尚，字子牙，文王呼為太公望，武王尊為師尚父。惟先仕殷，見《汲冢周書》、《竹書紀年》等古書。

［間諜之祖］

伊呂原為儒家所尊崇的二聖，孫子在這裏異想天開地把他倆列入間諜群，當做高等間諜，實足以加強本篇的意義，打破一般人對於間諜的輕視觀念，但卻買了儒家的憤慨，說是污辱了他倆。其實間諜亦有革命的與反革命之分，當了革命的間諜，好像他倆輔佐湯武伐暴救民，那有何不可呢？不過伊呂於仕夏仕殷時，是否負著湯武（及文王）的使命，因無史實可考，尚難斷定；但他倆基於仕夏仕殷之時而明瞭敵情，以為湯武確立作戰計劃，乃為事實。所以便有人懷疑：由於他倆在夏殷做過官，並間

諜必須選擇「上智」者充當，故孫子故把他倆冠以間諜之名，而雄其說。

故明君賢將能以上智為間者，必成大功；此兵之要，三軍之所恃而動也。

所以英明的元首，賢良的主將能夠選拔智能超群之士為間諜，則必可以成就偉大的戰功；這是用兵的要訣，大軍依此諜報以確立計劃而行動之所在。

這節是照應前述的「非聖智不能用間，非仁義不能使間」兩句，從開卷至此，滿紙雄氣洋溢，於這最後更作鐵的斷定，悠然收束十三篇之筆，筆陣嚴整，儼如一條萬里長城。

[中華民族的傳家寶]

春秋酷似希臘羅馬的英雄時代，反射著充滿殺氣的環境，而創造了人類智識之一大飛躍的記錄，就是孫子；文與思蘊蓄著為任何所不能拘束的「天馬行空」的奇氣，唯有在《孫子》中可以感受著；與衰世的文學不同，是英雄性的特產物，是中華民族的傳家寶。

我們不要辜負它，我們要闡揚它，活用它，使它供給我們的光與熱。

表十三 〈用間〉篇鳥瞰表

用 間 先知				
必取於人　知敵之情				
明君賢將	所以動而勝人　成功出於衆者先知也		而用間者先知之事也	
鄉間－因其鄉人而用之	內間－因其官人而用之	反間－因其敵間而用之	死間－為誑事於外使吾間傳與敵間者	生間－反報者
以反間為第一（因利誘之以知敵情）				
鄉間　內間　死間　生間　可得而使也　故反間不可不厚				
故三軍之親莫親於間賞莫厚與間事莫密於間				
用間前提　故				
非聖智不能用間非仁義不能使間非微妙不能得間之實				
不用間者　不仁之至也非人之將　非主之佐　非勝之主				
故無所不用間				
明君　賢將　能以上智為間				
三軍之所恃而動　必成大功				
此兵之要道也				

無聲又無形　變化如鬼神
誰能至此妙　孫武兵聖人

——平山潛孫武子畫像贊

附 1

自 序

李浴日

《孫子兵法之綜合研究》1937 年

　　前月在廣州聞一軍官說：「軍事沒有博士，沒有理論，也沒有理論家。」固然，世界各國沒有軍事博士之例，卻有軍事理論與理論家的事實。從縱的歷史看，自孫子至克勞塞維慈（德）、蕭米尼（瑞士）、馬翰、馬雅斯（美）、福煦（法）、杜黑（意）、魯屯道夫（德）、士正普力特孟（蘇聯）、普拉（英）諸人，不都是軍事理論家嗎？理論產生於事實，凡是學說，都有它的理論。古代的戰爭，已有軍事理論家為之創造戰理，降至現代的戰爭，以其本質和形貌起了顯著的變化，密切地經濟是它的基礎，它是政治的延長（主要的是外交），由此所構成戰爭的總體，於是更須有理論來闡明研究了。換句話說：更須有大群軍事理論家的出現與努力了。沒有正確的戰爭理論，便沒有正確的戰爭行動；先進的軍事理論家，便是後進軍人之思想精神的指導者。做一個現代軍官，尤其高級軍官、戰略家，必須懂得經濟、政治、外交，亦猶之乎做一個現代政治家儘管可不經過陸軍大學畢業，必須懂得兵法一樣。今日中國是需要大群正確的軍事理論家，以及國防詩人、小說家、戲劇家了，他們的任務是宣傳、精神訓練。

　　現代的國際戰爭，是由於彼此國家重大政策的衝突——經濟政策，領土政策的衝突：比如第一次世界大戰的爆發，其主因不是塞爾維亞一青年放了二發手槍，而是德國世界政策與英法各國

重大政策的衝突時，人們雖可豫測戰爭必然爆發，但牠的爆發卻不會爆發於所豫期的時與地；很奇怪的，此時出乎人們意料之外的一些細末事件，卻成為其導火線，塞爾維亞一青年于一九一四年六月廿八日在沙挪耶弗對著奧太子放了二發手槍，便惹起第一次世界大戰。

同胞們！今日國際的局面，比第一次世界大戰將爆發的當時更嚴重了，第二次世界大戰將要到來了，我國的全面抗日戰爭快要發動了，在這個未發動的前夜，我們總應準備一下吧！——起碼「并氣積力，鞭策政府」，以抗戰為生活中心而努力著，尤其我們政府應怎樣運用外交策略，以使「不戰而屈人之兵」；又應怎樣行「道」，造成民族精神的一致團結，即充實精神國防，以「令民與上同意，可與之死，可與之生，而不畏危」；又應怎樣充實物質國防，以達到「無恃其不來，恃吾有以待之；無恃其不攻，恃吾有所不可攻」，不讓孫子的戰爭原理專為日人在那裏運用著呢？

戰爭是不祥之物，是有流血，大浪費，大破壞的惡魔。哦！進化到此階段的我們人類老早應本能地忘記了它，何可再談兵法？但以新的世界尚未產生，舊的世界依然存在，各國重大政策的衝突日益深刻化，帝國主義者侵略弱小民族又是那麼尖銳化，所以此時，還有人想要「制止戰爭」、「廢除戰爭」，其心雖惻隱，其事則近於作夢。《孫子兵法之綜合研究》便是應著這個時代而產生。不過我希望將來世界應有一回以戰爭消滅戰爭的戰爭，我更希望我所編這本小小兵書在將來亦等於今日歷史博物館裏所陳列的古代弓矢戈矛。

最後我要聲明的是：

（一）本書的譯著始於一九三四年春的熱海療病，而成於是年冬之東京，初稿計三十萬字。因為異國的氣候與食物對我不宜，弄得疾病纏綿，終不能提起精神整理出來。去春扶病歸國始而療病滬上，不久返粵，夏間赴西湖秋社小住，一不做二不休，鼓起勇氣，着手整理，未成，因事南歸，一直到此次北來，又下了一番氣力，方慶竣工，然亦不過全稿十之五六而已；為讀者的節省時間與免自己精神的高度消耗計，其他部份，當在西湖時，已索性地付之一炬了。不過，於將出版時，卻添加了一些新材料。

（二）本書之成取材於日人北村佳逸的《孫子解說》（如哲學、英譯等部份）、大場彌平少將的《孫子兵法》（如戰史、經濟、名將言論等一部份）、尾川敬二的《孫子論講》（如典令、原則等部份）、福本椿水的《孫子訓註》（如鳥瞰表等部份）、櫻井忠溫少將的《孫子》（一部份戰史）、阿多俊介的《孫子之新研究》、落合丰三郎中將的《孫子例解》、板井末雄的《孫子評釋》、大谷光瑞的《孫子新詮》、尾池宜卿的《孫子》等（關於孫子原文的白話翻譯及字句的釋義，係參照上舉各書，兼混入編者的心得），並益以自己研究孫子的所得，及引證於神田孝一的《近代戰爭論》、平田晉策的《一九三六年》及德人魯屯道夫的《全體性戰爭》（張君勵氏的譯本，改名《全民族戰爭論》，本書所引各譯文，係錄自該譯本）等書的理論，在內容上盡力求其一致，至於不同的見解或有點重複之文則隔以〇〇〇的符號，聊免混淆不清，又其中所摘錄（因排印關係，不能全錄）的英文，屬於孫子的，係 Captain E. F. Calthrop 及 Lionel Giles 的英

譯，屬於老子的係 James Legge 的英譯，（譯文字尾均用簡名 C. G. L. 等字母註明所屬）。孫子的哲理，出自老子，兩者均為古典難解之文，那麼，此舉也許足助讀者的了解吧？即不然，也許足供讀者一窺白人對我國古學的研究吧！

（三）《孫子》雖是陸戰的書，但其原理卻可應用於海戰上、空戰上；且合經濟、外交、宣傳諸端而論之。《孫子》是古文，又是哲理的書，因人而有不同的解釋，或大同小異的解釋；其實所謂解釋；亦不過供人參考而已，——出之於言，則為死言，筆之於書，則為死書；運用之妙，存乎一心。

（四）在今日中國的環境裏，編譯或著作一部書，乃自詡道「我的毫無缺點，毫無錯誤」，那不自欺，也是欺人。我不敢說我這部書毫無缺點與錯誤，我只希望讀者發現其缺點與錯誤，不客氣地給與指正。一切文章的優劣，繫乎精神的好壞與時間的多少很大，我編這部書，當有充分光陰時則生病；精神振作時，又忙別事，那麼，當有影響於本書的質量了。其次，關於編這部書的體裁，我不喜歡去沿用古人註解《論語》、《孟子》般的死的形式，我所用的是活的形式（並非自我始），活的兵法應有活的編法，活的解釋，讀兵法也應有活的讀法；倘若死的讀，死的用，那是危險極了。

李 浴 日

一九三七、五月、十日序於上海

附 2

後 記

李浴日

《孫子兵法之綜合研究》1937 年

　　研究《孫子》是一個專門問題，同時也是一個複雜問題，以我今日以前的學識經驗來應付這個問題，真是「懦夫扛鼎」。雖說材料有來源，但那材料的翻譯與整理（且補充），大有難於登天之感。或作或輟，續斷地苦惱了三年。

　　孫子是春秋時代一條龍，彼寫這十三篇兵法，——若謄於現用五百字一張原稿紙，尚不足十五張，但其價值卻非常大，以之獻於吳王闔廬，吳王讀着，信仰的意識一層一層的增高，明白他實一英雄，天才軍事家，於試以指揮女兵後，更奇其才，遂用為征楚的總司令，（有說當伍子胥的參謀總長）。彼提着少數吳軍，這些吳軍在他的指揮之下，宛如「攜手若使一人」，征服強楚，臣從宋魯，發揮着震撼四百餘州的雄威，彼真偉大！彼於凱旋後，知道吳王是猜忌之主，又無「倒戈」的必要，看富貴功名算不得什麼一回事，遂辭職回去度他的山林生活了。巨人的出處，往往如是。

　　我出版這部書，並沒有孫子的用意，僅為生活的鞭策，眼看快要消磨半生了，二十多年來，還沒有表演過一幕壯劇。

　　人是苦與樂交流他的心房，是成與敗編成他的歷史，《孫子》是「聖經」，倘若你苦悶時，拿起牠讀讀，必會快樂風生；倘若你失敗時，捧着牠研究研究，必會呼吸着成功的降臨。

　　最後，關於孫子的研究，我尚擬寫《孫子的辯證法》與《孫子的游擊戰術》兩文，可是如今不及列入本書了，容異日就正於讀者之前。

李 浴 日

一九三七、十二、二十九，修正於悲慘的滬濱

李浴日先生著

孫子兵法總檢討

彭孟緝題

注：彭孟緝（1908－1997），原名明熙，字真如，號念先，湖北省武昌人，中華民國陸軍一級上將，獲頒青天白日勳章。黃埔軍校第五期砲兵科、日本野戰砲兵學校、國防大學聯戰系畢業，歷任團、旅長、砲兵指揮官，1947 年二二八事件時任臺灣高雄要塞司令部司令、臺灣警備司令部司令、臺灣省警備總部副總司令、臺灣省保安司令部司令、臺北衛戍司令部司令、革命實踐研究院主任、國防部參謀總長、陸軍總司令部總司令、臺灣防衛司令部總司令、總統府參軍長、中華民國駐泰國大使、中華民國駐日本大使、總統府戰略顧問等職。

周　序

　　關於《孫子兵法》的研究工作，大抵宋代以前注重它的應用，像曹操刪注《孫子兵法》，諸葛亮稱他：「用兵彷彿孫吳」，可見是由於研究了解而能運用的實例。所謂「讀有字之書，悟無字之理」才是活的研究工夫。但宋代以後，有些人轉而注重考證，考證固然也是研究學問的一種方式，但是假如專尋書外的典故，對於書中的深意與作用反而疏忽，那樣的研究，必然成為買櫝遺珠的空泛工夫，甚至「作為無益害有益」，這樣的鑽研，似乎是不足為訓的。像宋儒葉適陳振孫等，考證該書為託名假手的作品，近代歷史家梁任公錢賓四先生等，也認定該書是孫臏所著，而非孫武的作品，近代有人說是孫武原著，孫臏增益的，也有人說孫武孫臏實係一人的，都算持之有故，言之成理，但終是眾說紛紜，莫衷一是的題外文章。其實《孫子兵法》遺留千古，乃是因其書而非因其人，這書中的真價值，絕不因其作者誰何，而有所增益或貶損的。因此關於作者的考證，儘管承認他是斬闔閭寵姬的孫武也好，抑是滅龐涓雪憤的孫臏也好，應屬無足重輕的問題，存而不論，當無不可。我們研究《孫子兵法》應該燃起如炬的眼光，伸張如犀的腦力，尋求其中真的價值，發揮活的運用，藉以加速挽回民族的厄運，挽救國家的危機。

　　總理昭示我們「人類的歷史以民生為中心」，又說「無論個人團體或國家，要有自衛的能力，才能夠生存」，這些話貫通了全部人類活動史。如加以擴充，萬物的一切活動，幾乎都為的是生命的保持與延續，攻擊性的動物會傳給它下一代的掠奪技能，

防守性的動物，會傳給它下一代的守衛本領，人類的傳留，除五官肢體的技能外，思想的產業，尤為特別寶貴。中華民族能夠歷萬劫而不磨，垂數千年的輝煌歷史，可以說是仰賴列祖列宗先聖先賢思想文化產物的恩賜。在文化上、思想上，他們傳與了後代自強自衛的能力，乃保障了民族的生存、發展與繁榮。

中華民族是愛好和平的民族，但和平係以公平正義為前提，絕非任人宰割的苟且生存，我們的文字以止戈為「武」，因為感化作用有時而窮，須靠運用高超的技能、思想與組織，方能制裁暴力，破除障礙。在教我們自強自衛的民族遺產中，《孫子兵法》一書，可算最輝煌卓越的精品了。它在軍事上貢獻的偉大，不但我國兵書無與倫比，世界各國的作品，也可說無出其右者。儘管有人從其他的觀點來研究《孫子兵法》，譬如專從哲學的觀點稱讚它的深奧哲理，或專從文藝的觀點歎賞它的絕妙好辭，但《孫子》一書，是以軍事運用為中心，當為不爭之事。我們研究兵法，如不能從中擷取保衛國家復興民族的應用法則，即有千言萬語，雖多亦奚以為。尤其現在是國際競爭空前劇烈的時代，是民族文化存亡絕續的關頭，總統昭示我們要把哲學的原理、科學的精神和兵學的運用綜合融貫，反攻復國的大業才可提早完成。《孫子兵法》中哲學原理與科學精神兼含併包，誠為匡補時艱的重要經典，值得每一位好學深思之士，就其運用，加以研究發揚的。

李浴日先生研究孫子工夫的深切，大家認為邁絕古今，他嘗從各種角度來分析孫子每一種思想的運用，所獲結論，比一般人較為平允而切實，不幸他已中道摧折，是復國中興期間一大損失

，幸而他的研究作品已由其生前友好整理付印；睹其遺稿，彌足珍貴，書存人亡，感念良深，特介數言為序。

周 至 柔①

中華民國四十五年八月八日

---

① 周至柔（1899－1986），字百福，浙江省台州臨海人，中華民國陸軍一級上將，獲頒青天白日勳章。保定陸軍軍官學校第八期步科畢業，歷任中央航空學校校長、第一任中國空軍總司令、中將參謀總長、陸軍二級上將、國防會議秘書長、台灣省政府主席、總統府參軍長、國家建設計劃委員會主任委員等職。

黃　序

　　《孫子》一書為歷來言兵事者所祖，舉凡行軍用兵之道，進退攻守之方，與戰爭之相關繫者，無不彌綸畢盡，窮極至微。孫子齊人，著兵法十三篇于吳王闔閭，試勒婦人，卒以為將。西破強楚，入郢，北威齊晉，顯名諸侯。史遷作傳，語焉不詳，僅云世俗所稱兵旅皆道十三篇而已。後世疏釋之作雖多。大抵囿於一得之見，而遺其軍事運用之大。自魏武撰註解略，其義大明。往昔名將，著旂常之績，成鐵券之勛，蓋皆有得於孫子。近世以來，列強之言兵者，亦莫不推崇十三篇以為兵學之津梁，就余所見，西方諸家之述造，其所謂戰爭之原則原理，殆未能踰出此書之範疇，是誠經天行地，放諸四海而皆準也。

　　吾民尚和平而不廢武備，自上古即有弧矢之利，《論語》亦云「足食足兵」。其於兵也，則戢而時動，不得已而用之。故孫子云「兵者，國之大事也」。與德國兵學家克勞塞維慈所謂「戰爭乃政略之目的」，陳義更高。抑又論之，自第一次歐戰以後，戰爭之技術由平面進至立體，動員之範圍，由軍事及於全民，武力之堅強，士氣之旺盛，經濟資源之持久，固其餘事，而國民精神之固結，實為制勝之首要，此近代西方知兵者之見，與孫子所云「令民與上同意」之旨，若合符契。衍義以明，彼之所謂精義原則者，亦即吾之所固有，誠無所用其疑駭，但國人未之深亮訓說，於先民之遺產，不復厝意，一以馳騖於外，是羅者猶視藪澤而忘鶊鵬已翔於太空之表矣。

緣昔以兵學為儒學之至精，兵之有學，在古儕於六藝。今則兵學實為科學之至精，今日之戰爭，亦即科學之戰爭。貫通兵學科學以至哲學指導戰爭進入藝術化之最高境界，允當取精補苴，不容自是。而於先民之教，光而大之，總統示之詳矣，此有待於吾好學慕道之士，覃思深索者也。

李浴日先生窮畢生之力，以治兵學，於中外兵家之著述，獨有孤詣，所撰《孫子兵法總檢討》一書，剔抉幽渺，系統井然，發前人之所未發，可謂盡得十三篇之祕竅。惜乎盛年凋落，不克竟其宏抱，傷哉！然而人雖云亡，遺澤長在，其書將付之剞劂，以饗世之好學者，余知茲書之出，亦猶闇室之孤燈，寸筵之微扣己。因序其端，兼誌余之私痛焉！

黃　杰①

中華民國四十五年八月

---

① 黃杰（1902－1995），字達雲，湖南省長沙人，中華民國陸軍一級上將，獲頒青天白日、雲麾勳章。黃埔軍校第一期畢業。歷任國軍第二師中將師長、稅警總團總團長、第八軍軍長、成都中央軍校教育處處長、第六分校主任、第十一集團軍總司令、中央訓練團教育長、第五編訓司令部司令官、第一兵團司令官、臺北衛戍司令、陸軍總司令、總統府參軍長、臺灣警備總司令、臺灣省主席、國防部長、總統府戰略顧問等職。

劉 序

　　國父有云：「復興民族賴于文化，建立國家賴于武力。」這顯然說明我們建國必先建軍，建軍還須建學。所謂建學，最主要的在于固有學術之發揚與新的學術之創造。提到我國的學術，原有深厚的基礎。儒學如孔子的著述；兵學如孫子的作品，其微言大義，誠有如「日月經天，江河行地，放諸四海而皆準，百世以俟聖人而不惑者。」可是近數十年來，由于西方文化東漸，有些人炫惑于他們的聲光化電之學，竟對我國固有文化失去信心，甚且存有鄙薄揚棄之意。即就兵學而言，他們祇知求取外國的兵學知識，醉心于魯登適夫、克勞塞維慈、約米尼、李德哈達等兵學著作，對中國兵學的瓌寶，如《孫子兵法》、《吳子兵法》等反尠加以闡揚與運用。本來魯氏等的著作，固各有其優點與真價，值得我們參研取法，然而一味舍己耘人，究非振興本國學術之道。我國近代以來，由于此種原因，在軍事學術上尚缺乏一種具有體系的中心思想，以致形成兵學的荒蕪落後現象。有人將兵學比之刀背，戰力比之刀鋒。沒有厚實的刀背，決難望其刀鋒披堅執銳，歷久不缺；同樣沒有深湛兵學修養的人，決難望其編練一支堅強的軍隊，以發揮雄偉的戰力。因是在我們日前建軍復國的時期，尤不可不從事兵學研究，以建立中國新兵學之體系。

　　至于如何始能建立中國新兵學的體系？我以為必須循著兩條途徑進行：一為中國古代兵書的整理闡釋；一為世界各國兵書的翻譯採擷。就其二者，留長去短，取精用宏，融匯中西，貫通今古。然後纔可以建立中國的新兵學。在中國古代兵書中，有一句

最簡括，最精粹的話，所謂：「兵法無他，人情而已，物理而已」，果能精通人情，窮究物理，即為兵法之極致。今日我們欲建立中國新兵學，要亦不能離此原則。惟茲事體大，非一蹴可幾。單就整理闡釋中國古代兵書而言，便不是一件容易的事。因古代兵書文辭體裁與現在不同，措詞詰聱，命意深邃，倘用現代語文加以闡明，非有瀋明的智慧和精到的工夫，則不易有正確而切合時代的釋述。如《孫子兵法》中之「道、天、地、將、法」五事，總統說：「道便是主義。」這種解釋之正確簡明，實無有出其右者。如岳武穆有云：「陣而後戰，兵法之常。運用之妙，存乎一心」。從前一般人都把「存乎一心」，誤解為存乎主帥一人之心，祇著重一個「心」字，而輕視了一個「一」字。蔣百里先生則認為「一心」二字，應當視為同心同德，動作一致，精神一致，而不限于主帥一人之心，這與《孫子兵法》「上下同欲」的意思是很相近的，這種解釋，又是何等正確而切合時代。故中國古代兵學雖有無限寶藏，若無人善為整理，則此浩如煙海之古籍，實無從提其綱挈其領；若無明確之解釋，則此詰聱深邃之兵書亦無以闡其幽而發其微，更談不到新兵學體系之建立與運用了。

　　吾友李浴日先生，鑒于中國近代兵學的荒蕪不整，乃毅然從事中西兵學的鑽研，期能建立中國新兵學體系，其抱負之閎偉，逾于尋常。十餘午來，曾創辦「世界兵學社」，編撰定期的《世界兵學雜誌》及其他專書甚豐，均已先後出版。又從海內外蒐羅中國歷代著名兵書三十餘種，且有若干珍貴版本，準備輯成巨帙，印行于世。這些編著與選輯不僅對過去中國兵學，獲得相當整理與闡揚的功效，而于未來的中國兵學，更有莫大的啟發作用。

他在許多編著中，尤以對《孫子兵法》之研究，最為精湛。除生前所出版之《孫子兵法新研究》一書，膾炙人口外，復陸續著論達十餘篇，並選輯其他作者有關《孫子兵法》研究的重要著作，集為《孫子兵法總檢討》。他以現代的兵學眼光，從各種方面來檢討分析《孫子兵法》，確有其獨到的見解，與正確的論斷，洵為研究兵學者所不可不讀之書。

在今日重建中國新兵學的進程中，像浴日先生這樣一個淡泊名利，好學深思，孜孜不倦的人，誠屬難能可貴，值得我們深深地欽佩。不幸天不假年，齎志以歿，殊令人痛惜不置！玆李先生生前友好將他的遺著《孫子兵法總檢討》一書，梓印行世，我認為這本書是他最後心血之所寄，且以其畢生盡瘁兵學之精神尤未可湮而不彰，爰綴數語，以為之序。

劉 詠 堯[①]

中華民國四十五年八月二十日於臺北

[①] 劉詠堯（1907－1998），字則之，湖南省醴陵縣人，中華民國陸軍一級上將。黃埔陸軍軍官學校第一期步兵科畢業，歷任國民革命軍營長、團長、陸軍五十師政治部主任、中央軍校政訓處長、政治總教官、湖南軍管區副司令兼參謀長、軍事委員會政治部廳長、軍委會廬山軍訓團講師、陸軍大學教授、國防部次長、代部長兼全國人事部部長等職。著有《中國國民黨黨史》、《政治學概論》、《世界各國革命史》、《人事行政論叢》、《人生哲學論》、《經濟學概論》、回憶錄《九十憶往》等。

自　序

《孫子兵法》是古今兵書的代表作

《孫子兵法》是世界兵學的最高峰

《孫子兵法》是軍人必讀的大經典

　　上面這些評語是任何人所不能否認的，有如每一個佛教徒不能不讀《靈楞經》，每一個回教徒不能不讀《可蘭經》，每一個基督教徒不能不讀《新舊約》，同樣每一個軍人不能不讀兵經——《孫子兵法》。因為它會給你更多的啟示和鼓舞。

　　孫子雖然是二千幾百年前的人物，但他在兵學上竟能完成一部空前絕後不朽的名著，真令人驚嘆不置！日本兵家稱為：「孫夫子」，又譽為「不朽不滅的大藝術品」及「古來帝王的秘本，將相的秘本，及其他一切鬥士猛士的秘本。」迄今譯本遍英、美、法、俄、德、日諸國，已成為舉世推崇的一部偉著。

　　我國古代的《武經七書》，其中亦以《孫子》為最著，如《吳子》、《尉繚子》、《六韜》、《三略》、《司馬法》、《李衛公問對》等，雖亦各有其特色，但比之《孫子》卻差得遠了。故曹孟德有：「吾觀兵書戰策多矣，孫武所著深矣。」的讚語。

　　《孫子兵法》在宇宙間，宛如日月經天，江河行地，它的不朽，自有其原因在，即其所建立的兵學理論，是最高的原理原則，不涉於枝葉末節，以此供人而做千變萬化的妙用。在過去的時代裡，固成為金科玉律，即到了現代，不管在總體戰爭抑或立體戰爭甚至原子戰爭，均不失其偉大與光華。

　　春風秋雨，我研究孫子也有二十年的歲月了，除了我曾刊行過我所著的《孫子兵法新研究》一書外，仍感覺未能有多大的貢獻，因為《孫子》一書確是太博大太精深了！故自拙著發表後，我對於孫子研究的工作，始終還是在繼續著，這幾年來，復寫成了有關研究孫子的文字多篇，此外並徵集到一部份同好者的宏著，我現準備將其合在一起，用《孫子兵法總檢討》書名付梓，使讀者先後讀此兩書——姊妹篇，得到全面和再進一步的了解，倘能因此而引起讀者對孫子研究的興趣，則日新又新，定能光大我先哲之學說思想，以完成我們今日建軍的目的。同時，我還望讀者能以孫子的真理，來衡量目前共產主義必敗的命運，以堅定我們反攻必勝的信心，也希望西方民主國家能運用孫子的真理來消滅我們的共同敵人，則更是作者之本意了！

李　　浴　　日 序於臺北

民國四十四年五月二十五日

《孫子兵法》原文的考證

不應再有所懷疑了

站在中華民族文化上，中國國防建設上，不容我們對於這一部經典—「民族之魂，國防之寶」的《孫子兵法》有絲毫的懷疑了。

因為我們既用它來禦侮圖存，卻又懷疑它，這是何等矛盾！其影響所及，徒足損害吾民族的自尊心與國防的自信心而已。

任何一代的兵家，無人敢說《孫子》是一部偽書，我讀過日人研究《孫子》的著作達數十種，亦無人稍抱懷疑的態度，都是異口同聲的推崇備至。獨自宋代以來，有些文士卻持懷疑的見解，謂《孫子》非孫武所作，或為孫臏所著，如宋儒葉適因不見《左傳》有孫子的記載，便武斷《孫子》之書為春秋末、戰國初的山林處士所為。可是以《孫子》這樣一部古今無匹的偉著，難道山林處士可以寫得出嗎？至於說孫子不知果為何代人的宋儒陳振孫，徒見其淺薄而已。到了近代，有些學者說是伍子胥所著，更為滑稽。如果這一部傑作是伍子胥手著，伍子胥既做了大官，又能寫出偉著，何不直書己名，既可以炫耀於時，又可以揚名千古呢？我想這是絕對不會有的。又有「中國歷史精神」的作者錢先生亦贊同梁啟超先生的意見，說是齊國孫臏所著，這也是不正確的。考《孫子》十三篇始於歷史家司馬遷，如《史記·孫子傳》載：「子之十三篇，吾盡觀之矣。」當然以這一個記載為最可靠的。司馬遷為漢代太史公，繼承父業（其父司馬談為漢太史令，職掌天文國史），曾漫遊大江南北，博訪周諮，搜集了不少

資料，又慳集金匱石室之藏書，不知根據了多少竹書、木書、帛書等資料來作《史記》，每一記載，當是根據原始資料，不會捕風捉形，隨便下筆的。看他在《史記》上引用了不少孫子的話，足見他亦為熟讀《孫子》的一人。至於秦始皇焚書，係燒掉六經（因儒生根據六經來非議秦皇），並非燒掉雜家的書，《孫子》為雜家之一，常時秦皇正需要運用它的原理來建設國防，如萬里長城等，及抵抗向北部入侵的匈奴，更不會把它燒掉，故它必定完整無缺。又司馬遷生距周敬王時四百年不到，傳聞上亦不致誤張冠為李戴。而後人憑一時的一知半解或一些文句的推測（有些文句或為後人增入未定），乃武斷《孫子》為孫臏所著或他人所著，妄圖推翻司馬遷最早而最可靠的記載，以減低《孫子》的價值，打擊中國民族兵學，陰售其「重文輕武」之奸計，又博得「創見」之名，這樣，試問於學術上有何貢獻？對於民族國家又有何裨益？

《孫子》的篇數問題

同時，我也是贊同清代《四庫全書》的總纂紀昀、陸錫熊、孫士毅等在《孫子提要》上的論證，謂《孫子》「確為武所自著，非後人嫁名於武也。」故唐張守節於著《史記正義》乃引梁阮孝緒的《七錄》之說：「《孫子兵法》三卷，十三篇為上卷，又有中下卷。」以解決此懸案。但依我的研究：除十三篇原文外，其餘六十九篇及圖九卷或為孫子後來所作的遺文，或為其後世孫臏所作的專論，或為後人所作的註解附於其末亦未定（請參閱拙著《孫子兵法新研究》一書的總論）。近見有擅把十三篇割

裂分為八十二篇，以符《漢書・藝文志》的記載，徒見其牽強造作而已。

　　被外國人譽為世界軍事天才之一的曹操，他為註釋《孫子》的第一人。他是一個名將，也是一個名作家，根據他的考證，他是贊同司馬遷的記載的。他序《孫子》說：「吾觀兵書戰策多矣，孫武所著深矣。孫子者，齊人也，名武，為吳王闔閭作兵法十三篇。」以曹操的天才與學問，左右又有無數兵家為助，他既讀其書，又註解其書，既稱十三篇，當有所本，絕非盲目附和司馬遷之言。不過他卻說：「而後世人未知深亮訓說，況行文煩富，行於世者，失其旨要，故撰為略解焉」。可見《孫子》自流傳於世後，後人寫了許多註解（即訓說及行文煩富，也許是指多出的六十九篇）附於其中，多失其旨要，故他特加刪削，另為註解，成為流傳至今的曹著《孫子》。但陳振孫因見杜牧說：「魏武帝削其繁剩（或即原有註解，或所多的六十九篇），筆其精粹，凡十三篇，因註解之。」的話，便懷疑十三篇為曹操刪削而成，實因他未讀通杜牧的文章，而杜牧亦未研究清楚曹操的序文，故行文稍有語病而已。

　　真的，孫武所著兵法是十三篇的。既有司馬遷載稱於前，又有曹操斷證於後，是無可懷疑的了。

《孫子》的字句問題

　　不過十三篇經過二千多年的流傳，相信字句上難免不無一些不能存真之處，這是我敢斷言的。從歷代字體的變遷來看，孫子

當時所作的十三篇，其字體是用大篆寫的（亦稱古籀，周宣王時太史籀所作），後大篆改用小篆（秦李斯作），所有古書又要由大篆改為小篆。漢代又改用隸書（秦程邈作），後又由隸書改為楷書（始於後漢王次仲，備於魏鍾繇），字體上像這樣的改變，而十三篇在每一次的改變又要重寫一遍，在這重寫之中，難免不無錯誤之處。又春秋時所用的寫字工具是用竹條或筆蘸漆或墨寫於竹簡或木板（不是用刀刻，是寫錯時用刀削去）或布帛上，漢以後用紙（自蔡倫造紙始），因所用的工具不同，輾轉謄寫，亦難免不無錯誤處。又當寫在竹簡上時，即一片竹寫好之後，便用皮條或青絲編串起來，成為一篇或一部，日子久了，皮條或青絲斷了，或遭天災人禍以致散亂，後人把竹簡穿錯了，弄得上下文不相連貫，便成為所謂「錯簡」。又因竹簡散亂了，有的遺失，後人無法找全，權把牠編串即來，便又成為所謂「脫簡」，此外也有「斷簡」的，即斷了的竹簡，無從找到的也有。我們今日細讀十三篇，間有此感。明代《孫子》註釋家劉寅、張賁等就懷疑「軍爭第七」與「九地第十一」有錯簡之處。又《孫子》的原文，以流傳日久，難免不無好事者流，或自以為是之輩，間加增刪的情事，因之在各版本的字數上間有多少增減之處，現我所根據的係民國三十七年在蘇州虎邱所修建的「孫子十三篇全文碑」，該碑全文共六千一百零八字，這是我們當時根據最古的宋版《孫子》，並參照明版《孫子》，清版《孫子》（清代考據家孫子五十七世孫孫星衍校訂本）校訂而成，堪稱定本。當時我發現孫星衍的校訂本較之宋版本在字句上稍有增減之處，例如宋版本為「始計第一」，孫校訂本則為「計篇第一」，宋版本為「軍形第四」、「兵勢第五」，孫校訂本則為「形篇第四」，「勢篇

第五」等等，又如宋版本為「道者，令民與上同意，可與之死，可與之生，而不畏危也。」（始計第一），孫校訂本：「道者，令民與上同意也，故可與之死，可與之生，而民不畏危也。」彼此對照，孫版本則多了三個字。宋版本：「勝者之戰，若決積水於千仞之谿者，形也。」（軍形第四），孫校訂本：「勝者之戰民也，若決積水於千仞之谿者，形也。」是孫校訂本又多了兩個字。宋版本：「若驅群羊，驅而往，驅而來，莫知所之」（九地第十一），孫校訂本則多了一句，且在造句上，亦有出入之處，為：「焚舟破釜，若驅群羊而往，驅而來，莫知所之。」等。不過倒不關重要，為數亦有限。中國古書皆有此種情形。雖說十三篇以流傳日久，不無多少與原文相出入之處，起碼總有百分之九十九的存真。

《孫子》作於何地問題

孫子生於周敬王之時，而十三篇究作於周敬王何年？費時若干？無史可考，不能臆斷。不過他不是作於北方的齊國，而是作於南奔之後的吳國，可斷言的。考孫子為齊國孫書之孫（孫書伐莒有功，封於樂安，請參閱拙著《孫子兵法新研究》的總論），生長於武將之家，家學淵源，尤喜精研歷代戰史與兵法，在奔吳前，一定幹過武職，打過仗，且具有卓越的天才與實戰的經驗。但因不得志於時，又因田鮑四族謀作亂，故憤而奔吳，奔吳之後，得知於伍子胥，子胥欲薦之吳王闔閭，乃先作兵法十三篇以獻。可見十三篇是作於南方的吳國，今日我們從十三篇的文章上看來，亦可判斷是作於南奔之後的吳國，即今之蘇州。（附註：

清孫星衍曾在蘇州虎丘山麓建祠以祀孫子。中國現代兵學界亦曾在該地建碑紀念孫子，見《蘇州虎丘孫子紀念亭追記》。）

最近偶一讀《孫子》兵勢第五：「激水之疾，至於漂石者，」這句話，不禁有所感。長江以南，地勢多山，與長江以北、黃河流域一望千里的平原迥異，南方有些河流在大雨中，其水勢真如天上而來，「漂石」是很普遍的現象。又孫子當時在由北到南的奔吳旅途中，通過千山萬水，這位哲人不免到處考察地理，及觀察自然現象，故他在十三篇中甚多論及山地的形勢。而十三篇之作，也許在這孤寂冷靜的旅途中，已打下腹稿。至於北方平原，地勢平坦，河流緩慢，開封以東的黃河，就是最好的例子，「漂石」是不可能的，其實亦無石可漂。孫子當時為得到吳王闔閭的用己，故多用南方的地理名詞去激發吳王，如虛實第六說：「越人之兵雖多，亦奚益於勝哉？」九地第十一說：「故善用兵者，譬如率然，率然者，常山之蛇也。」又說：「夫吳人與越人相惡也，當其同舟濟而遇風，其相救也，如左右手。」同樣合乎情理，取喻切近動聽。故梁啟超先生等謂為「齊孫子」（孫臏）所作，即作於北方的齊國則不對。梁啟超先生是近代中國一個大學術家，但在這一點上殊欠高明。正如曾國藩為清代一個大軍事家，但他卻不信韓信破魏豹以木罌渡軍，破龍沮以囊沙壅水的事（見《曾氏日記》），使我不得不在拙著《兵學隨筆》上予以辯正，這也許是智者千慮，必有一失吧！

居今之日，我們應如何致力發揚孫子以供實踐，再來動筆考證《孫子》，似無多大意義。惟因有感於世人往往被那似是而非的見解所迷惑，故特作斯篇，並以就正於高明！

我得了一部明版《孫子兵法》

民三十六年夏，我重遊西子湖，在杭州市舊書攤上，得了一部明版《孫子兵法》，同時也在浙江圖書館把《四庫全書》中的《孫子提要》抄錄下來，這總算不負此行了。

《孫子提要》

臣等謹案《孫子》一卷，周孫武撰，考《史記·孫子》列傳載：武之書十三篇，而《漢書·藝文志》乃載：《孫子兵法》八十二篇，圖九卷，故張守節正義以十三篇為上卷，又有中下兩卷。牡牧亦謂：武書本數十萬言，皆曹操削其繁剩，筆其精粹，以成此書。然《史記》稱十三篇，在《漢志》之前，不得以後來所益者為本書。牧之言，固未可以為據也。此書註本極夥，《隋書·經籍志》所載，自曹操外，有王凌、張子尚、費翃、孟氏、沈友諸家。《唐志》益以李筌、杜牧、陳皥、賈林、孫鎬諸家。馬端臨《經籍考》，又有紀燮、梅堯臣、王晳、何氏諸家。歐陽修謂兵以不窮為奇，且其說者之多，其言至為有理。然至今傳者寥寥。應武舉者所誦習，惟坊刻講章。鄙俚淺陋，無一可取。故今但存其本文，著之於錄。武書為百代談兵之祖，葉適以其人不見於《左傳》，疑其書乃春秋末戰國初山林處士之所為。然《史記》載闔閭謂武曰：「子之十三篇，吾盡觀之矣」。則確為武所自著，非後人嫁名於武也。　　　　乾隆　年　月　日

恭校上　　總纂臣紀昀，臣陸錫熊，臣孫士毅，總校官臣陸廢墀。

這真是一篇有價值的提要，尤其斷定十三篇為孫武所自著，非後人所杜撰，更足以粉碎一些懷疑派的見解。在未說到本題之前，特先錄於此，聊作本文之開場白。

本文所指的明版《孫子兵法》，係明代解元鍾吳何守法先生校音點註，出版於萬曆三十二年，全書共分六冊，字體清秀，完整無缺，憶前在中央研究院舉行之古物展覽會上見有一本宋版《孫子》，今又得一部明版《孫子》，真算一飽眼福了。又，我曾購到商務印書館影印東京岩崎氏靜嘉堂藏本的《宋本武經七書》（內有《孫子》）但該書卻無註解。

這一部明版《孫子兵法》原為何守法著《武經七書》中之一種，全書共六冊，係參照十一家集註，及張賁、鄭友賢、鄭希山、楊魁、趙虛舟等註解——「諸說而全註之」，並益以「鄙見」——「旁搜博採，寒暑不辭，稿凡五易，紙及千張。」（連其他兵書六種），古人著書，其認真可見。

這一部書的註解確有獨到之處，在這裏未能盡舉，僅將其《孫子十三篇源委》及各篇「大旨」原文錄之於下，以供關心《孫子》者參考。

《孫子十三篇源委》

按《吳越春秋》云：「吳王登臺，向南風而笑，有頃而嘆，群臣莫曉其意者，子胥深知王之不定，乃薦孫子於王，王召孫子問以兵法，每陳一篇，王不知口之和善，此《孫子兵法》所由始也。」《史記》云：「孫子以兵法見吳王闔閭。闔閭曰：『子之

十三篇，吾盡觀之矣』，此兵法凡十三篇所由名也。」然《漢藝文志》又稱：「《孫子兵法》八十二篇」。杜牧亦云：「武書數十萬言，魏武帝削其繁剩，筆其精粹。」然則《孫子》之書，豈果前之篇數煩多，而今十三篇，乃魏武註之而刪定歟，俱未可知。但美之者，如鄭厚則曰：「《孫子》十三篇，不惟武人根本，文士亦當盡心，其辭約而縟，易而深，暢而可用，論語易大傳之流，孟荀楊著書皆不及也。」五代張昭則曰：「戰國諸侯言攻戰之術，其間以權謀而輔仁義，先智詐而後和平，惟《孫子》十三篇而已。」宋儒戴少望亦曰：「孫武十三篇，兵家之說備矣。」據此三說，後國子司業朱服，校定七書，以《孫子》為首者，或有見於此。其刺之者，如高氏子略則曰：「兵流於毒，始於孫武，其言舍正而鑿奇，背義而依詐。」或亦曰：「孫武以此干吳王而止於疆霸，魏武所得於武子，至為精詳，然終不能吞吳兼蜀。」據此二說，後遂講武子，雖伐楚入郢，亦有三失者本此。或又曰：「孫武事吳，功顯赫若此，而左氏不載，必本無是人，乃戰國辯士，作為是書，妄向標指，未可知也。」據此說，則不惟疑十三篇非原書，並孫子亦疑其無斯人矣。謹皆存之俟考，愚今無暇究十三篇之先後，孫子之有無，姑據其所作評之，其書先計而後戰，脩道而保法，論將則曰智、信、仁、勇、嚴，與太公之言脗合，至於戰守攻圍之法，山澤水陸之軍，批亢擣虛之術，料敵用間之方，靡不畢具，是以戰國以來，用兵者，從之則勝，違之則敗，雖一時名帥，莫能出其範圍。故歐陽文忠公撰《四庫書目》，言註之者二十餘家，今據集註與直解所列，僅見漢有曹操，唐有杜牧、李筌、陳皞、孟氏、賈林、杜祐，宋有張預、梅堯臣、王晳、何氏共十一家，並鄭友賢遺書，其張賁註，

劉寅謂止記大略，餘俱亡之矣。近又有鄭靈本義，楊魁講意，趙本學註。但諸說雖存，矛盾者多，第恐猶不足以發揚《孫子》之旨，俾學者知歸縮變通也。遂不揣鄙淺，妄以蠡測之見，折衷諸說，僭為註釋於下，以請益於四方高明云。

《孫子》十三篇大旨

始計第一　此篇凡五節，首「兵者」至「察也」，是一頭，次至「不勝」，言君與大將經校於廟堂之上，而勝負可決，又次至「去之」，言大將選用裨將，而授之以計。又次至於「先傳也」，言因利制權之妙。末則總結前文，多算勝，少算不勝，以見計為要也。夫兵貴萬全，不宜浪戰，君將用兵之初，能先知彼我情狀，計定而後戰，則戰無不勝矣。若臨機制變，在於將之自裁，安可隃度乎？故以〈始計〉為第一篇。

作戰第二　廟堂之上，計算勝負已定，然後可戰，故以戰為第二，所謂作者，鼓之舞之也。蓋戰為危事，久暴於外，必有鈍兵挫銳，屈力彈貨之害，而欲速勝以免害，非鼓舞士卒，使之樂於進戰不能也，然作之之道有三：激之怒而氣奮也；誘之以利，使貪得而勇往也；賞賚表異之，使之顯榮而願致其身也。再細玩之，篇名雖曰〈作戰〉，而所載乃完車馬，利器械，運糧草，約費用者，何也？亦以行師必先備乎此，而後可作而用之耳。通篇凡五節，首至「舉矣」，言兵之興，人眾費廣，次至「足也」。反覆言速則利，久則害，惟善者能因糧而足用。又次至「十石」，言因糧之利；又次至「益強」，言作之之法。末「故貴」一段，則總結之，又警將之任重也。或曰：作，制也，造

也，謂廟算已定，即計程論費，制造戰事也。孫子因昔之好兵者，住往日久費廣，以致民窮禍起，故於〈始計〉之後，即陳其所費，勉其速勝，以為萬世之法。惜漢武隋煬，復不悟而犯之，此則專主制造戰事說。蓋以作士之氣，在深入不得已之際，非出師之初也，豈知戰以氣為先，盛則勝，衰則敗，何分於先後哉！必以作氣速戰而勝說為正。

謀攻第三　謀，亦計他，攻，擊也。或曰：合陣為戰，圍城曰攻。夫觀上二篇廟算已定，戰氣已鼓，雖為可攻，而攻之以威力，則未免決勝於鋒鏑之間，縱能殲敵，安保己之無傷。故不若先定其謀，持重萬全而後攻之，使敵人之自服，此〈謀攻〉所以次〈作戰〉而為第三也。然在作戰也，欲拙速而取勝，不欲巧久而鈍兵，此則欲全爭於天下，不欲破人之軍國，孫子不得已之情見矣。惜乎！生事喜功之人，猶驅無辜以強戰，而卒致兩敗俱傷，獨何心乎？通篇凡七節，首至「善者也」，言謀勝而全之為善，戰勝為次；次至「災也」，言不待謀成而忿攻之失。又次至「法也」，言謀攻不久而全爭之法；又次至「擒也」，言用謀眾寡之用；又次至「必弱」，言將謀周隙之異；又次至「引勝」，言君不知政事，而亂其謀之患；又次至於末，言五者為知勝之謀，而引古語結之，有次序，有肯綮，非泛常作也，學者當熟玩之。

軍形第四　軍形者，彼我兩軍攻守之形，雖因情而著，實謀為隱顯者也，謀深則形隱，而人不可知，謀淺則形顯，而人皆可見。故次於〈謀攻〉為第四，大抵此篇主於先能自治，秘之莫測，然後徐察敵形而巧乘之，斯為用兵之妙，非示詐形誤敵者比也。詐形乃形勢後之事，放至虛實篇方發之，世有不先務本而專

事詐者，豈孫子意哉？細玩之，當分七節看。「昔之」至「不可為」，首言立先勝之本以待敵；次至「全勝也」，引上攻守之善以明其效；又次至「聰耳」，言勝於有形者不為善；又次至「敗也」，詳言勝於無形者為善；又次至「之政」，言稱善用者由道法；又次至「生勝」，言上古營陣之法；末銖鎰積水，總是喻攻守之形。然一篇雖以軍形名，而議論反覆，有如風生中間不露一形字。至末方點出，何其妙歟！學者最宜深味。

兵勢第五　　上篇言形，此篇言勢，蓋微露其端，而使人莫測者，形也。奮出疾擊，而使人莫禦者，勢也。兵形已成，猶必任勢，然後可以致勝，故次於〈軍形〉為第五。當作五節看：自「凡治眾」至「實是也」，是引起奇正之義；次至「孰能窮之哉？」是喻言奇正無窮；「激水」至「發機」，是明兵勢之妙；「紛紛」至「待之」，是明勢之有本。「故善戰」至末，則言善戰必資於勢以結之，大抵此篇所謂勢者，即營陣奇正之法，奇輔正而行，出之不先不後，適合其宜為貴，篇中投卵擊石發機激水之喻，至明且盡矣。李衛公六花陣，正得於此；世人不善讀《孫子》，每恨不及陣法，殊不知上篇度量數稱勝，及此篇所言，皆陣之要旨。誠能以孔明八陣圖參而推演之，則古人祕於千百世之上者，悉可得矣。

虛實第六　　形篇言攻守，勢篇言奇正，善用兵者，先知攻守兩齊之法，然後知奇正；先知奇正相變之術，然後知虛實。蓋奇正自攻守而用，虛實由奇正而生，故此篇次於勢為第六。然是虛實也，彼我皆有之，我虛則守，我實則攻，敵虛則攻，敵實則備。是以為將者，須識彼我虛實，不識虛實而用兵，則當備而反

攻，當攻而反守，欲其不敗難矣。篇中雖語句雜出，立意煩多，而沉潛玩之，節節俱有次序血脈，已於每節下提明，故不復總分，然約而言之，不過教人變敵之實而為虛，變己之虛而為實，以施攻守焉耳。觀唐太宗曰：「諸家兵書，無出孫子，《孫子》十三篇，無出虛實，用兵識虛實之勢，則無不勝。」吁！太宗誠知兵之深哉。

軍爭第七　　兵道貴實而惡虛，即知彼我虛實之情，然後可用軍以爭，故次於〈虛實〉為第七。所謂爭者，謂兩軍相對，凡便利之事，無不欲先人而得之，非止於爭地利已也。大抵篇中自軍爭之法以上，多言爭勝，蓋利於我，則我勝，利於彼，則彼勝，安得不爭乎？爭勝爭利，其爭一也。再細玩之，自「凡用兵」至「軍爭」是頭，次至「計者也」，是釋爭之所以難。又次「軍爭為利」二句，總言不知迂直有害；「舉軍」四句，即明上眾爭為危，自「是故」至「二至」，是申則不及；「是故軍無」三句，是申輜重捐；「故不知諸侯」至「地利」，又是言爭利之要以起下文；「故兵」至「爭之法也」，是言軍爭之法；「軍政」至「耳目也」，是言用眾之法；「三軍」至「變也」，是言四治之法；末「故用」一段，是言用兵之法；見有此四法，方可以得利也。故善用兵者，欲與敵爭，能先以身處敵地，為敵人料我之計，而詐形以應之，復逆料其所不料者，而輕速以出之，此所以可轉迂為直，變患為利，然必爭而得之，此其為難。後詳揭四者之法，殆爭之本也；本不務而徒強爭，豈全勝之道哉？

九變第八　　九變者，用兵之變法有九也。常之反為變，凡兵有常法，有變法。如上篇軍爭之法，是道具常也，此篇皆以不

必爭為言，則變矣，學者當兼通之。若但知守常而一於爭，不能臨時應變，知其中又有不可爭之處，謂之暴虎馮河，死而無悔者矣。故孫子歷舉〈九變〉以次於〈軍爭〉為第八，觀篇末復拳拳以思慮備防為戒，以必死忿速為賤，真用兵之龜鑑哉！或曰：九者，數之極，用兵之法，當極其變耳，甚非。

行軍第九　　行軍者，謂軍行出境，其次舍須擇便利也。欲便利，必知變斯可以能之。故次於〈九變〉而為第九。然名雖止於行軍，而篇首以「處軍相敵」並言者，蓋以所居之處，有水澤山陸之不同，所經之路，亦有坑塹險阻之不一，偶與敵遇敵又有動靜進退之跡，陣蔽疑似之形，治亂虛實之說，此皆當明於驅避，精於察識者。若在己之軍，處之不得其法，在敵之情，相之不得其真，必有敗衄之禍。孫子所以詳析言之。上言處軍，下言相敵，而終之以令文齊武，可謂周備無遺矣。但或又疑行軍當在作戰之後，越六篇而方及之何耶？殊不知形勢虛實爭變者，乃兵家之計，而處軍相敵，則兵家之常式也；必有其計，然後可同其式，列之於九，則不惟有緩急之分，亦有先後之序；故讀者能即此求之，則十三篇之編目，皆可知其有微意存焉也。

地形第十　　地形者，山川險易之形也，凡行軍，必使軍士伺其伏兵，將乃先自視地之形，知其險易，因而圖之，然後可以立勝，故次於〈行軍〉為第十。細玩通篇之義，作五段看，自「地形有通」至「察也」，言地形，及因地制勝者六。自「故兵有走者」至「察也」，言兵名，及將自致敗者六，皆舉其目於前，而釋於後也。自「夫地形者」至「國之寶也」，言地雖兵之助，將尤貴知之以料敵，知否而勝敗殊，進退而咸當保利也。「視

卒」至「不可用也」，又承言將為國之寶，當得撫用士卒之法。
「知吾卒」至末，則總言敵與吾卒與地形，皆須知其可擊否，見不
能全知者，止可半勝，惟知者不迷不窮，故復引古語以結之也。
夫上篇「處軍相敵」，已兼地形矣；此復出之者，因上篇之形，
乃軍行在途所經之地，尚有未盡，此篇論戰場之形勢，安營布陣
之所也。吳起地機，正見於此，蓋雖有智勇之將，精強之卒，若
陣之不得其地，猶走良驥猛虎於藩潯中，不惟難逞其技，立見其
危。是以將宜熟之於平日，而慎之於臨事，不可妄驅士卒於非地
耳。大略文意，多同於前〈九變〉、〈行軍〉緒篇，學者詳讀自
見。

九地第十一　　九地者，用兵之地勢有九也。上篇言地形，
乃地理自然之形，可以安營布陣者，以寬狹險易言之。此篇言九
地，因師之侵伐所至，而勢有九等之別，以淺深輕重言之。上篇
但舉其常，此篇特指其變，故篇內有云：「九地之變，屈伸之
利。」此地形、九地，所以分為二也。然雖有其地，非將裁處
之，未必得利，故次於地形之下而為第十一。細玩之，通篇作十
二節看，自「用兵之法」至「有死地」，是先舉九地之名；自
「諸侯自戰」至「為死地」，是釋九地名之義；自「是故散地」至
「死地則戰」，是著處九地之法。自「古之所謂善」至「不戒也」
是善將能亂人而己不亂，奪愛惟在於速；自「凡為客」至「不可
測」是言為客深入之三策；自「投之無所往」至「不得已也」，
是錯陳極論兵在危地，必同心相救；自「將軍之事」至「察
也」，是言士之同心聽命，其機又在將之能顛倒；自「凡為客」
至「不活」，是重舉處九地之變法，自「為客絕地」至「不

活」，又是以九地之變，重申為客之道。「故兵之情」一節，是重申兵士深入之情。自「是故不知」至「王之兵也」是重舉軍爭篇文，見知之斯可深入，不知者非霸王之兵。自「夫霸」至「其國可隳」，是又明霸王兵之甚強。自「施無法」至末，則皆是申將軍用眾之事，攻敵之妙，以終上九地之變三句也。然其所處之法，雖有九者不同，大要皆本於人情，將能深達人情，馭之以術，發之以機，則人可用而地不困，此孫子作書之旨也。但義意雖精，辭覺重復，姑依本文解之，讀者融會而不拘泥焉，斯善學孫吳矣。雖然，靜幽正治，尤將之本也，自非內有靜幽之智，外有正治之才，天分邁常者，安能顛倒百萬之眾，加弄嬰兒於股掌之上，變化莫測，運用無方，假至敗以為功，保生全於萬死哉！噫！用兵如此篇，誠可謂神妙之極矣。或曰：九地者，欲戰之地有九也。或曰：勝敵之地有九也；或曰：用兵之利害有九也。

火攻第十二　　火攻者，用火攻敵也，傷人害物，莫此為甚！其原起於魯桓公焚邾婁之咸丘，後世遂有之。但兵為國之大事，用之已出於不得已，至於火攻，寧非猶不得已者乎？仁人君子必不忍為，而孫子乃以之次於九地者何，蓋欲使速於戰勝，非火不可，而使奸細潛行於敵以用火，亦非先知九地之形不能也，故次於〈九地〉為第十二。通篇作八節看，自「火攻有五」至「火隊」，是言大約有此五者；自「行火」至「日也」，是言用火之機；「火發」四句，是言察風以攻人；「凡軍」二句，是言守數以自備，「故以攻」四句，又是因火而言及於水；「夫戰勝」五句，是總言勝則當修其功，惟明良能之；「非利不動」至末，則反復極言主將之當慎警，方可以安國全軍他。抑論水火無情，其機難制，人徒知可以攻敵，而不知少有不當，焚溺之禍，反在

於己，要不可專恃之為利者。觀孫子於前篇，雖深入死地，而其變化婉轉，絕無危辭，獨於此篇重以慎警為戒，譬之醫之用毒，切切為病者叮嚀，無亦慮其慘酷歟？第為戰中一事，不得不言及之，此所以列於最後，見非常法也。用兵者盍深思之哉！

用間第十三　　　間，罅隙也，謂乘敵人之罅隙，而入之以探其情也。即今之細作，俗名尖哨；又離間敵人，開啟釁疑，致彼之敗，成我之勝，故謂之間，用之之道，尤須微密，故次於〈火攻〉為第十三篇。通篇作十三節看，自「興師」至「七十萬家」，是言必有勞民傷財之害；自「相守」至「主也」，是甚言日久不能用間之非；自「故明君」至「先知也」，是言君子用間成功；自「先知」至「情者也」，是言知情由於用間；自「故用間」至「寶也」，是舉間之名而稱其貴；自「因間」至「反報也」；是隨間之名而釋其義；「故三軍」四句，是承上言間之當重；「非聖智」三句，是又明用間之不易；「妙哉」二句，是贊其至妙當用，「間事未」二句，是戒其漏泄當刑；「凡軍之」至「厚也」，則詳言用間之法，全在厚反間；「昔殷之」至「大功」，則引言上智之人，可以成大功；末則承上吃緊言以終一篇意也。蓋行兵之道，其措勝也貴在先知，若欲先知敵情，非乘間而探之不可，是以當用也。然自古皆有，用之實難，蓋因人之忠邪難辨也，才之能否難定也，言之虛實難察也，事之有無難憑也，初意用之，本欲其報我而間彼，一不當焉，則或餌敵之賄，而私為之輸情行詭者有之，或受我之托，未能得真，無以反命，而懷懼不歸者有之，苟非聖智仁義微妙，鮮不失之偏聽誤投，而至於敗矣。故必自〈始計〉至〈火攻〉，使其習熟，方可明言，且中間篇篇皆有用間之意，特又列之於終，以為總括，若究其所

以然，則實非言語文字之能傳，要在巧者之自悟也，《孫子》雖精，安得而詳及之歟？

　　以上係將何著《孫子》十三篇的「源委」及「大旨」，照樣錄下，不加更動，但從這些「大旨」中已足窺見何守法先生對《孫子》的研究。如他日經濟許可的話，當將全書影印，以饗讀者。

孫子的哲學思想淵源

　　中國古代的哲學思想有兩大主流，一為道家，一為儒家，前者以老子為代表。後者以孔子為代表。可是兵家的哲學思想是屬於那一主流呢？孫子生當春秋之世（與老子孔子同時），他著兵法十三篇，僅就學說本身的價值說，實與孔子的《論語》，老子的《道德經》，鼎足而三，平分秋色。尤以《孫子》到了最近兩世紀，譯本遍全世界。各國軍人莫不競相傳誦，奉為無上圭臬，更見它的偉大和不朽。不過孫子基本的哲學思想不是獨創的，卻有其淵源，即淵源於道家的老子，不是淵源於儒家的孔子，其實不祇孫子如此，即我國歷代兵家名將亦多精通道學，（請注意！道學與道教有別），受其（老子）影響，前人說：「兵道同流」。實非虛語。所以研究孫子者不可不研究老子，了解老子，更會了解孫子。

　　《老子》這一部書，都五千餘言，雖其中非盡屬論兵（僅有一部份論兵），但他的哲理卻可以完全運用於軍事上。日人曾將全部老子解釋為「兵法」的書（我國隋書亦有「老子兵書」的記載），亦如我國近人有「論語兵學」之作（兵學書店出版），可見老子在軍事學上的價值。我想古時孫子得到這一部書，熟讀又熟讀，終把老子的哲學思想接受過來。但他接受了它來寫成了這一部震撼古今的兵書—— 一面樹立了「中國軍事哲學」（國父中山先生語），另一面卻不流於玄，且昇華而為「軍事科學」，這是孫子進步之處。雖說孫子在十三篇中僅提到黃帝，如〈行軍〉篇說：「凡此四軍之利，黃帝之所以勝四帝也。」（按黃帝與老子同為道家之祖）沒有提到老子，但有書可證，他的哲學思想即

是淵源於老子，此說並非自我始，我國學者早即有此說，日本漢學家又為兵學家北村佳逸氏在其所著：《孫子解說》一書中，曾引老子的話以證孫子，但過於零星雜亂。而像我在本文下面所做這樣稍有系統的研究，與全面的對照，也許是一個嘗試的創舉吧。

（一）「道」為老子的本體論，亦為孫子的本體論，故孫子在〈始計〉篇列「道」為勝負悠關的五事之首位，說：「道者，令民與上同意，可與之死，可與之生，而不畏危也。」又列為七計之首位，說：「主孰有道」，再於〈軍形〉篇強調說：「善用兵者，修道而保法，故能為勝敗之政」。然而孫子之所謂「道」，即淵源於老子的「道」，老子說：「道者，萬物之奧」。又說：「道，沖而用之或不盈，淵兮似萬物之宗。」又說：「道將無為而無不為，侯王若能守之，萬物將自化。」一國元首如果有道的話，在政治上的表現為施行仁政，或救國利民的主義，那麼便如老子所說：「萬物將自化」。亦即孫子就戰爭而說，便可以「令民與上同意，可與之死，可與之生，而不畏危也。」道的功效可見。（附註：「奧」——藏也，言萬物無所不容也。詳閱張默生著「老子章句新釋」一書。）

又，老子之所謂「道」，是含有自然的意思。他說：「王法地、地法天、天法道、道法自然。」又說：「道之尊，德之貴，夫莫知命而尚自然。」又說：「以輔萬物之自然，而不敢為。」今人對於這個自然的解釋為「自然的法則」或「自然律」，孫子吸收應用於兵法上則認為指導作戰必須順乎自然的情勢，不可違反自然的法則，因為這樣，方能必勝，且易勝。他說：「善戰者

，能為不可勝，不能使敵之必可勝；故曰：勝可知，而不可為。」又說：「善戰者，求之於勢，不責於人，故能擇人任勢。任勢者，其戰人也，如轉木石，木石之性，安則靜，危則動，方則止，圓則行。故善戰人之勢，如轉圓石於千仞之山者，勢也。」。（〈兵勢〉篇）又說「故兵之情：圍則禦，不得已則鬥，逼則從……投之亡地然後存，陷之死地然後生。夫眾陷於害；然後能為勝敗。」（〈九地〉篇）古來名將之制勝，莫非由於把握著這個自然的情勢與法則。

（二）戰爭以不戰而屈人之兵為上策。孫子說：「凡用兵之法，全國為上，破國次之；全軍為上，破軍次之；全旅為上，破旅次之；全卒為上，破卒次之；全伍為上，破伍次之。是故百戰百勝，非善之善者也，不戰而屈人之兵，善之善者也；故上兵伐謀，其次伐交，其次伐兵，其下攻城。……故善用兵者，屈人之兵，而非戰也；拔人之城，而非攻也；毀人之國，而非久也，必以全爭於天下，故兵不頓，而利可全，此謀攻之法也。」（〈謀攻〉篇）這個崇高偉大的謀攻思想是淵源於老子所說的：「以道著佐人主者，不以兵強天下，其事好還。」「夫佳兵者，不祥之器，物或惡之，故有道者不處。……兵者不祥之器，非君子之器；不得已而用之，恬淡為上。勝而不美，而美之者，是樂殺人。夫樂殺人者，則不可以得志於天下矣。」「以無事取天下。」「善勝敵者不與，」「天之道，不爭而戰勝。」及「聖人之道，為而不爭。」的哲理。（附註：「好還」——謂循環報復也。「不處」——不肯輕易用兵也。「恬淡」——不為功利所誘也。「無事」——不戰也。「不與」——不與爭戰也。）

（三）孫子首倡拙速主義，即現代速戰速決的根源。他說：「故兵聞拙速，未覩巧之久也。」（〈作戰〉篇）又說：「其疾如風……動如雷霆。」（〈軍爭〉篇）又說：「兵之情主速，乘人之不及，由不虞之道，攻其所不戒也。」（〈九地〉篇）這是淵源於老子所說：「大巧若拙。」及「善者，果而已，不敢以取強。果而勿矜，果而勿伐，果而勿驕，果而不得已，果而勿強。物壯則老，是謂不道，不道早已。」（附註：老子此節是說善戰的將帥，其用兵乃是迅速果斷地（果）取得戰果，決不驕矜自持，好戰喜功，否則，久戰下去，必致招來敗軍覆國之慘。「早已」——早死或早敗也。）

（四）用兵作戰不外奇正兩端。孫子說：「三軍之眾，可使必受敵而無敗者，奇正是也。……凡戰者，以正合，以奇勝。故善出奇者，無窮如天地，不竭如江海。」（〈兵勢〉篇）這是淵源於老子所說的「以正治國，以奇用兵。」及「正復為奇。」又，孫子把奇正的運用作為戰爭的藝術化，故有「聲不過五，五聲之變，不可勝聽也。色不過五，五色之變，不可勝觀也。味不過五，五味之變，不可勝嘗也。戰勢，不過奇正，奇正之變，不可勝窮也。」（同篇）之說，老子說：「五色令人目盲，五音令人耳聾，五味令人口爽。」極相暗合。

（五）先知為制勝之本。孫子說：「知彼知己，百戰不殆；不知彼而知己，一勝一負；不知彼，不知己，每戰必敗。」（〈謀攻〉篇）老子說：「知人者智，自知者明。」又說：「知，不知，上。不知，知，病。」又說：「天下有始，以為天下母。既得其母，以知其子，既知其子，復守其母，沒身不殆。」兩相

對照，若合符節。（附註：「始」，「母」——均指道也。「子」 指萬物也。）

（六）作戰須先立於不敗之地。孫子說：「昔之善戰者，先為不可勝，以待敵之可勝；……故其戰勝忒（差失也），不忒者，其所措必勝，勝已敗者也。」（〈軍形〉篇）老子說：「為天下式，常德不忒，復歸於無極。」又說：「勝人者有力，自勝者強。」又說：「善建不拔。」

（七）作戰貴立於主動地位。孫子說：「凡先處戰地而待敵者佚，後處戰地而趨戰者勞。故善戰者，致人而不致於人。」（〈虛實〉篇）老子說：「不可得而利，不可得而害。」又說：「古之用兵者有言：『吾不敢為主而為客，不敢進寸而退尺。』是謂行無行，攘無臂，執無兵，扔無敵。」（附註：「主」是指用兵去進攻敵人的，「客」是指來侵我，不得已而應戰，故說「不敢為主而為客。」這樣，主勞客逸，進躁退靜，完全立於主動地位，那就可以成為無「敵」了。附註：「行無行」——上行為行動意，下行為行列意。「攘」揎袂出臂意。「兵」——兵器。「扔」——因也。即說能立於主動地位，致人而不致於人，便可以無「敵」，勝操左券了。）

又，孫子說：「故敵佚能勞之，飽能饑之，安能動之。」老子說：「孰能晦以理之徐明，孰能濁以靜之徐清，孰能安以動之徐生。」這是孫子淵源老子的又一證明。（附註：「徐」——慢慢也。全文是說「道」，能使黑暗變光明，能使污濁變澄清，能使萬物化生。）

（八）誘敵作戰為制勝要訣。孫子說：「故善動敵者，形之，敵必從之；予之，敵必取之；以利動之，以本待之。」老子說：「將欲歙之，必固張之。將欲弱之，必固強之。將欲廢之，必固興之。將欲奪之，必固與之。」（附註：「歙」——縮也。）

（九）作戰須時加戒備，不可輕敵。孫子說：「以虞待不虞者勝，」（〈謀攻〉篇）又說：「夫惟無慮而易敵者，必擒於人。」這是淵源於老子所說：「禍莫大於輕敵，輕敵幾喪吾寶。」及「輕則失根，躁則失君。」的哲理。（附註：「君」——主宰也。）

（十）輜重與作戰有著密切關係。孫子說：「軍無輜重則亡，無糧食則亡，無委積則亡。」（〈軍爭〉篇），老子說：「君子終日行，不離輜重。」

（十一）軍機應保守秘密，不可洩漏於敵人，甚至我部屬士兵亦不可使其知道。孫子說：「能愚士卒之耳目，使之無知。」再引申說：「犯之以事，勿告以言，犯之以利，勿告以害。」（〈九地〉篇）老子說：「古之善為道者，非以明民，將以愚之。民之難治，以其智多。」老子且主張國家所擁有的犀利武器（如今所謂「秘密武器」，如原子彈等。）亦不可公開使敵人知道其秘密，他說：「國之利器，不可以示人。」孫子在十三篇中，雖沒有單獨提到利器要保守秘密，但軍事上一切的重要措施，他都是強調要保守秘密的，如說：「不可先傳」（〈始計〉篇），「難知如陰」（〈軍爭〉篇），「靜如處女」（九地篇）及「善守者藏於九地之下，」（〈軍形〉篇）等。

（十二）凡事須因人而用，尤以軍中人事為然。孫子說：「故善戰者，求之於勢，不責於人，故能擇人而任勢。」（〈兵勢〉篇）老子說：「聖人執左契，而不責於人。」又說：「聖人常善救人，故無棄人。」（附註；「執左契」——古代券契分為左右契，各執其一以為信。如史記田敬仲世家中有「常執左券，以責秦韓」之句。全文是說，聖人因人而用，只執左券以求合符信，不予苛責，以求上下相和。）

（十三）凡事必有利害的兩面，尤以軍事為然。孫子說：「智者之慮，必雜於利害。雜於利，而務可信也；雜於害，而患可解也。」（〈九變〉篇）又說：「故不盡知用兵之害者，則不能盡知用兵之利也。」（〈作戰〉篇）老子說：「禍兮福之所倚，福兮禍之所伏。」又說：「自天下皆知美之為美，斯惡矣。皆知善之為善，斯不善矣。故有無相生，難易相成，長短相形，高下相傾，音聲相和，前後相隨。」又說：「勇於敢則殺，勇於不敢則活，此兩者，或利或害。天之所惡，孰知其故？是以聖人猶難之。」

（十四）用兵之法，極其微妙。孫子說：「故善攻者，敵不知其所守；善守者，敵不知其所攻。微乎微乎，至於無形，神乎神乎，至於無聲，故能為敵之司命。」（〈虛實〉篇）又說：「故形兵之極，至於無形，無形則深間不能窺，智者不能謀。」老子說：「視之不見，名曰夷。聽之不聞，名曰希。搏之不得，名曰微。此三者，不可致詰，故混而為一。其上不皦，其下不昧，繩繩不可名，復歸於無物。是謂無狀之狀。無象之象，是謂忽恍。迎之不可見其首，隨之不可見其後。」又說：「大象無形，道

隱無名。」（附註：「曒」——光明也。「昧」——黑暗也。「繩繩」——綿綿不絕也。「忽恍」閃爍不定也。）

（十五）水為五行之一，向為哲人用以喻其哲理。孫子用以喻兵說：「夫兵形象水，水之形，避高而趨下；兵之形，避實而擊虛；水因地而制流，兵因敵而制勝。故兵無常勢，水無常形，能因敵變化而取勝者，謂之神。」老子以水喻道說：「上善若水，水善利而不爭，故無尤。處眾人之所惡，故幾於道。」又說：「天下莫柔弱於水，而堅強者莫之能勝，其無以易之。」道以「柔」而高，兵以「柔」而勝，孫子本乎老子，益見相得益彰了。

（十六）孫子描寫良將指揮作戰的形態說：「紛紛紜紜，鬥亂而不可亂也，渾渾沌沌，形圓而不可敗也。」（〈兵勢〉篇）老子說：「道之為物，惟惚惟恍，惚兮恍兮，其中有象。恍兮惚兮，其中有物。窈兮冥兮，其中有精。」（附註：「恍惚窈冥」——看不清，拿不出之狀。）

（十七）孫子描寫哀兵必勝說：「吾士無餘財，非惡貨也；無餘命，非惡壽也。令發之日，士卒坐者，涕霑襟；偃臥者，涕交頤。投之無所往，諸劌之勇也。」（〈九地〉篇）老子說：「抗兵相加，哀兵勝矣。」（附註：「抗兵」——舉兵也。）

（十八）帶兵要以慈愛為本。孫子說：「視卒如嬰兒，故可與之赴深谿；視卒如愛子，故可與之俱死。」（〈地形〉篇）老子每以嬰兒喻道說：「專氣致柔能嬰兒乎？」又說：「我獨泊兮其未兆，如嬰兒之未孩。」這也可以說是孫子行文與老子相近之處。孫子之作是言，實給予把部屬和士兵看做牛馬一樣的帶兵官們的當頭棒。但他卻是淵源於老子所謂三寶之一。老子說：「我

有三寶，持而保之，一曰慈，二曰儉，三曰不敢為天下先。慈故能勇；儉故能廣；不敢為天下先，故能成器長。今舍慈且勇，舍儉且廣，舍後且先，死矣。夫慈以戰則勝，以守則固，天將救之，以慈衛之。」慈的效果可見。如果一個帶兵官能以慈道為本，不特可以使士兵勇於戰鬥，而且可以導致戰爭的必勝。（附註：「孩」——古字，未知喜笑也。）

（十九）將軍應有「靜幽」「正治」的基本修養。孫子說：「將軍之事，靜以幽，正以治。」（〈九地〉篇）而老子則說：「守靜篤。」又說：「正善治。」及「清靜為天下正。」

（二十）將軍應淡於名利，不可自伐其功。孫子說：「故進不求名，退不避罪，唯民是保，而利於主，國之寶也。」〈地形〉篇又說：「故善戰者之勝，無智名，無勇功。」（〈軍形〉篇）老子說：「持而盈之，不如其已。揣而銳之，不可長保。金玉滿堂，莫之能守。富貴而驕，自遺其咎。功成，名遂，身退，天之道。」又說：「自伐者無功，自矜者不長。」又說：「致譽無譽，不欲碌碌為玉，珞珞如石。」又說：「聖人方而不割，廉而不劌，直而不肆，光而不耀。」又說：「知足不辱，知止不殆，可以長久。」又說：「聖人為而不恃，功成而不處，其不欲見賢。」（附註：「致」——與至同。劌——銳利也。「肆」——申也。「見賢」——自己表彰也。）

（二十一）將軍不可徒持其勇敢。孫子說：「必死可殺」（〈九變〉篇）。老子說：「堅強者死之徒。」又說：「勇於敢則殺。」

（二十二）將軍不可貪生。孫子說：「必生可虜」（〈九變〉篇）。老子說：「人之生，動之死地，亦十有三，夫何故？以其生生之厚。」（附註：「十有三」——指一人之四肢九竅也。「生生」——求生也。）

（二十三）將軍不可動怒。孫子說：「忿速可侮」（〈九變〉篇）。又說：「主不可以怒而興師，將不可以慍而致戰。」（〈火攻〉篇）老子說：「善戰者不怒。」

（二十四）將軍不可以愛民而貽誤軍事。孫子說：「愛民可煩。」老子說：「天地不仁，以萬物為芻狗。聖人不仁，以百姓為芻狗。」（附註前句是說天地對萬物並沒有施以任何特別仁愛，都是任其好像祭祀時所用的芻狗一樣，即用草紮成的狗，用完後，隨便拆除和拋棄。）

依於上面的分析和對照，可知孫子的軍事哲學思想是淵源於老子為任何人所不能否認了。老子博大精深，孫子亦博大精深，一則成為道家之祖，一則成為兵家之祖，互相輝映，各有千秋。不過老子主張「無為」，易流於消極，而孫子學老子則無此弊端，他始終是積極的——如說：「先為」，「能為」（均見〈軍形〉篇）「可為」（〈虛實〉篇）等，及「求勝」，「必勝」（均見〈軍形〉篇），「必取」，「必固」（均見〈虛實〉篇）等，畢竟因戰爭與其他一切問題不同，所爭者五分鐘，一時「無為」，便會生「虛」為敵所乘，而敗軍覆國即隨之。此外，老子的戰爭觀念是帶有點灰色的，如說：「殺人之眾，以哀悲泣之，戰勝以喪禮處之。」這雖然不失為一種樂不忘悲，勝不忘敗的觀念，但在今日正盛行著「慶祝勝利」的風氣下，我們是不能這樣做

的。而孫子自〈始計〉至〈用間〉雖以「不戰」為上，卻以「必戰」為主，全書都是充滿著一種雄氣殺氣，毫無灰色悲觀的表現，很現實地系統地進行他兵學理論的建立，無怪到了今日仍為中外尊崇，師表萬世了。

《孫子兵法》的解剖

中國古代兵學天才家孫武，他所著兵法十三篇，雖是一部六千餘言的小冊子兵書，但欲求澈底的了解，卻不容易。因為：第一要有哲學的知識，第二要有政治經濟的知識，第三要有軍事科學的知識，第四要有古文的知識，第五要有實戰的經驗。固然這些條件，不是人人所能兼備，但借助於孫子註解或研究一類的書，亦可了解過半了。

《十家註》是過去了，在今日是要給它作新的註解與新的研究了。原來兵學的進化，一分是原則，九分是方法，《孫子》就是一部兵學原則的書，不獨可以應用於古代，且可以應用於現代與未來，不獨可以適用於陸戰上，而且可以適用於海戰空戰上，這是它偉大之所在，也推值得我們今日來研究它的價值。

三十年來國人對孫子的研究，尤其是自從抗戰以來，已有新的進展，但有價值的著作卻不多見。老實說，在這方面，倒不如日本人。日人研究孫子的著作，有如雨後春筍，層出不窮，在侵華期間竟用作慰勞品來慰勞侵華倭軍。

我在扶桑，曾參考日人數十家關於孫子研究的著作，一面攝取其精華，另一面又益以自己研究的心得，寫成一部《孫子兵法之綜合研究》，數年來竟出了十餘版，成都某軍校亦加翻印，足見國人對是書的注意。最近在增訂工作中，更深一層有所領悟其中包含的戰爭方式及戰略戰術的原則，實是應有盡有，既集兵法的大成，又極兵學的大觀，茲列舉如下，以供讀者參考。

一、見於〈始計〉篇者：

1. 利誘戰（原文：利而誘之）。類今之樊籬戰術。

2. 亂取戰（亂而取之）。即摧毀敵國軍民鬥志及造成內訌之宣傳戰。

3. 強避戰（強而避之）。即退避作戰，或「國內退軍」戰略。

4. 怒撓戰（怒而撓之）。即激敵戰法或某種神經戰法。

5. 卑驕戰（卑而驕之）。如佯退作戰，亦可用外交方式或宣傳手段示敵以弱，使其驕縱而取之。

6. 佚勞戰（佚而勞之）。即疲敵戰法。

7. 親離戰（親而離之）。即孤立敵國的外交戰。

二、見於〈作戰〉篇者：

8. 拙速戰（兵聞拙速，未覩巧之久也）。即速戰速決戰略。

9. 因糧戰（因糧於敵，故軍食可足也）。即以戰養戰之經濟戰。

三、見於〈謀攻〉篇者：

10. 全國戰（全國為上）。即不戰而屈的政略戰，以此為至上至善。

11. 破國戰（破國次之）。即流血的武力戰，或毀滅戰（又如原子戰爭）。

12. 全軍戰（全軍為上）。即政略戰或思想戰。

13. 破軍戰（破軍次之）。即擊破敵戰鬥力之殲滅戰。

14. 伐謀戰（上兵伐謀）。即政略戰。

15. 伐交戰（其次伐交）。即政略戰。

16. 伐兵戰（其次伐兵）。即武力戰。

17. 攻城戰（其下攻城）。即對城塞及堅固陣地的攻圍戰。

18. 十圍戰（十則圍之）。即包圍戰。

19. 五攻戰（五則攻之）。即優勢的攻勢作戰。如雙鉗形戰法。

20. 倍分戰（倍則分之）。即優勢的攻勢作戰。如鉗形戰法。

21. 少守戰（少則守之）。即劣勢的（如以一當十）守勢作戰。

四、見於〈軍形〉篇者：

22. 九地戰（善守者、藏於九地之下）。如地中戰或要塞戰。

23. 九天戰（善攻者，動於九天之上）。如今之空戰，或傘兵之降落作戰。

24. 決水戰（勝者之戰，若決積水於千仞之谿者，形也）即集中打擊戰法。

五、見於〈兵勢〉篇者：

25. 正合戰（以正合）。即剛性戰法，或正面作戰。

26. 奇兵戰（以奇勝）。即柔性戰法，如迂迴戰法，奇襲戰法。

27. 漂石戰（激水之疾，至於漂石者，勢也）。類閃擊戰。

28. 毀折戰（鷙鳥之疾，至於毀折者，節也）。類適時奇襲戰法。

29. 轉石戰（故善戰人之勢，如轉圓石於千仞之山者，勢也）。即重勢戰。

六、見於〈虛實〉篇者：

30. 致人戰（善戰者，致人而不致於人）。致為誘致意，即誘致敵人於我有利地形而殲滅之磁鐵戰術，但以爭取主動為主。

31. 飽饑戰（飽能饑之）。即經濟封鎖作戰。

32. 安動戰（安能動之）。即餌敵或擾敵戰法，或戰略轟炸。

33. 衝虛戰（進而不可禦者，衝其虛也）。如此次中日戰爭中敵人在金山衛登陸作戰，及大亞灣登陸作戰。

34. 擊寡戰（故形人而我無形，則我專而敵分，我專為一，敵分為十，是以十攻其一也，則我眾而敵寡，能以眾擊寡者，則吾之所與戰者，約矣。吾所與戰之地不可知，不可知，則敵之所備者多，敵之所備者多，則吾之所與戰者，寡矣。）即造成局部優勢之各個擊破戰法。

35. 水形戰（兵形象水，水之形，避高而趨下；兵之形，避實而擊虛）。即流動性戰法。

七、見於〈軍爭〉篇者：

36. 迂直戰（故迂其塗，而誘之以利，後人發，先人至，此知迂直之計者也）。即迂迴戰。

37. 疾風戰（其疾如風）。類閃電戰。

38. 徐林戰（其徐如林）。類持久戰，消耗戰或隱紮隱打戰法。

39. 山峙戰（不動如山）。如守城戰，陣地戰。

40. 雷霆戰（動如雷霆）。即軍勢戰或閃電戰。

八、 見於〈行軍〉篇者：

41. 山上戰（絕山依谷，視生處高，戰隆無登，此處山上之軍也）。即山地戰。

42. 水上戰（絕水必遠水，客絕水而來，勿迎之於水內，令半濟而擊之利；欲戰者，無附於水而迎客，視生處高，無迎水流，此處水上之軍也。）即河川戰。

43. 斥澤戰（絕斥擇，惟亟去無留；若交軍於川澤之中，必依水草，而背眾樹。此處斥澤之軍也。）即沼澤地戰。

44. 平陸戰（平陸處易，右背高，前死後生，此處平陸之軍也。）即平原戰。

九、 見於〈地形〉篇者：

45. 通形戰（我可以往，彼可以來，曰通；通形者，先居高陽，利糧道，以戰則利。）即平原戰。

46. 挂形戰（可以往，難以返，曰挂；挂形者，敵無備，出而勝之，敵若有備，出而不勝，難以返，不利。）如渡海作戰，或長驅作戰，此次日寇侵華，即陷於挂形作戰。

47. 支形戰（我出而不利，彼出而不利，曰支；支形者，敵雖利我，我無出也；引而去之，令敵半出而擊之利。）如通過湖沼地帶的作戰，又類似坦能堡戰役。

48. 隘形戰（隘形者，我先居之，必盈之以待敵；若敵先居之，盈而勿從，不盈而從之。）即隘路戰鬪。

49. 險形戰（險形者，我先居之，必居高陽以待敵；若敵先居之，引而去之，勿從也。）如山岳戰鬪。

50. 遠形戰（遠形者，勢均，難以挑戰，戰而不利。）如渡遠洋作戰。此次美日太平洋之戰，美以擁有最新武器，故能克服遠形的困難。

十、見於〈九地〉篇者：

51. 散地戰（諸侯自戰其地者，為散地。散地則無戰。）即以本國為戰場的守勢戰，亦可稱為內線作戰。

52. 輕地戰（入人之地而不深者，為輕地。輕地則無止。）即超越敵國境的攻勢作戰，亦可稱外線作戰，但勿停留敵國邊境，須長驅直入，以期速戰速決。即深入作戰。

53. 爭地戰（我得亦利，彼得亦利者，為爭地。爭地則無攻。）即對於戰略（術）要點的爭奪戰，不作正面的攻堅，宜

截斷其退路，或攻佔其背後痛苦之點，壓迫其退出而奪取之。

54. 交地戰（我可以往，彼可以來者，為交地。交地則無絕。）即通路發達之平原地作戰，但對敵的進犯不宜採用阻塞戰術，宜誘敵於我有利地區而擊破之。

55. 衢地戰（諸侯之地三屬，先至而得天下之眾者，為衢地。衢地則合交。）宜用外交戰。

56. 重地戰（入人之地深，背城邑多者，為重地。重地則掠。）宜用以戰養戰的經濟作戰。

57. 圮地戰（山林、險阻、沮澤凡難行之道者，為圮地。圮地則行。）有時與山地戰、森林戰、沼澤戰成為一體。

58. 圍地戰（所由入者隘，所從歸者迂，彼寡可以擊吾之眾者，為圍地。圍地則謀。）宜用美人計或詐降計。

59. 死地戰（疾戰則存，不疾戰則亡者，為死地，死地則戰。）如突圍戰。

60. 常蛇戰（善用兵者，譬如率然；率然者，常山之蛇也；擊其首則尾至，擊其尾則首至，擊其中則首尾俱至。）即機動作戰。

61. 投險戰（聚三軍之眾，投之於險，此將軍之事也。）如降落傘部隊在敵後作戰。

62. 脫兔戰（始如處女，敵人開戶，後如脫兔，敵不及拒。）如閃電戰。

附註；孫子原主張在散、重、爭、圯等地帶以不戰為宜，倘若被迫在此種地帶作戰，就要另講對策。至〈九地〉篇所舉之戰法，因多見於〈地形〉篇，從略。

十一、見於〈火攻〉篇者：

63. 火攻戰（凡火攻有五：一曰火人，二曰火積，三曰火輜，四曰火庫，五曰火隊。）即所謂用燃燒彈之空擊與砲擊或間諜放火，亦即火海戰術。

64. 水攻戰（以水佐攻者強，水可以絕，不可以奪。）即洪水戰術。

十二、見於〈用間〉篇者：

65. 間諜戰（用間有五：有鄉間，有內間，有反間，有死間，有生間。）

以上各項無暇繪圖詳加說明，最後給它歸結一下：即第十、十三、十五、五十八等項屬於政略戰或外交戰。第十二、三十四、五十六等項，屬於經濟戰。第五、七等項屬於宣傳戰或神經戰。第六十五項即間諜戰，其餘屬於武力戰的戰略和戰術。惟在各種地形之戰鬥指導上，獨缺市街戰和沙漠戰，也許因為限於當時的戰爭現象吧！但卻有原則可以運用於這方面，這又足見孫子是如何的偉大了！

吳門外孫子的荒塚是煙滅了，但孫子所遺留於我們的兵法十三篇即是不朽的，彌久而彌光，它是兵學的寶藏，取之不盡，用之不盡，你需要它的金，它可以供給你金，你需要它的銀，它可以

供給你的銀，你需要它的銅鐵錫，它可以供給你的銅鐵錫；既要懂得活用，尤要補充新的方法和技術，它不是供我們陳列的，欣賞的，它是供我們用來鞏固國防——準備戰爭，實行戰爭，爭取戰爭的勝利！

《孫子兵法》的文章法

　　《孫子兵法》是世界第一流的兵法，而其文章的雄壯美妙也是世界第一流的文章，自〈始計〉篇至〈用間〉篇，正如他自己所說：「常山之蛇」的首尾互相呼應。正奇縱橫，又如所說；「紛紛紜紜，鬥亂而不可亂也。渾渾沌沌，形圓而不可敗也。」他實具有韓非子的正筆，莊子的奇筆。

　　宋蘇洵評為：「簡切。」日本賴山陽評為：「與其說是兵法的書，不如說是文學的書。」多賀義憲亦評說：「兵七文三。」像這樣名文的《孫子》，於前人所編的《古文觀止》，以及今人所編的《民族文選》、《軍事文選》一類的書，於《左傳》、《戰國策》等書的佳作，均有列入，獨《孫子》付之闕如，這也許因編者「不懂貨色」，或因對兵法不感興趣吧！抑係古來重文經武的結果？然這不能不說是一件憾事。

　　提起孫子的文章法，真是複雜錯綜，一言難盡，在這篇文裏，我所要提出來說的有三：

　　其一是孫子的倒說筆法。
　　其二是孫子巧妙的比喻。
　　其三是孫子所喜用之字句。

　　先就第一項而說：孫子給予我印象最深的，就是倒說的筆法，這也就是他偉大高深的兵理之所在，好像世人都是認為戰勝，而天下人人皆拍手稱善，那就很美滿的了；百戰百勝則更美滿，但孫子則說：「戰勝而天下曰善，非善之善者也。」又說：

「百戰百勝，非善之善者也。」再說：「古之所謂善戰者，勝於易勝也。」但常人往往以為：難勝而勝則善，易勝而勝，有何善之足云。俗見對於善戰者之勝，正是譽為有智名有勇功，但孫子則斷說：「善戰者之勝，無智名，無勇功。」

一般都是恃敵之不來，恃敵之不我攻的，但孫子則說：「用兵之法，無恃其不來，恃吾有以待之；無恃其不攻，恃吾有所不可攻也。」

其次說到孫子中的比喻：孫子是很喜歡用比喻的，大概這是孫子有感於欲形容兵法高深的哲理非用確切的比喻不可。

一、以積水為喻，如說：「勝者之戰，若決積水於千仞之谿者，形也。」所謂形即軍形，以我之實擊彼之虛。

二、以圓石為喻，如說：「故戰人之勢，如轉圓石於千仞之山者，勢也。」

三、以六如為喻，如說：「其疾如風，其徐如林，侵掠如火，不動如山，難知如陰，動如雷霆」。

四、以率然為喻，或以常山之蛇為喻，如說：「善用兵者，譬如率然；率然者常山之蛇也，擊其首則尾至，擊其尾則首至，擊其中則首尾俱至。」所謂長蛇的陣形，在海戰方面恰如單縱陣的陣形。

五、以處女脫兔為喻，如說：「始如處女，敵人開戶；後如脫兔，敵不及拒。」其實不用處女，則不足以表現用兵的靜秘，不用脫兔，不足以表現奇襲的神速，均為絕妙的文句。

此外，彼用「九天」，「九地」以喻攻守，「激水」，「鷙鳥」，「擴弩」，「發機」以喻進攻，又用「以鎰稱銖」，以喻「勝兵」，「以銖稱鎰」，以喻「敗兵」，「水無常形」及「五行無常勝，四時無常位，日有短長，月有死生。」以喻兵法的變化活用等等。均為精闢的比喻，耐人尋味。

更次說到孫子所喜用的字句。《孫子》全文，僅有六千餘字，但字字金石，句句珠璣，令人百讀不厭。就中，他最喜用「故」，「是故」，「必」等虛字。

（一）統計全書共用「故」字八十四個：

一、〈始計〉篇				
1	故經之以五事	2	故校之以計	3	故能而示之不能
二、〈作戰〉篇				
4	故兵聞拙速	5	故不盡知用兵之害者	6	故軍食可足也
7	故智將務食於敵	8	故殺敵者怒也	9	故兵貴勝
10	故知兵之將				
三、〈謀攻〉篇				
11	故上兵伐謀	12	故善用兵者	13	故兵不頓而利可全
14	故用兵之法	15	故小敵之堅	16	故君之所以患於軍者三
17	故知勝有五	18	故曰知彼知己		
四、〈軍形篇〉				
19	故善戰者能為不可勝	20	故曰勝可知而不可為	21	故能自保而全勝也
22	故舉秋毫不為多力	23	故善戰者之勝也	24	故其戰勝不忒
25	故善戰者先立於不敗之地	26	故能為勝敗之政	27	故勝兵若以鎰稱銖
五、〈兵勢〉篇				
28	故善出奇者	29	故善戰者其勢險	30	故善動敵者
31	故善戰者求之於勢	32	故能擇人而任勢	33	故善戰人之勢
六、〈虛實〉篇				
34	故善戰者致人而不	35	故敵佚能勞之	36	故善攻者

	致於人				
37	故能為敵之司命	38	故我欲戰	39	故形人而我無形
40	故備前則後寡	41	故知戰之地	42	故曰勝可為也
43	故策之而知得失之計	44	故形兵之極	45	故其戰勝不復
46	故兵無常勢	47	故五行無常勝		

<table>
<tr><td colspan="6" align="center">七、〈軍爭〉篇</td></tr>
</table>

48	故迂其途而誘之以利	49	故軍爭為利	50	故不知諸侯之謀者不能豫交
51	故兵以詐立	52	故其疾如風	53	故為之金鼓
54	故為之旌旗	55	故夜戰多火鼓	56	故用兵之法高陵勿向

<table>
<tr><td colspan="6" align="center">八、〈九變〉篇</td></tr>
</table>

57	故將通於九變之利者	58	故用兵之法	59	故將有五危

<table>
<tr><td colspan="6" align="center">九、〈行軍〉篇</td></tr>
</table>

60	故令之以文

<table>
<tr><td colspan="6" align="center">十、〈地形〉篇</td></tr>
</table>

61	故兵有走者	62	故戰道必勝		
63	故進不求名	64	故可與之赴深谿	65	故可與之俱死
66	故知兵者	67	故曰知彼知己		

<table>
<tr><td colspan="6" align="center">十一、〈九地〉篇</td></tr>
</table>

68	故善用兵者譬如率然	69	故善用兵者攜手若使一人	70	故兵之情圍則禦
71	故其城可拔	72	故為兵之事		

<table>
<tr><td colspan="6" align="center">十二、〈火攻〉篇</td></tr>
</table>

73	故以火佐攻者明	74	故曰明主慮之	75	故曰明主慎之

<table>
<tr><td colspan="6" align="center">十三、〈用間〉篇</td></tr>
</table>

76	故明君賢將	77	故用間者有五	78	故三軍之事
79	故反間可得而使也	80	故鄉間內間可得使也	81	故死間為誑事可使告敵
82	故生間可使如期	83	故反間不可不厚也	84	故明君賢相

（二）統計全書共用「是故」字十五個：

1	是故百戰百勝——〈謀攻〉篇	2	是故勝兵先勝而後戰——〈軍形〉篇
3	是故卷甲而趨——〈軍爭〉篇	4	是故軍無輜重則亡——〈軍爭〉篇
5	是故朝氣銳——〈軍爭〉篇	6	是故智者之慮——〈九變〉篇
7	是故屈諸侯者以利——〈九	8	是故散地則無戰——〈九地〉篇

	變〉篇		
9	是故其兵不修而戒——〈九地〉篇	10	是故方馬埋輪——〈九地〉篇
11	是故散地吾將一其志——〈九地〉篇	12	是故不知諸侯之謀者不能豫交——〈九地〉篇
13	是故不爭天下之交——〈九地〉篇	14	是故政舉之日——〈九地〉篇
15	是故始如處女——〈九地〉篇		

（三）統計全書共用「必」字四十六個：

一、〈始計〉篇					
1	用之必勝	2	用之必敗		
二、〈謀攻〉篇					
3	必以全爭於天下	4	輔周則國必強	5	輔隙則國必弱
6	不知彼不知己每戰必敗				
三、〈軍形〉篇					
7	不能使敵之必可勝				
四、〈兵勢〉篇					
8	可使必受敵而無敗者奇正是也	9	形之敵必從之	10	予之敵必取之
五、〈虛實〉篇					
11	攻而必取者攻我所不守也	12	守而必固者守其所不攻也	13	攻其所必救也
六、〈軍爭〉篇					
14	圍師必闕				
七、〈九變〉篇					
15	是故智者之慮必雜於利害	16	必死可殺	17	必生可虜
18	必以五危				
八、〈行軍〉篇					
19	絕水必遠水	20	必依水草而背眾樹	21	是為必勝
22	必處其陽	23	必亟去之	24	必謹覆索之
25	必謹察之	26	必擒於人	27	是為必取
九、〈地形〉篇					
28	必盈之以待敵	29	必居高陽以待敵	30	知此而用戰者必勝
31	不知此而用戰者必敗	32	故戰道必勝	33	必戰可也
34	主曰必戰				
十、〈九地〉篇					
35	必亟入之				

十一、〈火攻〉篇					
36	行火必有因	37	煙火必素具	38	必因五火之變而應之
39	凡軍必知五火之變				
十二、〈用間〉篇					
40	必取於人	41	必先知其守將	42	令吾間必索知之
43	必索敵間之來間我	44	主必知之	45	知之必在反間
46	必成大功				

　　以上孫子用許多「故」字與「是故」兩字在引申下文，亦在加強自己的立論，以取信吳王（因是書為獻吳王而作），不暇左顧右盼之意。至於「必」字，尤為文章中特色，富有活力，斬釘截鐵，毫無模稜兩可，遲疑不決的可能。日人曾評為：「必字在十三篇上如常山之蛇的畫龍點睛」，實非虛語。還有孫子在全書中每用到「生」與「死」兩字，他不先提「生」字，後提「死」字，均為先提「死」字，後提「生」字，如〈始計〉篇說：「死生之地」，〈虛實〉篇說：「月有死生」，〈九變〉篇說：「必死可殺，必生可虜」，〈行軍〉篇說：「前死後生」，〈九地〉篇說：「陷之死地然後生」，〈火攻〉篇說：「死者不可復生」，〈用間〉篇說：「故用間有五……有死間，有生間，」不待說，這是因為「兵，死地也」（趙括答母語），決非平平安安的生地，而使人時加戒備，如臨深淵，如履薄冰，然後常可死裏得生，爭取勝利，孫子的用意真是深切。像這樣的兵法，這樣的名文，真所謂兵以文傳，文因兵著，兵文並茂的一部不朽的空前名作！

《孫子兵法》的名句

　　《孫子兵法》好此一座金字塔，莊嚴巍峨，氣象萬千。又好比蘇東坡說：「江上之清風與山間之明月，耳得之而為聲，目遇之而成色，取之無禁，用之不竭。是造物者之無盡藏也。」

　　《孫子兵法》僅有六千餘字，但名著並不限於字數的多寡，它不特在兵學上成為名著的名著，即在文學上亦蔚為名文的名文。日本德川時代漢學家賴山陽評說：「愈出愈奇，千古妙文。」又說：「莊妙於用虛，左妙於用實，兼之者孫子論兵也。」《現代孫子解說》的作者北村佳逸評為「東方第一流文豪」。《東洋古兵法之精神》作者多賀義尚評說：「《孫子》是名文章，十三篇皆為古漢文之模範。」又說：「十三篇中文章之最妙者為軍形第四，兵勢第五，虛實第六之三篇。」真的，《孫子》是名文，名句宛如明珠走盤，閃閃有光。不過我在這裏所隨手錄出的名句，非著眼於文章，乃基於兵法之價值：

　道者，令民與上同意，可與之死，可與之生，而不畏危也。

　將者，智、信、仁、勇、嚴也。

　攻其無備，出其不意。

　多算勝，少算不勝。

　──以上〈始計〉篇

兵聞拙速，未靚巧之久也。[1]

不盡知用兵之害者，則不能盡知用兵之利也。

因糧於敵。

兵貴勝，不貴久。

——以上〈作戰〉篇

百戰百勝，非善之善者也；不戰而屈人之兵，善之善者也。[2]

上兵伐謀，其次伐交，其次伐兵，其下攻城。

善用兵者，屈人之兵而非戰也；拔人之城而非攻也；毀人之國而非久也。必以全爭於天下，故兵不頓，而利可全。

十則圍之，五則攻之，倍則分之，敵則能戰之，少則能守之，不若則能避之。

知彼知己，百戰不殆；不知彼而知己，一勝一負；不知彼，不知己，每戰必敗。

　——以上〈謀攻〉篇

善戰者，先為不可勝，以待敵之可勝；不可勝在己，可勝在敵。

不可勝者守也，可勝者攻也。守則不足，攻則有餘。

善守者藏於九地之下，善攻者動於九天之上。

善戰者，立於不敗之地，而不失敵之敗也。

---

[1] 日本近代軍事上所採取的「速戰速決」主義即本此。
[2] 聞故羅斯福總統最崇拜此語。

善戰者，勝於易勝者也；故善戰者之勝也，無智名，無勇功。

勝兵先勝，而後求戰，敗兵先戰，而後求勝。

勝兵若以鎰稱銖，敗兵若以銖稱鎰。

勝者之戰，若決積水於千仞之谿者，形也。

——以上〈軍形〉篇

以正合，以奇勝。

戰勢，不過奇正，奇正之變，不可勝窮也；奇正相生，如循環之無端，孰能窮之哉？

善戰者，其勢險，其節短。勢如擴弩，節如發機。

亂生於治，怯生於勇，弱生於強。治亂，數也；勇怯，勢也；強弱，形也。

——以上〈兵勢〉篇

故善戰者，致人而不致於人。

佚能勞之，飽能饑之，安能動之。

攻而必取者，攻其所不守也；守而必固者，守其所不攻也。

善攻者，敵不知其所守。善守者，敵不知其所攻。

進而不可禦者，衝其虛也。退而不可追者，速而不可及也。

策之而知得失之計，作之而知動靜之理，形之而知死生之地，角之而知有餘不足之處。

無形則深間不能窺，智者不能謀。

水因地而制流，兵因敵而制勝。

——以上〈虛實〉篇

後人發，先人至。

軍無輜重則亡，無糧食則亡，無委積則亡。

兵以詐立，以利動，以分合為變者也。

其疾如風，其徐如林，侵掠如火，不動如山，難知如陰，動如雷霆。[①]

避其銳氣，擊其惰歸。

以治待亂，以靜待譁。

以近待遠，以佚待勞，以飽待饑。[②]

——以上〈軍爭〉篇

塗有所不由，軍有所不擊，城有所不攻，地有所不爭，君命有所不受。

智者之慮，必雜於利害，雜於利，而務可信也；雜於害，而患可解也。

屈諸侯者以害，役諸侯者以業，趨諸侯者以利。

[①] 日本古代名將武田信玄曾以「疾如風 徐如林 侵掠如火 不動如山」四句，寫上旌旗，豎在軍門。

[②] 日本海軍元帥東鄉平八郎於日俄之戰，在對馬海峽擊敗俄國波羅的海艦隊，即得此奧妙。

無恃其不來，恃吾有以待之，無恃其不攻，恃吾有所不可攻也。①

——以上〈九變〉篇

客絕水而來，勿迎之於水內，令半濟而擊之利。

卒未親附而罰之，則不服，不服則難用。卒已親附而罰不行，則不可用。

令素行以教其民，則民服。令不素行以教其民，則民不服。

——以上〈行軍〉篇

視卒如嬰兒，故可與之赴深谿，視卒如愛子，故可與之俱死。

知彼知己，勝乃不殆；知天知地，勝乃可全。

——以上〈地形〉篇

圍地則謀，死地則戰。

合於利而動，不合於利而止。

兵之情主速，乘人之不及，由不虞之道，攻其所不戒也。

善用兵者，譬如率然；率然者，常山之蛇也；擊其首則尾至，擊其尾則首至，擊其中則首尾俱至。

將軍之事，靜以幽，正以治。

① 英國羅柏士總指揮給《孫子》的譯釋者蓋爾斯博士的信說：「孫武子兵略大部份現猶完全合於實用，英國民眾理應記取下列的名言：『無恃其不來，恃吾有以待之；無恃其不攻，恃吾有所不可攻也。』」

投之亡地然後存，陷之死地然後生。[1]

併力一向，千里殺將。

始如處女，敵人開戶；後如脫兔，敵不及拒。

——以上〈九地〉篇

以火佐攻者明，以水佐攻者強。

非利不動，非得不用，非危不戰。

主不可以怒而興師，將不可以慍而致戰。

怒可以復喜，慍可以復悅，亡國者不可以復存，死者不可以復生。[2]

——以上〈火攻〉篇

先知者，不可取於鬼神，不可象於事，不可驗於度，必取於人，知敵之情者也。

親莫親於間，賞莫厚於間，事莫密於間。

非聖智不能用間，非仁義不能使間，非微妙不能得間之實。

殷之興也，伊摯在夏；周之興也，呂牙在殷。

——以上〈用間〉篇

---

[1] 韓信本此而造成背水陣的大捷。

[2] 德皇威廉第二於第一次世界大戰失敗後，讀及此數語，不勝感慨，追悔莫及。

　　以上隨手錄出《孫子》的名句，也許可供讀《孫子》者，用《孫子》者的一助吧。但讀《孫子》者應從局部到整個的了解，最忌斷章取義。即從〈始計〉篇到〈用間〉篇，篇篇要融會貫通，句句神而明之。我們今日遭逢著一個五千年來最兇惡最頑強的敵人——共產集團，我們為殺敵制勝，還我河山，則必須由守勢轉取攻勢，正如孫子說：「可勝者，攻也。」但今後在突擊戰或反攻戰上，我認為總應先從孫子所昭示吾人這一句名言著手，而最難的亦在此：「知彼知己，勝乃不殆；知天知地，勝乃可全。」

從數字看《孫子兵法》

「數字為軍事的基礎」。一個兵學家或一個實戰家，倘若缺乏數字的頭腦，則所建立的理論必流於玄虛，戰則為糊塗戰。

在今日，從這一點來看孫子，更覺得孫子學理的燦爛輝煌。

孫子生於二千多年前的春秋時代，並沒有染上玄學家的色彩，即具有一副精密的數學頭腦，故在十三篇中常從數字來推算勝敗，來說明戰理，且不流於機械，令人不能不佩服他運用之妙。

孫子的文章，雄奇豪邁，遠非今日典範令可比，即春秋戰國時代諸子的文章亦多不及，日本《孫子解說》的作者北村佳逸氏讚譽為「東方第一流文豪」，史家賴山陽氏亦讚譽說：「莊妙於用虛，左妙於用實，兼之者孫子之論兵也。」實非過言。然而一般文豪多無數學頭腦，而孫子卻能克服這個弱點，行文不流於玄虛，這便是他成為「萬世師」的所在。

孫子在〈軍形〉篇，特別指出數字（依數字的計算）在作戰上的重要說：「數生稱，稱生勝」，至在其他各篇中為說明戰理所用的數字，以「五」、「三」、「九」等奇數（單數字）數字為最多。例如：

1. 五事——故經之以五事……一曰道，二曰天，三曰地，四曰將，五曰法。（〈始計〉篇）

2. 五攻——十則圍之，五則攻之。（〈作戰〉篇）

3. 五勝——故知勝有五：知可以與戰，不可以與戰者勝；識眾寡之用者勝；上下同欲者勝；以虞待不虞者勝；將能而君不御者勝；此五者，知勝之道也。（〈謀攻〉篇）

4. 五法——兵法：一曰度，二曰量，三曰數，四曰稱，五曰勝。（〈軍形〉篇）

5. 五聲——聲不過五，五聲之變，不可勝聽也。（〈兵勢〉篇）

6. 五色——色不過五，五色之變，不可勝觀也。（同上）

7. 五味——味不過五，五味之變，不可勝嘗也。（同上）

8. 五行——五行無常勝。（〈虛實〉篇）

9. 五利——治兵不知九變之術，雖知五利，不能得人之用矣。（〈九變〉篇）

10. 五危——將有五危：必死可殺，必生可虜，忿速可侮，廉潔可辱，愛民可煩。（同上）

11. 五火——凡火攻有五：一曰火人，二曰火積，三曰火輜，四曰火庫，五曰火隊……凡火攻，必因五火之變而應之。（〈火攻〉篇）

12. 五間——故用間有五：有因間，有內間，有反間，有死間，有生間，五間俱起，莫知其道。（〈用間〉篇）

從上面看，孫子是很喜歡用「五」的數字的，這可以說是合乎自然之理，如人之五指五官。古代軍隊編制亦以「伍」為

基本單位，正如〈謀攻〉篇說「全伍為上，破伍次之。」又從上面看，孫子所用「五」的數字乃在分析戰理（如五事五勝等）及比較之（如五則攻之），或比喻之（如五聲，五色等），使其愈加明朗化和通俗化，並容易記憶。

又例如：

1. 三載——糧不三載（〈作戰〉篇）

2. 三月——修櫓轒轀，具器械，三月而後成，距堙，又三月而後已。（〈謀攻〉篇）

3. 三分——殺士卒三分之一，而城不拔者，此攻之災也。（同上）

4. 三患——故君之所以患於軍者三，不知三軍之不可以進，而謂之進；不知三軍之不可以退，而謂之退，是謂縻軍。不知三軍之事，而同三軍之政，則軍士惑矣。不知三軍之權，而同三軍之任，則軍士疑矣。（〈謀攻〉篇）

5. 三屬——諸候之地三屬。（〈九地〉篇）

以上係就時地與事而言。

又例如：

1. 九地——善守者藏於九地之下。（〈軍形〉篇）

2. 九天——善攻者動於九天之上。（同上）

3. 九變——將通於九變之利者，知用兵矣。（〈九變〉篇）

4.　九地——用兵之法，有散地，有輕地，有爭地，有交地，有衢地，有重地，有圮地，有圍地，有死地……九地之變，屈伸之利。（〈九地〉篇）

九字在我國古代為數之極，所謂九變，即多種多樣的變化，九地即多種多樣的地勢。至於九地九天乃用以喻其深和高。

其次，孫子認為戰爭的勝敗，是可先從得算的多少來比較和計算出來的，如〈始計〉篇說：「夫未戰而廟算勝者，得算多也；未戰而廟算不勝者，得算少也；多算勝，少算不勝，而況於無算乎？吾以此觀之，勝負見矣。」又依於兵數的比較而決定攻守，如〈謀攻〉篇說：「故用兵之法，十則圍之，五則攻之，倍則分之。敵則能戰之，少則能守之，不若則能避之。」又依於兵數的運用而使我成為優勢。如〈虛實〉篇說：「故形人而我無形，則我專而敵分；我專為一，敵分為十，是以十攻其一也，則我眾敵寡，能以眾擊寡者，則吾之所與戰者約矣。」原來兵力多寡的比較，向為決定勝敗的一大因素，例如一九五六年來，韓戰中的聯軍從北韓的大撤退，實由於共軍挾其五十萬大軍逢蜂擁而至，且可源源增援，使僅擁有有限的二十萬兵力的聯軍非撤退不可。孫子這個提示，更使我們明瞭數字在戰爭上的重要性。又就進軍遠近的數字上面計算利害得失說：「是故卷甲而趨，日夜不處，倍道兼行，百里而爭利，則擒三將軍；勁者先，疲者後，其法十一而至；五十里而爭利，則蹶上將軍，其法半至；三十里而爭利，則三分之二至。」更可作為我們今日行軍上的座右銘。

還有戰爭是需要龐大數字的動員的，如〈作戰〉篇說：「凡用兵之法，馳車千駟，革車千乘，帶革十萬，千里饋糧，內外之費，賓客之用，膠漆之材，車甲之奉，日費千金，然後十萬之師舉矣。」同篇又說：「百姓之費，十去其七；公家之費，⋯⋯十去其六。食敵一鐘，當吾二十鐘；箕稈一石，當吾二十石。」〈用間〉篇又說：「凡興師十萬，出征千里，百姓之費，公家之奉，日費千金，內外騷動，怠於道路，不得操事者，七十萬家。」所以不懂得龐大數字的需要與耗費者簡直不能談戰爭，尤其現代全球性的戰爭。

此外，〈行軍〉篇把戰爭分為「處山之軍」、「處水上之軍」、「處斥澤之軍」、「處陸地之軍」四種，並加以證明說：「此四軍之利，黃帝之所以勝四帝也。」〈地形〉篇分析地形為六種說：「地形有通者，有挂者，有支者，有隘者，有險者，有遠者。⋯⋯凡此六者，地之道也。」又分析敗兵亦有六種說：「故兵有走者，有馳者，有陷者，有崩者，有亂者，有北者⋯⋯凡此六者，敗之道也。」這是一種偶數（雙數）數字上的分析，惟不如上述所用奇數數字之多。

要之，孫子雖是一個軍事哲學家，他卻具有一副數學的科學頭腦，依於統計而決策，故其戰則必勝，如破楚入郢，尤其完成了這一部不朽的兵法十三篇，更令人佩服他的偉大。考拿破崙在歐陸的百戰百勝，由他具有數學天才實為其主因。克勞塞維慈在其《戰爭論》上亦把「數字的要素」列為戰略要素之一。美國某戰術家說：「戰術完全為數字的討論，而以方程式解決一切問題。」西歐某戰略家亦說：「近代作戰，乃爭力的數字。」凡論兵

者，莫不注重數字，古今名將，莫不具有數學的頭腦。孫子在古代的玄學氣氛裡，獨能屹然建立其合乎科學的理論，這種治學的精神與方法，實值得我們今日來學習和研究。

孫子論將

　　孫子論將，開始就在〈始計〉篇列「將」與「道」、「天」、「地」、「法」同為五事之一，說：「將者，智、信、仁、勇、嚴也。」從此便成為將帥應具要素的不刊之論，然而一個將帥具備此五德，在今日卻不多見。孫子在〈九變〉篇又指出一個將帥應提防五危說：「故將有五危：必死可殺，必生可虜，忿速可侮，廉潔可辱，愛民可煩。凡此五者，將之過也，用兵之災也，覆軍殺將，必以五危，不可不察也。」其實，一個將帥如具備上述的五德，則不致發生此五危，然具有一德二德易，而兼具五德則難，所以我們在戰史上常見有的將帥被「殺」，有的被「虜」，有的被「侮」，有的被「辱」，有的被「煩」。這還是記憶猶新的事實：過去大陸上戡亂中的將領，有些不是犯此五危嗎？又，孫子在〈九地〉篇指出將帥的思慮與治事作戰應有的修養與態度說：「將軍之事：靜以幽，正以治。」這是名將的條件，也是孫子的性格。再，孫子是反對風頭主義，名利主義的，故在〈軍形〉篇稱讚善戰的將帥為：「善戰者之勝也，無智名，無勇功。」〈地形〉篇又說：「故進不求名，退不避罪，唯民是保，而利於主，國之寶也。」深望主兵的將領，應該三復斯言。

孫子的「柔道」

孫子的哲理淵源於老子，故老子的柔道亦為孫子所宗，雖說孫子沒有明顯地提出「柔」的兵法，僅於〈九地〉篇說過：「剛柔皆得，地之理也。」但〈始計〉篇說：「兵者，詭道也」，所謂「詭道」應是柔道。跟著說：「能而示之不能，用而示之不用，近而示之遠，遠而示之近，利而誘之，亂而取之，實而備之，強而避之，怒而撓之，卑而驕之，佚而勞之，親而離之。」這不是柔道嗎？〈謀攻〉篇說：「上兵伐謀，其次伐交。」這是以柔道為上的。〈軍爭〉篇說：「善用兵者，避其銳氣，擊其惰歸，此治氣者也。以治待亂，以靜待譁，此治心者也。以近待遠，以佚待勞，以飽待饑，此治力者也。無邀正正之旗，勿擊堂堂才陣，此治變者也。」〈九變〉篇又說：「途有所不由，軍有所不擊，城有所不攻，地有所不爭，」這也可以說是柔道。孫子係以柔制剛而勝為上，以剛制剛而勝次之，如〈謀攻〉篇說：「……其次伐兵，其下攻城。攻城之法，為不得已；」但他卻不是唯柔主義者，亦主剛柔並用，如〈九地〉篇說：「故為兵之事，在順詳敵之意（柔），併力一向，千里殺將（剛），是謂巧能成事。」又說：「始如處女（柔），敵人開戶；後如脫兔（剛），敵不及拒。」這是孫子比老子為進一步之處。

過去我們抗戰的勝利是「柔道」的表現，今日我們保衛臺灣，徐圖反攻，也是合乎「柔」的道理。一九五〇年麥克阿瑟元帥從北韓的大撤退也是柔的處置。

知剛不知柔，非兵法家，能柔能剛始是最偉大的軍事家。

孫子的物理學

孫子的地理學（兵要地理），心理學（軍事心理），在這裡，姑置勿論，我所要說的僅屬於孫子的物理學問題，這是從來未為人家所注意，又未見有人做過系統研究的新問題。

孫子不愧為一個科學家，早在二千多年前，他以物理來喻用兵之理，使戰理進入一新境界，愈加高深和奧妙，一面令人感到他思想的嚴密與奔騰，另一面又感到不懂物理學者不足以談兵，更難博得善勝。

在近代拿破崙曾以物理解釋戰理說：「一個軍隊的力量，和力學裡面的動力一樣，是依於速度乘質量來計算的。迅速的進軍，對於軍隊發生有利的精神影響，而增加其制勝之資。」與拿破崙同時的德國克勞塞維慈在其傑作《戰爭論》一書，於論攻勢時說：「凡是一種主動的攻擊，其形勢完全是上昇的，這種上昇漸次達到最高潮的極限，一到極限以後，便同波浪一樣要下降的。」這完全引證力學來說明攻擊的攻擊力量上昇，漸至極跟，一到這個極限便會向下降，在其超過極限而向下降時，其勢反不如守者，也就是說攻勢一到極限時，反對守方為有利。這真是一個不易的定理，至於現代的軍事學亦常引物理學的定理來說明。

物理學為自然科學的一分科，為研究物性、力、運動、熱、音、光、電、磁等現象。並以研究整理此種現象的法則為目的的科學。而用兵之理實與物理建立於同一原理之上，亦即說一切戰

理戰法的運用必須遵循物理的法則或「自然的法則」，方可博得善戰善勝。

〈軍形〉篇說：「勝兵若以鎰稱銖，敗兵若以銖稱鎰」。在物理學上說，為質量相差，一重一輕，勝敗之勢，判若天淵。跟著說：「勝者之戰，若決積水於千仞之谿者，形也。」在物理學上說為一種衝力，即物體之運動及重力加速度之作用。下述：「如轉圓石」亦同此理。孫子以之形容勝者的作戰，必所向無敵，勝操左券。〈兵勢〉篇說：「激水之疾，至於漂石者，勢也。鷙鳥之疾，至於毀折者，節也。故善戰者，其勢險，其節短。勢如擴弩，節如發機。」均係應用運動力與重力說明進軍要迅速，衝擊要猛烈。同篇又說：「故善戰者，求之於勢，不責於人；故能擇人而任勢。任勢者，其戰人也，如轉木石；木石之性，安則靜，危則動，方則止，圓則行。故善戰人之勢，如轉圓石於千仞之山者，勢也。」意謂因勢利導，自易取勝。〈虛實〉篇說：「夫兵形象水，水之形，避高而趨下；兵之形，避實而擊虛；水因地而制流，兵因敵而制勝。故兵無常勢，水無常形；能因敵變化而取勝者，謂之神。」這是以流水的運動現象，受著地勢的限制來說明因敵制虛之理，當可取勝。又，〈兵勢〉篇說：「聲不過五，五聲之變，不可勝聽也(物理學上為聲學的研究)。色不過五，五色之變，不可勝觀也（物理學上為色的混合之研究）。味不過五，五味之變，不可勝嘗也。（在物理學上為味覺之研究）」這都是說運用奇正要有此物理學上無窮之變化，方可善勝。然於此，亦可見中國物理學在兩千多年前已很發達了。孫子巧於把物

理來喻用兵之理，在這點上，我想今日西方的原子物理學家也要驚奇。

孫子的心理戰

《孫子兵法》是一部全體性的戰爭理論，所以心理戰或宣傳戰並非首創於德將魯登道夫，孫子在二千多年前已經倡導了。

心理戰是「不戰而勝」的戰爭形式，也是戰爭的最高理想，這就是孫子所說：「不戰而屈人之兵，善之善者也。」因為不戰而屈人之兵，自可達到「全國」「全軍」的最高理想。又說：「三軍可奪氣，將軍可奪心。」這正是明顯地提出心理戰，並強調心理戰的效果。因為基於心理戰的施行，可以奪了敵軍的士氣，又奪了敵將的決心，那有不投降之理？至於所謂「亂而取之，親而離之，」亦為心理戰的兩大原則。

孫子又說：「古之善用兵者，能使敵人前後不相及，衆寡不相恃，貴賤不相救，上下不相收，卒離而不集，兵合而不齊。」這，基於心理戰的使用，也可以收此效果的。孫子雖沒有指出心理戰應用的形式，如口頭文字圖畫等，但也許他以為這是屬於枝葉末節吧！

降及近代，心理戰所採用的工具，真是花樣百出，就中以共產集團，尤其無所不用其極，不過，心理戰乃是要以事實做基礎的，像今日蘇俄共黨祇純以欺騙虛偽為主，雖可僥倖於一時，但其最後，卻非失敗不可。

孫子的兵要地理

「地」在今日戰爭上尤有其重要性，至於古代更不用說。所以孫子在〈始計〉篇就列地為五事之一說：「地者，遠近、險易、廣狹、死生也。」又於〈軍爭〉篇說：「不知山林、險阻、沮澤之形者，不能行軍；」〈地形〉篇說：「知敵之可擊，知吾卒之可以擊，而不知地形之不可以戰，勝之半也。」再於〈地形〉篇及〈九地〉篇詳為分析地形與地勢，並提出許多攻守原則，其重視兵要地理如此。在今日戰爭上，眾多的人口與廣大的土地，依然成為不可忽視的要素。試看我國抗戰八年，終獲勝利，而得於先天條件——土地廣大所賜不少。蘇俄於二次大戰中，未亡於希特勒的閃電戰中，其土地的廣大亦為一因。再看今日蘇俄的不斷擴大外圍，赤化鄰國，美國的到處尋找與建築對俄空軍基地，既成立了《大西洋公約》，又正計劃成立《太平洋公約》，其對於「地」即所謂空間的重視，我想亦不下於孫子當時。

至談到地形在作戰上，例如一九五〇年末聯軍的進擊北韓，因中了鐵幕的伏兵，弄至狼狽撤退，損失不少，而由於忽略蓋馬高原的地形之險，亦為一因。蓋馬高原正為〈地形〉篇所說的「挂形」之地：「挂形者，敵無備，出而勝之；敵若有備，出而不勝，難以返，不利。」又如〈九地〉篇所說的「圍地」：「所由入者隘，所從歸者迂，彼寡可以擊吾之眾者，為圍地。」何況聯軍當時又遭遇著優勢的中共。

今日美蘇兩國未敢遽然出於交戰，由於地形上處於孫子所謂的「遠形」，亦為一因，〈地形〉篇說：「遠形者，勢均，難以挑

戰，戰而不利。」故美國正致力於發展空軍與海軍，以補救此弱點。

孫子的時代遠了，但今日我們讀他的書，覺得仍是萬古常新。

孫子與近代海戰、空戰

一般人都以為《孫子》僅是一部陸戰的書，未免認識不足，其實孫子的戰法亦可運用於海戰、空戰上。

過去日本海軍中將佐藤鐵太郎曾用海軍學理解釋孫子來教授日皇，可惜這一部《孫子御進講錄》，現在是找不到了。東鄉元帥於對馬海峽之役，擊敗俄國波羅的海艦隊，事後他告訴人家說，是由於運用孫子戰法的結果，即所謂「以逸待勞，以飽待饑。」（見〈軍爭〉篇），事前他隨身帶有一部《孫子》出發。

不管現代海戰如何進步，《孫子兵法》仍成為制勝的鐵則。孫子說：「善攻者動於九天之上」，正豫言了今日以飛機空襲艦隊的壯舉。珍珠港之役，美國太平洋艦隊之覆滅，即由於日本空軍「攻其無備，出其不意」的結果。孫子又說：「善守者藏於九地之下」，倘若把它更動一下──「善攻者藏於海底之下」，那就可以想到美國是如何恐懼蘇俄潛艇攻擊（使用飛彈）他沿海的城市了。

空戰之飛機的速度為制勝要件，故自噴氣式戰鬥機出現，那些野馬式戰鬥機，P38 型驅逐機便成為廢物了。孫子說：「其疾如風」，這不啻指示空軍今後發展的方向。然以今日科學的發明，工業的發達，跟著噴氣式戰鬥機之後，又有噴氣式轟炸機的出現了。像最近美國波音廠發明的 B-47 重轟炸機，除載重六十頓外，還能每小時飛行六百英哩以上，並飛行於二萬五千呎至四萬呎之間的高空，其他如 B-52 以至超音速的 F-101 等，即所謂「動於

九天之上」。但是美國並不以此為足，她正努力設計和製造「原子飛機」。

在空戰上，當是兵力優勢則攻，劣勢則守，正如孫子說：「守則不足，攻則有餘。」觀於此次韓戰，美國空軍常取攻勢，而北韓空軍取守勢，就可以知道他們空戰的誰勝誰敗了。

孫子說：「善戰者，其勢險，其節短，勢如擴弩，節如發機。紛紛紜紜，鬥亂而不可亂也，渾渾沌沌，形圓而不可敗也。」不啻又是描寫今日的空戰。

最後，孫子說：「知彼如己，勝乃不殆；知天知地，勝乃可全。」這也是今日海戰空戰制勝的先決條件。然今日以雷達的發明，已易於知彼，氣象儀器的進步，已易於「知天」，空中照相術的精確，已易於「知地」。所以欲求制勝於今日的海戰、空戰，就先要致力於此。所以不管你是海軍，或空軍，都要一樣研究孫子，體驗孫子。

《孫子兵法》與原子武器

《孫子兵法》是世界兵學的最高峰，原子武器是今日威力最大的軍事武器。由於原子武器的發明，《孫子兵法》中的火攻戰術得發揮到最大的戰果：二次世界大戰得到結束，今日擁有原子武器的國家都未敢輕啟戰端，祇是各自備戰和進行冷戰而已。

科學是日新又日新的，人類戰爭的武器永遠層出不窮。百年前的槍砲，在當時會被稱為無上的兵器；第一次世界大戰的飛機戰車潛艇等，在當時亦被譽為最高武器，而今日俱已成為陳跡；今日原子武器的威力最為猛烈，在不久的將來，又必有更進一步的武器出現。但武器的使用，永遠受著兵法的原理原則支配著，「速戰速決」是古今用兵最理想的戰法，亦是今日進步武器所必具的條件。所以沒有原子武器，則《孫子兵法》不能發揮其理想，沒有《孫子兵法》則原子武器徒逞其兇暴而已。

孫子主張善戰，主張謀攻，以不戰而屈人之兵為上策，最不主張決勝負於戰場之上、鋒鏑之間，以保全人民生命財產，達到安國全軍為最理想。所以十三篇始言計，次言戰，三言謀，而以間計終始十三篇，對於火攻因其傷害之大，則切切叮嚀：「明主慎之，良將警之」，非不得已而後用之，故列於最後，說明此亦戰爭之一法則罷了。

此次美軍應用原子彈於廣島長崎，實因戰爭已成為久戰，正如孫子說：「久則鈍兵挫銳……久暴師則國用不足，……善用兵者，役不再籍，糧不三載……國之貧於師者遠輸，……近於師者

貴賣，……力屈財殫，中原內虛於家……」這不就是二次大戰遍地災黎的寫照嗎？這樣長期浪費金錢人力的無益戰爭，亦正如孫子所說：「故兵聞拙速，未覩巧之久也。」又說：「夫兵久而國利者，未知有也。」再說：「故兵貴勝，不貴久。」的再三斷語，勢非速戰速決不可，而後才使用原子彈——新武器，才能結束戰爭。誠不幸原子彈未能用於二次大戰的開始，亦幸而能用於二次大戰的結束。是原子彈的使用，全為戰理所驅使，戰局所迫成。不得已而後用之，是以戰止戰，非為致彼之敗、成我之勝的窮兵黷武者可比。

原子武器威力之大，實足以毀滅人類、毀滅世界，如果使用原子武器交戰，其傷殘之大是不堪設想的，幸而駕御科學文明，仍是人類的精神文明；駕御戰爭，仍是孫子至高無上的「不戰而屈人之兵」的至理。過去為達成孫子的「速戰速決」而使用原子彈，今後為達成孫子的「不戰而屈人之兵」或「非利不動，非得不用，非危不戰。」而求「速戰速決」，亦唯有賴原子彈以至氫彈的儲備、改進甚至使用，唯有用此種偉大而猛烈無比的軍事實力來正告可能的侵略者，要他們知道必將遭遇大規模報復的危險，毋輕啟戰端，毋冒著「破國」「毀國」去發動戰爭。孫子的「上兵伐謀」亦係以強大軍備為背景，才可把陰謀者的企圖粉碎的。

孫子說：「兵者，國之大事，死生之地，存亡之道，不可不察也。」自武器發展到原子武器，這個界說更見其明朗與森嚴了。所以擁有原子武器的國家，今後應如何慎重將事而「必以全爭於天下，故兵不頓而利可全」呢！孫子說：「主不可以怒而興師

，將不可以慍而致戰；合於利而動，不合於利而止；怒可以復喜，慍可以復悅，亡國不可以復存，死者不可以復生。」今日世界之軍民，誠當三復斯言。

　　世界是趨向光明與大同的，而不是趨向黑暗與毀滅的，日人身受原子彈的災害，但日人將更奮起，日人北村佳逸說：「孫子的戰鬥原理，不論何時於人類也老是無限地供應著力、熱、生命和希望以及一切的祈禱。」所以不論原子武器或更新的任何武器的發明，祇是用以達成「速戰速決」或「不戰而屈人之兵」更或「非得不用，非危不戰」等等孫子的戰鬥原理原則，足見《孫子兵法》是永放光芒，我唯願民主國家善自把握原子武器的優勢或更新武器的出現，達到不戰而致世界於大同！

孫子兵法在日本

　　震撼世界兵壇的我國《孫子兵法》，全文雖止於十三篇，都六千餘言，但字字金玉，句句珠璣，莊嚴巍峨，氣象萬千，不朽不滅，彌久彌光，古今兵家名將皆奉為圭臬，譯本早已遍英、美、日、德、法、俄諸國，就中以日譯本為最佳（因漢文與和文較為接近），亦比他國為最早，其研究者註釋者亦為最多。

　　據日本學者的考證：《孫子兵法》的傳入日本，係吉備真備（六九三－七七五）於西元七一六年被選派來唐留學，七三五年東歸，攜返日本，之後，歷代將相莫不競相研究，視為珍寶。例如戰國時代名將武田信玄曾把〈軍爭〉篇：「疾加風，徐如林，侵掠如火，不動如山。」四句名言，寫上軍旗，豎於軍門。不過日人研究風氣之盛，註釋之多，係開始於十七八世紀間德川時代，在這個時代有漢學家兼兵學家山鹿素行（一七二四－一七八五）著有《孫子諺義》，其評說：「〈始計〉〈用間〉在首尾，通篇自有率然之勢，文章之奇不求，自有無窮之妙。」新井白石（一七五九－一八二七）著有《孫武兵法選》，荻生祖徠（一七六八－一八三〇）著有《孫子國字解》，松宮觀山（一七八八－一八八二）著有《士鑑用法直旨鈔》，吉田松陰（一八三〇－一八五八）著有《孫子評註》，其評說：「孫子開卷言計，終言間，非間何以為計，非計何以為間，間計二事，可以終始十三篇矣。」從素行、松陰兩人的評語，益見孫子是一部有系統而完整的偉大著作。

此外尚有佐藤一齋的《孫子副詮》，平山兵原的《孫子折衷》，賴山陽氏雖沒有關於孫子的專著，但在他《古文典型》一書裡（該書係選集中國二十餘家的古名文而成），曾把孫子的軍形篇當為名文而列入，惜我國出版的《古文觀止》一書尚未注意及此。並評說：「莊妙於用虛，左妙於用實，兼之者孫子之論兵也。」其對孫子文章的讚揚有如此。

自然明治以前，日人關於孫子的著作，並不止此，不過要以上舉各書為佼佼者。明治時代，仍以素行、徂徠、松陰的著作風行於世。這是日本向外發展，對外戰爭的一大轉捩點，甲午戰爭之後，繼以日俄戰爭，乃木希典大將於日俄戰爭勝利之後，曾以私費出版素行的《孫子諺義》贈友。東鄉平八郎為日俄戰爭中的日本聯合海軍總司令，出發時，曾攜有《孫子》，於擊破俄國波羅的海艦隊後，道其至勝之理，運用孫子「以逸待勞，以飽待饑」的原則所得的戰果。

不過《孫子》的註釋書進入一新階段，應是開始於三十年來的昭和時代，可以說在此以前的註釋書仍不脫我國十家註的窠臼。昭和以來，日人對這一部古董般的兵書，就應用新方法、新學理、新資料來研究和註釋，使《孫子》的面目煥然一新，與時代密切配合起來。不得不說這是我國兵學界所望塵莫及的。

在這個時代，由於日本積極向外發展，北進與南進，欲征服中國，又欲征服整個太平洋，自然急需兵法，所以註釋《孫子》的書，有如雨後春筍。我先後得到的有阿多俊介的《孫子之新研究》（我國有譯本）、又著有一部小本子《孫子》、板井末雄的

《孫子評釋》、福本椿水的《孫子訓註》、北村佳逸的《孫子解說》、又著有一部《兵法孫子》、多賀義憲的《東洋古兵法的精神》、陸軍中將落合豐三郎的《孫子例解》、陸軍士官學校教官尾川敬二的《孫子論講》、陸軍少將櫻井忠溫的《孫子》、空軍少將大場彌平的《孫子兵法》、又著有一部《袖珍孫子》，當時曾增印五千冊以慰勞侵華日軍，內容的豐富與精彩，真令人嘆為觀止。憶民二十二年，我在熱海養病時，首先讀到的是北村佳逸的《孫子解說》。該書係著重於哲學來解釋孫子，並附有若干英譯孫子，其〈自序〉說：「孫子的戰鬥原理，不論何時，於人類也老是無限地供應著力、熱、生命和希望以及其他一切的祈禱。漢民族自在黃河流域建築了文化基礎，春風秋雨，五千多年了，其間不知死生了多少人，用劍或有優於孫子，用筆而賢於孫子者實無一人。」連讀數天，大感驚異，因而引起我日後編著《孫子兵法新研究》一書的興趣。

現代日人能註釋《孫子》的著作，我幾乎都讀過了，他們註釋孫子已盡了最大的努力，運用孫子已達於巧妙的境界，但仍有其未知和忽略之處，觀念上亦犯了很大的錯誤，最顯著的有如下數點：

第一、他們對《孫子·作戰篇》所說的「故兵聞拙速，未覩巧之久也」的拙字，均未知原義。原來孫子的哲學出自老子，而這裡所謂拙，乃出自老子所謂「大巧若拙」，非真拙乃大巧也。至於巧久的巧，乃小巧。這是我後來才發現的。

第二、他們對《孫子·九地篇》所說：「方馬埋輪，未足恃也。」均用舊時解釋，謂縛著戰馬並埋了車輪，這也是未深知之故。殊不知，古時民族，當進入農業經濟時代，就遭遇游牧民族的壓迫，乃應用治水術，編成方陣形的農田（井田）——開許多阡陌，許多溝渠，以阻止敵騎兵（方其足）及戰車（埋其輪）的突擊，使不能馳驅自若，如入無人之境。是說設險亦不足恃的。

第三、他們往往以為日本的武士道即孫子的所謂「道」，這是最錯誤不過的，孫子所謂道，要表現為仁師義戰，而他們過去卻專門發動侵略戰，既侵華，又攻略太平洋各國，在表現為無道，無怪非失敗不可。又他們雖醉心孫子的「拙速主義」，即所說速戰速決戰法，但侵華竟陷於久戰，以至不能自拔。尤其孫子所主張的不戰而屈的最高戰略，如〈謀攻〉篇說：「是故百戰百勝，非善之善者也；不戰而屈人之兵，善之善者也；……故善用兵者，屈人之兵，而非戰也；拔人之城，而非攻也；毀人之國，而非久也。必以全爭於天下，故兵不頓，而利可全，此謀攻之法也。」竟視若無視，全以攻略為主，無怪弄到一敗不可收拾。

第四、這是他們一個最大錯誤的觀念。現代染有法西斯細菌的日本人，對中國人是抱著一種輕視觀念的，可是他們雖輕視中國人，卻又五體投地崇拜孫子，在這種矛盾心理之下，只得歪曲事實，如北村佳逸稱孫子為「東方第一流的大文豪」，尾川敬二稱孫子為「東方兵學的鼻祖」，大場彌平稱孫子為「東洋的兵術」，孫子明明是中國的孫子，他們都避而不用中國二字。甚至到了戰敗之後，最近仍有一位將官在其著作裡滿紙一律以「東方」代替「中國」。說孫子是「東方的兵聖」、「東方的思想」、

「東方的兵學」、「東方的軍事哲學」、「東方兵學值得誇耀的地方」，而不肯直說孫子是「中國的兵聖」、「中國的兵學」……，甚至指孫子為「東亞」的人，其欲掩耳盜鈴可見。我們非加糾正不可。

自《中日和約》簽訂後，兩國重歸於好，我希望日人從速改正錯誤觀念，從新研究《孫子兵法》，共同運用《孫子兵法》來反共產反侵略！

《孫子兵法》證明中共犯臺必敗與我反攻必勝

　　《孫子兵法》是世界一部現存最古的兵書，也是世界一部最有價值的兵經，它的價值，並不因時代的變化而消失，反如一顆明珠，永放光芒。其所建立永久不朽的原則，順之者勝，逆之者敗，不特可用以說明過去歷史上每一次戰爭的勝敗，即未來新戰爭的誰勝誰敗，亦可憑而推知。十多年前我曾把它證明日軍侵華的必敗，也用它分析德軍攻蘇的必敗，結果都應驗了。民卅九年共軍犯臺謠傳極盛之時，有許多人正在提心吊膽臺灣將守不住，所以我便抽暇來寫這一篇蕪文。

　　日人過去很醉心孫子，其研究孫子之情，與著作之富，世界莫與倫比，然所發動的侵華戰爭，其最初的勝利基於符合孫子，而最後的大敗，則由於違反孫子。今日朱毛以至各級共軍將校雖亦研究孫子，運用孫子，僥倖取勝於大陸，如欲攻臺，則非失敗不可，因為他攻臺的初步已經失敗，同時又犯著孫子「不可攻」的原則。

　　　朱毛向精於「用間」，對孫子所說的五間——因間、內間、反間、死間、生間，過去莫不盡其利用之妙，且不「愛惜爵祿百金」，又「賞莫厚於間」。故在未戰之先，其間諜群已滿佈我內部，到處散佈謠言，挑撥離間，竊取機密，所以往往弄至一接戰或未接戰，我軍便瓦解了。朱毛今日能夠奪取了整個大陸，我想他必私心竊喜地說：「我用間成功了，我得第五縱隊同志們的幫忙太大了。」可是他這次對臺的用間，即失敗得很慘，也可以說是他對臺進攻初步的失敗，在這一次用間上，他卻弄到一個吳

某當他的高等間諜，想欲把握著孫子所說：「昔殷之興也，伊摯在夏；周之興也，呂牙在殷。故明君賢將能以上智為間者，必成大功；此兵之要，三軍之所恃而動也。」的原則，不料吳某被破案了，再有洪某蔡某相繼破案，幾把所有共諜一網打盡，我想朱毛攻臺的三軍，將難「所恃而動」吧！

然而朱毛在蘇俄的指揮之下，一為要鞏固既得政權，二為完成征服亞洲的迷夢，攻臺之舉，躍躍欲試。然而攻臺將是怎樣違反孫子的原則，且讓我來個分析：

知彼知己，知天知地為制勝的先決問題，共軍如攻臺，他對這四個問題，因上述共諜的相繼破案，決不會全知，極其量知其一半而已。正如孫子所說：「知吾卒之可以擊，而不知敵之不可擊，勝之半也；⋯⋯知敵之可擊，如吾卒之可以擊，而不知地形之不可以戰，勝之半也。故知兵者，動而不迷，舉而不窮。故曰：知彼知己，勝乃不始；知天知地，勝乃可全。」然而共軍僅知其半，是沒有必勝把握的。尤以在地利方面，我扼有臺灣海峽之險，如無優勢海空軍，絕難飛渡。在天時方面，臺灣每年則有所謂七、八、九、十月的颱風季節，如今年颱風季節前不能進攻，便要等待次年，次年此季節前不能進攻，又要等待再次年，這樣坐失時機，必招致惡果無疑。倘若冒險進攻，一遇颱風，則恐未接戰而全軍已葬身魚腹了。一〇二八年元帥遠征日本的慘敗，即因不知日本的天時，當時元帥數千艘戰船集中於日本的鷹島，鷹島原為颱風所常通過之處，且潮流激急，宛如我們的臺灣海峽，正在準備向日本本上登陸時，適值七月之晦，颱風挾其暴風雨而至，把元艦打得翻天覆地，人馬漂流，十萬雄師盡填惡海，不久

元也亡了。至於拿破崙與希特勒進攻莫斯科的失敗，也是因困於「冬將軍」，天時的難測有如此。

守勢為最有利的作戰形式，克勞塞維慈有此主張，孫子早有指示，他說：「凡先處戰地而待敵者佚，後處戰地而趨戰者勞。故善戰者，致人而不致於人。」而今日臺灣乃守勢作戰的最理想基地，且又無守勢作戰的弱點——兵力劣勢，現我海空軍既比共軍佔優勢，即當面陸軍亦佔優勢（就共軍的渡海運輸力說），乃立於「致人」的主動地位，共軍如不發動犯臺則已，否則，必定會遭受到我之殲滅。其次，共軍的渡海來攻，更犯著孫子幾個不能犯的原則，如惰歸、亂譁、遠勞與饑餓等，孫子說：「是故朝氣銳，晝氣惰，暮氣歸；故善用兵者避其銳氣，擊其惰歸，此治氣者也。以治待亂，以靜代譁，此治心者也。以近待遠，以佚待勞，以飽待饑，此治力者也。」共軍攻臺的最短距離為自閩浙沿海基地，所乘的機帆須經過十五至廿五小時的航行，在這漫長的航行中，除迭遭我海空軍的轟擊，死者死外，其未死者氣亦頹喪（惰歸），加以舟小顛撲於驚濤駭浪之中，身心疲勞，又因暈船嘔吐，不思飲食而陷於饑餓，上岸時混亂不堪，或發生譁變，（或未動程時已發生譁變，如廈門有共軍兩團為怕驅其渡海攻臺，便譁變了。）像這樣的軍隊，已變為疲兵、病兵、亂兵之群，是不能戰的，戰則必敗。反之，我軍則為「避其銳氣，擊其惰歸。」「以治待亂，以靜待譁。」「以近待遠，以佚待勞，以飽待饑。」那有不打勝仗的道理。過去日俄之戰，東鄉元帥於對馬海峽，大敗由波羅的海東來的俄國艦隊，於戰後道其致勝之理說：「以佚待勞，以飽待饑。」已可想見。

又，共軍的攻臺將無糧可因，因我必實行堅壁清野，而陷共軍於如孫子所說：「軍無糧食則亡」。再，共軍的攻臺，亦等於「攻城」，孫子說：「攻城之法，為不得已，……將不勝其忿，而蟻附之，殺士卒三分之一，而城不拔者，此攻之災也。」因今日臺灣已成為堡壘化，儼如一座鋼城。共軍如來攻，我適等於「以碬投卵」，不祇殺其三分之一，必殺其全數，不祇成為朱毛的小災，且成為大災，由此趨於滅亡。

還有，我軍對共軍的侵入作戰，正可發揮「常蛇戰」的優點，孫子說：「故善用兵者，譬如率然；率然者，常山之蛇也；擊其首則尾至，擊其尾則首至，擊其中則首尾俱至。」這就是說，倘若共軍攻我基隆，則遠在高雄之兵朝發夕至，攻我高雄，則基隆之兵亦然，攻我臺中，則高雄基隆之兵俱至，推而至於到處被攻，亦莫不皆然。即由我具有鐵路與公路交通便利的優點，何況我守臺之兵，又是孫子所說：「死地則戰」，「無所往則固，不得已則鬥」的哀兵。

孫子的原則將在臺灣的攻防戰上得到顛仆不破的證明。本來朱毛以共產獨裁為榮，已將所有國粹摧毀殆盡，但他卻不敢輕視孫子，尤摧毀不了孫子不朽的原則。依於上述，可見朱毛如攻臺，勢必慘敗，其逃不出孫子的原則，正如當年德日逃不出孫子的原則一樣。然而他卻遲遲未敢動手，也許因準備未週。但孫子說：「其用戰也貴勝，久則鈍兵挫銳，攻城則力屈，久暴師則國用不足。夫鈍兵挫銳，屈力殫貨，則諸侯乘其弊而起；雖有智者，不能善其後矣。」所以朱毛攻臺固敗，不攻臺亦敗，我們且正視著吧！

在這裡再讓我從《孫子兵法》證明反攻必勝吧：孫子說：「道者，令民與上同意，可與之死，可與之生，而不畏危也。」又曰：「主孰有道……吾以此知勝負矣。」現在自由中國政府施行善政，整軍經武，與大陸共軍統治下的奴役人民，窮兵黷武相對照起來，我們是得道者多助，無道之共軍必日趨滅亡。所以他日反攻，我們是必勝的。

在共軍暴政之下的我大陸同胞，不勝其清算、鬥爭、虐待、奴役之苦，已紛紛起來抵抗，起來革命，他們都翹首等待著我們的反攻，日甚一日，有如大旱之望雲霓，這不就是孫子所說：「上下同欲者勝」，所以我們的反攻，是外呼裏應的，是有不戰，戰必勝的。

孫子說：「故知兵之將，民之司命，國家安危之主也。」又說：「善用兵者，……必以全爭於天下。」，我們蔣總統自革命戰爭，以至領導抗日戰爭，及今日的反共戰爭，每每在國家到了生死存亡的關頭時，竭盡其艱苦卓絕的精神領導全民，革命戰爭完成了，抗日戰爭勝利了，今日的反共戰爭，在我全民堅信一個主義，一個領袖之下，也是必定勝利的。現在美國在維持世界的和平，又為避免生命財產的犧牲，屢屢對於假想敵不輕一戰，既然不願一戰，又要使其聽命就範，他唯有運用聯合國安全理事會及原子彈和更與日具新的新武器，已經保持相當長久時間「屈人之兵，而非戰也。」以至達成我們民主陣線所共同謀求的「必以全爭於天下」以保全人類的安全與繁榮，較之毀滅人類、毀滅世界的共軍，在孫子的「謀攻之法」我們的反攻復國也是必勝的。

現在我們自由中國和民主陣線的軍民，甚至中國大陸被奴役的軍民，與共黨的對峙，都是日趨尖銳化，都在厲兵秣馬，枕戈待旦，一到時機成熟，非戰不可，我們民主陣線的戰勢必如孫子所說：「決積水於千仞之谿者，形也。」一般的勢態，萬馬奔騰地撲向共軍，此又孫子所云；「勝者之戰」也。

中國大陸地面廣大，沿海海岸線漫長，我們反攻時，共軍是防不勝防的，正如孫子所云；「敵之所備者多，則吾之所與戰者寡矣」，是以祇要我們萬眾一心，再堅履孫子之言：「併力一向，千里殺將」，反攻自操必勝的左券。

孫子說：「施無法之賞」，這是激勵將士的最有力原則。如拿破崙的善戰善勝，一時巍然君臨全歐，固由不世的天才，但憑「施無法之賞」而奮發人類的本能，青年血氣之士踴躍集合於軍旗之下，三軍之眾的功名心得以滿足，這種策略是不可以忽視的。今日我們臺灣青年都踴躍到軍中去，和大陸的義胞都同樣在國仇家恨的憤怒中急於反攻復國，又同樣地處於「夫眾陷於害，然後能為勝敗」的境地，在政府勵士賞功政令之下，一旦反攻號角吹起，我們戰爭也是必勝的。

我們現在正日夕加緊準備一切反攻的事宜，一定要達到孫子所謂：「勝兵先勝，而後求戰。」的準備，而後進行必勝的反攻。反攻之期雖有遲早，但時機一到，便可反攻。總而言之：反攻一事，由於我得道者多助，準備週到，官兵用命，士氣旺盛，登陸有方，游擊空降等之配合，共軍起義，民眾響應，聯軍參戰，

勢必如孫子所謂的「擴弩」、「發機」般秋風掃落葉地光復整個大陸。

最後我再鄭重地告訴大家：

臺灣是必守的，將如第二次世界大戰的「英倫三島」。

反攻是必勝的，將如第二次世界大戰中盟軍的反攻歐陸。

　　"人生是苦與樂交流於他的心田，是成與敗編成他的歷史。《孫子》是一部「聖經」，倘若你苦悶時，拿起讀讀，必會快樂風生，雄心萬丈；倘若你失敗時，翻開研究研究，必可鑑往知來，呼吸著成功的氣氛。"

　　　　　　　　　　—李浴日《孫子兵法之綜合研究》後記 1937 年

兵學隨筆

李浴日著

侯騰署

侯騰（1907-1963）湖北省黃陂人，中華民國陸軍中將。黃埔軍校第六期及美國參謀大學畢業，歷任國民革命軍營、團長、陸軍大學班主任、國民政府駐美國大使館武官、國防部第二廳廳長、國防部副部長、國防大學校長、總統府戰略顧問、戰略計劃研究委員會主任委員等。

自 序

兵學的範圍廣大無邊，我這一本書雖是滄海的一粟，卻是多年的積累。羅馬之城非一日所能成，這二百餘則的隨筆亦非短時間所能完卷。何況其中有些由於一時的感觸，或偶然的見聞，甚至有些問題還要經過多次的考慮。

說起我開始寫這一本隨筆，已遠在一九四一年，即我在韶關創辦世界兵學月刊之時，此後，從讀書心得上，或從兵學研討上，或從抗戰見聞上，或從國防研究上，並依一些新觀察與新見解，陸續寫作於韶關、桂林、柳州、貴陽、重慶等地，一九四五年整理出版於重慶，初版僅有第一輯至第三輯。出版後，適值抗戰勝利，迭接讀者來函，謂我有先見之明，可惜我所知的太少了。當時青年軍出版社為應軍中需要，翻印分發，惠我厚酬。勝利還都，增添第四輯再版。來台後，最近好吃力地出版了《國父革命戰理之研究》，再鼓餘勇，一面彙集一些舊作（前經發表於《世界兵學》月刊者），另一面又順筆寫了一些新作（即最後二十五則），編為新第四輯付梓，雖說目下手邊資料山積，時代亦不斷提供我不少題材，但在生活上時間上卻不許可我從容地一一寫將出來。至於第一、二、三輯，曾略加修訂，但仍儘量保持其歷史性。這便是本書寫作出版及其演變的過程。

兵學是戰鬥的學術，繫乎民族國家的盛衰興亡，「舉國皆兵」、「文武合一」，正是立國強國的基礎。所以不特軍人對兵學要有高深的研究，即文人以至一般國民亦應具有基本的智識。其

實在今日的情勢之下，唯有人人知兵，人人能戰，始能挽救民族
國家於危亡。

二十世紀是戰爭的世紀，也是兵學的世紀，八年抗戰是我們
的「兵學大學」，反共抗俄應是我們的「兵學研究院」，這真是
我們研究兵學、學習軍事的良好機會。同時在這個時候，兵術革
新，應即完成，兵學著述，應愈蓬勃。

我們應從兵學上養成我們的自信心與自尊心。

我們應在兵學上確立我們反共抗俄的必勝基礎。

本書此次出版，渥承國防大學校長侯飛霞將軍賜題封面，謹
此誌謝。又本書封面所用的圖案係唐代二十八宿銅鏡背面圖。按
光武興漢，有二十八將星為助，唐太宗又有「以銅為鑑，可正衣
冠，以古為鑑，可知興替，以人為鑑，可明得失。」之句，那麼
大家自然了解其意義了。

李浴日 民國四十一年九月一日序於台北

《兵學隨筆》
第一輯孫子選錄

八則：

1.戰爭的定義，2.平時要備戰，3.「父子兵」的基礎，4.今日的士兵，5.軍人應「拿起筆桿」，6.「敵進我退」與「我進敵退」，7.牛車運輸，8.「兵不厭詐」的惡果

1. 戰爭的定義

　　戰爭為敵我雙方的行為。自有歷史以來，不知發生過多少次戰爭，人們對于戰爭的定義，亦不知下過多少種。哲學家有他的定義，宗教家有他的定義，道德家有他的定義。至於自然科學家與社會科學家亦各有其定義，且因其立場的不同，而有各種不同的定義。例如生物學家謂戰爭為生存競爭的一種形態。心理學家謂為鬥爭本能的表現。社會學家謂為生活資料及勞働力之保持者為掠奪奴隸的人種鬥爭。還有經濟學家謂為資本主義以擴大市場及爭奪原料生產地，而以武力佔領殖民地的行為：……。

　　在兵書方面，像我國古代兵學的代表作——**《孫子》**一書，劈頭並不下戰爭的定義，卻說：「兵者國之大事，死生之地，存亡之道，不可不察也。」這是就戰爭的重要性而言。西洋兵書所下的定義，向以克勞塞維慈《戰爭論》的定義：「戰爭是為屈服敵人，實現自己意志而行使的暴力行為。」為正確恰當，但稍嫌限於武力戰。降及今日，以戰爭已進化為全體性的戰爭，全球性的戰爭，又為反侵略的戰爭，管見以為：

「戰爭是全球各民主國家發揮全力以粉碎侵略，屈服敵人，而維持民族國家之生存及保障世界之和平的行為。」此行為包括軍事戰、政治戰、經濟戰、心理戰的一切戰爭行為。

2. 平時要備戰

美國第一任大總統華盛頓氏說：「太平時須準備戰爭」，但美國人在第一次世界大戰之後，竟把這個偉大的訓示忘記了，因此，便吃了太平洋戰爭初期的大虧。

我國兵法大師**孫子**說：「先為不可勝」，司馬法上亦說：「天下雖安，忘戰必危。」可是，我們歷代的統治者們也把它忘記了，因此，外患的紛至杳來，便成為史冊上的主要內容。

大凡人類各有惰性，平時忘了戰時，治世忘了亂世，以致國防不修，敵人乘虛而入，宋之亡於元，明之亡於清，即由于此。

從今日起，我們要奮發為雄！戰時要努力充實國防力，平時更要努力充實國防力。因為國防力的大小，繫乎平時努力十之七八，戰時僅為十之二三。

在二十世紀的今日，我們不應有「永久和平」的幻想，只有武裝，再武裝，方能保障國家安全。今日還是一個「武裝和平時代」。

3. 「父子兵」的基礎

帶兵要帶成「父子兵」，**孫子**在兩千多年前已倡導了。他說：「視卒如嬰兒；故可與之赴深谿。視卒如愛子，故可與之俱死。」

不過，我們要認識的，所謂「父子兵」，其基礎應是建築於「共同甘苦」上。倘若一甘，一苦，即一方面過於享樂，一方苦不堪言，縱是父與子，亦難合作，何況官與兵。

甘苦是指生活而言，喜甘惡苦，人之常情，短時間的苦，尚可支持，長時間的苦——吃不飽，穿不暖，那就成問題了。何況軍人的肉體特別勞苦，生命又非常危險！所以非在「甘」字上特加注意不可。

其次所謂「父子兵」，尤要建築在「親愛精誠」上，倘若官長對部屬視若路人，以欺詐為能事，必致貌合神離，一遇患難，惟有土崩瓦解。

所以欲帶成「父子兵」，實非易事，既要「共同甘苦」，尤要「親愛精誠」，唯有這樣，方能死生與共，完成任務。

4. 今日的士兵

中國的士兵在對日抗戰中，實盡了他最大的義務，寫下無數可歌可泣的事跡。可是一九四四年之秋，我在湘桂線上卻遇著一個剛從前線苦戰歸來的士兵。他告訴我說：「我們許久都得不到一點油吃，其他肉類更談不上，弄得雙眼模模糊糊，連敵人都看不清楚，那能打仗？」固然，并不是個個士兵如此。又有一個軍

官告訴我說：「像這次在衡陽外圍作戰時，我們士兵不是沒有東西吃，一營人往往每日殺一頭牛，但總無法把他們弄胖。實則，因他們原來體質都很弱，各有宿疾的呢！」固然，這也不是個個士兵如此。

還有一個軍官告訴我說：「有一次我們弟兄向敵人陣地衝鋒，衝到山腳，大家已疲勞不堪，就倒睡在地上，不能前進了。」他跟著畫龍點睛說：「這是因我們弟兄營養不良，體力太壞之故！」

由此而觀，一是徵兵問題，一是養兵問題，養兵問題還可分為糧食問題與醫藥問題。

原來士兵生活最辛苦，生命又易發生危險，既要有先天的強健體魄，尤要有後天的充分營養和完善的治療。所以我們不求戰爭勝利則已，欲求戰爭勝利，非拿出全力給這些問題徹底的解決不可。大家總記得我們兵法鼻祖**孫子**的名言吧！他說：「三軍足食，謹養勿勞。」又說：「養生處實，軍無百疾，是謂必勝。」

5. 軍人應「拿起筆桿」

青年在戰時要：「放下筆桿，拿起槍桿。」軍人到戰後應：「放下槍桿，拿起筆桿。」軍人以立功為第一義，立功之後更應立言。中國歷代的名將莫不立言，除非不能執筆，或短命而死。戚繼光在明代建立了平倭的大功，還寫下兩部巨著——《練兵實紀》與《紀效新書》，這真是我們今日抗戰將校的好榜樣。

　　至於泰西軍人更喜歡著作，在今日我們常見許多名著出於校官或尉官之手。逝者如卡爾大公、腓特烈大王、拿破崙、毛奇、史蒂芬、興登堡、魯登道夫、福煦、霞飛諸名將莫不有著作。

　　在抗戰中，我們軍人近守遠征，出生入死，或許無暇著作。但在戰爭結束之後，當可從血淵骨嶽中所得寶貴的經驗與教訓寫將出來，貢獻國人，垂訓後世。雖說立言，一時不似立功的顯赫，博得群眾的喝彩，但**孫子**的立言，克勞塞維慈的立言，真是彌久彌光，澤被萬古。

6.　「敵進我退」與「我進敵退」

　　「敵進我退」應以**孫子**的「強而避之」為註腳。否則，祇聞小敵來犯，便往後逃之夭夭，那是「遁」，不是「退」了。

　　退要迅速，即要迅速脫離敵人，即如**孫子**說：「退而不可追者，速而不可及也。」不過成為問題的，是以進為退？還是苦戰而退，或不戰而逃？

　　退是在爭取時間，即「以空間換取時間」，但空間有限，時間無窮。倘若知退不知進，有退無進，今天退百里，明天又退百里，今年退千里，明年又退千里，像這樣不斷地往後退，縱是世界上頂大的國土，也將無自存之地。

　　其實，勝者之戰，有進無退，只有「我進敵退」，決不讓「敵進我退」。有退無進固必敗，始進終退亦必敗。

7. 牛車運輸

一九四四年的下半期，我在桂柳線上見到軍隊徵用牛車來運輸。這牛車當時在夜間的泥濘裏姍姍地蠕動著，使我發生了無限的感想。

雖說牛車也應動員，驛運也是一極補助的辦法，但在這個「運輸機械化」的時代，尤其在「軍事第一」的口號之下，當時市中的汽車就不應讓那商人自由的使用著。

我們打了八年的仗，有許多地方是進步了，但不少地方卻是退了步，這時，使我想起**《孫子兵法》**上所記載的「丘牛大車」，難道戰爭回復了春秋戰國時代的狀態嗎？

進步吧！我們的一切一切應趕上時代。

8. 「兵不厭詐」的惡果

「兵不厭詐」一般人每誤認為**孫子**說的話，實為歷代兵家的一個口頭禪，但**孫子**卻說過：「兵者詭道也」。

日本軍閥向以抄襲我國兵法為慣技，自然這個原則也老早給他們拿去作「懷中寶」了。所以一九四一年東條英機便導演了偷襲珍珠港的一幕。即東條一面派遣來栖到美國去進行和平談判，另一面卻乘此談判正酣之際，美國漫不提防，便以大隊的轟炸機偷襲珍珠港，幾將美國整個太平洋艦隊消燼淨盡，這在「兵不厭詐」上，算得了一個最大的成功。

可是，這個成功，僅是曇花一現而已。曾幾何時，東條何處去了？東條手中搶得太平洋上的島嶼又歸何主了？汽油彈、原子彈的災殃是多麼悽慘！重蹈納粹的覆轍——無條件投降是多麼可憐？此時試問日本軍閥，今日日本所受的損失大，還是當日美國所受損失大？

「兵不厭詐」本是一個巧妙的原則，但在日本軍閥的手裏卻變成了「佔小便宜吃大虧」。所謂「神的子孫」、「常勝皇軍」，原來如此。

《兵學隨筆》
第二輯孫子選錄

十五則:

1. 武的哲理，2.大海般的兵學，3.孫子的不朽，4.孫子戰法的種種，5.養成「數」的觀念，6.孫子上又多一「敬」字，7.孫子的世界性，8.孫子與拿破崙，9.用兵與音樂相通，10.以水喻兵，

11.智慧第一，12.將軍應「大處著眼」，13.孫武蘇秦的名論，14.外交與兵法相通，15.殺敵以怒和恨

1. 武的哲理

戰為武，不戰（止戈）亦為武，戰為下，不戰為上。即老子說：「善為士者，不武；……戰勝敵者，不與（不與爭戰也）；」**孫子**說：「不戰而屈人之兵，善之善者也。」清代學者對武字解釋得好：「仁者武之塗也，孝者武之核也，慈者武之原也，敬恕睦婣者武之膠漆也。」還有：老子說：「夫慈以戰則勝，以守則固，天將救之，以慈衛之。」晉士蒍也說過：「禮樂慈愛，戰所畜也。」亦可作為武字的註腳。這都是表現了中國戰理的崇高偉大，遠非西方殘酷暴虐的戰理可比，真可作為今日世界軍人的座右銘。

2. 大海般的兵學

孫子與克氏的兵學好像一個大海。

人們到海濱遊玩，有的拾去一片貝殼，有的撿去一塊采石，有的折去一枝海草或海樹，有的捉去幾條魚或幾隻蟹，卻未見過有人能夠把整個大海搬回來。

學習**孫子**與克勞塞維慈的兵學也是一樣，聰明如日本人，日耳曼人也只學得一部份而已。

所以建立兵學難，而學兵學，用兵學亦不易。

3. 孫子的不朽

《孫子兵法》雖是封建農業經濟社會的產物，卻可運用於現代工業經濟社會的戰爭，不管物質如何進步，化學戰部隊也好，降落傘部隊也好，裝甲部隊也好，原子部隊也好，都一樣可以活用它的原則。

所以《孫子》十三篇是不朽的，不為時間與空間所限。明將戚繼光說：「孫武之法，綱領精微莫加焉，猶禪家所謂上乘之教也。」日本山梨中將說：「中國古籍中，**孫子**戰略之學，高深精妙，有非德國近出戰略諸書所能望其項背。」

4. 孫子戰法的種種

孫子對於平地戰、河川戰、湖沼戰及攻城戰均有所論述。尤以關於山地戰論之綦詳：（一）從戰略上區分地形為六種：一曰通形，二曰挂形，三曰支形，四曰隘形，五曰險形，六曰遠形

（詳見〈地形〉篇）。（二）從戰術上區分地形為六種：一曰絕地，二曰天井，三曰天牢，四曰天羅，五曰天險，六曰天隙（詳見〈行軍〉篇）。惟關於市街戰與沙漠戰則未提及，這也許因為囿於當時的戰爭環境吧！自然以**孫子**以後的戰爭現象，像漢代對匈奴的沙漠戰，與今日號稱「市街戰大學」之史達林格勒的市街戰，實為他當時所未想及。但他卻有許多原則，如「攻其無備，出其不意。」「避其銳氣，擊其惰歸。」「以治待亂，以靜待譁。」「以近待遠，以逸待勞，以飽待饑。」及「圍則禦，不得已則鬪，逼則從。」等原則都可以運用到這兩方面作戰上，**孫子**的偉大，即在於此。

5.　養成「數」的觀念

中國軍人向缺「數」的觀念。但在《孫子兵法》裏即充滿著這種的觀念。他說：「十則圍之，五則攻之，倍則分之。」又說「一曰度，二曰量，三曰數，四曰稱，五曰勝。地生度，度生數，數生稱，稱生勝。故勝兵若以鎰稱銖，敗兵若以銖稱鎰。」

這種觀念，正與現代國歐美軍事家的理念相同。英國某戰術家說：「戰術完全為數字的討論，而以方程式解決一切問題。」歐西某軍事家亦說過：「近代作戰，非如作文，即席可成，乃爭力的數字，所謂力的數字，必先把握戰術的中心，依適合此中心的需要，平時加以培養、配備、統制、安排，戰時始克依照預定策劃，應付敵人，戰勝敵人。」

中國軍人因缺乏「數」的觀念，即無科學的頭腦，所以往往流於空洞，幻想和僥倖，對於一切問題不求合理的解決，祇作表面的敷衍，甚至欲坐享其成，求佑於神，無怪軍事上沒有長進，近代對外戰爭的失敗，實有由來。

可是科學的晨鐘已響遍大地了，在這個時候，我們應急起發揚我祖傳兵法的科學精神，還要吸收西方兵學的科學精神與方法技術。

6. 孫子上又多一「敬」字

《**孫子**》因是一部最古的兵書，經過歷代兵災蟲禍，及轉相傳錄，所以在各種版本上不免有一些相出入之處。大家都記得《**孫子・始計篇**》有這樣的一句吧：「將者智信仁勇嚴也。」可是我最近路經柳州，偶閱漢代王符著《潛夫論》一書勸將篇所引**孫子**的話卻是：「勝者智也、仁也、敬也、信也、勇也、嚴也。」彼此對照，可見王符所引的多了六個「也」字，一個「敬」字，未知當時王符所根據的是何種版本，或為他的杜撰。不過在將帥應具備的要素上添了一個「敬」字，亦非不可。王符對於敬字的解釋是：「敬以招賢」，確是言之有物。而解釋得較詳盡者，要以荀子為第一，荀子在《議兵篇》說：「凡事之成也，必在敬之，其敗也，必在慢之。故敬勝怠則吉，怠勝敬則滅……敬事無壙，敬眾無壙，敬敵無壙，夫是之謂五無壙。慎行此六術五權三至，而處之以恭敬無壙，夫是之謂天下之將，則通於神明矣。」

7. 孫子的世界性

《**孫子**兵法》老早譯成各國文字了，近來我國亦有一、二種英譯本出版。

雖說外國人翻譯《**孫子**》未必字字句句都很正確，就中以日譯為佳，不外由於中日兩國文字較為接近之故。

孫子是不翼而飛地活躍於整個地球了，近來英美軍人很喜歡研究孫子，一般作家亦喜歡引用**孫子**。我除把它輯為《**孫子**兵法在英美》（見拙編《孫克兵學新論》一書）外，頃讀美國拉姆氏撰《蒙古的戰法》一文，其中批評一九一六年福根漢與德皇太子攻擊凡爾登要塞的失敗說：「福根漢與德皇太子的戰術應用，顯然違背二千年前《**孫子**兵法》〈兵勢〉篇所指示：『凡戰者以正合，以奇勝』的原則，故有此失，即是說，他們僅作頑強的正面攻擊，未能以奇制勝。」美國陸軍大學校長埃地中將，亦為愛讀《**孫子**》的一人，其為《情報與指揮官》一書所作的序文說：「千百年前中國的軍事哲學家就寫出了『知彼知己』的名言，在今天和明天，**孫子**的教訓更應為人尊重。」

今日戰爭上所使用的大原理大原則，幾為**孫子**說完過了。**孫子**所建立是「永久不變」的大原理，大原則，不特在現在是不朽的，就是將來也是不朽。不過徒有此原理原則而沒有新的武器，新的方法與技術為之用，在現代戰爭上，也只可徒喚莫奈何而已。

8. 孫子與拿破崙

孫子說：「將能而君不御者勝」，又說：「君命有所不受」。再說：「戰道必勝，主曰：無戰，必戰可也。戰道不勝，主曰：必戰，無戰可也。」拿破崙說：「主帥在外作戰，對於遠離戰場而不深知戰況之君主所發之命令，應予考慮，若一味服從，至結果失敗，則雖有君命，主帥仍不能辭其咎。故主帥如對於君主之命令認為不完善時，應據理反對，並當以去就力請變更命令，以免為毀滅全軍之罪人。同樣，君主如命主帥與敵開戰，而主帥認為戰必敗，則應反對作戰，若因服從命令起見，不顧一切而戰，則戰敗之責任，應由主帥負之。要知軍令須絕對服從，應在發令者親在戰場督戰之時，如此，彼於當時之情況，能明瞭無遺，如發命令而疑部下反對時，彼可親聆之，可解釋之。但若君主一嚴令，命主帥敗於敵人，則主帥對此命令，應絕對不服從，除非得知敗於敵人之作用。」考拿破崙在陣中手不停披法譯《**孫子**》，現在我們又看他倆上面的話，足見拿破崙是受**孫子**影響的，**孫子**真是偉大，拿破崙也是偉大！

9. 用兵與音樂相通

曾國藩的日記上說：「古人治兵之道，作詩之法，皆與音樂相通。」真是一個高深的兵學哲理。曾氏曾嘆為「懵然不知，深以為恥。」即現代一般兵學家亦有同感。其實，這個道理早見於

《**孫子**兵法》的〈兵勢〉篇上：「聲不過五，五聲之變，不可勝聽也。」跟著說：「戰勢不過奇正，奇正之變，不可勝窮也。奇正相生，如循環之無端，孰能窮之哉？」由此，可知音樂的奏演以善於變化與配合為妙，用兵之法，亦以善於變化與配合為妙。否則，不善變化與配合，徒拘於形式，這是藝之拙者，用兵之拙者。宋代名將岳武穆說：「運用之妙，存乎一心。」亦即此意。西方兵家說：「戰爭即藝術」。又說「指揮官為大藝術家」。可見真理的不分東西。

10. 以水喻兵

水是智的象微。故孔子說：「智者樂水」。用兵亦以智為尚，故**孫子**以水喻兵，他說：「夫兵形象水，水之形避高而趨下，兵之形避實而擊虛，水因地而制流，兵因敵而制勝，故兵無常勢，水無常形，能因敵變化而取勝著，謂之神。」即水是動的，能變化，智也是動的，能變化，而能因敵變化以取勝，非上智將軍莫辨。故水即智，智即神。

11. 智慧第一

將軍要有至高的智慧，否則，是庸將，是劣將，每戰必敗。岳武穆以百戰百勝之經驗，認為將帥應具的條件，以智慧為第一，說：「陣而後戰，兵法之常。運用之妙，存乎一心。」又說：「勇不足恃，用兵先在定謀，欒枝曳柴以敗荊，莫敖採樵以

致絞，皆謀定也。」于此所謂「妙」，所謂「謀」，即為智慧的表現，無智慧曷能謀，無智慧又曷能運用臻于神妙之境。所以暴虎馮河之勇，暗啞咤叱之氣，向為兵家所不取，尤其在現代戰爭上，徒見其白白送死而已。不過在現代戰爭上，要有現代的智慧，以過去的智慧來應付現代的戰爭，亦無濟於事。智慧由于先天的秉賦，尤繫乎後天的修養。項羽的智慧（萬人敵）得自古兵法，張良的智慧得自《黃石公素書》，岳武穆的智慧得自**《孫子兵法》**與《左氏春秋》。現代的智慧則要從現代軍事科學上去攝取。

12. 將軍應「大處著眼」

孫子說：「將軍之事：靜以幽，正以治。」

英國阿伯提大公爵說：「有許多具有小才之人，在和平時代，對於軍事微小技藝，極其熟練。對於軍備及教練，亦極了解。並常在自己軍隊面前昂然走來走去。因此，獲得一種名稱符實之威望，而使他人難於供職。其主要壞處，尤在阻止一般優良資質之自由進化抑制力爭上乘之獨立精神。一旦戰事發生，此種具有小才之將領，以其向來疲於無事自忙之故，不能適應緊張精神。於是缺點盡情表現，錯誤相繼不絕，此固今日世上所嘗見也。」

德國薩克森元帥說：「許多將軍在開戰之日，對於軍隊前進計劃，規定十分周詳。並令副官到處激勵兵士，往來馳驅不已，對於一切細事，皆欲親自為之，而其結果則一無所成。倘若將軍

自身對於上士職務，以及其他一切事項，皆欲一手包辦，則有如寓言中之蒼蠅，自作妄想，以為馬車之動，全係彼之力量。何以如此？只因一般人士對於戰事，能從高處著眼者少，生平專以練習為事，以為戰爭之術，止於此矣。」

13. 孫武蘇秦的名論

孫武的著書與蘇秦的獻議，真是聰明絕頂，一則把賢相伊尹和呂牙列於為一般人所不齒的間諜之林，例如〈用間〉篇說：「昔殷之興也，伊摯在夏。周之興也，呂牙在殷。」這一面在強化他用間的理論，另一面則在提高間諜的資格，以免敗類混雜其間。一則把歷代的聖君明主亦列為主戰者，並非反戰者，以強調他主張秦王要對六國用兵的策略。蘇秦說：「昔者神農伐補遂，黃帝伐涿鹿而擒蚩尤，堯伐驩兜，舜伐三苗，禹伐共工，湯伐有夏，文王伐崇，武王伐紂，齊桓任戰而霸天下，由此觀之，惡有不戰者乎！」

14. 外交與兵法相通

蘇秦是一個外交家，也是一個兵法家，他的外交術得自兵法的書，並非外交的書。即他把姜太公「陰符之謀」的原理原則運用於外交上，因而說服趙王，組成反秦的聯合陣線。在這裏，使我憶起日本松岡洋右前赴華盛頓出席軍縮會議時，新聞界名宿德富蘇峰翁特贈以吉田松蔭註的《**孫子**兵法》的故事。

原來外交與作戰的道理相通，中國古代沒有外交的書，僅有兵法的書，能夠活用兵法的原理則於外交上，確可以制勝於樽俎之間。

15. 殺敵以怒和恨

孫子說：「殺敵者，怒也。」

法國戈蘭將軍說：「在戰爭時期，更甚於平時，偉大的思想來自人的心裏，最使人振作奮發的莫過於恨，普魯士布留歇所以能夠戰敗百戰百勝的拿破崙，便是由於當時德國人心中的恨。」

但是怎樣方能激起將士的「怒」與全民的「恨」呢？一曰宣傳，二曰宣傳，三曰宣傳。

《兵學隨筆》
第三輯孫子選錄

十二則：

1. 占卜的軍事，2. 八卦的兵法，3. 戰車的歷史，4. 古今的火攻，5. 論《左氏春秋》，6. 歷史上不朽的名將，7. 弦高是一個大軍事家，8. 活用《孫子兵法》的韓信，9. 機詐的戰術，10. 馬援的「聚土為山」，

11. 是軍事家也是文學家，12. 偉大的戰術家與兵學家

1. 占卜的軍事

在神權支配的中國古代，所有征伐，莫不取決於占卜，正如司馬遷《史記·龜著列傳》說：「戰伐攻擊，推兵求勝，各信其神，以知來事。」一般占卜所用的工具為草木、金石、龜甲，獸骨等物，而占卜戰爭，根據殷墟出土的遺物來看，以獸骨（胛骨）居多，其法將胛骨鑽鑿之後，灼之以火，表面即現出橫直兩坼，用憑橫坼的形狀（兆紋）以決定所疑之事，即戰爭是否有利，是否必勝。此可見古人軍事智識的幼稚，即他們不憑軍事學識經驗及情報來決定興師動眾，乃乞靈於鬼神，今日看之，真是可笑！但我想：這或許是古代聰明的統帥欲藉此以加強征伐的決心及必勝的信念，亦未可知。

這個占卜軍事時代的實例，除見於殷墟出土的甲骨文上以外，至於易經的蒙、師、泰、謙、後、離等卦上亦有不少例子，原來易經也是古代一部卜筮的書。

不待說，這是一種反科學的軍事思想與行為，欲憑此而決定戰爭的可否發動與勝負，必生惡果無疑。所以一到春秋時代便有人高揭反對之旗了，這是誰呢？**孫武子**在他兵法十三篇上說：「禁祥去疑」。又說：「先知者不可取於鬼神，不可象於事，不可驗於度。」于此，可見**孫子**是反對占卜的軍事，而自成為一個「摩登的科學軍事家」了。

2. 八卦的兵法

中國的兵法，我想：應以伏羲氏發明的八卦為起源。伏羲氏是古代一個天縱聖明的民族領袖，他在那個洪荒的時代，仰則觀象於天，俯則觀法於地，又觀鳥獸之文，與天地之宜，近取諸身，遠取諸物，乃作八卦，雖說於實際生活上，僅為捕魚，如《繫辭》說「作結繩而為網罟，以佃以漁。」惟據考古家的推斷，伏羲之時，為歷史上的新石器時代，距今約五千多年，此時已有戰爭，那麼伏羲氏亦已將其原理使用於戰爭上。易經的「師卦」（☷☵）為真講兵法的一卦，坤上坎下，正如《伏羲師卦陣記》（載明代兵學家茅元儀輯「武備志」一書）上說：「坤者順也、靜也。坎者險也，不可測也。或靜或不可測，奇正在其中矣。」又說：「後世兵書之繁，不如師卦之約。」至《繫辭》上所說：「重門擊柝，以待暴客，蓋取諸豫（☳☷），弦木為弧，剡木為矢，弧矢之利，以威天下，蓋取諸睽（☲☱）。」前者主守，後者主攻，均有待推演易理以為制勝之方。又，中國歷代名將如姜太公、**孫武子**（**孫子**的奇正即淵源于陰陽的易理）、張子

房、諸葛亮（如八陣圖）、李衛公（如六花陣）、劉伯溫等，莫不精通易理，演為兵法。近閱明將《俞大猷傳》，其中記載：「俞聞趙本學以易推衍兵家奇正虛實之權，復從受其業。」（趙本學《演易陣法》、詳見茅元儀輯《武備志》一書）益足信中國兵法的起源，應遠溯於八卦了。

八卦是說明宇宙一切的根本原理。乾（☰）坤（☷）兩卦是八卦的父母，一為陽，一為陰，用於戰爭上，可以說一為陽性戰法，一為陰性戰法，或一為剛性戰法（正兵戰），一為柔性戰法（奇兵戰）。至於☱兌卦，☲離卦，☳震卦，☴巽卦，☵坎卦，☶艮卦均生於乾坤兩卦，又可重為六十四卦，以至無數卦，（近據友人說：某豫言家藏有一部祕本的易經，係將八卦推演為三萬餘卦，用之可推知宇宙間任何事情，極為神妙）。要之，八卦之理為變化（易），兵法之理亦為變化，即由奇正的戰法，生出種種戰法，以應付千變萬化的戰勢，即「以萬變應萬變」，不是「以不變應萬變」。正如**孫子**說：「戰勢不過奇正，奇正之變，不可勝窮也。奇正相生，如循環之無端。孰能窮之哉？」

八卦的道理，真是高深奧妙，非下苦工不易了解，更不易運用。可怪得很，在過去抗戰上，尚未見有將領推演使用。我於研究之餘，認為乾卦之形（☰）在攻勢作戰上可以推演為「分進合擊」或（循環戰法），守勢作戰上為「縱深配備」。坤卦之形（☷），在攻勢作戰上，可以推演為「兩翼包圍」或「鉗形戰術」，守勢作戰上為「袋形戰術」。其餘各卦，亦可分別推演為各種各樣戰法，姑錄於此。以就正讀者。他日有暇，容當逐一繪圖，並引戰例以證明之。

3. 戰車的歷史

中國現代的裝甲部隊正是一天一天的長成著。這是中國地面部隊的曙光，同時也是我們愈應向各國吸收關於這方面的智識與技術。

空軍的擴張與陸軍的裝甲化，是今日世界軍事界的兩大潮流。空軍所用的飛機，素有「空中鐵鷹」之稱，裝甲部隊所用的戰車，亦有「地上雄獅」之號，可想見其威力。裝甲部隊以戰車為主體，而這「鐵的戰車」，係出現於第一世界大戰之時，但軍隊的使用非鐵製的戰車，卻有悠長的歷史，在我國方面，**《孫子兵法》**說：「馳車千駟，革車千乘。」又說：「修櫓轒轀」（轒轀為古代攻城戰車--浴日註）。見於歷史的，如周武王伐紂，曾用「戎車三百乘」。《左傳》上亦有「具卒乘，將襲鄭」，「魚麗之陣」，及「見其轍（戰車之轍）亂」等句。《孟子》上亦有「千乘之國，萬乘之國」的記載。在歐州方面，像利得爾哈特將軍近著《從烏龜說到戰車》一文也有關於戰車歷史的記載，茲節錄如下：

「在坦克車的名稱出現以前，這個新武器被稱為「陸上戰鬥艦」或「陸上巡洋艦」。這樣一個稱號，本出於英國海軍部，但實際上卻不見得恰當。要是當為陸上戰鬥艦或戰鬥車的話，他的先驅便可包括古代的戰車，中古時期宗教革命所用的胡司（Hussite）式戰車，甚至紀元前三百年時皮洛士君王所使用的戰

象，及紀元前五八七年巴比倫王尼布甲尼撒圍攻耶魯撒冷所用的流動砲壘，及古羅馬時代所用的龜甲形屏障等。」

「要是當為自動機以別於人力或獸力驅使的機器的話，坦克車的先導，可追溯至一四七二年萬透祿氏（Roberto Valturio）發明的風推戰車，或十五世紀時達芬奇（Leonardo da Vinci）氏為意大利貴族斯福察所設想的式樣。此外更有一五九九年斯提芬（Setuin)氏為澳蘭旗王侯所建的兩只陸上用舟，該舟上裝輪，並用帆推動。在一六三四年雷山氏（David Ramsey）第一個人享得一種能用作戰鬥的自動車的專利權。所以坦克車是有來歷的，而其兩輪間毛蟲式樣的特色，尤可推源至十九世紀早期或甚至一七七〇年厄治衛司的創製。」

「要是當作用汽油推動的軍用自動車的話，那末美國霍爾特（Holt）的自動車之前，尚有一九〇八年用於英國奧爾得勻特軍營的霍斯里（Hornsby）自動車。假如以像坦克車式樣的機械為例的話，威爾斯(H.G. Wells)在一九〇三年的預言以及威氏前二十年羅培道(Albert Robeida)的書畫，便是先河。假如以形體相類似為標準，則一九一二年摩爾的模型和一九一一年諾丁海鉛匠的雛形，也算是坦克車的濫觴，可惜兩者被擱置不用，後者至戰後始重發見，而前者較之一九一六年式坦克車且有優勝之處。」

現代的戰車在第一次大戰中已表演了驚人的成績，尤其到了二次大戰，因為本身的進步，更發揮了空前未有的威力。英國富勒（J. F. C. Fuller）將軍為世界裝甲化軍備的首倡者，他關於這方

面的著述很多，曾說過：「過去的戰爭以人力而決定的，未來的戰爭將依於人的腦力所造成的機械力而決定。」

4. 古今的火攻

火攻是一種悽慘的戰爭方式，但為消滅敵人以自衛，亦可使用之，所以**孫子**于兩千年多前就作「火攻」的研究了。不過見於中國戰史上的實例，首以「楚奔燧象」，「齊縱火牛」為著名。往後其規模較大的，陸戰方面，有陸遜秭歸之役。水戰方面，有三國赤壁之役及明太祖鄱陽湖之役。不過像這些過去的火攻戰例，其猛烈與燬滅性，自不及現代科學的火攻。你看！在二次大戰中，科學的火力是多麼恐怖和驚人！一會兒把一個大都市燒光了，一會兒把一個大隊人馬燒死了。

至於現代科學的火力，牠是發自科學的火器如燃燒彈、噴火坦克、火箭砲、火焰噴射器、飛行火球、汽油彈、原子彈等等。但是將來還要跟著科學的進步，而有各種新火器的出現，惟望勿用以侵略！

5. 論《左氏春秋》

在戰爭頻仍的春秋時代，中國產生了兩部軍事名著：一是《**孫子**兵法》，一是《左氏春秋》。《左氏春秋》所記載的大多為征伐攻守的事跡，開卷以「鄭伯克段於鄢」為第一篇。所以它是一部戰史的書，三國時代經學家隗禧曾有：「左氏直相斫書耳」的

評語。其實，人類的歷史，就是一部相斫史，《左氏春秋》僅是一個短短期間的相斫過程的記錄而已。

戰史是將校的導師，歷代名將莫不讀《左氏春秋》。雖然讀了《左氏春秋》未必成為名將，凡為名將必讀《左氏春秋》。關壯穆愛讀《左氏春秋》，曹瑋亦愛讀《左氏春秋》，范仲淹以《左氏春秋》授狄青。岳飛博覽群書，最喜《左氏春秋》。尤以晉代名將杜預對《左氏春秋》成為一種嗜好，當時武帝問道：「卿有何癖」？他答：「臣有《左傳》癖」。他的每戰皆捷，使軍中為之謠曰：「以計代戰，一以當萬。」不待說，是由於消化了《左傳》兵法的結果。

可是，《左氏春秋》正因為是一部兩千年前的古戰史，在今日看來，自然既欠詳盡，尤缺戰圖，但仍不失為一般將校必讀之書。這一部名著的作者左邱明氏是否一個軍人，尚待考證，但從其對於戰事這麼的了解又善於記述來看，足見他一定是一個兵學家。這一個兵學家的著作，洎乎晉代，便得名將杜預為之集解，左氏而有知，必含笑於地下了。不過時代已進化，杜註之後，應有新註出現於世。正如德人說：「一切過去之研究，如不切於現代與未來之事實，則屬無用。」

6. 歷史上不朽的名將

軍人的三不朽是什麼？--立德，立功，立言。立德應指「殺身成仁」，「舍生取義」。歷史上的代表者有關壯穆、文天祥、史可法、李秀成等。立功應以在民族戰爭中的立功者為貴，如南

仲、尹吉甫、管仲、李牧、衞青、霍去病、李廣、班超、竇憲、謝玄、祖逖、李靖、劉仁軌、薛仁貴、韓琦、范仲淹、岳飛、戚繼光、俞大猷、鄭成功等。立言是指著書，如姜尚的《六韜》，**孫武**的《**孫子**兵法》，吳起的《吳子兵法》，司馬穰苴的《司馬法》，諸葛亮的《心書》，李靖的《兵法》（見杜佑《通典》），戚繼光的《練兵實紀》與《紀效新書》，曾國藩的《治兵言論》，胡林翼的《讀史兵略》等。可是，立德難，立功亦不易，立言更不易。在歷史上立功的軍人真是恆河少數，而足為萬世師的立言軍人卻不可多見呢！

7. 弦高是一個大軍事家

春秋時代鄭國弦高，他實為古今所少見的一個大軍事家，在戰史上，以少數兵力擊破敵的大軍，以巧妙戰法，遏止敵軍的攻勢，乃常見的事。至於以一個手無寸鐵的商人特能智退敵人，謂為僅見，誰曰不宜。卻說紀元前六百二十七年（即魯僖公三十三年）秦將孟明遠襲鄭國，不待說，這是秦穆公的一大陰謀。他一面先派遣第五縱隊杞子、逢孫、楊孫三大夫深入鄭國，以為內應，（正如《左氏春秋》的記載：「鄭穆公（即得弦高報告後），使視客館（三大夫所居客館），則束載，厲兵秣馬矣。」）一面又命令大夫孟明帥師潛行以攻其不備，欲一舉滅鄭，迅速收獲偉大的戰果。於此不禁使我聯想到日本過去發動太平洋戰爭，一面派來栖特使美國，進行和平談判，另一方面又派航艦飛機潛近珍珠港實行閃擊的行動，但卻未敢貿然斷定日本就是抄襲這個戰法。

　　孟明這一次的軍事行動，就近代兵學用說，可稱為奇襲戰，但奇襲戰的成功，并不可倖致，正如兵學大師克勞塞維慈說：「秘密與迅速乃為奇襲之二大要因，然欲全此二者，則須以政府及將帥方面之堅強意志，軍隊方面之嚴肅軍紀為前提，若以柔弱而軍紀頹廢之軍隊行之，則藉奇襲以成功，乃為不可恃者。」這不啻是孟明此次失敗的說明。即孟明此次軍事行動，第一為遠襲，故不易保持祕密，（正如克氏說：「欲準備戰爭，普通必需數月之時日，又縱集合軍隊於各自之配置點，亦必需要大倉庫之設備，與長途之行軍，凡此等事，則未有不早已容易為鄰國所察知者。」）於是乃為弦高所聞知。第二又因當時交通工具不便，由秦至鄭非短時間所能，（又如克氏所說：「在一二日內即解決之戰鬥，則奇襲之可能性大。」）又因軍紀的敗壞，正如《左氏春秋》的記載：「秦師過周北門，左右免冑而下，超乘者（即跳躍上車，無威儀紀律）三百乘，王孫滿（周大夫）尚幼，觀之，言於王曰：『秦師輕而無禮，必敗。輕則寡謀，無禮則脫，入險而脫，又不能謀，能無敗乎？』」遂為弦高所乘，無怪乎孟明遭此失敗了。

　　說到弦高，他當時在孟明的眼中僅是一個普通的「慰勞代表」。其實他僅是鄭國一個商人，卻不是一個普通的商人。他雖手無大兵，又無寸鐵，但他的智慧，他的兵法，卻勝於弓矢甲冑，百戰雄師。即弦高在鄭的邊境滑地遇秦師，看破了孟明襲鄭的企圖及漏洞，事急智生，得心應手，捕捉千鈞一髮的時機，冒充鄭國的代表，把他所帶的「將市於周」的十二條肥牛當作慰勞品，向秦師致意說：「寡君聞吾子將步師出於敝邑，敢搞從者，

不膜敝邑，為從者之淹，居則具一日之積，行則備一夕之衛。」（見《左氏春秋》）實踐其兵法上最高的戰略原則--「伐謀」，跟著派人兼程遞告鄭穆公立刻動員備戰。語果然，孟明眎于「知己知彼」，中了弦高之計，以為「鄭有備矣，不可冀也，攻之不克，圍之不繼。（見《左氏春秋》）即由於決心動搖，自知失敗，遂中止襲鄭。不待說，這是由於弦高運用「不戰而屈人之兵」的至上策略，使鄭國不須流血，不受戰禍，而退了大敵。如非第一流軍事家，曷克臻此！又觀其善於應變，賢於折衝，如非第一流外交家，曷克臻此！倘若當時弦高俟秦師攻破鄭國的首都，才揭竿起義，發動民眾，驅逐秦師，不待說，那就降為第二流軍事家了。第一流軍事家，正如**孫子**說：「見勝不過眾人之所知，非善之善者也。戰勝而天下曰善，非善之善者也。故舉秋毫不為多力，見日月不為明目，聞雷霆不為聰耳。古之所謂善戰者，勝于易勝者也，故善戰者之勝也，無智名，無勇功。」我因感於弦高的無智名，無勇功，特作斯篇。

要之，弦高的赤手退敵，確是中國戰史上一樁值得自豪的奇蹟！

8. 活用《孫子兵法》的韓信

在中國歷代名將傳中，我最佩服的是韓信的指揮天才。他那「登壇拜將」的故事，他那「多多益善」的自白，至今猶膾炙人口。

可是韓信的指揮天才，并非全由於天生而然，實養成於究研《孫子兵法》。他所指揮那三幕驚人的作戰，即為活用**孫子**原則的結果。第一幕破魏王豹。《史記・淮陰傳》載：「六月魏王豹反，其八月以信為左丞相擊魏。魏王還兵蒲阪，塞臨晉，信乃益為疑兵，陳船欲渡臨晉，而伏兵從夏陽，以木罌渡軍，襲安邑。魏王豹驚，引兵迎信，信遂虜豹，定河東。」韓信之陳船欲渡臨晉，即活用《**孫子**・始計篇》所說「用而示之用」的原則。而伏兵從夏陽，以木罌渡軍，偷襲安邑，即係活用同篇所說的「攻其無備，出其不意」的原則。

第二幕是用背水陣破趙王歇於井陘口。是役之後，他的部屬將校咸問他所以致勝之道，他說：「此在兵法，願君勿察耳！兵法不曰：『陷之死地而後生，投之亡地而後存乎？』且信非得素拊循士大夫也，此所謂驅市人而戰之，其勢必置之死地，使人人自為戰。今即予生地皆走，寧尚得而用之乎？」這簡直是自認運用《**孫子**兵法》的效果。他所說的「兵法不曰：……」即出自《**孫子**・九地篇》。

第三幕以沙囊塞水斬龍且。《史記》載：「龍且與信夾濰水陣，信乃夜令人為萬餘囊，滿盛沙，壅水上流，引軍半渡擊龍且，陽不勝，還走。龍且遂追渡水，信使人決壅囊，水大至，龍且軍大半不得渡，即急擊殺龍且。龍且水東軍散走，齊王廣亡去，信追北至城陽，虜廣，楚卒皆降，遂平齊。」韓信引軍半渡擊龍且，係活用了《**孫子**・行軍篇》所說：「絕水必遠水，客絕水而來，勿迎之於水內，令半濟而擊之利」的原則。

偉大！百戰百勝的韓信呵！活用《**孫子**兵法》的韓信呵！

9. 機詐的戰術

孫臏的減灶戰術，虞詡的增灶戰術，檀道濟的唱籌量沙戰術--或以實示虛，或以虛示實，均為中國戰史上有名的戰術。虞詡的戰術雖脫胎於孫臏，卻得運用之妙。檀道濟的戰術，驟看之似近於兒戲，卻收制止敵人追擊之效。

《**孫子**·虛實篇》說：「勝可為也，敵雖眾可使無鬥。」上述這三大名將，確得**孫子**兵學的神髓。

10. 馬援的「聚土為山」

東漢名將馬援，他的「聚土為山」，實開現代沙盤教育、模型演習的先河。原來馬援對於兵要地理至為熟悉，并說過：「傳聞不如親見」。漢光武欲討伐盤據於隴西的隗囂時，乃問計於馬援，而胸有成竹的馬援即於光武面前聚土為山，指示地型的「遠近，險易，廣狹，死生」（**孫子**語），以及進軍路線，應攻目標，頓使光武有「敵在吾目中矣」之感。翌日進軍，遂把隗囂擊潰。

自然「聚土為山」的指示，是勝於口述，或筆談的。可惜馬援這種精神，未見發揚於後世，而成熟為現代的沙盤教育和模型演習，致今日有待學諸外國，後輩中國人真是不長進！

11. 是軍事家也是文學家

「上馬殺賊，下馬草露布。」這是中國軍人的佳話。

其實，天才的軍人能「武」，亦能「文」，是軍事家，也是文學家。中國軍人之有文學天才，似為一種傳統。暴如項羽，於垓下被圍時，猶作詩曰：「力拔山兮氣蓋世，時不利兮騅不逝。騅不逝兮可奈何！虞兮，虞兮奈若何！」其一種英雄氣慨，溢於言表。奸如曹操，除為註釋**《孫子**兵法》的第一人外，尤喜作樂府。其作品之富，為東漢以來的一第人。至于真情之流露，氣魄之雄邁，音調之宏壯，在作品中表現無遺。如《短歌行》：

對酒當歌，人生幾何？譬如朝露，去日苦多。慨當以慷，憂思難忘。何以解憂？惟有杜康。

青青子衿，悠悠我心。但為君故，沉吟至今。呦呦鹿鳴，食野之苹。我有嘉賓，鼓瑟吹笙。

明明如月，何時可輟？憂從中來，不可斷絕。越陌度阡，枉用相存。契闊談讌，心念舊恩。

月明星稀，烏鵲南飛。繞樹三匝，何枝可依？山不厭高，水不厭深。周公吐哺，天下歸心。

還有與操同時的諸葛孔明，凡讀到他的遺作，如《梁父吟》（現存者或非原作）及《出師表》，莫不為所感勤，潸然淚下。自斯而降，如杜預為註解《左氏春秋》的名家，岳武穆的《滿江紅》，真是劍氣文光，照耀千古。又如韓琦、藩仲淹、劉伯溫、

王陽明、戚繼光諸名將皆文學家也，今日人人猶爭讀其作品。太平天國諸將亦多文才，尤以石達開的《討虜檄》，勝于十萬甲兵，石亦能詩，惜不易得其真品。

12. 偉大的戰術家與兵學家

歐洲在十八世紀出了兩個大戰術家：

陸的戰術家法國拿破崙。

海的戰術家英國納爾遜。

歐美自十九世紀以來出了五個大兵學家：

陸的理論家德國克勞塞維慈。

海的理論家美國馬翰。

空的理論家意國杜黑。

軍隊裝甲化理論家英國富勒。

全體性戰爭理論家德國魯登道夫。

可是我們中國呢？應有新**孫子**的出現吧！

我們期待著新**孫子**，新**孫子**，新**孫子**！

《兵學隨筆》
第四輯孫子選錄

十八則:

1. 原子彈雜感，2. 建立「救人」的兵學思想，3. 古代兵法上的心理戰論，4. 軍官與兵學，5. 普及孫子，6. 孫子與原子，7. 關於研究兵學的一個辯論，8. 艾帥的用兵特點，9. 偉哉中國的兵學，10. 外交與兵法，

11. 游擊戰・游擊戰術，12. 麥帥與孫子，13. 孫子與反攻大陸，14. 好一把衡天尺，15. 優秀的戰略家，16. 從克氏《戰爭論》論韓戰，17. 現代戰爭與火攻，18. 保臺與反攻戰法。

1. 原子彈雜感

原子能可以造福人類，亦可以為禍人類。

人類發明了原子能，人類應用理智來控制原子能。

人類的獸性不應表現於原子能上，否則，只有燬滅——整個世界的燬滅。

X   X   X

從前秦始皇把全國的兵器鑄成金人，依然杜絕不了陳勝吳廣的揭竿而起。

同樣，現在想要專用原子彈來永遠制止世界的戰爭，維持世界的和平，也是走不通的。所以美國原子科學家康普頓氏也只能作這樣一個推斷說：由美國掌握原子彈，足以保持世界和平十年至二十年。

　　欲永遠制止世界的戰爭，維持世界的和平，還得從階級平等，民族平等上去努力。換言之，非把世界現存那不合理的政治經濟諸制度給它來個徹底的改革不可。

X　　　　　　X　　　　　　X

　　原子彈在將來的戰爭上，也許不投於敵國的首都，否則一下子把那一群要人們炸斃，於是群龍無首，亂七八糟，到了這個田地，試問誰能代表投降，又誰能收拾此混亂的局面？

　　美國過去不把原子彈投於東京，而先投於廣島長崎，可想見矣。

　　不過還要看原子彈操於何人之手。

X　　　　　　X　　　　　　X

　　比基尼原子彈的實驗，并未減低原子彈的聲價。

　　原子彈的威力是適宜表現於地面之「點」的都市上，如過去之廣島長崎。

　　史達林說：「原子彈不能決定戰爭。」且看情形而定。

　　尼赫魯說：「亞洲民族運動之熱情，縱以原子彈亦不能鎮壓之。」這是一種壯語。

X　　　　　　X　　　　　　X

　　過去打敗日本，是軍事家麥克阿瑟、金氏、尼米茲、安諾德等的功勞，也是科學家的功勞。但世人都是鼓掌稱贊軍事家，卻很少提到科學家的功勞，歌頌科學家的偉大。

沒有科學家設計不出雷達、超空堡壘、新型母艦，更發明不出威力無此的原子彈。

所以太平洋戰爭的勝利，歸功於軍事家，更應歸功於科學家，尤其是原子科學家奧本海麥博士、勃施博士、勞倫斯博士、歐萊博士、阜明博士、波爾博士、梅特納博士、鄧寧博士。

X   X   X

「黃河清，則聖人出。」試就我國據有的資源及現有的科學基礎來看，欲製造原子彈，恐怕還要等待黃河之清吧！

不過卻有人在幻想著：正同過去抗戰一樣，將來人家會把原子彈租借給我們。

X   X   X

中國雖沒有原子彈，卻有此原子彈更偉大的**孫子**，也就是說，使用原子彈，應根據**孫子**的鐵的原則。

原子彈所發生的威力，正是**孫子**所說的「火攻」。過去廣島長崎就是燼滅於原子彈的火力之下。

擁有原子彈者，不可輕於一用，即如**孫子**說：「非利不動，非得不用，非危不戰。」尤應奉**孫子**所說：「不戰而屈人之兵，善之善者也」為圭臬。

X   X   X

在原子戰爭之下，足以宣布現有軍備一部份的失效，同時，戰略戰術及技術亦非來一次大改革不可。不過將來的戰爭未必全

成為原子戰爭，固由於原子彈有禁用的可能；實際上，倘若十年內我與印度戰，未必是原子戰爭，二十年內我與西班牙或葡萄牙戰，未必是原子戰爭……。

所以現在有些軍人因攝於原子彈的威力，便自暴自棄地說：「以後沒有兵學可談了，也沒有仗可打了，吾輩落伍人應早退休。」真是豈有此理！

X   X   X

「原子間諜」是現世紀的一大間諜案，也是報紙雜誌上常見的一個新名詞。

現在美英加天天在防範著原子彈的祕密洩漏於蘇聯，這是事理所必然，正如蘇聯的秘密不肯洩漏於英美加一樣。可是，據說蘇俄已把美國原子彈的秘密偷去了。

原子彈的性能，實兼毒氣而有之（足以破壞人的血球），毒氣已為國際間所禁用，難道原子彈在今後不應加以禁用嗎？不過，在侵略者未消滅前，似不必加以禁用。

原子能應用以促世界的和平，不應用以進行兇惡的戰爭，除非對付兇惡的侵略者。

2. 建立「救人」的兵學思想

歐美的兵學思想自克勞塞維慈以來已走入歧途了。即他們全以「徹底殲滅」的殺人主義為本，所以到了工業發達之後，便競相致力於武器的發明，尤其到原子彈發明之後，殺人的技術與威力愈

巧妙而猛烈，一舉便可殺人數十萬，像這種「殺人」的兵學思想，如果再任其發展下去，恐怕整個世界都要毀滅，全體人類都要死亡了。

在今日，我們為糾正這種錯誤的思想，非把「救人」的兵學思想建立起來不可。

我國向來的兵學思想，都可以說是以「救人」為本的，像孔孟所倡導的「仁師義戰」；老子所倡導的「慈以戰則勝」；**孫子**所倡導的「全國為上」，「不戰而屈人之兵」；吳子所倡導的「綏之以道」，「五戰者禍」；又司馬法所倡導的「殺人安人，殺之可也；攻其國，愛其民，攻之可也；以戰止戰，雖戰可也。」這種崇高的學說，實值得我們今日再來倡導，澄清目下世界上正在鼓吹著的以「殺人為本」，「殺得愈多，其功愈高，名愈大」的兵學界的思想，尤其軍人們的思想！

我們主張原子彈應運用以「止戰」，「救人」。我們應大聲疾呼，建立以「仁義為經，以和平為緯」的救人的兵學思想。

3. 古代兵法上的心理戰論

我國古代原無心理戰專書，只是把它列入兵法書中，并視為用兵的最高原則而已。所以談到心理戰，在世界上應以中國為起源，其原理原則，像黑夜裏的明珠，閃閃發光。最近我認為要研究心理戰，非從我國古兵法去發掘不可，便把七書翻閱一遍，發現**孫子**關於心理戰的原理有：「不戰而屈人之兵，善之善者

也。」這是主張以不經流血的心理戰而屈服敵人為最上策，例如徐晃約矢射書，韓範恐懼出降；王猛遺書入燕，慕容舉城以降。又說：「三軍可奪氣，將軍可奪心。」這是主張攻心的，因為奪了敵軍的氣，又奪了敵將的心，則敵沒有不敗的，不過卻要講求各種宣傳手段。又說：「古之所謂善用兵者，能使敵人前後不相及，眾寡不相恃，貴賤不相救，上下不相收，卒離而不集，兵合而不齊。」不待說，為達到這個目的，最有效的辦法就是施行心理戰。以上**孫子**的話，言外都是說為將者不可不懂心理戰的。可是今日的將校卻以為心理戰僅屬於軍中政治工作人員的事，這也許對於兵法過於荒疏吧！吳子說：「善行間諜……使其君臣相怨，上下相咎。」這是主張使用間諜施行心理戰的。又說：「因怒興師曰剛，剛必以辭服。」言詞即心理戰的一種手段。《司馬法》上說：「乘其懼」，又說「擊其大懼」。敵懾敵懼均可運用心理戰造成之。《李衛公問對》一書更明顯地指出：「夫攻者，不止攻其城，擊其陣而已，必有攻其心之術焉……攻其心者，所謂知彼者也。」這是說施行心理戰，必須知彼，即必須蒐集情報以為根據的。《三略》說：「制人以道，降心服志。」說是主張用道為心理戰的武器，以降服敵人的心志。心理戰在古代兵法上，其重要如此。

4. 軍官與兵學

戰爭是進化的，兵學也是進化的，一個軍人，尤其是·個軍官不可不與兵書為友，結下不解之緣。

我們應從兵書上來培養我們的武德，我們應從兵書上來增進我們的智能。

雖說「顧方略如何耳，不至學古兵法。」（漢將霍去病語）這僅是一種豪語而已。研究兵學依然成為古今名將的津梁，亦如今日欲當軍官者必須進軍校一樣。

在我國歷史上，像張良的運籌決勝，乃由於熟讀《太公兵法》；韓信的百戰百勝，乃由於精通《**孫子**兵法》；諸葛武侯的抗魏平蠻，乃由於學究天人，兵精八陣；杜元凱的平吳立功，乃由於博學多通，尤其有「左傳癖」（《左傳》為春秋時代之戰史）；岳武穆的屢敗金兵，還我河山，乃由於喜讀《左氏春秋》與《**孫子**兵法》；狄漢臣的平定西夏，破儂智高亦由於感受范仲淹：「將不知古今，匹夫勇耳」之言，因而拆節讀書，通曉秦漢以來兵法；雖說他們各有過人的天才，至於屠狗之流，目不識丁之輩在古代戰爭中尚可倖勝，博取封侯，但在今日就不成了。 國父孫中山先生說：「革命軍的基礎在高深的學問」，真是不刊之論。

不過研究兵學，千萬提防重蹈趙括徒讀父書的覆轍，食古不化，固足僨事，離開現實，更為危險。古今的兵書，它不是供我們依樣畫葫蘆的，乃要我們能夠善為運用，正如岳武穆說：「運用之妙，存乎一心。」

可是古代的戰爭其形態雖與今日不同，而基本原理原則依然不變，所以我們軍官在今日除致力於本身業務有關的圖書法令研究外，還要從古兵書上去攝取那不朽的原理原則，因為那些原理

原則是歷代名將用兵的經驗，亦即血淵骨嶽的結晶，依然可以運用於今日戰場。至於武德方面，尤多可作為吾人的座右銘，像《孫子》所說的「智信仁勇嚴」，《吳子》所說「禮義恥」，《司馬法》所說的「仁本」，《六韜》所說的「勇智仁信忠」，《三略》所說的「道德仁義禮」。

至於外國兵書像克勞塞維慈的《戰爭論》，魯登道夫的《全體性戰爭論》，福煦元帥的《戰爭論》，富勒將軍的各種著作，艾森豪威爾的《征歐回憶錄》，馬歇爾的《致陸軍部二年報告書》，及有關二、三次大戰的新書，均為現代將校所必讀。不過一國有一國的國情，戰略戰術亦因之而異，我們對於外國兵書所提供的一切理論與方法，必須經過選擇消化之後方可應用於實際。

此外有一點要注意的，我們除作書本的研究外，還要檢討八年抗戰的經驗及最近戡亂的得失，以改進今後作戰方法，增進戰爭藝術。

5.　普及孫子

過去陸軍大學招考特八期學員的國文試題是「《孫子》十三篇，首言計，終言間，其故安在？試詳言之。」可見陸大對**孫子**的重視。雖說陸大也曾講授《孫子》，但因講授者未得其人，始終未能把**孫子**的奧妙全盤灌輸於莘莘學子，使其反映於軍事的實踐上。

《**孫子**兵法》是我國兵學的經典，他是我國最古的國防論，至理名言，萬古常新。過去軍人研究它，文人亦研究它，就是現在以至將來的軍人與文人亦要研究它。值茲外來的軍事學說紛紛輸入，令人無適從之時，每一軍校以至每一普通大學（應實施文武合一教育）都應講授它。其作用不祇在軍事智識上足以奠定其基礎，尤其在民族意識上足以加強其自信心與自尊心。

不過《**孫子**》是不易了解的，純文人不會全面了解，純武人也不會全面了解，尤其未與**孫子**的心靈相通者更不會真正了解。

因為《**孫子**》是軍事的書，又是哲學的書，古文的書，綜合政治、外交、經濟、心理、物理、天文、地理各種學術的書，何況它的立論與精神又自成為一家。

6. 孫子與原子

一天大家座談第三次世界大戰問題，有人提出：「在三次大戰中怎樣才能算打勝仗？」某專家答道：「可以**孫子**為體，以原子為用。」

「那麼我們總算有資格和人家合作了，」大家哈哈笑了一陣。不過，**孫子**的哲理是最高深的，原子武器的威力是最猛烈的，使用原子武器確應根據**孫子**的哲理。我希望擁有原子武器的美國人多多讀《**孫子**》，好好地把握此「二子」！

7. 關於研究兵學的一個辯論

「文人沒有進過軍事學校，也來研究兵學，豈不是笑話嗎？」這是在一天座談中，S君發出的妙論。S君是進過軍事學校，而且打過幾年仗的軍人。

當場有一個朋友給他反駁說：「軍人可以主政，難道文人不可以研究兵學嗎？」接著又說：「軍人主政，難道他們個個都進過政治大學嗎？有政治天才的人，像馬歇爾將軍並未在大學裏的外交系畢業，卻也當起特使和國務卿來。」

S君聽了這番話，默不作聲，心中似乎覺悟了，那一個朋友又發揮他的高論：「在我國歷史上，文人不特研究兵學多成就（如《孫子十家注》多出於文人之手，又如《洴澼百金方》，《草廬經略》等書均為文人所著），還會帶兵打仗，像管仲、張良、孔明、張巡、范仲淹、虞允文、王陽明、曾國藩、胡林翼、左宗棠等名將，那一個不是文人呢！」

「所以不論學什麼，幹什麼都要有天才，肯用功，否則經過什麼學校也是徒然的。」他跟著下了這樣一個斷語。

「但我並不是反對進學校，我是說有天才的人，肯用功的人，什麼都可以研究，何況軍事！八年的抗戰，可以說是我們的戰爭大學，這是中華民國每一個國民都進過的，不過你能否有成就，是要看你的天才及用功如何！」他又說。

「國父孫中山先生是一個文人，卻是一個文武兼全的大人物，他對《**孫子**兵法》，克勞塞維慈《戰爭論》及太平天國戰爭，拿破崙戰爭，南非波亞戰術及其他軍事名著的研究，恐怕為今日號稱軍事家的人還望塵莫及。（詳見拙作《國父革命戰理之

研究》一書）即如二次大戰中，美之羅斯福，他是一個文人，卻成為一個戰略家。」

S君靜聽至此，連口稱是。那個朋友又說：「你須知道：在今日欲做一個軍事家，不是光懂軍事就可以的，因為今日的戰爭是全體性戰爭，還要懂得政治、外交、經濟、文化、教育諸端，像文人他們就有這些特長。」

「你又應知道：今日的戰爭是全民戰爭，不論男女老幼都要參加的，則所謂『人人參戰』，像這樣的戰爭，光靠少數進過軍校的人所能支持嗎？所以今後不特文人要知兵，即一般國民都要知兵。」

S君最後說：「文武合一，乃強國之道。我們且來提倡普及軍訓，普及兵學智識，使中國成為一個戰鬥體，以應付第三次世界大戰的降臨吧！」

「好的」那個朋友又補充說：「其實欲建設中國國防非使文人懂得兵學，武人懂得政治不可。尤其文人不知兵，倘若他參與國家政治，如當行政院長、部長、立法委員之類，那他的作為決不會配合軍事的，例如主持軍事的人要增加軍費，擴充軍備，他卻反對說，財政困難，不應增加人民的負擔，倒拿錢去修高樓大廈。又如國際戰爭已迫近眉睫，他還不曉得把他的措施由平時轉為戰時，尤不曉得平時應豫作戰時的準備……像這樣的文人主政是要誤國的呢！」

同時，那個朋友又從書架上拿出《中西兵略指掌》一書，指出下段的話給 S 君看，該段原文是：「杜樊川云：『大儒在位未

有不知兵者矣』。蓋兵有兵法兵機兵謀，法者已往之良規，機者方來之朕兆，謀則因法與機而通變制勝者也。知法不知機，是謂膠柱，膠柱者敗；知機不知謀，是謂無策，無策者亡。大儒在位，不忍疆場有敗亡之釁，上為朝廷捍邊闕圉，下為寰海奠生靈，其視天下何一非分內事！故平日縱橫上下，洞若觀火，早合文事武備，一以貫之，故一旦事機所乘，指揮若定，徵之歷代，如晉之杜預，南宋之范文正，明之王文成諸公，庶幾有焉。樊川所言，信不誣也。」

以上是那個朋友和 S 君的辯論，畢竟是由對立趨於一致了。茲錄如上，尚望關心此問題者多多參加意見。

8.　艾帥的用兵特點

二十世紀的輝煌將星是艾森豪威爾元帥，他具有卓絕的智慧和偉大的魄力，公餘喜讀書，平生對於戰史尤感興趣，幼時愛讀愷撒與亞歷山大將軍的故事，後來曾專心研究克勞塞維慈的戰爭論及豪斯霍夫的地略學。所以他受著克豪兩氏的影響很大。

大凡一個名將的成功必有其成功的特點，艾帥過去用兵的成功，亦即他在歐非戰場擊敗德意軸心國家的成功，根據我最近所得的一些資料，他的特點有如下二點：

一、重視士氣　艾帥過去在歐非戰場指揮著擁有最新裝備的盟軍作戰，他對士氣仍認為它是戰勝唯一的最大因素，他說：「士氣最易養成於戰勝之時，但優良的將帥即使遭遇著長期的艱難挫

折，亦能保持軍中的士氣。然當一時未能取得全面勝利之前，為將帥者，必須找一些小勝仗來打，以振作士氣，惟無勝利的把握時則不可輕舉妄動。」又說：「士氣既是勝利的一個超越因素，因此摧毀敵人的士氣就應成為每一個指揮官的經常目標。……突擊戰略在摧毀敵軍的士氣上，其重要性莫逾於此。」艾帥真可謂為一個「士氣戰」的軍事家。此外艾帥於當年初到北非指揮作戰時，他在某次會議上會作了一個嚴厲的聲明：「悲觀與失敗的氛圍，我絕對不容許，那一個人在這兩樣中若有一樣，我便即刻把他遣送回國。」他對於官兵的精神意志，其重視有如此。過去曾到過南京，他對美國軍官的訓話，曾贊許說：「我們發現我們的戰士，在不利的環境下，仍能保持作戰相同的士氣，努力工作，這努力是我們對祖國應盡的職責。」不過我們要注意的，艾帥決不是一個精神主義者，空講士氣，不要物質的，實則他係以美國優越的物質力量為基礎，加以振作士氣，故能每戰必勝。

二、大膽冒險　艾帥用兵的第二個特點不是小心謹慎，而是大膽冒險，所以在歐非兩大戰場作戰，往往獨自駕駛其指揮車，親臨前線視察或指揮，因此部下便給他以「火線將軍」的渾號。這正與拿破崙舉旗前進的精神先後輝映。他說：「當戰況險惡之時，對於戰術上的冒險，雖然應儘量減少，但指揮官在戰場上認為已具有必勝的士氣與物質的條件之時，則不應如此。在總攻勢上，過於小心地企圖為一個戰術行動謀取穩當，是偉大戰略收效之敵。此時必須冒險，其責任則由最高指揮官負擔。」自然艾帥的主張冒險決不是暴虎馮河的冒險，用是透過科學與經驗的腦筋，所以他在歐陸戰場上每一次的冒險進攻均得到驚人的成功。

當登陸諾曼第時，在那個黑夜裡，正值風暴襲來，海潮洶湧，蒙哥馬利及一般將領均主張延期登陸，但艾帥則不顧一切險阻，仍依照原定計劃，而完成全軍的登陸。又如萊茵天塹的突破，也是由艾帥獨排眾議，冒險進攻而成功的。

　　三、善於突擊　艾帥認為戰勝之道，除有旺盛的士氣，堅決勇敢的冒險之外，還要採取突擊的行動——突擊戰法，他說：「突擊戰法的意義就是在敵人不加防備之點予以打擊，在諾曼第登陸以前，我們會用強大的空軍轟炸丹白（Dieppe）加萊（Calais）之間的目標，使德軍誤以為我從那方面登陸，於是敵人便把主力調開於我們所欲進侵的海岸很遠，這些海岸是很強固的，有著兇惡狹窄的障礙物，水雷，鐵絲網，還有在懸崖附近佈成交叉火網，如果德軍真的知道我們從這裡登陸準備和我們頑抗的話，那我們永遠也休想立足於海岸之上。」於此使我們想起**孫子**「用而示之不用」及「出其不意，攻其無備」的原則，古今兵家真是所見略同。他又說：「突擊戰法是我軍處於穩固的地位，而給予敵人主力的安全以嚴重的威脅……突擊戰法須先準備有一種力量，使用戰術單位的力量，或較小的力量去攻擊敵人沒有防備的地點。至於消耗最大，又使攻者的力量容易削弱的戰役，即是對那堅韌訓練有素的守軍逐次爭取戰術上的勝利。因為在這個場合，敵人可以不斷地調整他的部隊，而當我供應發生嚴重問題時，敵人還可以轉變原來的士氣及物質力量的相對價值。但在突擊戰法上，敵人欲作這種變換的機會是被粉碎了。」這樣的強調突擊戰法。

　　此外，艾帥又主張集中優勢的力量以打擊敵人，他說：「你在決定運用兵力的地方，需要優越的力量。」這也是和**孫子**、克

勞塞維慈諸兵學大師的意見相同。他又強調「軍事領袖應有創造的想像力」，這是歸根到天才上去的。要之不管物質武器的力量如何發達，而將帥的天才卻不可少。

9. 偉哉中國的兵學

政府從大陸退守臺灣，這是近代中國兵學又起一大變革的時期，在這個時期，所有舊日的典範令已先後修正，而倡導改革戰術思想，統一戰術思想的議論，亦風起雲湧。我想趁此鬧熱，寫一部《中國戰史》，把中國歷代戰史分為三大時代——（一）車戰時代，始於黃帝軒轅。（二）步騎戰時代，自漢迄明。（三）火器使用時代，自明以降。每一時代擇其重要戰役分別論述并比較之，計需時兩年，迄未著手。即在大陸已下筆的《中國兵學家傳略》及擬將私藏之歷代兵書三十種彙編出版，亦均未完成。中國兵學具有五千年的光榮歷史，創始於黃帝軒轅，發揚於商湯、伊尹、周武、姜尚，完成於春秋戰國，如《孫子》、《吳子》、《司馬法》、《尉撩子》及《左氏春秋》（戰史）諸名著均作於這個時代。春秋戰國五百年，是中國長期戰爭時代，也是兵學發展的一個黃金時代，自此以後，兵書問世源源不絕，亦各自有其特色，但主要的原理原則卻越不出春秋戰國諸名著的範圍。自明迄清，以火器的輸入及泰西兵術的影響，使中國兵學起一大變革，民國以來，一再變革，仍無止境，二次大戰後，更日新月異。但春秋戰國諸名著的原理原則，益見光芒四射，萬古常新。我希望專家能一一譯為外文，介紹於全世界。

10. 外交與兵法

李鴻章時代的外交形態不應重現於今日了。

今後自由中國的外交應爭取主動，把握重心。

當前有三個外交據點，即我所謂外交的「三星地帶」，值得我們從新檢討和加強。

一是釜山，一是東京，一是華盛頓。

韓國正反共抗俄，美國亦正反共抗俄，日本亦將反共抗俄，所以我們今後的外交活動應看重這三個地帶，加強我們外交的陣容，出動第一流外交家。

外交不是講道義的，要以利害為前提，**孫子**說：「屈諸侯者以害，役諸侯者以業，趨諸侯者以利。」我們應發揮這個原則的精神。但有些人以為我們今日無害可屈人家，又無利可趨人家，其實，這未免過於書獃，我們確是掌握著無窮的「利」與「害」。

外交不是徒講交際的，辦外交的人也不是止於握手、跳舞、喝雞尾酒，要能利用時勢，利用矛盾，製造時勢，擴大矛盾。

不懂辯證法的人不善辦外交，不懂兵法的人也不善辦外交。

11. 游擊戰・游擊戰術

　　孫子是中國游擊戰術的創始者，他的兵法十三篇是一切兵法的總滙，其中亦蘊藏著很豐富的游擊戰術。**孫子**說：「凡戰者以正合，以奇勝。故善出奇者，無窮如天地，不竭如江河。」這裡所謂奇，就是游擊戰術的最高原則。又說：「利而誘之，亂而取之，實而備之，強而避之，怒而撓之，卑而驕之，佚而勞之，親而離之，攻其無備，出其不意。」又說：「出其所不趨，趨其所不意，行千里而不勞者，行於無人之地也。攻而必取者，其所不守也，守而必固者，守其所不攻也。故善攻者敵不知其所守，善守者敵不知其所攻。」又說：「避其銳氣，擊其惰歸……以治待亂，以靜待譁……以近待遠，以佚待勞，以飽待飢……無邀正正之旗，勿擊堂堂之陣。」這也是游擊戰術的基本原則。至於以游擊戰起家的中共，其所慣用的「以大吃小」，「化整為零」，「化零為整」的游擊戰術，并非共軍的發明，實套自**孫子**，即前者套自**孫子**所說：「以眾擊寡」的原則，後者套自**孫子**所說：「以分合為變」的原則。

　　孫中山先生也是中國現代游擊戰的領袖，他在辛亥革命前，屢次發動革命戰爭以推翻滿清，所採用的戰術就是游擊戰術，當時活躍於粵桂邊區的「民軍」，正今日所謂的游擊隊。孫中山先生於一九零七年命黃明堂適時攻佔鎮南關，又適時退出，這是一個典型的游擊戰。迄民十一，中山先生於「軍人精神教育」的講詞中又主張採用游擊戰術，以與北方軍閥交戰，所指出游擊戰術的五種技能——命中，隱伏，耐勞，走路，吃饞，仍可作為今日游擊戰術的技能。今日活躍於大陸上的游擊隊確要具備有此五種技能。

　　大凡被統治者欲推翻統治者，往往以劣勢兵力對優勢兵力，以游擊戰始，以正規戰（會戰）終。揭竿而起的陳勝吳廣，便是歷史上頂有名的游擊首領，推翻暴秦，首為其所發動。今日我們要打回大陸，推翻共產，亟應加強游擊戰，其方式除軍事戰外，還要進行宣傳戰、組織戰、滲透戰、間諜戰、經濟戰的游擊戰——應是總體戰化的游擊戰。

12. 麥帥與孫子

　　孫子是主張速戰速決的，他說：「兵聞速拙，未覩巧之久也。」又說：「夫兵久而國利者，未之有也。」再說：「兵貴勝不貴久。」麥克阿瑟元帥此次被撤職，於回國後，在國會裡所發表的講詞說：「一旦戰爭迫向我們，我們真沒有別的抉擇，只有運用一切合用的手段來作戰而迅速使其結束。戰爭的主要目的是勝利而不是拖延時日的猶豫。」可見古今兵家所見略同。其實《**孫子**》在美國早已有譯本，像《**孫子**》這樣震撼世界的名著，麥帥不會不讀過的。所以我們也可以說麥帥是受了**孫子**的影響。

13. 孫子與反攻大陸

　　孫子真是博大精深。蘇東坡說：「惟江上之清風，與山間之明月，耳得之而為聲，目遇之而成色，取之無禁，用之不竭，是造物者之無盡藏也。」倘若以之喻**孫子**，那是最恰不過了。所

以**孫子**的原理原則，不祇可以運用於軍事上，且可以運用於人類社會任何鬥爭上。

孫子的原理原則已成為金科玉律，自古將帥能適切地把握它，沒有不打勝仗，同樣我們他日反攻大陸能把握它，當然也可以打勝仗——消滅共產，光復全國。

不過談到把握**孫子**，要從全面去努力，局部把握仍是不夠，要能巧妙運用，不可如趙括徒讀父書。現我因限於時間，未克作全面的檢討，只得把最近在戰術上發現**孫子**有三個原則可供我們反攻制勝之用，分述如下，並就正高明。

一、奪氣戰術——**孫子**說：「三軍可奪氣，將軍可奪心。」亦即現今所謂心理作戰。這一種作戰，在現在就應對大陸上的共軍實施。到了反攻時更應廣泛的展開，以期造成共軍的瓦解、起義和投降，而利於軍事的推進，迅速獲得勝利，不待說，這是一個最高的攻心戰術。

二、鎰銖戰術——**孫子**說：「勝兵若以鎰稱銖，敗兵若以銖稱鎰。」（鎰銖為古代衡名，二十四銖為兩，二十四兩為鎰）亦即現今所謂優勢主義——兵數優勢，火力優勢。雖說我們現有的兵數比共軍為少，但他日反攻，依於巧妙的運用，卻可造成戰術上的優勢（局部優勢），以期攻而必取，徹底擊潰共軍。

三、火攻戰術——**孫子**說：「凡火攻有五：一曰火人，二曰火積，三曰火輜，四曰火庫，五曰火隊。」火攻雖為殘忍的戰術，但以對那慘無人道共產政權，尤其所恃以自豪的人海戰術，非使用新武器，施以最猛烈最恐怖的火攻，不足以懾其氣，挫其

鋒，而制其死命。像最近聯軍在韓戰中的制勝，把共軍殺得片甲不留，就是出於使用新武器用造成那莫可抵禦的火海。

14. 好一把衡天尺

過去大陸上軍事的失敗，這是有識者早已「先知」了。

自徐蚌會戰失敗，傅作義投降之後，當時某軍事家在南京，曾指著壁上的地圖向座者講解說：「共軍由北而南，正如一塊圓石由山頂向下滾，非到山腳不也。」跟著畫龍點睛說：「恐怕共軍還要打到雷州半島呵！」

這一個物理的此喻，在今日看起來不無先見之明，其實這是他根據《孫子·兵勢篇》所說：「故戰人之勢，如轉圓石於千仞之山者，勢也。」

又，政府自大陸退守臺灣之後，共軍本應追蹤渡海，施行最後攻勢，貫徹「解放臺灣」的毒計；卻始終未敢越雷池一步，反轉攻為守，徒作沿海的佈防，這時，那位軍事家又指示人家說：「共軍的攻勢已到了極點，亦即他優勢的喪失，你且瞧著臺灣局勢的好轉吧！」果然由於共軍攻勢的被迫停止，韓戰突然爆發，國際援助便源源而來了，第七艦隊海空力量也來協防了。原來他是根據德國兵學大師克勞塞維慈《戰爭論》的〈攻勢〉篇而發是言。

孫子與克氏的學理是一把衡天尺，你在戰爭上不論遭遇任何困難問題，只要把它來衡量一下，就可瞭若觀火。

15. 優秀的戰略家

一個優秀的戰略家，他應當是一個博學者，又是有經驗和有天才者。

因為在戰爭上有許多問題非僅限於軍事，有些還要從政治上，或外交上，或經濟上，或社會上，或心理上去觀察，或作綜合的觀察，故須博學。既博學，還要有經驗，否則便會犯著幼稚病。既博學又有經驗，還要有天才，具有超卓的天才，始能見人未見，知人未知。

一九四九年，政府由南京退守廣州，旋以共軍節節南犯，又遷重慶，滿想重演抗戰時期的歷史，爭取最後的勝利。當時卻有一個戰略家向當局力陳並作圖說明重慶是四面被包圍而無退路的「死地」，不宜遷往，結果竟如其言。

一九五零年——春夏之間，亦即美國第七艦隊未奉命協防臺灣之時，由於共軍「血洗臺灣」「解放臺灣」宣傳攻勢的瘋狂，這時臺灣正發生極度的動搖，人人都爭向港澳或外國溜之大吉，甚至有些號稱為軍事家亦不敢斷定臺灣的安全，但那個戰略家卻鐵證臺灣是必守的，又是西線的「凡爾登」，並公開指出臺灣具有必守的十大條件：一、海峽遼闊，二、地形有利，三、交通發達，四、糧食充裕，五、財政不匱，六、內無共患，七、防線堅固，八、兵力強大，九、指揮容易，十、外援必至。

到了今日大家總可領會上面所舉這十大鐵證的真確性吧！

然而「曲突徙薪無恩澤，焦頭爛額為上客。」古今優秀的戰略家，往往都是一個「無智名，無勇功」者（**孫子**語）。

16. 從克氏《戰爭論》論韓戰

民主國家與鐵幕國家在朝鮮半島上打了一年有餘，這一個「局部性的世界戰爭」，真是提供我們不少寶貴的資料。

可是韓戰究竟屬於那一種性質的戰爭呢？年來研究韓戰的人雖不少，卻未見有人作過學理的解釋，這是兵學荒蕪歟，還是人性好惰歟！

兵學天才巨星克勞塞維慈氏所著《戰爭論》，是一部「兵學的根本真理」，為研究戰爭者必讀的典範，正如德國史布爾將軍說：「克氏學說的永久法則，雖然它的適用形態是會繼續變化著，但不論在任何戰爭的場合，人們必須依他的法則去觀察，去研究才可。」所以我所們今日研究韓戰，不妨試一試把克氏的永久法則來加以研討。

克氏在《戰爭論》上把歷史上的戰爭性質分為兩種——一是「概念的戰爭」，一是「現實的戰爭」（即永久法則）。可是韓戰的性質是屬於後者——「現實的戰爭」，還是屬於前者——「概念的戰爭」呢？（就戰爭的純粹概念而言的戰爭，前者亦稱「絕對的戰爭」。）克氏所說概念戰爭的性質是戰爭行為的無界限性：（一）暴力使用的無界限性，（二）打倒感情的無界限性，（三）力之發揮的無界限性。換言之，純為武力主義，亦即

殲滅戰爭。（詳見拙譯克氏《戰爭論綱要》。）現證諸韓戰，如美國政府限制自己空軍不得轟炸共軍的「庇護所」東北，及中國大陸，海軍又不得封鎖中國大陸沿海，且迄未使用具有最大燬滅性的原子彈，顯然的，美國政府是不欲使戰爭行為作無界限性的發揮，成為「概念戰爭」。雖說最初北韓進攻南韓，似乎想採取此種戰爭方式擊潰南韓，甚至要把聯軍驅逐下海，卻未成功。中間麥帥指揮大軍由仁川登陸，直趨北韓，亦近此種方式。因共軍的突然參戰，亦未成功。實在說，韓戰的性質乃屬於克氏所說的「現實戰爭」，亦即美國當局所宣稱的「有限度戰爭」。（同書第一篇第一章）而發動韓戰的史達林亦迄未敢以其自己的陸海空軍作無限度的參加韓戰，於是戰爭愈受現實的政治所支配，不能發揮無界限性的行為，充份發揮武力的價值，便成為「現實戰爭」，亦即消耗戰爭。

克氏就「現實戰爭」的性質分析說：「政治目的對軍事行動的支配力愈大，則軍事行動愈遲緩。」（第一篇第一章）又說：「戰爭的動機與緊張性微弱時，（按：美國此次係被迫應戰，動機不強烈)則暴力必遵從政治指定的方向而行動，戰爭愈與政治相近似。」（同章）又說：「在現實戰爭上，一方不能完全剝奪他方的抵抗力時，則彼我雙方俱從事於勝敗，及其所必要消耗之力的推測，因而造成媾和締約的動機。（按：如開城談判）。」（同章）又說：「戰爭的動機微弱時，則戰爭的本質，如互相作用、競爭、猛烈性、無拘束性等完全消失，彼我兩軍，俱不冒險，僅運動於極陝隘圈內（按：如韓戰迄未擴大到韓國以外的地區）極其量亦不過以恐嚇手段，對付敵人，（按：韓戰中雙方不是常出

以恐嚇手段嗎？）使有利於外交談判，以結束戰爭而已（按：目前雙方正作此種企圖）。」（第八篇第三章）於此，已可了解韓戰的性質吧。

不過，於此應稍加說明的，因為美國政府本於「有限度戰爭」的決策，亦即把戰爭還元於「現實戰爭」的性質（即基於政治的關係），所以對韓戰，始終不作武力無界限性的發揮，像美國當局杜魯門、馬歇爾、艾奇遜等只決計以「火海」消耗「人海」，使敵方自知無勝利的希望，迫其出而求和，畢竟敵方的「人海」是被燼於聯軍的「火海」，無法抵抗了，於是乃有馬立克之和平建議，因有最近的開城談判。在這次談判中，由於史達林缺乏誠意，又作政治的運用，（如想製造英美矛盾，分化民主集團，取得同意共產加入聯合國及對日和約上討便宜，又想利用韓戰以削弱共產而便利其控制等）遂使談判一再停頓，迄無結果，不待說，這就是「現實戰爭」的必然表現。

現在韓戰比歷史上的「現實戰爭」都複雜，故雙方不易媾和。倘若此次談判失敗，美國不惜在韓對俄攤牌，轉為積極的態度，斷然採取攻勢，發揮戰爭的無界限性，使戰爭變為「概念戰爭」，即「無限度戰爭」，如美副總統巴克萊最近宣稱：「韓戰如不獲致停戰，我們的唯一辦法就是使用全部力量把敵人趕出韓境。」那麼擁有優勢「火海」的聯軍就很快可以獲勝，統一全韓了。

尤有趣的，克氏在《戰爭論》上有幾句話，不啻對目前參加韓戰的英國譏評說：「一國與他國締結攻守同盟以援助時，但所

得的援助是有限度的，他國（按：如英國）決不會放棄本身的利益，而認真援助之。」又說：「當兩個國家協同對敵作戰時，其中必有一方（按：如英國）無意於積極協助，以征服敵人，先考慮本國的危險與可得的利益，然後出兵相助，正類似商業交易，不使資本遭受意外的損失，在這種場合，軍事的目的全受政治影響以至支配。」（第八篇第三章）

本文所要說的僅止於此，至於韓戰雙方所採取的戰略戰術應從克氏「戰爭論」上作如何解釋，那只有留諸異日而已。要之，今後我們要了解各種各類的戰爭，對克氏的戰爭學理不可沒有深刻的研究。克氏的學理曾支配了十九世紀，毛奇一戰而勝丹麥，再戰而勝奧國，三戰而勝法國，就是通用克氏學理的結果。洎乎今日，雖因戰爭時代的不同，但克氏的基本原理依然不變，各國軍人猶奉為經典。

蔣介石總統最近指示我們說：「克氏此書實至重要，不可以一讀為已足。尤其前方指揮官，應視此書，如《孫子兵法》然。日人常將**孫子**與克氏之說並用，亦可瞻其重要，願各切實研究為要。」這是一個英明的指示，也是一個經驗之談。值茲國人紛紛研究韓戰之際，特錄於此，以告讀者。（本文於四十年九月發表於「實踐」雜誌）

17. 現代戰爭與火攻

由於科學工業的發明與進步，將來戰爭的決勝愈趨向於以「火攻」為主。**孫子**在二千多年前已提出「火攻」的戰法，真是眼光遠大！

第二次世界大戰是以「火攻」而告終，即美軍在日本投下了兩顆原子彈，造成廣大的火海，一剎那間把廣島長崎付之一炬，日皇裕仁震驚於這悲慘的火攻之下，便宣佈無條件投降了。但在此前，火攻已表演了可怖的燬壞力，德國重要城市至少有百分之五四，日本城市佔百分之六五遭火攻的燬壞，此種火攻的主要工具是縱火彈及其與高級炸彈聯合使用所造成。至於前線的德日軍隊亦在盟軍猛烈的火攻之下而趨於崩潰。

在韓戰中的火攻，聯軍雖未使用原子彈，但所使用的汽油彈，其造成狂烈的火海，不知殺傷了多少共軍，這種汽油彈的燃燒熱度達華氏一千五百度，燃燒面積很廣，大量從飛機上投下，一會兒可燬滅數師人馬。在防禦時，聯軍經常於陣地前，除設置地雷及各種障礙物外，並於雷區後設置汽油彈，夾雜以火藥箱，適時引燃爆炸，造成一片火海，使來攻的共軍人海，盡歸燬滅。掩護長津湖地區的聯軍突圍時，其向吉士里以南撤退之十五哩長的防線兩側，則以炸彈汽油彈及火箭炮構成一道火牆，使共軍無從施其技倆，而得以安全撤退。

三次大戰如果是原子戰爭的話，則**孫子**所謂「火攻」將愈成為戰爭指導的一個最高原則。最近美國陸軍參謀長柯士林宣稱：「在將來原子砲和帶有原子彈頭或未帶有原子彈頭的飛彈，將使

陸軍阻止人海攻勢的力量，大為增強，並異常有效。」三次大戰火攻的內容，已可想見過半。

18. 保臺與反攻戰法

有人說：保衛臺灣應採取「彈簧戰術」或「踢球戰術」，又有人說：應採取「海綿戰術」，或「熔爐戰術」。所謂彈簧或踢球戰術是謂共軍來攻，我即把他彈了回去或踢了出去。所謂海綿或熔爐戰術，是謂共軍來犯，我即像海綿吸水一般把他完全吸收吃掉，或像熔爐熔物一般把牠完全熔毀。

有人評：反攻大陸應採取「擊首戰法」，或「擊中戰法」，或「擊尾戰法」（見《孫子・九地篇》）或三法並用，所謂擊首戰法，係以大軍從大沽口、秦皇島登陸，直趨北平。所謂擊中戰法，係以大軍從上海、連雲港登陸，直趨洛陽武漢，把共軍腰斬為南北兩段。所謂「擊尾戰法」，係以大軍從華南登陸，沿粵漢線而北伐。所謂三法並用，即以大軍分別從上述各地區登陸，分進合擊，包圍殲滅之。還有人說：應採取「前後夾攻戰法」，即一面以大軍從沿海登陸，（大陸海岸線裘長，防不勝防，處處可以登陸）同時以傘兵降落於大陸後方，配合游擊隊，而夾攻共軍，以包圍殲滅之。眾說紛紛，各是其是，而應何去何從，則要看敵我雙方的情形而定。在這個時候，倘若得一優秀的戰略家勝於十萬雄師。

"兵學是神聖不可犯的，立心作亂者不可讀，蓄意侵略者不可讀，非弔民伐罪不可用，非救國救世不能用。"

—李浴日《決勝叢書》序 1952 年

孫克兵學新論

李浴日 編

世界兵學社 發行

ARL VON CLAUSEWIT

林　序

在分崩離析互爭消長之春秋時代，因為客觀環境治亂理棼之要求，遂孕育孫子之兵學思想，而成為武經之冠冕。在拿破崙睥睨歐陸侵凌弱小之十八世紀末葉，因為報仇雪恥，遂產生普魯士之克勞塞維慈而成為兵學上西方之一顆彗星，此兩氏在其各個當時運用兵學所取得之成就；孫氏將吳，則西破強楚，北威齊晉，克氏則有一八一五年之滑鉄盧之役，而使拿破崙一敗塗地，此二氏偉大之成就，猶不在當時之事業，而在孫氏所著之《孫子》，克氏所著之《戰爭論》，振古鑠今，放兵學界萬代之異彩。

《孫子》十三篇，尾川敬二謂：「在兵法上具有最高威權」，阿多俊介則稱：「為萬古不易之真理」。《戰爭論》一書，史蒂芬謂：「德國有能力的軍人，都是本書教育所賜」，吉爾伯特則稱：「本書是一切軍事家政治家枕中之祕本」。是兩書在兵學上之權威，已形成東西兩方之代表作。

李浴日先生為富有研究精神之時代兵學家，現任世界兵學編譯社社長，當中日戰爭啓幕未久之際，而有《孫子兵法之綜合研究》譯著；茲值抗戰與侵略，民主與納粹兩大力量在東西兩方面作最後決鬥之今日，復有《東西兵學代表作之研究》編纂，以闡發與貫通二氏最高鬥智之指導與祕訣，其用心之深長，當不難體會，希望我國每一個時代戰鬥員各手一編，而從中覓得與把握孫、克二氏之兵學神髓，以運用於各個戰鬥場合，吾深信其必所向有功也。

中華民國三十二年五月二十七日林薰南[①]敬撰於曲江

---

① 林薰南（1890—1980），字幼湘，湖北省黃岡人，中華民國陸軍中將。保定陸軍軍官學校和日本陸軍大學畢業，歷任黃埔軍校教官、第七戰區司令長官部少將參謀長、廣東省防空副司令、日本受降儀式首席翻譯、中國駐日軍事代表團中將顧問等職。

編 者 序

孫子與克勞塞維慈同為世界的兵聖，其書俱稱為東西兵學的代表作，這是人人所週知的了。《孫子兵法》產生于中國，卻成為東方兵學體系的柱石，克氏《戰爭論》產生于德國，卻成為西方兵學體系的軸心，就時間說，他倆是「先後輝映」，就空間說，是「東西媲美」、「兵學雙璧」的妙喻，不是虛發的吧！

可是真理並不為時間所限，亦不為空間所限，孫、克兩氏兵學的光芒早已放射於世界每一個角落了。

近年來中國兵學界出版關於《孫子》研究的專著，層出不窮，關於克氏《戰爭論》的譯本，亦有好幾種，如瞿壽禔的《大戰學理》、訓練總監部的《戰爭論》、陸軍大學的《戰爭論》、黃煥文的《大戰學理》、柳若水的《戰爭論》、傅大慶的《戰爭論》（後兩種譯本，僅出有上冊，尚缺下冊），此外尚有我在迻譯中的《克勞塞維慈戰爭論綱要》（成田賴武著）。至關於孫子與克氏兵學的研究論文，散見於各地報章與雜誌上為數亦不少，惟讀者為時間與空間所限，往往未能一一盡窺，不無遺憾！ 且以這浩瀚的作品，又待取捨校正和編序，以便讀者之研究，這一件工作竟又輪到我的崗位來了。在這書裏，除已發表的作品外，仍有特約稿數篇，這是值得一提的。

以下讓我把孫、克兩氏兵學分開來作一些評論：

孫子生於周敬王的時代，距今二千四百餘年的當時，以書法的艱難，沒有紙，也沒有筆，在兵學上竟能完成這一部不朽的名

著，真令人驚嘆不置。日本研究家曾譽為：「不朽不滅的大藝術品」。又為「古來帝王的祕本，將相的祕本，及其他一切鬥士猛士的祕本」。可見是書的價值。迄今譯本已遍於英、美、法、蘇及德、日等國，尤以日本小鬼子最為傾倒。

我國兵書，有所謂「七書」者，（可稱為兵學叢書或兵學集成），即《孫子》、《吳子》、《尉繚子》、《六韜》、《三略》、《司馬法》、《李衛公問對》等，就中以《孫子》為「鶴立雞羣」，其他六書雖各有特色，但在軍事哲學上卻比《孫子》差的太遠了。

孫子的不朽，自有其原因在，即他所建立兵學的理論，僅是原理原則，不涉於枝葉末節，以此供人而做千變萬化的妙用。故它的原理原則，就是在現代的總力戰上、立體戰上，依然可以適用。總之，它是不因時代的推移，而失掉它的生命。

可是《孫子》全書，迄今亦非無可非議之處，而我們應澈底清算的，就是他所說的「伐國」及「掠鄉分眾，廓地分利」的思想，不待說，這是古代封建軍事主義的表現，亦今日所謂侵略主義，（克氏亦犯此種毛病，讀者一閱該書，便可瞭然）。可是今日中國的戰爭思想是進化為反封建的、反侵略的救國救世之三民主義的戰爭思想了，詳見拙作：《中山戰爭論》。

要之，《孫子》這部書是百分之九十九可取的，它是我們民族的傳家寶，今後我們應切實奉為兵法圭臬、國防指針，不應再以懷疑學派的態度，來吹毛求疵，信口雌簧，說它是什麼杜撰的了。尤其我覺得最可笑的，竟有人臆斷它是戰國時代山林處士所

為，我總想不出從狗嘴裏可以掘出象牙來，以一個沒有實戰經驗的普通處士而可以寫出這一部不朽的軍事名著。尤其是這種論調足使國人失掉對它的信心，以至輕視它的真理，於民族國家是有損無益的。

其次說到克勞塞維慈的《戰爭論》：

兵學家真是不易多見，在孫子二千多年後，歐洲兵學界裏，才有德國克勞塞維慈的出現。克氏在十九世紀之初，以十二年的長時間來完成這部《戰爭論》，使兵學起了劃時期的發展，真是孫子以後的第一人。克氏的軍事天才，除今日我們從他的遺著中領略到外，即當時彼的良友格奈塞瑙將軍致書魯登伯格亦說：「克氏奇才，實是國家的棟樑，倘若我不克居軍之高位，願隸克氏而為下屬」。可見克氏的見重於當時。克氏一生無赫赫之戰功，當一八三〇年德法戰爭有再發之兆，德皇曾內定格奈塞瑙為最高指揮官，克氏為總參謀長，這正是他立功的良機，惟戰事未發，已於一八三一年與世長辭了。

克氏的《戰爭論》，自問世以來，所博得各國兵家好評，茲不可贊。惟據我今日對克氏這部遺著的研究，認為它確是一部不朽的武力戰或軍事戰的名著，不是把政治戰、經濟戰、思想戰及武力戰冶於一爐的全體性戰爭的書。可是現代戰爭已由過去的單純武力戰進化為全體戰。克氏在其著作中，雖說：「戰爭是政治的繼續」，但他是側重於外交方面，並沒有論及內政應採取如何方式。雖有多少關於經濟戰、宣傳戰與間諜戰的言論，但分量上未免太不夠了。再就它在武力戰上而說，因為克氏的眼界太侷限

於大陸，所以他沒有提到海軍問題、陸軍與海軍聯合作戰問題。又因為時代的關係，沒有談到空軍，亦為必然之事。還有一種最壞的影響，就是他過度頌揚「絕對戰爭」的思想，力斷「戰爭為暴力無界限的行使」，及反對戰爭哲學中混入「博愛主義」，因此養成德國軍人極端殘暴的性格，表現於上次歐戰如此，即在這次歐戰也是一樣，歐洲文明殆為納粹所摧毀了，所以我們研究克氏的理論應排除其渣滓，攝取其精華才可。

可是克氏的《戰爭論》雖是一部陸戰的書，其中卻有許多原理原則也同《孫子》一樣的不朽，而可以應用於現代戰爭的各方面，全世界的軍人們依然要當為必讀的兵經。

其次就孫、克這兩部著作的形式說，孫簡而克詳，就所用的哲學方法說，克氏接受黑格爾的辯證法，孫子的也合乎辯證法。惟孫子的兵理則比克氏高深得多，他日有暇，容作詳談。還有，孫、克的著作均有其獨特的作用的，即孫子為引起吳王注意，於書中每舉吳之世仇為喻，如說：「以吾度之，越人之兵雖多，亦奚益於勝哉？」又說：「夫吳人與越人相惡也，當其同舟濟而遇風，其相救也，如左右手」。克氏為喚起德人運用其戰理而報復德國世仇---法國，便以對法作戰而結束全書，智者用心，東西同一。

孫子逝了，克氏逝了，他們偉大的精神遺產猶閃耀於人間。孫子而後不知發生過多少次戰爭，克氏而後也不知發生過多少次戰爭，在過去的戰爭中，暫按勿提，惟在這次戰爭中，我們卻深深地感覺到他倆太忽略武器的重要性，即他倆沒有強調應如何發

明新武器，以促進戰爭，如何使用新武器發揮最大的威力，以博取戰爭的勝利。武器在他們當時還沒有表現著特殊的驚人力量，即一生在中國鐵器（仍是戈矛、刀戟之類）剛剛使用於戰爭的春秋時代，一生在步槍火砲剛剛使用於戰爭的歐洲十九世紀之初。今日的戰爭是科學戰爭，是工業戰爭，沒有科學（且要發達）便沒有工業，沒有工業（且要發達）便不能製造新武器，沒有新武器（且要質量第一）簡直不能參加現代的戰爭，所以今後我們為建設必勝不敗的武力，就要認識孫、克兵學的缺陷，而積極發展科學，發展工業來建設機械化與摩托化的新部隊才可。

憧憬於虛無縹緲之和平的中國人們呀！你們是要受戰鬥學術－－孫、克兵學的洗禮了。我老實告訴你，今後的世界是不會永遠和平的，你們還是空談和平，坐讓鐵騎蹂躪，抑是腳踏實地來接受戰鬥的學術，起而自強自衛？其實以今日的中國來說，非發展兵學不足以起衰振廢，非發展兵學不足以立國強國，非發展兵學不足以爭取中華民族的生存和解放。

李浴日

序於桂林、衡陽旅次，時民國三十二年六月二十日

再　序

現在雖已進入原子戰爭時代，但孫子與克勞塞維慈的兵學依然有其不朽的價值；雖說將來原子彈有不用的可能，但不管在將來任何戰爭中，尤其是在現階段軍事上，他倆的兵學卻為每一陸海空將校必讀的經典。

本書原名《東西兵學代表作之研究》，刊行於一九四三年之韶關，現改名《孫克兵學新論》再版，曾抽出有時間性的論文，如陳縱材先生：《以孫子兵法分析德國五年來之軍事行動》及拙作《從孫子兵法分析敵人進攻粵北的潰敗》兩篇，另徵得楊耿光先生的同意，編入其大作：《孫子的戰術思想》一文。這是要請陳先生原諒，并向楊先生致謝的。

我自還都以來，已先後出版了《克勞塞維慈戰爭論網要》及《孫子新研究》兩書。惟覺得為增進讀者對這兩大巨人的遺作了解，還有把本書再版的必要。在這裏，我覺得把我們兵學界的良師益友的作品編在一起出版，不勝愉快之至。其中如楊耿光先生、吳石先生、萬耀煌先生、林薰南先生、徐慶譽先生、蕭天石先生、譚彼岸先生、李純青先生都是多年的良師益友，惟有林夏先生則未見面，彭鐵雲先生當時雖近在咫尺，亦無緣識荊，僅有通問而已。

最後，謹祝本書各作者康健，并望讀者賜予指正！

李浴日

一九四六年十一月於首都

從《孫子兵法》分析敵犯粵北的潰敗

最近我們在粵漢鐵路的北端剛剛打了一個勝仗——湘北大捷，跟著在粵漢鐵路的南端又打了一個勝仗——粵北大捷，這真是先後輝映的兩幕壯劇。抗戰到了第三年，是我的勝利年，反之是敵的失敗年。半年來，我已打了幾次大勝仗：在中條山、在太行山、在鄂北、在湘北、在粵北。

敵在在中條山、太行山、鄂北、湘北的慘敗，暫擱勿論。這次在粵北的潰敗，我試從《孫子兵法》作一個註腳。《孫子兵法》是兵法的聖典，它的原理原則可以說明歷史上每一次戰爭的勝敗，自然，這次敵人進犯粵北的潰敗，也逃不出《孫子兵法》的原理原則。

日本原為一個野蠻的國家，一切文化均由我國輸入，據云日本之有《孫子兵法》，係由吉備真備到唐留學時攜返。自此以後，歷代軍人，奉若圭臬，莫不悉心研究與運用。例如名將武田信玄曾摘錄《孫子‧軍爭篇》：「其疾如風，其徐如林，侵掠如火，不動如山」四句名言寫上軍旗，豎於營門。八幡太郎受兵法於大江匡房，於陸奧之役，因憶起〈行軍〉篇的「鳥起者伏也」，故看見雁羣亂然 飛起，遂斷為有敵的伏兵，得免於危。日俄之役，聯合海軍總司令東鄉元帥於對馬海峽的大海戰，大敗俄國的海軍，其戰法亦出自孫子，彼出發時攜有一冊《孫子》，於戰勝後，曾道其戰勝之理：「以逸待勞，以飽待飢」（見〈虛實〉篇）。陸軍大學講授孫子，天皇亦受孫子於師傅。近代學者專家，對於《孫子》研究的書籍達數十種，不獨全國軍人，即一般人

也有著一種研究《孫子》狂，由此可以看到日本軍人所受《孫子兵法》的影響，亦可以看到日本軍閥此次侵華對於《孫子兵法》的運用。《孫子兵法》是一部對外攻略的兵書，最宜於軍人侵華的採用，尤其孫子所主張的「不戰而屈」的戰略，「速戰速決」的戰略，與客兵（亦即敵地作戰）使用的優勢，更為敵閥所拜倒。「速戰速決」的戰略，雖為近代德將毛奇、史蒂芬、賽克特與英國軍事家普拉、意國軍事家杜黑所極力主張，卻以孫子為創始者，孫子是兩千年前的天才軍事家，彼〈作戰〉篇說：「其用戰也貴勝，久則鈍兵挫銳，攻城則力屈，久暴師則國用不足，……故兵聞拙速，未覩巧之久也」。這個戰略，固為用兵上的善策，但決定勝敗的因素很多，沒有具備各種因素而妄用之，則必失敗，正如砒霜可以醫人，亦可以殺人一樣，自古以來，沒有絕對必勝的戰略戰術，全視用者如何而已。這次敵人進攻我國，運用《孫子兵法》的原理原則之處很多，而其違反孫子的原理原則之處更多。從前我曾寫過一篇《從孫子兵法證明日本必敗》，在這裡，我僅就本題來說。

孫子說:「凡為客之道，深入則專，主人不克」

卻說敵人華南派遣軍司令官安藤利吉中將，這次在所謂中國派遣軍總司令西尾壽造大將及總參謀長板垣征四郎中將的指揮之下，以三個師團的兵力，編為佐伯、土橋、櫻井、久納、三宅、籐井六個兵團，分為三路北犯，以主力（內有數千騎兵）選擇我翁源線某軍他調的虛隙，正如孫子所說：「攻其無備，出其不意」、「避實就虛」、「進而不可禦者，衝其虛也」、「敵人開闔，必亟入之」（開闔為虛隙意---浴曰註），又出以迅雷疾風之勢

，正如孫子所說：「其疾如風，侵掠如火，動如雷霆」、「兵之情主速，乘人之不及，由不虞之道，攻其所不戒也」、「始如處女，敵人開戶，後如脫兔，敵不及拒」。進出翁源，直趨韶關，不必受重大的犧牲，便可以奪取我廣東戰時之政治軍事中心韶關，藉以打通粵漢線，威脅我湘贛桂的側背，打擊我軍民抗戰的意志，挽回桂南作戰不利的形勢，與擴張華南的偽政權。但欲戰爭的勝利，光把握著孫子這兩個原理原則，是不夠的，因其遠背孫子之處太多，便造成這次的敗績，重演拿破崙逃出莫斯科的慘劇，現我且根據《孫子兵法》分析如下：

（一）將軍驕橫

孫子說：「三軍可奪氣，將軍可奪心」，將是軍的首腦，將以謀為主，謀是運心，奪心則謀亂，謀亂則敗，可見將心關係作戰的重要，心的表現很多，驕是一種，將驕必敗。從前曹操敗於赤壁，符堅敗於淝水，都是因為驕。孫子在兵法十三篇上屢言將士驕橫的不可，〈始計〉篇說：「卑而驕之」，即是說為制敵取勝，示以卑遜的態度，使敵驕橫，以便有隙可乘。〈地形〉篇說：「愛而不能令，亂而不能治，譬若驕子，不可用也」，即是說兵驕不可用，自然將驕更不能通謀制勝的。〈行軍〉篇說：「夫唯無慮而易敵者，必擒於人」，易是輕舉妄動意，輕舉妄動，就是因驕，將驕必為敵所擒。所以〈九地〉篇說：「將軍之事，靜以幽，正以治」，即是說將軍要有科學的頭腦與科學的方法，這是反驕橫的，也是反一切感情作用的，所以為將者必須能靜能幽，能正能治，這樣的計慮與行動，才能取勝。〈始計〉篇說：「

將者，智信仁勇嚴也」，這樣，方可御下克敵，不然，驕橫行事，必遭覆滅。

原來敵閥對中國的態度，一向是驕橫的，自甲午戰勝，及二十一條約由袁世凱簽字後，已目無中國。尤其在「九一八事變」，不刃血而奪取我瀋陽，更瞧不起中國，視中國若俎上肉。依田中義一奏摺上所主張：「欲征服中國，必先征服滿洲，欲征服世界，必先征服中國」，這算是敵閥驕橫的總自白。敵人素認中國軍人為貪生怕死、自私自利、爭權奪利、不能一致團結對外。所以在「七七事變」的當時，便想以十五個師團，預期三個月，貫澈其速戰速決的戰略，征服中國，獨霸遠東，但我國軍人與朝野上下均能團結一致對外，在「國家至上，民族至上」的口號下，不惜任何犧牲，展開長期抗戰，已將其速戰速決的戰略粉碎，但敵人以奪取了我許多城市及樹立了好幾處偽政權，仍是一樣的驕橫。

說到敵人對廣東的態度，因為廣東人在中國近代歷史上曾表演過不少轟轟烈烈的事蹟，如三元里民眾的抗英、洪秀全的反清、馮子材的抗法、孫總理的革命、黃花崗七十二烈士的起義，以及十五年的北伐，所以敵人認為廣東人富有革命精神，相當屬害，而相當可畏。尤其是到了「一二八事變」，十九路軍在上海給與重大的打擊後，于是對廣東人就加以特別警戒了。例如：日本士官學校停止招收廣東學生，廣東在日本的僑民，加以嚴密的監視等等。可是敵人經前年偷登大亞灣，進襲廣州的成功，以及去年佔領瓊崖、汕頭與欽州登陸的順手，便一百八十度的轉變了態度，由敬畏變為輕視，這便是養成他對廣東驕橫的心理。板垣是

日本天字第一的戰將，又自命為「支那通」，過去參加對華作戰，一敗于平型關，再敗于台兒莊，這次被派來華充當總參謀長（西尾是總司令，但人老氣衰，無甚主意，只是作彼的工具），驕氣依然未除，於湘北大敗之後，轉犯南寧，又陷於不利，這時，且驕且怒，乃令目空一切。氣蓋華南的安籐中將率眾北犯，安籐蟄伏廣州已久，目擊廣州的一切，自然時時刻刻增加他的驕氣，又認日本人是神明的子孫，得天保佑獨厚，其心更驕，例如彼於十二月二十八日在從化司令部發出第五三一號作戰命令，其開頭即云：「得天獨厚之本集團軍，作戰進展，極為有利」。於是昧於知己知彼、不能先立於不敗之地、不能確立必勝的周密作戰計劃，例如不顧有無接濟、不顧我方有無援軍，便指揮右翼的孤軍一直衝入我山地數百里，其驕可見，這便是造成他此次北犯潰敗的主因。

（二）不知己彼

敵人因為太驕橫，自然昧於知己知彼。

《孫子‧謀攻篇》說：「知己知彼，百戰不殆」，〈地形〉篇說：「知己知彼，勝乃不殆」，這真是千古不朽的名言。不過知己知彼是不容易的，關於知彼方面，敵人雖然利用漢奸間諜，但報酬太薄，人也不願為他認真努力，自然得不到詳細而真確的情報。關於知己方面，以驕氣沖天，更不會知道自己的弱點。

〈謀攻〉篇說：「知可以戰不可與戰者勝」，敵人不知自己軍隊攻擊精神的沮喪，反戰空氣瀰漫軍中，人人厭戰，尤其是近衛旅團為天皇衛隊，駐紮東京，過慣城市生活，不習山地戰鬥，被迫

來華送死，心中極抱不平，故一遭我軍截擊，便倉皇逃逸。據說：敵兵是很怕死的，當停住我村莊城市時，竟有聞我民衆的槍聲與鳴鑼聲，便慌張地逃回屋內，趕快關起門來的笑話。在知彼方面，他以為我軍依然像過去一樣的腐敗，見敵即逃，不堪一擊。殊不知我軍自余總司令確實整理，張司令長官回來領導之後，士氣大振，各願為殺敵救鄉而拚命。至於民衆方面，自李主席主政以來，提倡民族正氣、推行國民精神總動員、剷除貪污、及發展國民經濟等，早已提高大家抗敵的精神，軍民打成一片，都在此次會戰中表現出來了。同篇又說：「識衆寡之用者勝」，兵力的大小是決定戰爭勝敗的要素，從前秦始皇為攻荊國，問李信與王翦攻荊要兵多少，李信答道：「要二十萬」，王翦則答道：「要六十萬」，始皇佩服李信的膽識，用信將兵二十萬攻荊，不足，結果以六十萬破之，王翦真可謂識衆寡之用的名將了。此次敵人進攻粵北，只有李信之昧，沒有王翦之明，乃想以三個師團的兵力，包圍六千四百平方公里的山岳地帶，消滅我主力，奪取我韶關，自然兵力不足。敵雖知我韶關外圍缺乏兵力，但不知我又粵漢鐵路之便，立即可增援前來，故抵新江之敵，一與我援軍接觸，自知兵力薄弱，不堪一擊，便狼狽回竄了。〈地形〉篇說：「料敵制勝……上將之道也」。即說為將者要先知敵情，和知敵所採的戰略戰術，方能制敵取勝者，但是敵人這次對我所採取的戰略戰術，卻不明瞭。即敵不明瞭我戰略，「以逸待勞，以飽待飢」（〈虛實〉篇），立於主動，引敵深入，實行反包圍；又不明瞭我戰術，「以正合以奇勝」（〈兵勢〉篇），把運動戰配合陣地戰，不再集結兵力死守原有陣地，適時即分兵構

成機動兵團，向敵側背攻擊。所以這次敵人在源潭附近、牛背脊附近、及呂田、梅坑、青塘一帶被我擊破，就是以此。

（三）計劃錯誤

敵人因為不知己彼，自然所定的作戰計劃也是錯誤的，作戰計劃的錯誤與否，恆足以決定戰爭的勝敗。《孫子‧始計篇》說：「夫未戰而廟算勝者，得算多也，未戰而廟算不勝者，得算少也。多算勝，少算不勝，而況於無算乎？吾以此觀之，勝負見矣」。〈軍形〉篇引：「兵法：一曰度，二曰量，三曰數，四曰稱，五曰勝。地生度，度生量，量生數，數生稱，稱生勝」，（勝是必勝的計劃意---浴日註）〈九地〉篇說：「運兵計謀，為不可測」，又說：「踐墨隨敵，以決戰事」（墨是計劃意---浴日註）。這都是力言對敵作戰要先確立有正確的作戰計劃，方能克敵。但是敵這次進犯韶關，因為昧於知己知彼，所以所定的作戰計劃，分兵三路——左翼（據說為藤井兵團）沿鐵路線北犯，進出英德，與右翼會師於韶關，右翼（為佐伯、土橋兩兵團）由增城北犯，經梅坑進出翁源，奪取韶關與南雄。中路主力（據說為櫻井、久納、三宅三兵團，近衛旅團在內），乘車由從化經米埗墟，到良口墟，即分為兩部，一部趨牛背牽制我正面兵力，一部由良口墟出翁源與右翼合流，構成主力，奪取我韶關與南雄。這一個大迂迴，企圖包圍殲滅我保衛粵北的主力於佛崗一帶，或壓迫我佛崗一帶保衛粵北的主力，瀕於解體。這是欲以外綫作戰，擊破我內線作戰的，但因各路兵力不足，尤其不宜置主力於右翼的特別險阻地形，所以不獨不能把我保衛粵北的主力殲滅或壓迫解體，反為我由守勢轉為攻勢，發揮內線作戰的特質，實行反包圍，將

其逐個擊破。這是敵人作戰計劃的錯誤，同時也是敵人戰略的失敗。

（四）地形困阨

地形在武器進步的現代，雖不是戰爭勝敗的決定因素，卻是補助的因素。孫子在古代對於地形很注意，〈始計〉篇說：「地者，遠近、險易、廣狹、死生也」，同篇又說：「天地孰得」，〈地形〉篇說：「知天知地，勝乃可全」，這次敵人進犯粵北，於事先對粵北的地形，因為矯心所蒙蔽，沒有偵察判斷清楚。原來粵北的地形，如清遠、英德、從化、佛岡、龍門、新豐、翁源、曲江等地，實包含《孫子兵法》上所舉的下列地形：

一．絕地：〈九變〉篇說：「絕地勿留」。

二．圮地：〈九地〉篇說：「山林險阻沮澤，凡難行之道者為圮地」。

三．圍地：同篇說：「所由入者險，所從歸者迂，彼寡可以擊吾之眾者為圍地」。

四．挂形：〈地形〉篇說：「可以往，難以返，曰挂，挂形者敵無備出而勝之，敵若有備，出而不勝，難以返不利」。

五．險形：同篇說：「險形者，我先居之，必居高陽以待敵，若敵先居之，引而去之，勿從也」。

且在這種地帶中，又有〈行軍〉篇所說的「絕澗、天井、天牢、天羅、天陷、天隙」。這真是一個不易行軍，不易作戰的山岳地帶。

這個山岳地帶，粵漢鉄路與各縣公路早經我破壞，使敵的戰車與重炮，不能前進參加戰鬥，即飛機因草木雲霧的障礙，亦不易找到投彈的正確目標。行軍有時跑數十里都不見一個村莊，食料、飲料非常缺乏，敵人到了這個地帶，舉目四顧，就會感到心寒膽散了。所以右翼部隊當在新江墟一遇我援軍，又因所帶五日乾糧，即將告罄，而崇山峻嶺一層層的包圍著，不禁手忙腳亂，大有全軍覆滅之虞，只得拔腳向後回竄。回竄時，以山路窄狹，分為二路，日夜強行，天寒地凍跌斃岩谷中者甚多。沿途遭我團隊與武裝民眾利用險阻，擊斃者亦復不少，死屍與槍械、彈藥、器材、文件遺棄道左，觸目皆是。至敵在源潭附近時，曾為林將軍廷華利用該處山地，佈設袋形陣地，殺敵千餘。其在英德、在牛背脊、在呂田、梅坑、青塘一帶，亦為我軍利用險阻，殲敵數千，敵人不知我恃有優越的地利，冒險前進，安有不自投羅網之理。

還有，用兵固貴迅速，但有時也有危險性的。〈兵勢〉篇說：「卷甲而趨，日夜不處，倍道兼行，百里而爭利，則擒三將軍。勁將先，疲者後，其法十一而至。五十里而爭利，則擒上將軍，其法半至。三十里而爭利，則三分之二至」。又說：「舉軍而爭利，則不及，委軍而爭利，則輜重損」。敵軍素以用兵迅速為特長的，此次以迅雷不及掩耳之勢進犯粵北，其遺禍，竟逃不出孫子這番的預料之外。其次，〈九地〉篇說：「善用兵者，譬如率然，率然者常山之蛇也。擊其首則尾至，擊其尾則首至，擊其中則首尾俱至」，是說軍隊作戰要能協同動作的。此次敵人分為三路進犯粵北，當我擊他的左翼時，右翼便不能赴援，擊他的右

翼時，左翼亦不能赴援，擊他的中路時，而左右翼亦均不能赴援，雖說各路各有任務，非用以相救援，但當截擊他一路時，前後部隊因困於隘路，亦不能相援救，只各自倉皇逃命。於此足見敵人部隊間不能協同動作，亦是潰敗的一因。

以上係就軍事方面而言。以下再就政治方面而說：

軍事與政治是有著密切關係的，所以在現代軍事學上便有「政治戰爭」名詞的產生。從前拿破崙進攻莫斯科，因為沒有政治力量的輔助，終至敗覆。德國在上次歐戰的失敗，並不是失敗于軍事，而是失敗於政治--革命起於國內。孫子在古代早已看到政治在戰爭上的重要，所以〈始計〉篇說：「道者（指政治---浴日註）令民與上同意，可與之死，可與之生，而不畏危也」。同篇又說：「主孰有道」。〈謀攻〉篇說：「不戰而屈人之兵，善之善者也，故上兵伐謀」。〈軍爭〉篇說：「不知諸侯之謀者，不能豫交」。〈九變〉篇說：「衢地合交」。但是敵人這次進犯粵北，卻沒有取得政治力量的協助，像粵北各縣的公務人員與民眾，沒有一個願為他內應或嚮導，無法收買到鄉間內間與反間。〈用間〉篇說：「鄉間者，因其鄉人而用之也，內間者，因其官人而用之也，反間者，因其敵間而用之也」。且沿途遇我村莊即放火，見我老少即屠殺，見我婦女即奸淫，無所不為，極人間未有的殘酷，更使我民眾非奮起殺敵，無以圖存，這都是敵人政治的失敗。所以我民眾便實行空舍清野（使其不能「因糧於敵」，見〈作戰〉篇，及「掠於饒野」，見〈九地〉篇）破壞公路，以困阨之，復沿途協同軍隊與團隊截擊敵人，尤以琶江民團更為英勇，動員了七千餘人，執行游擊戰，殺敵數百，生擒五人，並奪

獲軍用品無算。其次敵人對我亦不能施其政治的技倆，使我軍如〈九地〉篇所說：「前後不相及，眾寡不相恃，貴賤不相救，上下不相修，卒離而不集，兵合而不齊」。同時復因自己國內政治的腐敗，民不聊生，軍閥只為這己的升官發財，便驅士兵來送死，所以士兵亦不願效命于沙場，做不到孫子所說：「可與之死，可與之生，而不畏危也」，弄得一敗塗地，不可收拾。

總之，這次敵人侵犯粵北，在軍事上，在政治上，因為違背了孫子的原理原則，便演成悲慘的潰敗，頭尾一個多月中（去年十一月十七日至今年一月七日），被殲一萬餘人。敵人雖熟讀《孫子》，但不能活用《孫子》，所謂趙括徒讀父書，大敗于秦，就是這個歷史的重演。這個歷史的重演，現正是一幕一幕的展開著。要之敵人此次侵華，在孫子的顯微鏡下已畢露其失敗的真相了，同時我們最後勝利之期，在孫子的千里鏡中亦已看到日近一日。孫子鐵一般的原理原則，在這次大戰中，是這樣的閃爍著它的光輝。

《孫子兵法》在英美

英國小說家布勞著/英國駐華大使館新聞處譯
李浴日輯

（一）《孫子兵法》真是世界一部不朽的兵學聖典，現有英譯本、俄譯本、法譯本、德譯本、日譯本。最近美國軍事家松得爾恩氏（E. Sodern）在《讀者文摘》上，發表《愚弄敵人的故事》一文曾述「孫子說：『兵者詭道也』，這是戰略之祖孫子的至理名言。歷史已證明孫子所說的正確，這位中國的天才戰略家，於二十四世紀之前即草了一部《孫子兵法》，二十四世紀之後，全世界的軍事學校，還奉他的書為金科玉律，列為必修科，足見武器雖有更變，戰略的價值則今昔無異。」

（二）外國軍事家對《孫子兵法》真是崇拜。最近美國伊里奧特少校著《納粹的歐洲新長城》一文曾引證孫子的話說：「這永遠是事實，西曆紀元前五百年，中國的偉大戰略家孫子便已說過：『故我欲戰，敵雖高壘深溝，不得不與我戰者，攻其所必救也。……故我欲戰之地不可知，不可知則敵之所備者多，吾之所以戰者約矣。』孫子逝世二千三百年後，我們又發現蕭米尼氏有一篇文章說：『高壘深溝之構築防線的辦法，的確可笑之至。……』倘若我們假定有一條綿亙若干哩，目的在完全封閉一部份邊境的防線，例如法國韋森堡的防線，前有羅德河，右有萊茵河，左有佛日山脈。似乎俱備有一切的安全條件，但這些防線每被攻擊時都遭攻破……這些防線不論天險如何強固，但因它範圍的廣大，已足使守軍無法作週密的防禦，而且每易被敵包抄，把一支軍隊埋葬在戰壕裏，這分明是一件愚蠢的行為。」由此可見孫子不是

「要塞萬能論者」，而對要塞的評價，真足供我們今後國防建設上的參考。

（三）讀者最好是在一開始，就直截了當地明白我並不是一個軍事專家。我最主要的職業是寫小說。可是因為環境的關係，從當小孩子起就逼迫我嚴密地注意著軍事方面的情形。我的作品中有許多都是關於軍人和戰爭的。站在小說家的立場，我在過去和現在，主要的興趣自然在研究人，當我以戰爭為背景而寫出一部小說，我所企圖表表現的，乃是捲在戰爭漩渦中的人們，如何言談，如何思想，如何感覺及如何舉動。同時，我也願意我所描寫的戰事的一切詳情都要正確——譬如一個戰役的戰略，巧妙的戰術和使用的武器和裝備等。

上次大戰時，年歲還沒到達服兵役的我，在一九一四年就入了伍，等到一九一八年戰事結束，我還是一個兵卒，年紀不到十九歲，躺在法國的一家醫院裏。這四年間以年輕而早熟的經驗，自然不可避免地使我對于當兵發生興趣，關于這當兵的事我是永遠忘不了的。可是，到了若干年之後，我才開始以全體作為背景而觀察一個兵卒在其中的行動。戰術戰略就好像一部大機器，而一個兵卒就如這機器的小齒輪一樣。這個觀察的開始，是起於一九二〇年左右我結識了兩個朋友的時候。這兩個朋友一個是蕭（即在阿拉伯作游擊戰的洛侖斯），一個是李德爾哈特，也是有名的軍事史家和思想家。這兩個人之互相認識，於我頗有盡力之處。因為他們的友誼，才會有那一部極充實而極有權威的洛侖斯傳出現——這是在洛侖斯生前哈特所寫，洛侖斯死後又加以修改添補的。

　　我告訴讀者們這些事實，是想你們知道我雖然不是一個戰略家或者一個軍事專家，但是關予我要談論的專，卻並不是純粹的外行，多少頗有研究，並不是從這次戰爭起後，現才翻軍事史和軍事理論來胡亂說的。

　　我現在要講的題目，乃是在二千五百年前，一個中國人所寫的關於戰略的論文。《孫子兵法》這一部書，可以說是世界史中研究戰略戰術原理的第一部著作。但是書裏所陳的許多學理，確是非常適於現代的應用。而在某一些點上，示出和我們現代的著作（包括洛俞斯和哈特）有著密切的連繫。

　　中國孫子所寫的這本兵法，最近在英國有新譯本出版了。英國托馬斯費立普少校主編一部《戰略基礎叢書》，這部《孫子兵法》便是叢書的第一部。其他的四部是羅馬人維傑希斯所著，杜塞克斯元帥所著．腓特烈大王所著，和拿破崙所著。孫子對於戰爭的理解，和他們中任何一人都有著同等的巧妙，同等的淵博。他說；「兵者詭道也⋯⋯佚而勞之，親而離之。」這就是說兵不厭詐。如果敵人是從容安佚，你就使他疲於奔命而沒有休息的機會。如果敵人的力量團結集中，你就設法使它分離。你要「攻其不備，出其不意。」

　　「敵人如果力量團結集中，就得使它分離！」我們要記著這話說在二千多年以前，是在飛機、坦克、機關槍，或者步槍，甚至於毛瑟和喇叭鎗還未發明的很久以前就說了的話。而這次蘇聯在斯太林格勒之役，把德將馮保拉斯將軍的大軍截斷時，正是一字不差地應用孫子的兵法。他所說的「攻其不備，出其不意」這兩

句話，把用兵之道說得再簡括不過了。經過這麼幾十世紀之後，去年十一月間英美聯合輸送軍隊在北非登陸，正是應用這個原理。

有些地方，他所用的辭句——就是在翻譯本裏面——也自然有點古香古色，奧妙難解。譬如說，孫子告訴我們：「杖而立者饑也。」這個當然是指古昔時代的小軍隊而言。那時用兵沒有現在這樣大的數目，因而司令之官，自可以用他的肉眼一眼把整個的戰場觀察清楚。但是不管武器、方法是如何地變遷，而戰術戰略的基本原則，到現在和當時大致還是一樣。不同的地方，只是戰略方面，現在更為技術化，更為複雜化而已，結果也就因為這樣，現在行兵的錯誤比以前更多。

但是，孫子就在他的言辭最晦澀、最古氣的時候，他對於二十世紀的行軍，仍是語語中的。譬如說，他告訴我們戰爭之道，要受五個永恒不變的因素所控制：一曰道，二曰天，三曰地，四曰將，五曰法。

所謂「道」也好像與其是關於戰爭，無寧是關於宗教和哲學的事。但是我們即刻發現這賢明的中國老人所指的「道」，乃是一種忠義之心，「令民與上同意，可與之死，可與之生，而不畏危也。」換句話說即是「舉國一致」。同樣，他所謂的「天」，是說「陰陽寒暑時制也」--這些因素，都是每一個大將在策定作戰計劃時必須注意的。所謂「地」，孫子說；「遠近險易廣狹死生也」。現在的官兵無論誰都知道不先詳細研究作戰地的一切，決不能施行軍事行動。

　　最使我感覺興趣的事，乃是孫子把直接軍事行動和間接軍事行動區別得非常清楚。他說：「戰以正合以奇勝」，即是直接行動可以用來接戰，而間接行動即是制勝之道。又說：「戰勢不過奇正，奇正之變，不可勝窮也。」即是攻擊的方法不過兩種：直接和間接。但是將這兩種組合起來，可得出無數的軍事行動。他是個有教養的人，便拿音樂來作比喻，使他的意思，更為清楚。他說「聲不過五，五聲之變，不可勝聽也。」

　　我敢說讀者們都知道在近五十年來，軍事專門家之間曾有一個爭論，即是在戰場上決勝之法，以那一種為最好。一方面主張制勝唯一的方法，乃在找出敵人最強之處，迫使決戰而以更優勢的兵力把敵人粉碎。這種說法便是主張用直接行動。這一類的主張者把他們的論據---我認為是錯誤地---放在德國軍事家克勞塞維慈的戰理上。我們可以大致地說，一九一四至一九一八的大戰裏，法國的福煦和英國的海格即是以這個學理為基礎而行動的。

　　另外的一派認為克勞塞維慈氏的文章作得那麼特別的艱澀難解，決沒有上述的這種主張。這一派專家，主張用間接行動的方法。他們說：「要避開敵人的主力。」應用神速和偽裝的方法，使敵人不知道你的意向和行動——記著孫子所謂的兵不厭詐---集中你的力量去攻敵人的弱點或者沒有防備的地方。

　　在我個人看來，這種戰略在根本上非常健全。李德爾哈特所著《間接行動之戰略》一書裏，以著極詳細的專門知識而形成的方法，即是這個方法。哈特的主張，基於他的理論較少，基於拿破崙的實施者較多。在一九一四至一九一八年的大戰裏，哈特認為

洛侖斯在阿拉伯和西里亞發動的游擊戰是非常的健全也非常的輝
煌。我這樣的說，相信決不是誤解哈特的真意。洛侖斯曾以少數
移動的兵隊，獲到巨大的戰果，這是大家都知道的。同時，哈特
認為在法國和比利時的戰壕裏，所實施的直接陣面攻擊，不惟是
浪費生命和武器，而且在原理上極不正確。

在這一次戰爭的初期，我們知道李德爾哈特曾受到極嚴屬的批
評，因為大家都認為他在主張設一個普遍堅實的防禦，以抵抗任
何可能的攻擊。實際的事實是哈特并沒有作過這樣的主張。他在
過去的十數年中，曾密切地注意著坦克的發展以及其他攻擊的方
式。現在，他實際所說的話---並不是這些話誤傳的結論——已為
人們詳細在研究，因而他的偉大的影響又恢復起來了。

更進一步，任何一個人只要公正地觀察戰事的發展，就知道哈
特所主張的間接進攻的戰略，正是協約國所採用而獲到成功。蘇
聯綿密地排好時間，從幾處向敵人採取攻勢，就是用的是這個戰
略，又它包圍德國幾處極強固的、刺蝟式的據點，所用的是這個
原理。還有，蘇聯的攻勢，是經過一段消耗敵人力量的守勢之後
才進行的---這正是哈特多年以來的主張。又在北非的登陸和英國
沙漠軍團從埃及到突尼西亞的大進軍——途程在一六○○哩以上
——我們都可以看出這同樣的間接進攻的原理，被採用著為一個
世界大戰的戰略。老實說，這是公開的事實。十幾世紀以前中國
的孫子已經把這根本的原理定下了。困難的地方乃在於這個原理
的應用，又在於近代這種技術複雜機械紛繁的戰事裏，怎樣把握
住這健全正確的基礎觀念。我相信將來的史家，一定會承認這次

大戰的後期裏，李德爾哈特的影響之重要。同時他們也不會忘記二千五百年前中國的這一個大戰略家——孫子的賢明。

蘇州虎丘孫子紀念亭專輯

1. 孫子亭碑記要

編者

　　孫子生於紀元前五百多年（544 BC – 496 BC），其所發明的兵法十三篇，直至現世紀，世界上尚無兵書出其右者。一九四七年初李浴日先生特往蘇州探訪這一個巨人的遺跡，如「孫冢」、「孫墩」，與清代考據家孫星衍為孫子所建的祠堂等，皆毫無所獲。為了讓後人負起「繼往開來」的責任，使祂和宇宙一樣的永存，李浴日與愛好孫子諸友於一九四七年八月二十日成立了一個「孫子紀念亭籌建委員會」，期為這一位巨人完成一座巍峨堂皇的紀念亭。計劃在亭中置孫子的白石像，亭側建十三篇全文碑，周圍栽以青松翠柏。計至翌年秋止，募捐共收到國幣二億餘元，換得黃金八兩餘。

　　一九四八年冬，南京人心惶惶，不可終日。「籌建委員會」認為捐募工作已無法繼續，但所募得之款不敷「建亭」，經再三考慮後，祇得暫時放棄「建亭」的計劃，改為「建碑」。紀念碑建築圖，是以十三篇為原則，即碑高十三華尺，半徑三華尺，尖端為十三篇作展開形，上面橫掛一柄三尺長的鋼劍。這座紀念碑矗立於蘇州虎丘的一小丘上，面朝獅子山，傍長大樹兩株，蔭涼可人。孫子十三篇原文勒石，以最古之宋版孫子為主，請國內名書法家汪東先生揮就，蘇州貞石齋主人錢榮初鐫刻。碑文鳩工後，未及移建虎丘，而蘇州已棄守。一九九五年，錢榮初先生將此碑文勒石獻給蘇州市文管委，現置於蘇州市碑刻博物館。

2. 中國兵學之光 ——孫子紀念亭

李浴日

《世界兵學》第五卷第一期 1947 年 8 月 25 日

　　孫子是我國一個標準軍人，也是一個民主軍人，他不特立了官，且立了功，立了德，《兵法十三篇》是他立言的表現，破楚入郢，威震齊晉是他立功的表現，功成身退，不貪祿利是他立德的表現。像這樣一個兵聖，在我國軍界早應有人來學英人紀念莎士比亞，俄人紀念高爾基一樣來建紀念堂了。直至今日我們才來發起為他建築一個小小的亭，不能不令人想起我軍界的麻木不仁。最近我在南京西文書店聽到美國出版的英文《孫子兵法》譯本一冊，又有由美國軍校畢業歸來的友人告訴我說：美國教官授課時，常引證《孫子兵法》的話，可見這一部名著，世界各國軍人沒有不服膺了。可是本地薑不辣，中國人瞧不起中國人，好官我自為之，好財我自發之，那個肯對那已死了二千多年的人——孫子來做個人情呢？現在這個紀念亭的籌建已在加緊進行，并承居院長正、白部長崇禧、張主任治中、劉次長士屹、劉次長斐、梁主任寒操、余主任漢謀、鄧局長文儀、許老將軍崇灝、何委員耀祖、錢委員大鈞諸先生簽名為贊助人，本刊現將該會勸捐緣起，建亭計劃，捐款辦法刊出，希望愛護本刊的讀者一致參加這個盛舉，自動捐款來共同完成這個歷史性的工程。

3. 為募捐修建虎丘（江蘇吳縣）孫子紀念亭緣起

李浴日

《世界兵學》第五卷第一期 1947 年 8 月 25 日

孫武子為我國兵聖。所著《兵法十三篇》。窮幽極渺。千古無雙。不但我國歷代名將奉為至臬。且譯本遍全世界。拿破崙一世嘗深究之。可知外國將校亦莫不受其影響。其所昭示吾人之用兵原理。實創東西兵學之最高峯。故杜牧云：「孫子所著十三篇。自武死後千歲。將兵有成者。有敗者。勘其事蹟。皆與武所著書一一相抵當。猶印圈模刻。一不差趺」。洵不誣也。至于我抗戰八年。初是強弱異勢。而卒能待敵之可勝者。又豈非孫子兵經之再證乎。惜因歷代重文輕武之故。對此曠古兵聖反無專寺祠以祀。迄清孫星衍（孫子五十七世孫）。以孫子為吳王將。實死于吳。而葬於吳東門外。乃建祠于虎丘東麓。並立碑紀念。誠盛事也。惜因戰亂。其祠已毀。同人等緬懷先哲。目擊心傷。爰擬仍在虎丘山上。建亭一所。以資紀念。第以心有餘而力不應。所望各界賢達。登高一呼。慨予贊助。俾得早觀厥成。而供瞻仰。則不為兵學之光。亦國防所利賴也。

建亭計劃

一、經費：暫定國幣五億元（籌款辦法：1.募捐；2.呈請補助；3.開遊藝會；4.實物捐助）

二、亭圖：敦請專家設計。

三、亭碑：

1．孫子亭記碑；2.孫子傳碑；3.孫子十三篇全文碑；4.孫子吳宮教戰圖碑；5.孫子破楚入郢圖碑；6.孫子歷代註釋者姓名碑；7.孫子亭名人題詞碑；8.孫子亭贊助人發起人捐助者簽名碑。

四、時間：卅七年二月底為捐款截止時間，卅七年九月（孫子生辰或忌辰）為全亭落成期間。

五、其他：1．亭成後即編印《孫子紀念亭冊》，將所有亭景碑文拍照影印發行，以廣流傳。

2亭成後如有餘款，擬設置孫子獎學金。

捐款辦法

一、本亭建築經費暫定五億元，募足半數，即着手招標建築。

二、捐款數目，不拘多寡。惟超過五十萬元以上者，得享有贈送亭景照片，及勒名紀念之權利。至捐款在伍佰萬元以上者其獎勵辦法另定之。

三、凡所收捐款，除在世界兵學月刊及中國軍人週刊上公佈外，並印徵信錄分送，以昭公正。

四、凡捐款者請交南京建康路上海商業儲蓄銀行代，。並通知本會，以便登記。

五、本亭捐款定卅七年二月底為截止期間。

會址：南京四條巷仁壽里沂盧一號

電話：二三九四九號

4. 兵學界點滴

李浴日

《世界兵學》第五卷第一期 1947 年 8 月 25 日

孫子紀念亭之籌建，此為歷史性質盛舉。該亭發起人於八月二十日舉行發起人會議，經推定楊言昌、徐森、許高陽、柯遠芬、李浴日、齊廉、方滌瑕、高植明、彭戰存、魏希文、梁子駿、張澤深、夏曉霞等為籌備委員，着手籌備，現正發動募捐五億元為建築費。至於該亭圖形，將為亭角十三，亭柱十三，以符《孫子》十三篇之意。

5. 孫子紀念亭籌建委員會鳴謝啓事

《世界兵學》第五卷第四期 1948 年 1 月 5 日

本會此次發起在蘇州虎丘建築孫子紀念亭，現蒙各界熱心贊助，惠捐巨款，謹將收到部份（均由南京建康路上海商業儲蓄銀行代收）先行公佈，並誌謝忱。

計開（第一批）

九江指揮部捐助二百萬元　　武漢行轅捐助七十萬元

李主任宗仁捐助一百萬元　　國防部圖書館捐助二十萬元

陳部長啓天捐助一百萬元　　王先生文超捐助五萬元

王主席耀武捐助一百萬元　　孫先生學斌捐助五十萬元

何先生鍵捐助一百萬元　　胡先生普捐助二十萬元

劉次長士毅捐助五十萬元　　吳司令鶴雲捐助五十萬元

中央銀行捐助一百萬元　　李司令才桂捐助五十萬元

《世界兵學》第五卷第五期 1948 年 1 月 30 日

計開（第二批）

夏季屏先生捐助五十萬元　　陳介山先生捐助一百萬元

陳以忠先生捐助二十萬元　　祝夏年先生捐助五十萬元

胡獻羣先生捐助五十萬元　　黃中越先生五十萬元

李榮梧先生捐助五十萬元　　王朔叔先生捐助十萬元

王子步先生捐助十萬元　　　　石濟儒先生捐助十萬元

朱宗海先生捐助十萬元　　　　姚學濂先生捐助十萬元

洪士奇先生捐助十萬元　　　　宋邦榮先生捐助五十萬元

應遠溥先生捐助三十萬元　　　余程萬先生捐助五十萬元

孫蔚如先生捐助一百萬元　　　萬耀煌先生捐助一百萬元

廣東省政府祕書處捐助五十萬元　產聲溢先生捐助五十萬元

廖耀湘先生捐助一百一十五萬元　龍天武先生捐助一百萬元

許穎先生捐助五十萬元　　　　桂東師管區捐助二十萬元

李振先生捐助一百萬元　　　　林為梧先生捐助五十萬元

林澤民先生捐助五十萬元　　　邢珊先生捐助五十萬元

何漢西先生捐助五十萬元　　　溫淑海先生捐助一百萬元

廖建英先生捐助二十萬元　　　黃植虞先生捐助五十萬元

王灝明先生捐助十五萬元　　　黃漢英先生捐助五十萬元

《世界兵學》第五卷第六期 1948 年 2 月 30 日

計開（第三批）

段澐先生捐助五百元　　　　　黃玉龍先生捐助五十萬元

金俊賢先生捐助二十萬元　　　北平警備總部捐助一百萬元

葉夷仲先生捐助一萬元　　　　胡家驥先生捐助五十萬元

雲南警備總部捐助二百萬元　　陳嘉尚先生捐助十萬元

二零六師捐助二百萬元	張學從先生捐助二萬元
林明英先生捐助二十萬元	古莊如先生捐助五萬元
趙家驤先生捐助一百十三萬元	黃占春先生捐助二十五萬元
楊植先生捐助三十萬元	傅正模先生捐助五十萬元
蔡紹周先生捐助二十萬元	譚曼浦先生捐助三十萬元
輜汽二五團捐助五十萬元	陝西省政府捐助一千萬元
張克敬先生捐助一百萬元	黎作新先生捐助五百萬元
李明先生捐助五十萬元	劉多荃先生捐助三百萬元
馮直夫先生捐助五十萬元	劉翰東先生捐助五十萬元

《世界兵學》第六卷第三期 1948 年 5 月 20 日

本會自發動募款建亭以來，承各界之贊助已得款五億元。丁治磐將軍近捐五百萬元，並賜讚詞一紙，謹將刊出，以供先覩，並致謝意。

6. 孫子讚詞彙編

《世界兵學》第六卷第一期 1948 年 3 月 30 日

孫子亭籌建委員會依於數月來的努力，擬在蘇州虎丘山上為這位巨人建亭紀念，快要成為事實了，這算是一九四八年中國兵學界一個偉大的貢獻。現該會收到各同道寄來讚詞甚多，本社特先商得陸續發表於此，以供先覩為快。

孫子讚　　　　　　　　　　**郭汝瑰**

變化之迹　好轉圓石　千載悠悠　高風奕奕

孫武子讚　　　　　　　　　**何紹周**

本乎仁義　佐以權謀　為法立言　兵家所由

神明變化　邈焉寡儔　濟世夸難　垂範千秋

兵聖孫子讚詞　　　　　　　**程子敬**

捍衛民族　鑄兵選卒　居安思危　戰亦仁術

粵稽武經　名著有七　惟十三篇　褎然首帙

修道保法　師出以律　先勝後戰　發若機栝

克暴以仁　待勞以佚　踐墨隨行　齊勇若一

鷙鳥之擊　激水之疾　雖曰詭道　丈人貞吉

我聞要諦　在明虛實　分合之變　斯見巧拙

敵人開闔　亟人勿失　懸權而動　不可致詰

伐謀伐交　機變以出　決策廟堂　前席造膝

牛刀小試　　為吳報越　　掇其緒餘　　舉成英傑

亞雨歐風　　逼人咄咄　　為觸為蠻　　為蚌為鷸

爪牙周利　　任受宰割　　壯夫扼腕　　智士蹙額

弱肉強食　　理難苟活　　宵當戰死　　繫予投筆

兵家原理　　代有著述　　樞始圜中　　千載一日

淬勵精神　　制御物質　　踵武前修　　蹕屬風發

靖內攘外　　斯道可達　　撥亂反正　　俾無幾詭

載戰干戈　　四海安謐　　炎黃之裔　　永續功烈

孫子讚　　　　　　　　　徐景唐

孫子論兵　　法賅正奇　　宏深肅恬　　武學攸資

遇非明主　　莫竟其施　　老泉權書　　遽來非議

謂言雖雄　　功不稱是　　位顯效多　　曷若吳起

卓哉忠武　　所知獨深　　擷其精義　　援以通今

運用之妙　　存乎一心　　唯彼泰西　　相尚以武

遠紹旁搜　　於斯有取　　矧我邦人　　敢倍前矩

念茲在茲　　虎丘建亭　　遺篇撫刻　　以鴻都經

用矚來者　　眠之典型　　瞻仰有嚴　　騎下軾式

思古幽情　　奉奉胸臆　　何以方之　　峴山片石

孫子讚詞續編

《世界兵學》第六卷第四期 1948 年 6 月 30 日

我武維揚	閻錫山題
韜略所宗	董贊堯題
孫子紀念亭落成	崞縣徐永昌題

春秋有奇士	名垂二千年	緬懷俊傑才	誠為覺者先
今世復何世	景仰猶萬千	此中有真理	覽此十三篇

虎丘孫子亭讚　　　　李士珍敬題

韜略神奇	崇稱兵聖	明恥圖強	吳宮教陣
破禁功成	光昭史乘	巍然一亭	名山永鐫

孫武子讚詞　　　　吳尚鷹敬題

運籌決勝	兵學宗師	保邦禦侮	共式遺規

孫子讚詞　　　　劉瀚東敬頌

國於天地	要在自強	整軍經武	賴有紀綱
先哲孫子	兵學聖王	運籌決勝	十三篇章
名論不刊	中午稱揚	神機妙策	歷久彌彰
矧在今日	尤重國防	固我疆圉	掃彼欃槍
典型猶在	宜究其詳	是則是傚	大風泱泱
發揚光大	國慶苞桑	建亭紀念	山高水長

孫子讚詞彙編（續三）

《世界兵學》第六卷第五、六期合刊 1948 年 8 月 30 日

孫子紀念亭落成紀念　　　　　陳南平敬題

進退金鼓　堂堂正正　左矛右矢　正奇兼備

十盪十決　旨主全勝　猗懿千秋　蔚為典型

尤以孫子善戰攻心，必以全爭於下天下，兵不頓而利可全之主張堪稱為東方兵學之聖。

孫子讚詞　　　　　　　　　　陸小波

古有兵聖　著乘軍政　凡十三篇　理精義正

奉為圭臬　中外所競　最高之峯　羣流印鏡

千載成敗　悉繫諸柄　不祀豐功　何以志盛

吳將死吳　吳紀其行　有亭巍峨　永為世敬

孫子讚詞　　　　　　　　　　桂永清敬撰

龍韜要訣　遠溯寶模　風后經旨　太公陰符

懿惟孫子　崛起東吳　邃學武庫　成篇兵樞

奇正理澈　攻守策紆　貫通老子　發揚霸圖

千秋垂範　七萃秉謨　虎幄同仰　豹略悠需

聖祠蹟考　戎亭典敷　思賢異代　崇祀名區

高標在望　後起不孤　地靈人傑　壯色姑蘇

孫子紀念讚題詞　　　　　　　劉詠堯敬題

兵家學理　入聖窮神　橫絕中外　縱貫古今

算先有道　略重攻心　運用微妙　博大精深

7. 孫子亭籌建在蘇州

夏文

《世界兵學》第六卷第五、六期合刊 1948 年 8 月 30 日

一九四八年在中國兵學界裏應有奇蹟的出現吧！

記者於六月二十五日隨孫子紀念亭籌建委員會代表李浴日、魏希文暨小春秋報社長程曉華諸先生赴蘇州勘定亭址發動捐款，便有此感。

蘇州市中國一個文化古都，亦是古代一個軍事要點，孫子工作於此，逝世於此，其有名兵法十三篇亦創著於此。六月二十五日晨，我們由南京乘夜車到達，下榻花園飯店，李浴日、魏希文諸先生即用電話通知該會蘇州方面只籌備委員現任二○二師副師長兼城防指揮官彭戰存將軍到達該飯店會商一切。旋乘彭將軍親自駕駛之吉普車赴虎丘勘察亭址，我們在虎丘巡視一週之後，認為在虎丘塔之旁不能建亭，因該塔建築於隋朝，距今千餘年，經已傾斜，破爛不堪，時有倒塌的危險。而以在虎丘寺之前面一個小山墩廣約一畝，且很平坦，最適宜於建亭。當訪該寺主持法惠和尚詢以該地主權問題。據說該地為童姓所以，但此為風景區，任何人不能在此建屋，應徵收以供建亭之用。該主持對我們在虎丘建亭非常歡迎，願將山上所以石頭捐獻以供建築。中午彭將軍邀同大家到他公館吃飯，飯後便決定第二日招待蘇州各界首領及新聞界等事宜。

第二日（二十六日）早餐各代表會同彭將軍往訪孫子亭贊助人錢慕尹將軍，談約數十分鐘，並承允予出席當口招待各界座談會。又往訪吳縣縣長王介佛圖書館館長蔣吟秋等。是日下午三時

我們在青年俱樂部舉行座談會，各界代表到達二十餘人，由彭將軍主席、李浴日、魏希文諸先生報告籌備經過，彭將軍略稱："孫子為吾國古代兵聖，中外咸欽，其戰略戰術之原則原理，古今中外，無出其右者，至今日武器及科學發達，然其兵學精神則相得益彰，吾人為紀念兵學先哲，發揚兵學精神，故有孫子紀念亭的創設，以資觀摩，而繼承歷史的精神。我認為這種措施，對於吳縣及虎丘是有利無弊的，不惟可以紀念先哲，抑且可以繁榮市面可，因孫子亭完成後，遠近人士景慕而來遊觀者定必增多，因之市面亦隨之繁榮，這是必然的道理，現在物價日在高漲，影響是項工程重鉅，現為積極興工建築，尚有許多事情亟待當地人士提供意見即贊助的地方，現在我把它提出來，請各位多多指教，俾所探擇，錢老師為兵家先進，帶兵作戰，頗著功勳，對孫子亭之創建，深表同意，定能登高一呼，萬山響應，俾一致來發起建築，得於最短期間完成，那就事半功倍了。……"李浴日先生的報告亦有幾句值得記載的，他說："捐款是很難的，我們籌捐此亭，有一個原則，就是多多捐款，少少支出，自去年十月發動捐款以來，我們所捐得之款為數有限，只有三億餘元，在今日三億元是沒有什麼用場的，因為物價又漲了，不夠我們收到之款，乃從孫子所說："用兵之法，日費千金"的金子着眼，由銀行提回之款，即行購金，所購得之金現約有八兩，值二十餘億元，但在蘇州方面仍應富再籌一筆以期建成一座最堅固最美觀的亭。我們還希望他日再有人發起建築一座孫子紀念堂，孫子圖書館"。當由彭將軍建議在蘇州再募五億元至十億元。現聞在蘇州所捐得之款已購得水泥八十包了。

　　是晚第四工兵團王團長海嶠親到花園飯店來拜訪各代表，各代表便徵得彼同意，由該團派兵將虎丘山頂的石塊移到建亭地點此舉大可節約一些經費，王團長總算熱心的了。

　　第三日（二十七）我們重到虎丘山，勘定亭址，一行十餘人，彭將軍，王團長及中央社特派員均來，分乘兩部汽車出發，法惠和尚聞我們上山，已在寺中準備素麵以作招待，大家在建亭地點勘定地位置，並攝影留念。該會所有在蘇應辦事宜均委託彭將軍及王團長就地斟酌辦理，當日中午各代表便在"任務完成"後欣歡地離蘇返京了。

　　歷史是靠人推進的，中國熱心兵學的人們為紀念這位震動全世界的兵聖孫子而所建的亭將在一九四八年出現於蘇州虎丘山頭。（七月一日）

8. 蘇州新聞報導

蔣總統親題亭額：虎丘築孫子紀念亭

籌委會代表抵蘇今日下午招待各界

《蘇州日報》1948 年 6 月 26 日第二版

首都兵學界名流、及黨政軍首長、以我國亙古罕有之兵聖孫子、卒於蘇州、其偉大著作《孫子兵法》、亦作於蘇州、爰發起在蘇州虎丘建築紀念亭一所、并組織籌委會、積極展開工作、據悉該會工作、業已初步完成、亭額由蔣總統親筆題額“兵法十三篇”、由于右任、梁寒操、沈尹默諸先生分別書就兵家各將領題詞尤夥、均將刻石於亭、以垂不朽、該會特推派代表李浴日、魏希文、於日前由京抵蘇、下榻花園飯店、同行者有名工程師陳明建、小春秋報總社社長程曉華、上海新中國新聞攝影社社長夏曉霞、及記者數人，會同蘇州方面籌委現任城防指揮官彭戰存將軍、着手進行、與代表一行、已于日昨上午赴虎丘勘察地點、并訪問本市各領袖、定於本日下午三時、假北局青年俱樂部舉行茶話招待各界首長、及新聞界、報告籌備經過、并征求意見云。

孫子紀念亭籌委會招待茶會商討進行

式樣用中國式三個月內建築完成

推王縣長嚴議長等分頭勸募捐款

《蘇州日報》1948 年 6 月 27 日第二版

首都孫子紀念亭籌建委員會代表李浴日、魏希文、陳明建等一行、由京蒞蘇後、會同蘇州籌委城防部彭指揮官、着手進行、

並於昨日下午三時許、假青年俱樂部二樓舉行茶會、商討籌建工作之展開事宜、到有來賓錢大鈞、范君博、將吟秋、及各機關代表約十餘人、由彭指揮官主持報告、募捐建築虎丘孫子亭之緣起、自去年十二月間發動後、深得中央各首長及黨國元老之贊助、然籌助數目、對目標相差甚遠、今天希在座各位多發表意見、本人所奉告各位者、（一）孫子亭地區、已於昨日在虎丘勘定空地、（二）孫子亭建築費三十億元、經數月籌募、尚感不足，希望當地予以協助、（三）建築物務鞏固耐久、（四）借用廢棄之石板、以減輕支出、旋由李浴日致詞略講、本日報上所載克服開封之訊、而感到打勝仗就要學兵法、戡平匪亂、更須學習兵法、提倡兵學、頃來蘇建築孫子紀念亭、即因為孫子是中國歷史上兵學家築亭紀念先哲、有極大意義、自去年在京發起、承請長官賢助、組籌備委員會、開始募集捐款、所得款項、悉購黃金存儲、現約有十五億元、不足之數、繼續籌募、並希各界協助，將由程工程師報告、工程計劃、全部用鋼骨水泥、式樣用中國式、原計劃因物價高所影響、現只稍加改動、大約目前估計約三十億元、三個月內建築完成、最後討論決議由參議會、商會工廠聯合會、總工會、擔任孫子紀念亭駐蘇籌備委員、并請錢慕尹先生擔任指導、捐簿分交各首長、帶交分頭勸募、決定推王縣長、嚴議長、王叔介委員、商會徐翰澄、總工會汪文煥、工聯聯合會夏旦初及城防部彭指揮官分工進行。

積極籌建孫子紀念亭

各界紀念古代兵聖

昨假青年俱樂部舉行茶會

準備在蘇籌募經費五億元

《蘇州明報》1948 年 6 月 27 日第二版

首都孫子亭籌建委員會籌備人李浴日、魏希文、夏曉霞等蒞蘇後、即着手向本邑各界推進工作、昨日下午三時、假青年俱樂部二樓舉行茶會、到有虎丘寺主持法慧、范君博、蔣吟秋、錢大鈞及各機關代表十餘人、由彭指揮官主持、席間並未舉行任何儀式、主席即席致詞稱錢老師各位先生、今天承各位撥冗參加這個座談會、在籌建會同人深為感謝、孫子紀念亭籌建委員派李浴日魏希文兩委員會於前日由京抵蘇、兄弟亦為籌建委員之一、同時也接到會裏的通知、囑協助李魏兩委員辦理孫子亭進行事宜、故有今日茶會的召集、所有籌備及勸募情形、擬請李魏兩委員詳為報告、兄弟就個人意思發表幾點意見、以供各位的參攷、孫子為吾國古代兵聖、中外感欽、其戰略戰術之原則原理、古今中外無出其右者、至今日武器及科學發達、然其兵學精神、則相得益彰、吾人為紀念兵學先哲、發揚兵學精神、故有孫子紀念亭的創設、以資觀摩、而繼承歷史的精神、我認為這種措施、對於吳縣及虎丘是有利而無弊的、不惟可以紀念先哲、抑且可以繁榮市面、因孫子亭完成後、遠道人士景慕而來遊觀者定必增多、因之市面亦隨之繁榮、這是必然的道理．現在物價月在高漲、影響是項工程至鉅、現為積極與工建築、尚有許多事情須待當地人士提供意見與贊助的地方、現在我把它提出來、請各位多多指導、俾所探擇、錢老師為兵家先進、帶兵作戰、頗著功勳對孫子亭之創建、深表同意、定能登高一呼、萬山響應、俾一致來發起建築計

劃、得於最短時期完成、那就事半功倍、不禁馨香祈禱之、㈠孫子亭建築地點、決在虎丘千人石對邊之平地上、㈡孫子亭建築經費不敷甚鉅、擬在蘇州發動籌募五億元、㈢孫子亭的圖樣、業經程工程師繪就、請各位發表意見、俾資決定、㈣法慧主持對於虎丘散漫的石板、允可搜集使用、盼有關部隊單位互相協助之、旋由李浴日報告籌備經過、並稱本日頃老收復開封之訊、吾人感覺打勝仗就要學兵法、戡平匪亂更應熟諳兵法、故為紀念我國兵聖、特發起築建孫子紀念亭、永垂後世、去年在京承中央各長官贊助、所募集之款、悉數購買黃金儲存、目下估計約值十五億元、不足之數、擬在本地捐募，希各、縣府有鑒於斯、乃經本縣建設委員會議通過、決予撥款興修、鋪築彈石路面及下水面、茲縣府已招標承建、並於昨日興工、預定於一個月內完成云。

孫子紀念亭決定建在千人石畔

《蘇州日報》1948 年 6 月 29 日第三版

首都孫子亭籌建委員會、代表團李浴日、魏希文、陳明建等一行、蒞蘇後、即與城防部彭指揮官、邀同各界領袖、商討工作進行、李氏等並於前日赴虎丘查勘建築基地、決定在千人石畔、五十三層石級下空地、丈量面積、設計完畢、全體留影後，由虎山雲巖寺住持僧法慧招待素點、至建築石料、運輸工作、經工兵四團王團長、派營長譚玠生、營附劉福生負責、暫借白雲堂為該會臨時辦公處、詎在查勘基地時、突有一婦人、向彭指揮官前阻撓、聲稱該空地係祖遺私產、當經彭氏面諭、須提供契據證明、估價收買、茲據住持僧法慧見告、謂婦人丈夫董友賢、在敵戰時

期、任浙江嘉善縣長、及蘇州偽警察局長時、藉勢霸佔、並且將白雲堂作為其臥房、彭指揮官認為非法、決予澈究、李氏等一行、當日午時離蘇返京覆命。

孫子紀念亭日內開工建築
虎丘增一勝景
《蘇州日報》1948 年 10 月 24 日第二版

　　本縣城防指揮官孫金銘少將、世界兵學社社長兼國防部政工局第四處處長李浴日少將、及國防部史政局第二處處長陳樹華上校等、為紀念世界兵學鼻祖、藉以提倡國防、發起於本縣虎丘建築一孫子紀念亭、經半年之籌劃、各項準備工作、均已就緒、李陳眾氏、已於日前由京專車來蘇、主持該項工作、孫子紀念亭建築於本縣虎丘、地基亦經勘定、為一水泥鋼骨之現代建築物、圖樣新穎壯觀、日內即可正式開工、預料在最短期內、即可完成、屆時將舉行盛大之奠基典禮、中央首要、將來蘇參加、今後虎丘又多一勝景矣。

9. 孫子十三篇全文碑拓本

汪東[①]書、錢榮初[②]刻石

1949 年

軍形第四

孫子曰：昔之善戰者，先為不可勝，以待敵之可勝。不可勝在己，可勝在敵。故善戰者，能為不可勝，不能使敵之必可勝。故曰：勝可知，而不可為。不可勝者，守也；可勝者，攻也。守則不足，攻則有餘。善守者，藏於九地之下；善攻者，動於九天之上，故能自保而全勝也。見勝不過眾人之所知，非善之善者也；戰勝而天下曰善，非善之善者也。故舉秋毫不為多力，見日月不為明目，聞雷霆不為聰耳。古之所謂善戰者，勝於易勝者也。故善戰者之勝也，無智名，無勇功，故其戰勝不忒。不忒者，其所措必勝，勝已敗者也。故善戰者，立於不敗之地，而不失敵之敗也。是故勝兵先勝而後求戰，敗兵先戰而後求勝。善用兵者，修道而保法，故能為勝敗之政。兵法：一曰度，二曰量，三曰數，四曰稱，五曰勝。地生度，度生量，量生數，數生稱，稱生勝。故勝兵若以鎰稱銖，敗兵若以銖稱鎰。勝者之戰民也，若決積水於千仞之谿者，形也。

兵勢第五

孫子曰：凡治眾如治寡，分數是也；鬥眾如鬥寡，形名是也；三軍之眾，可使必受敵而無敗者，奇正是也；兵之所加，如以碫投卵者，虛實是也。凡戰者，以正合，以奇勝。故善出奇者，無窮如天地，不竭如江海。終而復始，日月是也；死而更生，四時是也。聲不過五，五聲之變，不可勝聽也；色不過五，五色之變，不可勝觀也；味不過五，五味之變，不可勝嘗也；戰勢不過奇正，奇正之變，不可勝窮也。奇正相生，如循環之無端，孰能窮之哉。激水之疾，至於漂石者，勢也；鷙鳥之疾，至於毀折者，節也。是故善戰者，其勢險，其節短。勢如彍弩，節如發機。紛紛紜紜，鬥亂而不可亂也；渾渾沌沌，形圓而不可敗也。亂生於治，怯生於勇，弱生於強。治亂，數也；勇怯，勢也；強弱，形也。故善動敵者，形之，敵必從之；予之，敵必取之。以利動之，以卒待之。故善戰者，求之於勢，不責於人，故能擇人而任勢。任勢者，其戰人也，如轉木石。

虛實第六

孫子曰：凡先處戰地而待敵者佚，後處戰地而趨戰者勞。故善戰者，致人而不致於人。能使敵人自至者，利之也；能使敵人不得至者，害之也。故敵佚能勞之，飽能飢之，安能動之。出其所不趨，趨其所不意。行千里而不勞者，行於無人之地也。攻而必取者，攻其所不守也；守而必固者，守其所不攻也。故善攻者，敵不知其所守；善守者，敵不知其所攻。微乎微乎，至於無形；神乎神乎，至於無聲，故能為敵之司命。進而不可禦者，衝其虛也；退而不可追者，速而不可及也。故我欲戰，敵雖高壘深溝，不得不與我戰者，攻其所必救也；我不欲戰，雖畫地而守之，敵不得與我戰者，乖其所之也。故形人而我無形，則我專而敵分；我專為一，敵分為十，是以十攻其一也，則我眾而敵寡；能以眾擊寡者，則吾之所與戰者約矣。吾所與戰之地不可知，不可知則敵所備者多，敵所備者多，則吾所與戰者寡矣。故備前則後寡，備後則前寡，備左則右寡，備右則左寡，無所不備，則無所不寡。寡者，備人者也；眾者，使人備己者也。故知戰之地，知戰之日，則可千里而會戰；不知戰地，不知戰日，則左不能救右，右不能救左，前不能救後，後不能救前，而況遠者數十里，近者數里乎？以吾度之，越人之兵雖多，亦奚益於勝敗哉？故曰：勝可為也。敵雖眾，可使無鬬。故策之而知得失之計，作之而知動靜之理，形之而知死生之地，角之而知有餘不足之處。故形兵之極，至於無形；無形，則深間不能窺，智者不能謀。因形而措勝於眾，眾不能知；人皆知我所以勝之形，而莫知吾所以制勝之形。故其戰勝不復，而應形於無窮。夫兵形象水，水之形，避高而趨下，兵之形，避實而擊虛；水因地而制流，兵因敵而制勝。故兵無常勢，水無常形，能因敵變化而取勝者，謂之神。故五行無常勝，四時無常位，日有短長，月有死生。

軍爭第七

孫子曰：凡用兵之法，將受命於君，合軍聚眾，交和而舍，莫難於軍爭。軍爭之難者，以迂為直，以患為利。故迂其途，而誘之以利，後人發，先人至，此知迂直之計者也。故軍爭為利，軍爭為危。舉軍而爭利則不及，委軍而爭利則輜重捐。是故卷甲而趨，日夜不處，倍道兼行，百里而爭利，則擒三將軍，勁者先，疲者後，其法十一而至；五十里而爭利，則蹶上將軍，其法半至；三十里而爭利，則三分之二至。是故軍無輜重則亡，無糧食則亡，無委積則亡。故不知諸侯之謀者，不能豫交；不知山林、險阻、沮澤之形者，不能行軍；不用鄉導者，不能得地利。故兵以詐立，以利動，以分合為變者也。故其疾如風，其徐如林，侵掠如火，不動如山，難知如陰，動如雷震，先知迂

高陵勿向，背丘勿逆，佯北勿從，銳卒勿攻，餌兵勿食，歸師勿遏，圍師必闕，窮寇勿迫，此用兵之法也。

九變第八

孫子曰：凡用兵之法，將受命於君，合軍聚衆，圮地無舍，衢地合交，絕地無留，圍地則謀，死地則戰，途有所不由，軍有所不擊，城有所不攻，地有所不爭，君命有所不受。故將通於九變之利者，知用兵矣；將不通於九變之利者，雖知地形，不能得地之利矣；治兵不知九變之術，雖知五利，不能得人之用矣。是故智者之慮，必雜於利害，雜於利而務可信也，雜於害而患可解也。是故屈諸侯者以害，役諸侯者以業，趨諸侯者以利。故用兵之法，無恃其不來，恃吾有以待也；無恃其不攻，恃吾有所不可攻也。故將有五危：必死可殺也，必生可虜也，忿速可侮也，廉潔可辱也，愛民可煩也。凡此五者，將之過也，用兵之災也。覆軍殺將，必以五危，不可不察也。

行軍第九

孫子曰：凡處軍相敵，絕山依谷，視生處高，戰隆無登，此處山之軍也。絕水必遠水，客絕水而來，勿迎之於水內，令半濟而擊之利，欲戰者，無附於水而迎客，視生處高，無迎水流，此處水上之軍也。絕斥澤，惟亟去無留，若交軍於斥澤之中，必依水草而背衆樹，此處斥澤之軍也。平陸處易，而右背高，前死後生，此處平陸之軍也。凡此四軍之利，黃帝之所以勝四帝也。凡軍好高而惡下，貴陽而賤陰，養生而處實，軍無百疾，是謂必勝。丘陵隄防，必處其陽而右背之，此兵之利，地之助也。上雨水沫至，欲涉者，待其定也。凡地有絕澗、天井、天牢、天羅、天陷、天隙，必亟去之，勿近也。吾遠之，敵近之；吾迎之，敵背之。軍旁有險阻、潢井、蒹葭、林木、翳薈者，必謹覆索之，此伏姦之所處也。敵近而靜者，恃其險也；遠而挑戰者，欲人之進也；其所居易者，利也。衆樹動者，來也；衆草多障者，疑也；鳥起者，伏也；獸駭者，覆也；塵高而銳者，車來也；卑而廣者，徒來也；散而條達者，樵採也；少而往來者，營軍也。辭卑而益備者，進也；辭強而進驅者，退也；輕車先出居其側者，陳也；無約而請和者，謀也；奔走而陳兵車者，期也；半進半退者，誘也。

地形第十

孫子曰：地形有通者，有挂者，有支者，有隘者，有險者，有遠者。我可以往，彼可以來，曰通；通形者，先居高陽，利糧道，以戰則利。可以往，難以返，曰挂；挂形者，敵無備，出而勝之，敵若有備，出而不勝，難以返，不利。我出而不利，彼出而不利，曰支；支形者，敵雖利我，我無出也，引而去之，令敵半出而擊之，利。隘形者，我先居之，必盈之以待敵；若敵先居之，盈而勿從，不盈而從之。險形者，我先居之，必居高陽以待敵；若敵先居之，引而去之，勿從也。遠形者，勢均，難以挑戰，戰而不利。凡此六者，地之道也，將之至任，不可不察也。

故兵有走者，有弛者，有陷者，有崩者，有亂者，有北者。凡此六者，非天之災，將之過也。夫勢均，以一擊十，曰走；卒強吏弱，曰弛；吏強卒弱，曰陷；大吏怒而不服，遇敵懟而自戰，將不知其能，曰崩；將弱不嚴，教道不明，吏卒無常，陳兵縱橫，曰亂；將不能料敵，以少合眾，以弱擊強，兵無選鋒，曰北。凡此六者，敗之道也，將之至任，不可不察也。

夫地形者，兵之助也。料敵制勝，計險阨遠近，上將之道也。知此而用戰者必勝，不知此而用戰者必敗。故戰道必勝，主曰無戰，必戰可也；戰道不勝，主曰必戰，無戰可也。故進不求名，退不避罪，唯民是保，而利於主，國之寶也。視卒如嬰兒，故可與之赴深谿；視卒如愛子，故可與之俱死。厚而不能使，愛而不能令，亂而不能治，譬若驕子，不可用也。知吾卒之可以擊，而不知敵之不可擊，勝之半也；知敵之可擊，而不知吾卒之不可以擊，勝之半也；知敵之可擊，知吾卒之可以擊，而不知地形之不可以戰，勝之半也。故知兵者，動而不迷，舉而不窮。故曰：知彼知己，勝乃不殆；知天知地，勝乃可全。

九地第十一

孫子曰：用兵之法，有散地，有輕地，有爭地，有交地，有衢地，有重地，有圮地，有圍地，有死地。諸侯自戰其地，為散地。入人之地而不深者，為輕地。我得則利，彼得亦利者，為爭地。我可以往，彼可以來者，為交地。諸侯之地三屬，先至而得天下之眾者，為衢地。入人之地深，背城邑多者，為重地。山林、險阻、沮澤，凡難行之道者，為圮地。所由入者隘，所從歸者迂，彼寡可以擊吾之眾者，為圍地。疾戰則存，不疾戰則亡者，為死地。是故散地則無戰，輕地則無止，爭地則無攻，交地則無絕，衢地則合交，重地則掠，圮地則行，圍地則謀，死地則戰。

537

地則戰古之善用兵者能使敵人前後不相及衆寡不相恃貴賤不相救上下不相收卒離而不集兵合而不齊合於利而動不合於利而止敢問敵衆整而將來待之若何曰先奪其所愛則聽矣兵之情主速乘人之不及由不虞之道攻其所不戒也凡爲客之道深入則專主人不克掠於饒野三軍足食謹養而勿勞并氣積力運兵計謀爲不可測投之無所往死且不北死焉不得士人盡力兵士甚陷則不懼無所往則固入深則拘不得已則鬬是故其兵不修而戒不求而得不約而親不令而信禁祥去疑至死無所之吾士無餘財非惡貨也無餘命非惡壽也令發之日士卒坐者涕霑襟偃卧者涕交頤投之無所往諸劌之勇也故善用兵者譬如率然率然者常山之蛇也擊其首則尾至擊其尾則首至擊其中則首尾俱至敢問可使如率然乎曰可夫吳人與越人相惡也當其同舟而濟遇風其相救也如左右手是故方馬埋輪未足恃也齊勇若一政之道也剛柔皆得地之理也故善用兵者攜手若使一人不得已也將軍之事靜以幽正以治能愚士卒之耳目使之無知易其事革其謀使人無識易其居迂其途使人不得慮帥與之期如登高而去其梯帥與之深入諸侯之地而發其機若驅羣羊驅而往驅而來莫知所之聚三軍之衆投之於險此將軍之事也九地之變屈伸之利人情之理不可不察也凡爲客之道深則專淺則散去國越境而師者絕地也四達者衢地也入深者重地也入淺者輕地也背固前隘者圍地也無所往者死地也是故散地吾將一其志輕地吾將使之屬爭地吾將趨其後交地吾將謹其守衢地吾將固其結重地吾將繼其食圮地吾將進其途圍地吾將塞其闕死地吾將示之以不活故兵之情圍則禦不得已則鬬過則從是故不知諸侯之謀者不能豫交不知山林險阻沮澤之形者不能行軍不用鄉導者不能得地利四五者一不知非霸王之兵也夫霸王之兵伐大國則其衆不得聚威加於敵則其交不得合是故不爭天下之交不養天下之權信己之私威加於敵故其城可拔其國可隳施無法之賞懸無政之令犯三軍之衆若使一人犯之以事勿告以言犯之以利勿告以害投之亡地然後存陷之死地然後生夫衆陷於害然後能爲勝敗故爲兵之事在順詳敵之意并敵一向千里殺將是謂巧能成事是故政舉之日夷關折符無通其使厲於廊廟之上以誅其事敵人開闔必亟入之先其所愛微與之期踐墨隨敵以決戰事是故始如處女敵人開戶後如脫兔敵不及拒

火攻第十二

孫子曰凡火攻有五一曰火人二曰火積三曰火輜四曰火庫五曰火隊行火必有因煙火必素具發火有時起火有日時者天之燥也日者月在箕壁翼軫也凡此四宿者風起之日也凡火攻必因五火之變

用間第十三

孫子曰：凡興師十萬，出征千里，百姓之費，公家之奉，日費千金，內外騷動，怠於道路，不得操事者，七十萬家。相守數年，以爭一日之勝，而愛爵祿百金，不知敵之情者，不仁之至也，非人之將也，非主之佐也，非勝之主也。故明君賢將，所以動而勝人，成功出於眾者，先知也。先知者，不可取於鬼神，不可象於事，不可驗於度，必取於人，知敵之情者也。

故用間有五：有因間，有內間，有反間，有死間，有生間。五間俱起，莫知其道，是謂神紀，人君之寶也。因間者，因其鄉人而用之。內間者，因其官人而用之。反間者，因其敵間而用之。死間者，為誑事於外，令吾間知之，而傳於敵間也。生間者，反報也。

故三軍之事，莫親於間，賞莫厚於間，事莫密於間。非聖智不能用間，非仁義不能使間，非微妙不能得間之實。微哉微哉！無所不用間也。間事未發，而先聞者，間與所告者皆死。

凡軍之所欲擊，城之所欲攻，人之所欲殺，必先知其守將、左右、謁者、門者、舍人之姓名，令吾間必索知之。必索敵人之間來間我者，因而利之，導而舍之，故反間可得而用也。因是而知之，故鄉間、內間可得而使也。因是而知之，故死間為誑事，可使告敵。因是而知之，故生間可使如期。五間之事，主必知之，知之必在於反間，故反間不可不厚也。

昔殷之興也，伊摯在夏；周之興也，呂牙在殷。故明君賢將，能以上智為間者，必成大功。此兵之要，三軍之所恃而動也。

中華民國三十八年 月 日

孫子紀念亭籌建委員會立

吳縣汪東書 [印]

吳縣戴榮初刻石

註：

① 汪東（1890－1963．6），原名東寶，字旭初，號寧庵，江蘇吳縣人。留學日本，早稻田大學預科，畢業後入哲學館。同時加入同盟會，擔任《民報》撰述。曾任國立中央大學文學院院長。抗戰勝利後回南京，任國立禮樂館館長。1947 年任國史館纂修， 1949 年後，曾任上海市文物保管委員會副主任委員、江蘇省政協常委、蘇州市政協副主席等職。

② 錢榮初（1901--1990）碑刻家。江蘇無錫人，定居蘇州。 12 歲師從金石家周梅谷，擅長金石、書法、碑刻。1949 年進入蘇州“藝石齋”，先後精刻王羲之、懷素、米芾、文徵明、沈尹默、林散之等歷代書法名家作品，技藝精湛，深得行家讚許。

10. 蘇州虎丘孫子紀念亭修建追記

李浴日

《戰鬥月刊》第一卷第六期 1953 年 11 月

倘若孫子生在英國，我想比英人紀念莎士比亞還要熱烈。

倘若孫子生在美國，我想比美人紀念愛迪生還要踴躍。

因為孫子生於紀元前五百多年（544 - 496 BC），比莎士比亞（1564 - 1616）約早二千年，比愛迪生（1847 - 1981）約早二千四百年，其所發明的兵法十三篇，直至現世紀，世界上尚無兵書出其右者。至理名言，萬古常新，璨爛輝煌，超前絕後。

可是，在我們這個文明古國裡，到了今日，大家對於孫子似乎祇有讀其書，而忘記紀念其人。雖說歷史上有唐肅宗（唐代中興之主）祀太公望為武成王，列孫子為配享之一。可是何嘗表現尊崇孫子於於萬一？又有清代考據家孫星衍（孫子五十七世孫，江蘇武進人）基於宗族的觀念，在蘇州虎丘東麓建祠塑像來奉祀他。但規模亦很小。抗戰勝利後，我自重慶回到南京。為著完成孫子研究上的一些工作，特往蘇州探訪這一個巨人的遺跡。如「孫冢」、「孫墩」等，毫無所獲，又按址往訪距今不過百餘年的孫星衍所建的祠堂，否料「踏破鐵鞋無覓處」，叩之山上的寺僧，也不知道有這麼一回事，怎不令人抑天長嘆！

大凡宇宙是永存的，是不滅的，但人類在宇宙上所經營的一切，則有其時間性。阿房宮何在？羅馬之城何在？古昔聖賢的遺跡又有多少尚存？但我想，倘若後人負起「繼往開來」的責任，

未必不可使牠和宇宙一樣的永存。孫星衍所建的祠堂是湮滅了，我們今日為紀念先聖，總應有一個歷史性的表現吧！

當時我抱著這種心情回到南京，將所見所聞告訴愛好孫子諸友，適值抗戰勝利之後，大家的精神上都很愉快，於是大家便發起為這一個巨人來修建一座紀念亭，雖說未敢比擬英人紀念莎士比亞，美人紀念愛迪生那種盛舉。

經過一個短期間的醞釀之後，大家便成立了一個「孫子紀念亭籌建委員會」，時為民國三十六年秋，由籌備大會推舉楊言昌、柯遠芬、彭戰存（代表蘇州方面）、齊廉、徐森、陳縱材、高植明、魏希文、方滌瑕、許高陽、陳士華諸先生及我本人為籌建委員，并推定楊言昌、柯遠芬兩先生及本人為常務委員，又敦請于右任、居正、白崇禧、錢大鈞、徐培根、劉詠堯諸先生簽名為贊助人。當即分頭勸捐，期為這一個巨人完成一座巍峨堂皇的紀念亭，亭中置孫子的白石像，亭側建十三篇全文碑。周圍栽以青松翠柏，如有餘款，設孫子論文獎金。不待說，這在國防精神上、兵學建設上是具有相當意義的。記得當時會中所用的信封上曾印上這兩句聯語：

促進國防加強精神力量

表彰兵聖創建歷史工程

募捐緣起，原文如下：

孫武子為我國兵聖，所著兵法十三篇，窮幽極渺，千古無雙，不特我國歷代名將奉為圭臬，且譯本遍全世界，拿破崙一世亦深究之，可知外國將校亦莫不受其影響，其所昭示吾人之用兵原

理，實創東西兵學之最高峰。故杜牧云：「孫子所著十三篇，自武死後凡千歲，將兵有成者，有敗者，揆其事蹟，皆與武所著書一一相抵當，猶印圈模刻，一不差跌」洵不誣也。至於我抗戰八年，初是強弱異勢，而卒能待敵之可勝，又豈非孫子兵經之再證乎？奈因歷代重文輕武之故，對此曠古兵聖反無專祠以祀，迄清孫星衍，以孫子為吳王將，實死於吳，而葬於吳東門外，乃建祠於虎丘東麓，並立碑記念，誠盛事也。惜因戰亂，其祠已毀，同人等緬懷先哲，目擊心傷，爰擬仍在虎丘山上，建亭一所，以資紀念，第以心有餘而力不應，所望各界賢達，登高一呼，慨予贊助，俾得早觀厥成，而供瞻仰，則不祇兵學之光，亦國防所利賴也！

　　建亭的宗旨，已如上述。大家抱著這個宗旨，分頭募捐，計自三十六年秋至翌年秋止，費時一年，共收到國幣二億餘元，陸續換得黃金八兩餘（指定南京商業儲蓄銀行代收，因物價波動，一接通知，即提款購金存儲，故有此數目）及水泥八十四包，另聯勤總部郭悔吾將軍撥助鋼筋三百公斤，不消說，這個數目距離我們的目標很遠，於此使我們深深感到為紀念古人募捐之難！記得在這次募捐中，南京方面以柯遠芬將軍推動最力，楊老先生言昌亦多去函勸捐，蘇州方面以彭戰存將軍出力最大，而胡團長甲裹，亦多協力。捐助者以閻錫山、錢大鈞兩將軍為最多，錢將軍捐助國幣兩千萬元，閻將軍一千萬元。計值後者多於前者，其餘百餘人，或捐數十萬元，或百餘萬元不等，數目雖大，適值通貨膨脹，故所值無幾。就中有人看到報紙刊出此事了，自動將款寄來，一種尊崇兵聖的精神，至可欽佩，至於我們籌委亦各量力拿出二三十萬元作為籌備之用。

　　會務進行之初，我們數人奉會中之命，前往蘇州發動募捐，先訪彭戰存將軍，這時彭將軍任青年軍二○二師副師長兼防城總指揮，他請我們吃午飯，席中即決定由彭將軍領銜於第二天召開一個各界座談會，屆時錢大鈞先生等均蒞會，濟濟一堂，頗具盛況，相繼發言，異常熱烈，大家認為此舉不祇徒為紀念兵聖，且為蘇州風景添一新號召，故後來募捐頗順利。第三天彭將軍約同我們一共十餘人，驅車往虎丘找山上寺僧商恰亭址問題。該寺住持法慧，年富力強，對此事喜出望外，願負管理之責，如設「孫子賓館」，更為歡迎。

　　因徐蚌會戰的失敗，整個大陸像捲起一陣大風暴，三十七年冬南京實行大疏散，人心惶惶，不可終日。這時大家認為捐募工作已無法繼續，但所募得之款不敷「建亭」，因為如果依照工程師原設計之圖樣去建築，起碼也要三十兩黃金。經再三考慮後，祇得暫時放棄「建亭」的計劃，改為「建碑」。同時又要作緊急措施，否則，萬一國軍撤出大江以南，則我們一年的努力，豈不是毫無結果嗎？於是會中派我和陳君帶款到蘇州，這時，彭將軍已調臺任新職，改由熊士芳（當地信託局經理）孫金銘兩先生負責，（孫先生係接彭將軍缺，籍山東樂安，與孫子同宗，故甚樂參與此事）我們和他們同往虎丘勘定基地後，乃將款交熊先生與承建商訂約修建，並由孫先生負責監督。而十三篇全文勒石事，則由我和陳君直接與當地貞石齋訂約，限期完成。至於紀念碑建築圖，因當時不易找到見義勇為的工程師設計，我於千思萬想之餘，偶和木刻畫家楊隆生兄商得一圖案，由他繪成初稿交承建商，這是以十三篇為原則的，即碑高十三華尺，半徑三華尺，尖端為十三篇作展開形（如照片）：

　　上面橫掛一柄三尺長的鋼劍（此劍尚未鑄成掛上）大家認為
頗有意義，便這樣決定了。所幸碑成兩月，蘇州方告失守。這座
紀念碑矗立於虎丘的一小丘上，傍長大樹兩株，蔭涼可人。面朝
獅子山，前人有言：「獅子回頭望虎丘」，左鄰孫子的知遇吳王
闔閭之墓，表現君臣死後相依之狀，遠景如畫，氣象萬千。

　　於此應一提的，即欲將《孫子》十三篇原文勒石，而各版本
均有出入之處，何去何從，亟待我們作最後之校正和決定。當時
會中對這個問題的處理，本一致公推柯遠芬將軍負責的。此時柯
將軍任陸軍大學研究院副主任，正值公務忙碌之際，無暇兼顧，
乃改推揚言昌、齊廉兩先生及本人負責，幸我在商務購得宋版影
印《武經七書》及藏有明版《孫子》，清版《孫子》與孫星衍之
校定本，大家都同意以最古之宋版《孫子》為主，再對照其餘版

本校正，但校正古書是不容易的，楊齊兩先生要我打頭陣，我為了此事，足足忙了好幾天，校正後先送楊老先生一閱，復提出會中通過，始決定分別敦請國內名書法家于右任、商衍流、梁寒操、汪東、周鍾嶽、沈尹默諸先生一共十三人，各揮乙篇。當時因時局緊張，只收到梁先生寄來「軍形第四」，汪先生：「虛實第六」，周先生：「九變第八」，商先生：「火攻第十一」四篇，尚差九篇，在急不及待的情形之下，只得改請汪東先生負全責，汪先生為國學巨子，蘇州人，當時閒居故里，甚樂玉成，儘速照我們校定本揮就寄回，再經我們校讀一過，始行勒石。卅八年冬，我在香港去函蘇州貞石齋主人錢君，詢以紀念碑有否被毀，他回信說，碑尚無恙，並寄我全文碑拓本一份。惟此碑鳩工後，未及移建虎丘，而蘇州已棄守，故由錢君祕密地埋藏起來，以避共軍耳目。拓本帶臺，由廖忠國將軍出資裱成攝影分贈。

《孫子十三篇》的學理與文章實在太燦爛輝煌了。我們募款時會附帶向捐款人徵求讚詞，名篇佳句，美不勝收，下列各篇係自篋中錄出，以饗讀者。惟彭戰存、羅有倫兩將軍的大作，係我到臺後，為著《孫子闡微》一書，始去函徵求者。

（一）　　　　　　　　　　徐永昌

春秋有奇士　名垂二千年　緬懷俊傑才　誠為覺者先

今世復何世　景仰猶萬千　此中有真理　覽此十三篇

（二）　　　　　　　　　　劉詠堯

兵家學理　入聖窮神　橫絕中外　縱貫古今

算先有道　略重攻心　運用微妙　博大精深

（三）　　　　　　　　　　　　李士珍

韜略神奇　崇稱兵聖　明恥圖強　吳宮教陣

破吳功成　光昭史乘　巍然一亭　名山永鎸

（四）　　　　　　　　　　　　彭戰存

偉哉孫子　兵家之聖　保法修道　不尚佳兵

體用自然　中外推崇　神機廟算　邦國之珍

（五）　　　　　　　　　　　　羅友倫

山則巍峨　海則浩瀚　桓桓孫子　囿有顛岸

山亦禿濯　海亦凝枯　偉矣聖人　萬世楷摸

鳥飛高山　魚躍深淵　唯我孫子　不可及焉

（六）　　　　　　　　　　　　桂永清

龍韜要訣　遠溯寶模　風后經旨　太公陰符

懿惟孫子　崛起東吳　邃學武庫　成篇兵樞

奇正理澈　攻守策紆　貫通老子　發揚霸圖

千秋垂範　七萃秉謨　虎幄同仰　豹略悠需

聖祠蹟考　戎亭典敷　思賢異代　崇祀名區

高標在望　後起不孤　地靈人傑　壯色姑蘇

（七）　　　　　　　　　　　　劉翰東

國於天地　要在自強　整軍經武　賴有紀綱

先哲孫子　兵學聖王　運籌決勝　十三篇章

名論不刊　中外稱揚　神機妙策　歷久彌彰

矧在今日　尤重國防　固我疆圉　掃彼攙槍

典型猶在　宜究其詳　是則是傚　大風泱泱

發揚光大　國慶苞桑　建亭紀念　山高水長

（八）　　　　　　　　　　　　　　　　徐鏡唐

孫子論兵　法賅正奇　宏深肅恬　武學攸資

遇非明主　莫竟其施　老泉權書　遽來非議

謂言雖雄　功不稱是　位顯效多　曷若吳起

卓哉孫武　所知獨深　擷其精義　援以通今

運用之妙　存乎一心　唯彼泰西　相尚以武

遠紹旁搜　於斯有取　矧我邦人　敢価前矩

念茲在茲　虎丘建亭　遺篇撫刻　以鴻都經

用矚來者　眠之典型　瞻仰有嚴　騎下軾式

思古幽情　拳拳胸臆　何以方之　峴山片拓

以上諸篇已編入《孫子紀念亭修建始末記》（附有捐款徵信錄）該書由我輯成，稿存余篋，他日重返大陸，定當設法印贈同好，聊作紀念。憶我對此舉負責較重，期望亦大，適值共軍倡亂，致未能完成原定計劃，碑成後又淪鐵幕，遙望大陸，曷勝憤慨！不過我相信我們必能完成原定計劃於將來。

11. 孫武與蘇州難分不解之緣

《蘇州孫子兵法網》2007 年 5 月 16 日

　　孫武，字長卿，春秋末期齊國（今山東）人。青年時期，因齊國"四族謀亂"而避亂奔吳國（今蘇州）。建功立業，直至終老吳地。孫武在吳國（今蘇州）生活、戰鬥了三、四十年時間，孫武在蘇州留下了眾多遺址遺跡和紀念性建築、民間傳說故事。孫武與蘇州人民具有深厚的感情，確有難分不解之緣，蘇州人民也因為《孫子兵法》誕生在蘇州，對吳國作出了重大貢獻，蘇州政府和人民崇敬他、紀念他，蘇州人民也因此而感到自傲。

一、孫武對蘇州的深厚情結

　　孫武對春秋時的吳國，今天的蘇州，具有深厚的情結。孫武與吳國的深厚情結在西漢《司馬遷》史記等歷史資料中都有記載。

　　(1)宋史學家歐陽修《新唐書·宰相世系三下》載："孫武，字長卿，以田、鮑四族謀為亂，奔吳。"東漢《吳越春秋》、唐《吳地記》、宋《古今姓氏書辨證》、明《吳邑志》、《吳縣志》都有類似記載。吳國當時是一個諸侯小國，孫武一個年輕人，為何不投奔當時大國的楚國和晉國，而要奔千里之遙、舉目無親的吳國呢？這是因為吳國是一個新興的國家，正處於上升發展時期，需要人才。孫武認定，吳國是實現自己理想、大展宏圖的地方。這是孫武與吳國人民客觀歷史條件的必然，雙方內心心靈相通的互動，開始了深厚的情結。

(2)孫武奔吳後，隱居吳地，著述兵法，功成名就，傾注了全部的精力，赤膽忠心，同伍子胥共同輔佐吳國，使吳國逐步強大，並使吳王奪得了春秋末期的霸主地位。孫武不是為了升官，也不是為了發財，而是為吳國、為吳國人民盡心盡力地付出，所以功成後身退，還原其老百姓身份。幾十年時間，充分顯示了孫武與吳國、與吳國人民深厚的情結。

(3)孫武功成後身退，終老吳地。《越絕書》、《吳地記》、《吳縣志》、《郡國志》、《皇覽》、《明一統志》、《大清一統志》、《蘇州府志》也都有記載孫武墓在蘇州，這說明孫武終老吳地。葉落歸根，是中國的傳統，思鄉之情是中國的常情。但孫武是齊國人，為什麼功成後身退不返回齊國呢？為什麼不囑咐子孫死後葬在齊國故里呢？而且孫武三個兒子：孫馳、孫明、孫敵都留在吳國。孫權《天子自序》載："武生明，字之元，以父功襲蔭復以孝廉封富春侯，子孫及弟侄等各治業於富之江南，居宅繁盛。"孫策、孫權、孫中山都是孫武后裔。《天子自序》又載："獨明之子臏仕魏，因龐涓刖足，齊使復載於齊。"孫明的兒子最後返回孫武家鄉齊國。由此說明，孫武與當時吳國，今天的蘇州地方和人民有著幾十年間朝夕相處，增加了相互之間的情懷，給孫武留下了和深藏在心底里的感情，具有化不開的情結。

綜上所述，觀察孫武的一生，青年時期對吳國充滿著希望而長途跋涉來到蘇州，一生大部分時間在蘇州渡過。與吳國、與蘇州人民結下異常深厚的感情，難以忘懷的情結，所以功成身退後，對吳國、對蘇州仍是依依不捨，直到終老吳地，安葬在吳

地，其後代也留在吳地，孫武對吳地如此情深意篤，這實在是歷史上的一個奇蹟。

二、蘇州對孫武的深厚情結

孫武，春秋末齊國人，但在蘇州生活、戰鬥了三、四十年時間，蘇州是孫武的第二故鄉，孫子兵法誕生地，功成名就之地，也是孫武終老之地。孫武對吳國、對蘇州人民作出了重大貢獻，蘇州人並不拿孫武看作"外來"人，以致《吳越春秋》稱為"吳人"。蘇州人民崇敬孫武，懷念孫武，蘇州人民為有孫武而自傲。孫武在蘇州留下了眾多遺址遺跡、紀念性工程和民間傳說故事，蘇州對孫武具有深厚的情結。

(1)孫武"吳宮教戰"處。《香山小志》載"教場山，即吳宮教美人戰處。"教場山為一低矮小山，東西千餘米，南北四、五百米，山高僅數十米，山勢平緩，山巔平坦，廣數百數，里人稱之為"小教場"。山之北，與穹窿、舟山等山體連成一片，山之南離太湖不足千米。至今已經 2500 年了，基本保持原狀。檔案資料表明，1983 年吳縣文管會確定文物保護規劃單位。蘇州人民為何把這塊地還保存下來，這反映了蘇州人民對孫武的情結。

(2)二妃墓，位於教場山西北一側。清《香山小志》載："二妃墓，即孫武教吳宮女戰，殺吳王二妃，吳王厚葬之，在教場山南，實相寺後，俗稱美女墳者也。"相傳為孫武執法斬姬後，吳王闔閭厚葬二妃於此。距今已經 2500 年了，歷經滄桑，但當地民眾仍然把它保存下來。1994 年蘇州市孫武子研究會成立後，研究會成員多次實地考證。研究會領導由當地村支部書記帶領再次實地進行察看，二妃墓猶存，雜草叢生，周邊有樹，旁邊有一已破

落的工廠，村支部書記說：我小時經常到二妃墓來玩的。後與支部書記商定整修，支部書記說，該村是窮村，村幹部工資也發不出。當時決定研究會支持人民幣 5000 元，由村里修復，後由研究會幫助規劃、修復。墓前豎立"二妃墓"碑和豎立"重修二妃墓記"碑。落款"蘇州市孫武子研究會和小橫山村民委員會，一九九八年六月立。"2500 年曆經滄桑，但二妃墓依然猶存，可知當地政府和人民對孫武的情結。

(3)二妃廟。今胥口教場山一側（轄區在今蘇州太湖國家旅遊度假區內），《香山小志》載："……前去數十武（步），土龍橫臥，名小橫山，首東北有尼庵，古之二妃廟。神珠冠霞帔，吳王寵姬，即孫武教戰時所斬者也。"又載："二妃廟，在小橫山。……二妃，即吳宮教戰孫武子所斬之兩美人也。"舊時，廟之正殿有二妃像，"神珠冠霞帔，姿媚照人。"當時以二妃鬼神作祟於鄉里，益以村巫邪說，鄉人苦之，就在二妃廟的寢樓下塑孫武子像以鎮之。相傳二妃廟又名"愛姬祠"，一度村民還改稱"永福庵"。規模較大，1949 年解放後，當地鄉里把二妃廟改為民校，1957 年又改造成小學，並在原址擴建，但還留下二妃廟舊房二間。經過漫長的 2500 年，歷經滄桑，但仍保存到 1949 年，1957 年改建學校後，神像與殿大部毀去。 1994 年蘇州市孫武子研究會成立後，研究會成員多次去考查時，當地村民都圍過來要求恢復。當時見到還保存一小部二妃廟舊屋，這是經歷二千五百年的歷史遺存，十分寶貴。

當時研究會決定和以後實施，協助當地政府——小橫山村民委員會在二妃廟舊屋前豎"二妃廟遺址"碑。現屬蘇州太湖國家

旅遊度假區香山街道辦事處管轄。 2006 年 11 月 1 日，在保護修復孫武遺址遺跡座談會上，度假區領導決定，二妃廟進行修復，廟內要有二妃像和孫武像，在 2006 年 6 月底前完成，可知當地政府和人民對孫武情結之深。

(4)《孫子》十三篇全文碑是蘇州人民保存完好的紀念孫武的實物。碑為青石質地，長 164 厘米，寬 80 厘米，厚 19.5 厘米。碑刻分正反兩面，1949 年解放前刻。吳縣貞石齋刻石。該碑原是國民黨李浴日等人準備安放在籌建的孫武子亭側。吳縣人汪東書寫，國民黨兵學名流楊言昌、齊廉、李浴日校對。後因國民黨到台灣，該碑存放在貞石齋錢榮初（親手鐫刻此碑）店內。 1959 年，錢榮初先生將此碑獻給蘇州市文管委，現置於蘇州市碑刻博物館。李浴日長子李仁師先生現任美國維琴尼亞大學工程系主任，1994 年 10 月來蘇尋訪此碑，見到原物猶存，不勝感慨，表示：回美國後，募集資金，復建孫武子祠，以實現其父遺願。蘇州人錢榮初為何把國民黨將軍要他刻的碑保存下來？經過解放後的"三反"的政治運動，錢先生冒著風險仍然保存著，1959 年是"反右傾"的時代，錢先生勇敢地將《孫子十三篇全文碑》獻給蘇州市文管委，其緣由是孫武著的兵法十三篇文字的碑，這也反映了蘇州人民對孫武情結之深。同樣的道理，蘇州當地政府，不因是國民黨將軍要刻的遺物，而是因為其內容是《孫子兵法》十三篇而接受、保存、並安放在碑刻博物館展出，這也反映了當地政府對孫武的情結。

(5)孫武塔，座落在蘇州閶門的紀念孫武功績的紀念性建築。1999 年蘇州孫武子研究會在《蘇州日報》上見到金閶區商業局長

龔國鈞撰寫的一篇文章，文章中說計劃在閶門要建造孫武塔，以紀念偉大軍事家孫武，研究會見到後十分高興。這是蘇州人民和當地政府提出的計劃，後即同龔局長電話聯繫後，派人拜訪龔局長，並帶去孫武的有關資料。閶門又稱"破楚門"，是闔閭、伍子胥、孫武領兵攻打楚國的出師之地。蘇州人民為紀念孫武功績，弘揚孫子文化，由江蘇亞細亞集團出資，建造了孫武紀念塔，2001 年 1 月底竣工，孫武紀念塔建在閶門附近南浩中街名人街南側。這也反映了龔國鈞局長、亞細亞集團對孫武的情結，對弘揚中華民族優秀文化的重視，蘇州人民應該對他們的行動表示敬意和受到感動。

(6)孫武子橋。馮桂芬同治《蘇州府志》載："孫武子宅在楓橋西南孫武子橋側。"1994 年蘇州孫武子研究會成立後，楓橋鎮政府向研究會送一份資料說："孫武子宅和橋。孫武子橋位於楓橋鎮曙光和永和兩村交界的楓金河上，橋北為曙光村的孫家橋自然村，該橋直至 1949 年解放時還在。1958 年，因拓寬河道被拆除。"蘇州孫武子研究會多次派人實地去考查。據村上老人回憶，原來的孫武子橋全部採用花崗石築成，橋孔呈方形，橋長約5.5 米，寬約 3.5 米，南北向有三塊長條石塊，刻有釦子，長條石塊之間，用 50 厘米長 90 厘米寬的石塊拼鋪成橋面，十分堅固。橋面東西兩側有石欄杆。橋墩用方石砌成，四角分別有豎砌的長方石，石墩上刻有橋名'孫武子橋'。橋埂連通東西向御道，御道北側就是孫家橋自然橋。這些都是寶貴的資料，尤其是這塊刻有"孫武子橋"名的石塊現已不知去向，要恢復這頂孫武子橋是不可能的事了。怎麼辦呢？ 《孫子兵法辭典》已將此列入"紀念文物"欄目。該處已屬蘇州新區管轄。距原孫武子橋 300 米處蘇州

新區在濱河路上要建橋樑。1996 年 9 月 14 日研究會致信管委會，為紀念孫武，建議濱河路上的橋命名為孫武子橋，新區管委會很重視，致函蘇州市地名委員會辦公室，研究會成員，多次到蘇州地名辦匯報情況，提出建議，後蘇州地名辦批復同意，批复說："據調查，確有史料記載，但橋樑已毀失，為紀念孫武子遺跡，經研究同意將原孫武子橋（在鄧尉路東段南側的金山浜河上）正東約 300 米處，位於濱河路北段一座新建橋樑命名為'孫武子橋'。1997 年 2 月 27 日。"這是濱河路上一座橋樑命名為'孫武子橋'名字的由來，研究會還協助新區管委會撰寫"恢復孫武子橋名銘記"，並刻石在橋邊上。銘記中稱："經蘇州市孫武子研究會建議，報蘇州市地名委員會審批同意，恢復孫武子橋名，爰以為記。蘇州市人民政府蘇州新區管理委員會立。"為此，應該對蘇州地名辦、蘇州高新區管委會表示感謝。

(7)《吳將孫子像》碑。該碑刻於清嘉慶十一年（公元 1806年），原置在蘇州虎丘山東山浜側"孫武子祠"內。該祠 1860 年毀，該碑散失，碑高 35 厘米，長 103.5 厘米。碑刻著"吳將孫子像"和"齊將孫子像"。該碑文字也說明："吳將齊將兩孫子像傳自明景東時代廣靈王所藏列代將鑑圖而宣和內府有孫武子像……。"該碑在 1985 年吳縣文管會普查文物時在北橋鎮發現，用二包水泥換得，後列入吳縣縣級文物。現在穹窿山孫武苑兵聖堂牆壁上。這也反映了吳縣北橋人民、吳縣文管委對孫武的情結。

(8)孫武隱居地。蘇州市孫武子研究會成員與吳縣市政府、吳縣市文管會領導多次考查、論證，並經中國孫子兵法研究會領

導、專家首肯，還經過國家級孫子研究專家論證認同，認定穹窿山茅蓬塢為孫武當年避亂奔吳隱居著兵法處。認定隱居地的主要依據：一是符合史料記載闢隱深居條件；二是靠近當時吳國軍事、政治、經濟的重心南宮；三是附近有孫武遺址遺跡吳宮教戰處、二妃墓、二妃廟、拜將壇；四是穹窿山與伍子胥當年暫住地清明山相近；五是有民間傳說孫武當年隱居在穹窿山茅蓬塢。後便建設了孫武苑紀念性工程。首期工程由蘇州市孫武子研究會和吳縣市林場合作建設，並經吳縣市政府批准，第二期工程由中國孫子兵法研究會和中共吳縣市委、市政府合作建設，第三期工程由吳縣市政府建設。現已成為弘揚孫子文化的載體，蘇州市愛國主義教育基地、江蘇省國防教育基地、中國人民解放軍國防大學教學基地，並成為蘇州新的旅遊景點，每天遊客絡繹不絕。這也反映了蘇州、吳縣已經離退休的白髮老人、吳縣文管會和吳縣市政府對孫武具有深厚的情結和弘揚孫子文化、促進蘇州、吳縣經濟、文化事業發展的真誠之心。

(9)孫武公園。根據清同治《蘇州府志》記載："孫武子宅，在楓橋西南孫武子橋側。"《吳縣志》也有記載。蘇州市孫武子研究會多次實地考查，孫武子宅地處楓橋寒山寺西南約三里之處，現屬蘇州新區管轄。蘇州市孫武子研究會成立後，楓橋鎮人民政府給研究會一份調查資料，研究會成員多次實地考查，孫武子宅在孫家橋自然村的西端，並有一孫家祠堂，邊上還有旗桿浜。 1995年研究會去考查時，孫武子宅已不見了。但孫家祠堂猶在，有五間瓦屋，破舊不堪，大門已破，走進屋裡一看，屋內都是當地民眾存放的亂草堆。由於孫武子宅只有文字記載，沒有孫武子宅的圖案流傳，難以恢復。經向蘇州市新區管委會和蘇州市

地名辦匯報，蘇州市地名辦批復中說："據調查，孫武子宅在楓橋西南孫武子橋側，確有史料記載，但原址宅屋已毀失，無古蹟存在。"當地政府難以恢復孫武子宅，該孫武子宅推測是孫武功成身退後居住處，但無其他史料可證。因此也未有建議當地政府恢復。但為了紀念孫武，研究會建議新區管委會，在距離孫武子宅原址東邊的六畝空地，建設開放式孫武公園，以此紀念。新區管委會十分重視，籌資 100 萬元人民幣，在孫武子橋側建造孫武公園。這是紀念孫武的主題公園，研究會協助新區管委會規劃、設計，提供資料，公園大門請蘇州著名書法家瓦翁題寫，背面為孫子本事碑刻，正、反面兩側以春秋時代圖騰形式飾以"吳宮教戰"、"受命拜將"、"西破強楚"、"北威齊晉"四幅圖案，概括孫武輝煌業績。兵法十三篇碑、廣場以扇形，隱喻其幅射性，體現孫子思想對歷史、世界和未來的幅射效應。矗立在孫武公園中軸線北端的是孫武立像，與面向南端的《孫子兵法》碑相互呼應，雕像體現孫武為將後叱吒風雲輝煌時期的形像是一位文武一體的謀略型將帥，具有哲人、聖人的氣質。《孫子兵法》全文碑牆、碑高 3.1 米，寬 23.3 米，面積 72.23 平方米，正面是金文體，背面為白話文。使參觀者既看到春秋時字體的兵法，又能看懂《孫子兵法》十三篇全文的內容。孫武公園是為紀念孫武子宅址而建造的，既是弘揚孫子文化，紀念孫武又是市民休閒活動的場所。這反映了蘇州高新區管委會對孫武的情結，對歷史文化的重視，投入了一百萬元錢，在黃金地段拿出六畝土地，同時也是為人民群眾增加了休閒的場所，為人民辦了一件實事。

　　⑽孫武祠。座落虎丘山東山浜，建築於清嘉慶十一年（公元 1806 年），毀於公元 1860 年。山東省按察布政使、孫武后裔

孫星衍建設，他撰寫的碑記中說："孫子有功於吳，自當廟食此土。"又說："然則吳門立祠合於祀之義也。""蘇州周太守鍔、吳縣舒太令懷元、元和萬大令承紀實成此舉，並族人之好義者列名碑石雲。"

孫星衍在山東當按察布政使，山東又是孫武故里，孫星衍建孫武子祠為何不建在山東？為何不建在山東孫武故里？孫星衍是孫武后裔，出身江蘇常州武進，孫武子祠為何不建在孫星衍家鄉而要建在蘇州？這是因為"孫子有功於吳"，建祠蘇州"有功於民。"且得到當地蘇州、吳縣、元和政府支持而"成此舉"。這反映了孫武與蘇州人民的情結，蘇州當地政府和人民對孫武的情結，人皆知之。

⑾孫武子亭。座落虎丘東山浜是一座紀念孫武的一座建築物。第一次計劃建亭是在 1945 年深秋，當時吳縣政府計劃建孫武子亭，後因財政拮据未果。第二次計劃建亭是在 1947 年，當時南京國民黨政府的一批兵學界名流李浴日等發起，準備在蘇州建孫武子亭，理由是"孫子卒於蘇州，其偉大著作《孫子兵法》亦作於蘇州，為永久紀念這位偉人。"計劃在亭中置孫子白石像，亭側建"兵法十三篇全文碑"周圍栽以青松翠柏。蔣介石還為孫子紀念亭題寫亭額，國民黨元老於右任等亦有題詞。李浴日等在南京發動募捐一年時間募得二億多元，後李浴日等到蘇州募捐，幾個月時間，蘇州各界人士募捐十三億元。雖然已開工建設，但由於國民黨撤離至台灣，孫子紀念亭未有建成。第三次建亭是在 1955 年，蘇州各界人士屢屢向蘇州市人民政府建議、呼喚建亭，蘇州市政府接受建議出資建亭。 1966 年"文革"中遭到破壞。

1984 年蘇州市政府又進行了重建。國防部長張愛萍將軍書寫亭額。

　　孫武子紀念亭，1945 年、1947 年、1955 年、1984 年先後四次建亭說明蘇州人民對孫武懷有深厚感情，具有崇敬之心，為紀念孫武，一次又一次的建亭。1947 年國民黨兵學名流在南京發動募捐活動，錢大鈞、閻錫山帶頭募捐計三千萬元，但經過一年時間僅募得二億多元，而李浴日等到蘇州來募捐，幾個月時間蘇州各界人士募捐了十三億元。這說明蘇州人民對孫武具有深厚情結，蘇州政府、人民偏愛孫武。這也說明，蘇州人民對孫武深厚的情結，不論在抗日戰爭時期、國民黨統治時期和解放後人民當家作主時期，蘇州人民對孫武是一往情深，無論當時的政治環境如何，還是對孫武表示深切紀念。

　　⑫孫武墓。座落在相城區元和鎮孫家門村。《越絕書》、《郡國志》、《皇覽》、《吳地記》、《明一統志》、《大清一統志》、《蘇州府志》等都記載在蘇州。 1994 年陸墓鎮政府宣傳辦公室寫了一份"查訪孫武墓情況匯報"給蘇州市孫武子研究會。認為在孫墩浜。1995 年 11 月陸墓鎮政府重修孫武墓，並立碑"重修孫武塚記"。後因建設需要而荒蕪。2004 年相城區政府與蘇州孫武子研究會沙鎮寰等，根據《越絕書》記載的方位，按照古時度量衡里程計算標準，確定在孫家門村建造孫武墓園，相城區政府投資 50 萬元，建成後開放，孫武后裔 300 多人專程前去祭祖。這反映了不僅是蘇州人民，而且清代時在山東當官的孫星衍、二十世紀浙江的一位專家專程來蘇州尋訪孫武墓。外地人對

孫武崇敬的精神，也感動了蘇州人，也反映了蘇州當地政府和人民對孫武具有深厚感情。

⑴孫武路。2003 年蘇州市原政協副主席徐星釗同志打電話給研究會，對研究會工作提出四條建議，其中一條是蘇州可命名一條路為孫武大道，以此紀念孫武和弘揚孫子文化。為此，研究會同民政部門商量，在新建道路中選擇一條適合命名的路為孫武大道。最後，蘇州市地名辦公室正式文件中確定從吳中區木瀆鎮到太湖邊上一條新建的道路命名為“孫武路”，現路牌已豎起來了。這反映了蘇州人民對孫武的情懷和弘揚孫子文化的情懷。

⑴兵法大廳。兵法大廳位於解放軍駐蘇某部五峰山麓。兵法大廳迎面是一尊孫武像，還有《孫子兵法》十三篇玻璃幕牆和兵聖圖紅木浮雕。是解放軍某部紀念孫武、弘揚孫子文化的地方。這反映了不僅蘇州當地政府、蘇州人民而且駐蘇部隊的同志也對孫武具有崇敬之心和紀念孫武，弘揚孫子文化之情。

⑴孫武書院。2006 年，中國孫子兵法研究會決定在穹窿山腳下建立中國孫子兵法研究會的孫子兵法講學基地，並與吳中區人民政府合作成立“蘇州吳中孫子兵法院”，中國孫子兵法研究會會長姚有志將軍出任院長。《蘇州日報》發表信息後，被蘇州市原政協副主席徐星釗同志看到，他經過再三考慮打電話給中共吳中區委書記金海龍，建議“蘇州吳中孫子兵法院”改名為“蘇州吳中孫武書院”。金海龍同志徵求區政府和孫子兵法院同志意見，大家一致同意改成“孫武書院”。理由一是：“孫武”包括孫武其人和孫子兵法其書；二是蘇州歷史上具有“書院”單位的傳統，三是現在只有孔子學院，孔子是文聖人，而孫武是武聖

人，北孔南孫，文武兩聖，有個孫武書院更佳。因此改名為"孫武書院"。這反映了蘇州當地政府和老領導對弘揚孫子文化十分關心，具有可貴的精神。

⑩根據地方志記載和民間傳說，孫武在蘇州的遺址遺跡尚未恢復或建設紀念性建築的有如下數處：

①孫武子宅。清同治馮桂芬《蘇州府志》載："孫武子宅，在楓橋西南孫武子橋側。"據蘇州孫武子研究會沙鎮寰同志先後八次實地考證和查閱有關資料認為，該處確有孫武子宅，但至今也未恢復或建紀念性建築和立碑。

②拜將壇。《香山小志》載："蔣墩，蓋以山跨兩村各就其村民之耳。"《吳縣志》載："漁洋山東側的蔣墩山，相傳乃孫武練兵馬處，故又名教場山。相傳吳王闔閭在此設壇，拜孫武為將。"蔣（將）墩則為教場山東北首的一村莊村名，蔣墩山又名望雲山，與教場山相連且較高，相傳為吳王闔閭率眾卿觀看孫武操練三軍之處，傳說也是吳王闔閭拜孫武為將之處。"蔣"與"將"吳語同音；吳人把"丘"呼為"墩"，"墩"就是壇的意思。目前，尚未恢復或建紀念性建築和立碑。

③南宮遺址。南宮遺址座落在胥口鎮下陳村。《吳郡志》載："吳自梅李三徙，而定都今之郡城。"《吳越春秋》載："壽夢卒，諸樊徙吳"吳一徙在幹王城，二徙在南宮，三徙在闔閭大城。南宮是吳王諸樊、餘祭、餘昧、王僚及闔閭前期的吳國政治、軍事、經濟、文化的中心，吳王近五十年歷史。對此，尚需進一步論證，論證後再進行恢復性建設或建紀念性工程。

④夫椒之戰古戰場。《史記》載："三年後伐越，敗越於夫椒。"夫椒山在太湖西山島上，尚需進一步論證後建設紀念性工程或立碑。

⑤南武城。南武城在崑山市巴城鎮境內。《越絕書》載："婁北武城，闔閭所以侯外越也。"據南京市考古工作者實地考查，發表考查文章說：南武城是孫武建造的水城八卦城，目前全國祇發現這一處，是一座水寨軍防城，與吳都（今蘇州市古城區）形成犄角之勢。現當地群眾建了"武神廟"。當地政府準備開發。

⑥蘇州工業園區唯亭鎮原名"夷亭"，據傳說，建"夷亭"與孫武有關。

以上說明，兵聖孫武與當時的吳國（今天的蘇州）具有異常深厚的感情，他把畢生的精力獻身在吳國，對吳國作出了傑出的貢獻，對吳國情深意濃，以致功成身退後還留在吳國，最後終老吳地。孫武子孫也留在吳地，對吳國如此情深意濃，確是歷史上一個奇蹟，令人感動。從而也感動了孫武后裔孫星衍，建造孫武子祠，不建在孫武故里山東，不建在孫星衍故里常州，而要建在蘇州。因為這是孫武子祠，按照常規是建在孫家子孫居住的地方，而孫星衍卻把它建在蘇州虎丘山，這也是歷史上少見的，但這是事實。1947　1948 年國民黨政府的首都在南京，國民黨兵學界名流李浴日等籌建孫武子亭，不建在南京而要建在蘇州。當時雖有蔣介石、于右任等題詞，還有錢大鈞、閻錫山等帶頭募捐，歷時一年，在南京卻只籌捐得二億多元，而李浴日等到蘇州來募捐，只花了幾個月時間，蘇州各界人士募捐了十三億元，這說明

蘇州人民對孫武具有深厚的情結。孫武與蘇州、蘇州與孫武之間的情結是互動的，相互之間纏綿情絲、情絲萬縷。蘇州政府和人民對孫武也是一往深情，從清代——民國——解放以後，當地政府和人民為紀念孫武、弘揚孫子文化，花心血、願投入，恢復孫武在蘇州的遺址遺跡，建設紀念性工程。蘇州具有豐富的紀念孫武的資源，是全國獨一無二的，全國沒有哪個省、市、縣具有這種資源和當地政府、人民對孫武發自內心的感情。可以預料到，隨著時間的推移，孫武在蘇州的遺址遺跡和民間傳說故事，必將會繼續出現在人們的面前，蘇州人民關心、支持和弘揚孫子文化的人會越來越多，這是社會發展的客觀規律。蘇州有人撰寫文章並散發全國各地，其中說："寫到這裡，我心中產生了一個強烈的不平之感，怎麼當地政府如此偏愛孫子呢？"還舉例說："張永夫的墓側被糞池所包圍，對比之下，孫子的待遇真是不可同日而語了。"還說："應該一視同仁。"還舉了張永夫同孫武子不一視同仁的例子，如：孫武紀念塔、孫武墓、孫武隱居地、孫武公園、孫武子橋等。

看了上面列舉的二十一處資料的來龍去脈，可知這位寫文章的同志並不了解真實的情況。實際上，這是客觀存在，人情之常理。如果蘇州人把孫武的遺址遺跡和歷史上留下來的有關孫武的紀念性建築以及民間傳說，都用"糞池包圍起來"倒要使蘇州人民產生"不平之感"。如果蘇州政府和人民，不比其他地方政府和人民"偏愛孫子"，那倒成為奇怪的現象了。可以說：

孫武對蘇州，確有難分不解之緣；

蘇州對孫武，確有難以割捨的情結。

附錄 1 李浴日先生著作書目年表

	書　　　名	初版	出　版　者	地點	附　註
1	淞戰中的日獄	1932	神州國光社	上海	一二八事變
2	定縣平民教育	1934	良友圖書	上海	一角叢書
3	孫子兵法之綜合研究	1937	商務印書	上海	初版，暢銷名作
	孫子新研究	1946	世界兵學社	南京	1947 年增訂再版
	孫子兵法新研究	1950	世界兵學社	臺灣	遷臺增訂初版
		1951	世界兵學社	臺灣	增訂再版
4	抗戰必勝計劃	1937	韜略出版社	上海	必勝叢書之一
5	空襲與防空	1938	上海雜誌	漢口	大時代叢書之八
6	行政的科學管理研究	1940	新公務員	黃岡	廣東省政府
7	閃電戰論叢	1941	新建設	曲江	第七戰區編纂委員會
8	世界兵學月刊	1941	世界兵學社	曲江	創刊號起至三卷六期
		1946	世界兵學社	南京	至七卷一期
9	中山戰爭論	1942	世界兵學社	曲江	初版
	國父戰爭理論	1948	世界兵學社	南京	復業初版
	國父革命戰理之研究	1952	世界兵學社	臺灣	遷臺初版
10	東西兵學代表作之研究	1943	世界兵學社	韶關	李浴日主編
	孫克兵學新論	1946	世界兵學社	南京	孫子與克勞塞維慈
11	克勞塞維慈戰爭論綱要	1943	世界兵學社	曲江	初版至三版
	大戰原理	1947	世界兵學社	南京	復業增訂初版
	克勞塞維慈戰爭論綱要	1951	世界兵學社	臺灣	遷臺初版
		1955	世界兵學社	臺灣	臺版再版
12	兵學論叢	1943	世界兵學社	韶關	與林薰南合編
13	兵學隨筆	1945	世界兵學社	重慶	初版，原三輯
		1946	世界兵學社	南京	再版，增為四輯
		1952	世界兵學社	臺灣	增訂初版，新四輯
14	臺灣必守鐵證	1950	世界兵學社	臺灣	用諸葛明筆名出版
15	實踐雜誌	1951	實踐雜誌社	臺灣	李浴日主編
16	決勝叢書	1952	世界兵學社	臺灣	包括孫子兵法新研究，克勞塞維慈戰爭論綱要，國父革命戰理之研究，兵學隨筆
17	戰鬥月刊	1953	戰鬥月刊社	臺灣	至五卷三、四期合刊
18	孫子兵法總檢討	1955	世界兵學社	臺灣	最後遺著
19	中國兵學大系 （初名：中國武庫）	1957	世界兵學社	臺灣	包含中國歷代兵學名著卅餘種

附錄 2
〈李浴日語錄〉 100 則

李仁繆恭錄

2013 年

前　言

先父李浴日先生是中國近代著名軍事學家，其兵學著述凡一百六十萬餘言；早年從事政治學研究，專精行政的科學管理；他也是個實業家，獨力創辦「世界兵學社」經營出版事業；他亦是位教育家，發行《世界兵學》與《戰鬥》月刊，介紹古今中外兵學思想；他還是個盡忠職守的公僕，在任職廣東省政府編譯室主任二年期間編寫了十數本書刊；他也是一位忠黨愛國的革命志士，為國家民族拋頭顱灑熱血在所不惜；他亦是個救國主義者，積極創建「以中國為本位的兵學體系」；他更是一位理想主義者，竭力提倡「救人救世的兵學思想」。

謹此將先生一生所作各書《自序》內之忠言讜論精選一百則，依時年順序輯成此〈李浴日語錄〉，頃讓世人探索其震古鑠今的思想精髓，縱觀其歷久彌新的理論演繹，見證其始終如一的卓然氣節，更寄望穿越時空與文天祥《正氣歌》中所吟：「哲人日已遠，典刑在夙昔。風簷展書讀，古道照顏色。」相互輝映，浩然永存。

《滬戰中的日獄》自序 1932 年 6 月 2 日於上海

1.

"這次，各朋友都以為我死了……然而事出奇特，在他們焦慮到最高度時，在死神千萬層的包圍中，我是生還了，焦頭爛額地生還了。"

2.

"為了酬答朋友與家人，為了激勵全國同胞及引起世界人類的注意，我才寫這一小書。……但我也沒有因受了虐待，而說它一句不符事實的話。"

《定縣平民教育》結語 1934 年

3.

"我認為光靠四大教育是不能完全解除中國的農民痛苦的。現除政治不談外，尚有土地問題、移民問題為農民亟待解決的問題，可是他們並沒有注意到。"

4.

"此外我認為四大教育雖能實現于定縣，未必能實現于全國，最重要的是工作的浩繁和艱難，而別處沒有這麼多人才。"

5.

"定縣的從事平（民）教（育）運動者是值得稱頌的。"

《孫子兵法之綜合研究》自序 1937 年 5 月 10 日於上海

6.

"理論產生於事實，凡是學說，都有它的理論。"

7.

"戰爭是不祥之物，是有流血，大浪費、大破壞的惡魔哦！進化到現階段的我們人類老早應本能地忘記了它，何可再談兵法？但以新的世界尚未產生，舊的世界依然存在，各國重大政策衝突日益深刻化，帝國主義者侵略弱小民族又是那麼尖銳化，所以此時，還有人想要制止戰爭，廢除戰爭，其心雖惻隱，其事則近於作夢。"

8.

"沒有正確的戰爭理論，便沒有正確的戰爭行動；先進的軍事理論家，便是後進軍人之思想精神的指導者。"

9.

"我希望將來世界應有一回以戰爭消滅戰爭的戰爭，我更希望我所編這本小小兵書在將來亦等於今日歷史博物館裏所陳列著的古代弓矢戈矛，"

10.

"《孫子》雖是陸戰的書，但其原理卻可應用於海戰上、空戰上；且合經濟、外交、宣傳諸端而論之。"

11.

"出之於言，則為死言；筆之於書，則為死書；運用之妙，存乎一心。"

12.

"我不喜歡去沿用古人註解《論語》、《孟子》般的死的形式，我所用的是活的形式；活的兵法，應有活的編法，活的解釋，讀兵法也應有活的讀法；倘若死的讀，死的用，那是危險極了。"

《孫子兵法之綜合研究》後記 1937 年 12 月 29 日於悲慘的滬濱

13.

"研究《孫子》是一個專門問題，同時也是一個複雜問題，以我今日以前的學識經驗來應付這個問題，真是懦夫扛鼎。"

14.

"我出版這部書，並沒有孫子的用意，僅為生活的鞭策，眼看著快要消磨半生了，二十多年來，還沒有表演過一幕壯劇。"

15.

"人生是苦與樂交流於他的心田，是成與敗編成他的歷史。《孫子》是一部「聖經」，倘若你苦悶時，拿起讀讀，必會快樂風生，雄心萬丈；倘若你失敗時，翻開研究研究，必可鑑往知來，呼吸著成功的氣氛。"

《抗戰必勝計劃》自序 1937 年 10 月 26 日於上海

16.

"「東方海盜」瘋狂的進攻，神聖全民抗戰的展開，從「八一三（淞滬會戰）」至現在已經兩個多月了。在這個期間，大家不是懷疑著——政府為什麼不對日宣戰呢？不過政府於未宣而戰時，人民老是懷疑著政府將出於中途妥協的。"

17.

"但是那基於充分「知彼知己」而訂下的抗戰計劃，是秘密的，是普通人不得而知的，大家只有「暗中摸索」，對於戰爭的進行，有時莫明其妙，有時發生懷疑與恐怖，……於是我們就有從理論上去闡明抗戰的必勝，以加強民眾對於戰勝的信念；更有研究出一點計劃來貢獻各方面的當局，喚起注意與實行的必要了。"

18.

"在這個嚴重的抗戰時期，以過去那樣的政治結構是不能完善地負起抗戰的使命的，因此，我們主張充實中央的政治機構，與刷新地方的政治。"

《空襲與防空》自序 1938 年

19.

"這次我國的對日抗戰，是國家與人民的生死存亡的關鍵。因此，所以我們非求戰爭的勝利不可。然而欲求戰爭的勝利，唯有採取持久戰略。持久作戰的結果，日本必敗，中國必勝。"

20.

"「事在人為」，能夠持久、努力與犧牲，則什麼目的沒有不可以達到。"

《行政的科學管理研究》自序 1940 年 7 月 26 日

21.

"兵法家的思想，是科學的思想，政治家的思想，也是科學的思想。不獨政治家的思想，應是科學的，即行政人員的思想，亦應是科學的。而科學思想的養成與科學方法的獲取，則有待於精勤的研究。"

22.

"黃岡滿天星光閃爍，四周松聲沙沙作響，蠕蜿的遠山，像長城一般的保衛著，這是「山岳建國」的象徵。"

23.

"新的中國，在這次砲火聲中一步一步的長成了，但行政上，仍要大家澈底覺醒，向著科學管理的大道邁進。"

《閃電戰論叢》編者序 1941 年 4 月於曲江

24.

"世界軍事學術，是不斷地進步的，今日德國橫行歐洲所採用的閃電戰術，就是現時戰術的革命，也是世界最嶄新的戰術。"

25.

"德國這次在歐戰中使用的閃電戰術，並不是為正義，也不是為自衛，純是用來貫澈其侵略主義，滿足其掠奪野心，自然是我們極端反對的，不過站在軍事立場上，我們總認為這種戰術是進步的戰術，是科學的戰術，是必勝的戰術。"

26.

"把閃電戰的軍事智識來介紹國人，俾有所認識，有所補益，不致因噎廢食、固步自封。"

《中山戰爭論》自序 1942 年 7 月 22 日於韶關

27.

"我們不要害怕戰爭，我們應迎接為民族國家求生存謀解放的革命戰爭！我們不要諱談戰爭，我們應在紛歧錯雜的戰爭思想界裡，把我們革命的戰爭理論體系建立起來！"

28.

"中國的開國史，是黃帝驅逐蚩尤的歷史，亦即中國戰爭史的第一頁，五千年來的中國歷史，大半是戰爭史，我們的祖先大多數過著戰時生活。"

29.

"從五千年來的中國歷史看，從五年來的抗戰過程看，現在我們是急需建立一種戰爭理論了，但這個重大問題是不容易解決的，復古不行，標新不足，為兵學而兵學不可，為侵略而兵學更不可，卻不知它早為我們的革命導師——國父孫中山先生給我們根本地解決了，他的戰爭理論是實踐的，從戰爭的實踐中產生出來，是革命的，為革命而建立的戰爭理論。"

30.

"中國今後的一舉一動勢要有真理的指導了，否則，陷於盲從和盲勁，固無成功可言，且會招來不良後果。何況戰爭為人類生死綫上的活動，為民族國家掙扎於盛衰存亡之道的最高表現，自然更要有真理的指導。"

31.

"國父的戰爭理論是中國歷史發展的產物，在此以前為「孫武兵學」時代，從今以後，當為「孫文兵學」時代，從「孫武」到「孫文」，顧名思義，真是中國兵學上一個趣味的奇蹟。今日我們讀他兵學理論，在字裡行間感覺到蘊蓄著一種無限的生氣和浩氣，這是「民族復興」之氣，中華民族的人們今後應浸淫薰陶於是氣之中。"

31.

"中華民族今後是要在｜鐵的時代」裡奮鬥而爭取他的生存解放和發展了，數千年來「重文輕武」之風和「文武分離」之習是要澈底地給它滌除了，今後應為筆與劍的合作，但劍應列於第一位。唯有劍才可以制服一切惡魔，唯有實行　國父的戰理戰法才可以使劍獲得光輝的勝利！"

《東西兵學代表作之研究》編者序 1943 年 6 月於桂林衡陽旅次

33.

"《孫子兵法》產生于中國，卻成為東方兵學體系的柱石，克氏《戰爭論》產生於德國，卻成為西方兵學體系的軸心，就時間說，他倆是「先後輝映」，就空間說，是「東西媲美」、「兵學雙璧」的妙喻，不是虛發的吧！"

34.

"真理並不為時間所限，亦不為空間所限，孫、克兩氏兵學的光芒早已放射於世界每一個角落了。"

35.

"孫子生於周敬王的時代，距今二千四百餘年的當時，以書法的艱難，沒有紙，也沒有筆，在兵學上竟能完成這一部不朽的名著，真令人驚嘆不置。迄今譯本已遍於英、美、法、蘇及德、日等國，尤以日本小鬼子最為傾倒。"

36.

"孫子的不朽，自有其原因在，即他所建立兵學的理論，僅是原理原則，不涉於枝葉末節，以此供人而做千變萬化的妙用。故它的原理原則，就是在現代的總力戰上、立體戰上，依然可以適用。總之，它是不因時代的推移，而失掉它的生命。"

37.

"可是《孫子》全書，迄今亦非無可非議之處，而我們應澈底清算的，就是他所說的「伐國」及「掠鄉分眾，廓地分利」的思想，不待說，這是古代封建軍事主義的表現，亦今日所謂侵略主義。"

38.

"今日中國的戰爭思想是進化為反封建的、反侵略的救國救世之三民主義的戰爭思想了。"

39.

"克氏的《戰爭論》，有一種最壞的影響，就是他過度頌揚「絕對戰爭」的思想，力斷「戰爭為暴力無界限的行使」，及反對戰爭哲學中混入「博愛主義」，因此養成德國軍人極端殘暴的性格。"

40.

"其實以今日的中國來說，非發展兵學不足以起衰振廢，非發展兵學不足以立國強國，非發展兵學不足以爭取中華民族的生存和解放。"

《兵學論叢》弁言 1943 年 10 月 15 日

41.

"中國古代的兵學是很偉大的，但有待於整理和發揚，同時對於世界的兵學亦有待於介紹和批判，尤以應如何建立中國現代獨自的兵學，更為首要。"

42.

"所謂中國現代獨自的兵學，係以自衛和反侵略為本質，並本此而給予世界帝國主義的兵學思想與法西斯主義的兵學思想以徹底的抨擊和廓清。"

43.

"文武是國家的兩翼，造成文武合一的風氣，亦為中國兵學界現階段不能忽略的使命。"

44.

"「文人知兵」、「國民知兵」,那麼,中國就可以一掃文弱的積習,建立一個強有力的戰鬥體了。"

《克勞塞維慈戰爭論綱要》譯者序 1943 年 11 月 22 日於桂林

45.

"讓我們拿起地圖一瞧吧!中國在世界上所佔面積這麼大,人口又這麼多,國際關係又那樣複雜,今後所發生的戰爭,其對於世界及人類前途的影響,將比任何國度為重大。"

46.

"中國現正從戰爭上來求民族國家的生存和解放,惟此目的的完全達到,恐怕還要相當時間,還要經過若干次大戰爭,凡此,都是指示我們要從速建立一種正確的戰爭理論以為戰爭行動的指導,換言之,即要建立中國本位(獨特)的兵學。"

47.

"所謂中國本位的兵學,其本質是革命的,反侵略的,內容則依於國情及對象而定。惟欲建立之,首先要了解中國固有的兵法,時代環境的需要,及世界各國的兵學。我們不能固步自封,離開時代,也不能盲目抄襲,全盤移植。"

48.

"克勞塞維慈的《戰爭論》是西方兵學的最高峰,是腓特烈大王戰爭與拿破崙戰爭的結論,腓特烈大王是持久戰爭的代表者,拿破崙是決戰戰爭代表者,所以研究腓特烈、拿破崙戰史者應讀是書,就是研究持久戰爭、速決戰爭以及一般戰爭哲學者亦應讀是書。"

49.

"這次中日戰爭正在進行著克氏所說的「現實戰爭」，或持久戰，我們正採取著克氏所認為最有利的守勢戰略，實行國內退軍，取得時間餘裕，增強戰力，待機反攻，所以在這個時候來讀克氏的《戰爭論》真有一種快感，益覺克氏真理炳然。"

50.

"日本自維新以來，拚命模仿德國，尤以兵學上受德國的影響為大，因之所受德國兵學上侵略思想，黷武主義的影響亦大，於此可見盲目的抄襲是要不得的。所以我們研究克氏的著作，就不要為他侵略的思想所影響，應認清我們還有我們的戰爭思想，我們的本位兵學。"

51.

"讓我們拿起兵學的望遠鏡一眺吧！恐怕戰爭在千年內還未能絕滅，有戰爭就要提倡兵學，發展兵學，兵學是武力的基礎，武力是國家的長城，歷史上兵學衰落的國家唯有受侵略與被征服，反之，兵學發達的國家必能日臻強盛，這兩條路線，我們應走那一條呢？讓國人去選擇吧！"

《孫子新研究》自序 1946 年 3 月 25 日於南京

52.

"孫子的至理名言不特為古人與今人奉為圭臬，即在千百年後的人們亦必驚嘆它的偉大。"

53.

"《孫子》就是兵學哲理的最高峰，可順而不可逆，順之則勝，逆之則敗。"

54.

"我們今後研究《孫子》，千萬不可忘記他那一個最崇高偉大——「不戰而屈人之兵」的教條，即是說，我們今後對於國際間的糾紛與衝突，應盡其可能運用和平方式來謀解決，不可輕啓戰端，尤不可好大喜功去侵略人國。"

55.

"然欲「不戰而屈人之兵」，先須充實軍備，加強國防，正如孫子說：「先為不可勝」，「先立於不敗之地」。那麼我們今後應精誠一貫地來實踐我們這位兵聖的偉大遺訓了。"

56.

"《孫子》這一部書雖作於平面戰爭的時代，但以他天才的超卓，眼光的偉大，其所建立的原理原則卻可應用於現代的立體戰爭上。"

57.

"孫子的哲理淵源於老子，卻不入於玄，他經過消化後，是變為科學的了。"

58.

"我對於孫子的原理原則並不是盲目的崇拜，乃是批判的接受。"

59.

"欲使《孫子》與時代不脫節，合乎新戰爭的需要，則非五年或十年來一次新註解不可；正如《孫子十家註》是過去了，新的註解，新的研究應隨時而興。"

《孫克兵學新論》再序 1946 年 11 月於首都

60.

"現在雖已進入原子戰爭時代，但孫子與克勞塞維慈的兵學依然有其不朽的價值；雖說將來原子彈有不用的可能，但不管在將來任何戰爭中，尤其是在現階段軍事上，他倆的兵學卻為每一陸海空將校必讀的經典。"

《大戰原理》三版序 1947 年 4 月 30 日於南京

61.

"克氏的《戰爭論》是一部不朽的著作，但并不是說一個將校僅讀這一部著，便能夠解決一切問題的。為什麼呢？因為軍事上的知識和能力，不單是建築於理論之上，仍須建築於經驗之上，(克氏的著作也是如此)，而且實際上單憑自己個人的經驗尚不夠，仍須參考他人的經驗及過去各時代的經驗。所以我們將校除把這一部名著當為必修的課程之外，還要研究其他兵書。"

《臺灣必守鐵證》小引 1950 年 6 月 22 日

62.

"從八年抗日戰爭到今日反共抗俄戰爭，這是中華民族有史以來存亡絕續的最大關頭，同時也是我們遭逢著一個最艱難困苦的時代。"

63.

"可是臺灣究竟能否守得住呢？對於這個問題的解答，我們不可犯著宣傳家的毛病，尤不可引喻星相家的豫言，我們應置身於科學家的實驗室裏拿起顯微鏡來觀察和分析，才會得到真確的結論。"

64.

"臺灣是必守的,將如第二次世界大戰中的「英倫三島」。反攻是必勝的,將如第二次世界大戰中盟軍的反攻歐陸。"

65.

"此次美艦之來,證明我反共抗俄已有轉機,至可興奮。惟我為反共抗俄而守臺以至反攻,只能以外力為補助,不能以為主體,人不能永遠助我,亦不會用全力助我,我亦不能作此希望,更不應存偷安和僥倖的心理。否則,自己不努力,不謀自力更生,唯賴他人,決無好果。故我們更應知所警惕,發奮為雄才可。"

《孫子兵法新研究》再序 1951 年 3 月 18 日於台北

66.

"《孫子》以兵法勝,亦以文學勝;它是明月,它是太陽;它好像龍飛鳳舞,又好像海嘯雷鳴;它好像黑森森大海裏的燈塔,又好像渴而思飲的甘露醴泉。倘若你是一個軍人,你反復披誦它,自會精神振作,鬥志充沛。倘若一個部隊裏個個都學習它,則部隊裏首先就會產生一種蓬蓬勃勃的新氣象。"

67.

"《孫子》是中華民族的軍人魂,傳家寶,《孫子》的偉大精神遺產,唯有中華民族的軍人們才能真正接受它,攝取它。外國與中國國情不同,外國人不會把它翻譯得盡善,因此外國人亦不會真正了解它,巧妙運用它。我們今日正面臨生死存亡關頭,我們應澈底了解它,接受它,巧妙地運用它!"

68.

"我們應發揚《孫子》建立中國兵學思想體系，我們應活用《孫子》建立國防萬世不拔之基。"

《克勞塞維慈戰爭論綱要》台版序 1951 年 9 月 15 日於台北

69.

"欲研究克勞塞維慈（Carl von Clausewitz 1780-1831）的《戰爭論》，不可不懂得黑格爾（Georg Wilhelm Friedrich Hegel，1770-1831）的哲學，因為克氏受黑氏哲學的影響太大了。黑氏與克氏生於同一時代，其影響於克氏，正如老子影響於孫子一樣。這真是東西兵學界一件最有趣味的事。"

70.

"黑氏是十九世紀德國的大哲學家，他是戰爭政治學的建立者，他歌頌戰爭，而對和平批評。不過這倒沒有影響到克氏，而克氏在《戰爭論》上說：「戰爭是政治的繼續」，卻是受黑氏所影響，黑氏把戰爭當作政治的一種手段的。"

71.

"黑氏是一個觀念論者，這確給予克氏很大的影響，克氏因此認識精神在戰爭上的重要性，并列精神要素為五大要素之首位。"

72.

"黑氏在哲學上貢獻最大的還是他所建立的辯證法（Dialectics)，克氏《戰爭論》的特點就是接受了黑氏這個哲學方法論，他的戰爭是一貫地用辯證法寫成。「正反合」是黑格爾的辯證法則，克氏則用以分析戰爭現象，闡明戰爭原理，建立他戰爭理論體系。"

73.

"克氏用辯證法來研究戰爭的防禦與攻擊，表現得更恰當和明智。原來所謂防禦與攻擊是兩個對立的概念，但克氏卻作統一的觀察，即防禦亦伴有攻擊。此外，如所謂軍事行動的休止與緊張，內線作戰與外線作戰等也是作對立統一的觀察。至於在整個戰役上由守勢到攻勢，或由攻勢到守勢的轉換及其過程，這是從量到質的變化。"

74.

"還有克氏在《戰爭論》上獨能打破形式邏輯、方式主義、武斷主義與機械論，這也是基於辯證法的觀點。戰爭理論是要跟著時代而變化，并不是一成不變的。「變」（變化與發展）是辯證法的最基本概念，而克氏在《戰爭論》上正充分表現了這個概念，"

《國父革命戰理之研究》序 1952 年 7 月 1 日於台北

75.

"所以我們在今日不要害怕戰爭，更不必諱談戰爭，我們要習慣戰爭，參加戰爭，更要把我們正確的戰爭理論建立起來。"

76.

"偉大的反共抗俄戰爭，是一個長期的戰爭，也是一個新型的戰爭，最忌空談，尤忌盲動。它要有理論的基礎，更要有正確的理論來做行動的指針。"

77.

"國父戰爭理論是中國歷史的產物，是由研究到實踐的結論，博大精深，闡揚匪易，尤其散見於全部遺教之中，未成體系，整理確要相當時間。"

《兵學隨筆》自序 1952 年 9 月 1 日於台北

78.

"兵學是戰鬥的學術，繫乎民族國家的盛衰興亡，「舉國皆兵」、「文武合一」，正是立國強國的基礎。"

79.

"不特軍人對兵學要有高深的研究，即文人以至一般國民亦應具有基本的智識。其實在今日的情勢之下，唯有人人知兵，人人能戰，始能挽救民族國家於危亡。"

80.

"二十世紀是戰爭的世紀，也是兵學的世紀，八年抗戰是我們的「兵學大學」，反共抗俄應是我們的「兵學研究院」，這真是我們研究兵學、學習軍事的良好機會。"

81.

"我們應從兵學上養成我們的自信心與自尊心。我們應在兵學上確立我們反共抗俄的必勝基礎。"

《決勝叢書》序 1952 年 12 月 20 日於台北

82.

"將近五千年的中國歷史，出現了無數兵家名將，亦產生了不少兵經戰法，據專家初步的估計，已達一千三百餘種，琳琅滿目，燦爛輝煌，就中以《孫子》十三篇為冠冕。近代西方自拿破崙出現後，兵書著述，風起雲湧，就中以德國克勞塞維慈的《戰爭論》為代表作，與我國《孫子》成為東西兵學的雙璧。"

83.

"　國父孫中山先生生當現代，畢生致力於革命學術與革命事業，對孫、克兩氏兵學研究精湛．並在領導中國革命運動的軍事指揮中，創建了中國現代的革命戰理，以救國救世為目的，這真是一個偉大的頁獻。"

84.

"要之，孫子的軍事哲學、克氏的大戰原理、　國父的革命戰理，是世界兵學思想的三大主流，也是世界兵學的三大經典。今後一國的用兵作戰，或全世界反侵略者與侵略者之戰，必須把握它、運用它，亦即以　國父的革命戰理為體，孫克的戰爭學理為用，始非侵略征服之戰，亦始能戰勝敵人，建立世界的永久和平。"

85.

"美國現代在兵器上雖有驚人的發明，兵學上尚沒有足以凌駕我《孫子》的著作。德國以兵學聞名於世，但各種著作較之我《孫子》仍有遜色。我愛好《孫子》已肇端於少年時代，而研究孫子係開始於民國二十四年在日本留與之時，當時我是基於一種「文人知兵」的歷史傳統的觀念，由多年研究及從軍從政的觀察而產生了今日正在發行中的《孫子兵法新研究》。"

86.

"我這一部《決勝叢書》，僅有四書：《孫子兵法新研究》、《克勞塞維慈戰爭論綱要》、《國父革命戰理之研究》、《兵學隨筆》，都六十餘萬言，不敢以此自誇，亦無意媲美古人。這是代表我個人研究兵學的過程，也可作為我個人著述生活史上的一個小小紀念。我願來日尚有第二輯、第三輯的出現，這僅是第一輯而已。"

87.

"本叢書取名「決勝」是由於我一天悟起漢高祖說：「運籌帷幄之中，決勝千里之外，吾不如張良。」的名言，我希望讀是書者能夠接受孫、克、國父的真理，成為現代的張良。"

88.

"在中國兵學荒蕪的園地裏，我致力於兵學事業，已十餘年了，在這個事業上，除感覺友情的可愛外，別沒有什麼企圖，僅是平生着眼於「智」的一字而已。"

89.

"我們要把握着「鬥智重於鬥力」的鐵則，須知力弱的智高者常可戰勝力強的智低者，至於力量相等，而智高者更可戰勝智低者，自不待說。要之，人類一切的行動與實踐必須通過最高的智慧，尤以戰爭為然，否則便是盲人騎瞎馬，夜半臨深池。"

90.

"主持國家大計的文人們更要知兵，即所謂懂得戰略，作為一個現代政治家如果不懂戰略，絕不是一個健全的政治家。不懂戰略的政治人物，則其所措施不能配合軍事，甚且給予軍事上最大的不利和妨礙。一個偉大的政治人物應是文武兼全的，即如歷史上伊尹、周公、管仲、張良、諸葛亮等型的人物。"

91.

"研究學問真是不容易，兵學尤然，既要有安定的生活、專一的意志，又要有充裕的時間、足夠的資料和實際的體驗，八年的抗戰與今日反共抗俄的神聖戰爭，雖給予我不少體驗的機會，但上述種種條件都不夠，其實這不獨我個人如是，國人亦多此感。在這種情形之下，不知埋沒了多少專家，又不知犧牲了多少新著。吾國學術的落後，大家應注意這些因素吧！"

92.

"兵學是神聖不可犯的，立心作亂者不可讀，蓄意侵略者不可讀，非弔民伐罪不可用，非救國救世不能用。"

93.

"運用兵學的目的是為和平，不是為戰爭，戰爭是社會的病態，和平才是社會的常態，戰爭僅是政治的一種手段，和平才是政治的真正目的。弔民伐罪、救國救世就是為的和平。"

94.

"我希望整個世界早日臻於永遠的和平，即所謂「世界大同」，軍備逐漸廢除，人類永遠不用兵學，兵學戰跡僅成為考據家的資料而已。"

《克勞塞維慈戰爭論綱要》台版再版後記 1955 年 3 月 10 日於台北

95.

"古寧頭之殲滅戰，彷彿拿破崙的作風，五年金門之持久戰，又似腓特烈的精神。克氏以研究拿破崙戰爭與腓特烈戰爭而完成他震撼古今的巨構。"

《孫子兵法總檢討》序 1955 年 5 月 25 日於台北

96.

"《孫子兵法》是古今兵書的代表作；《孫子兵法》是世界兵學的最高峰；《孫子兵法》是軍人必讀的大經典"

97.

"有如每一個佛教徒不能不讀《靈楞經》，每一個回教徒不能不讀《可蘭經》，每一個基督教徒不能不讀《新舊約》，同樣每一

個軍人不能不讀兵經——《孫子兵法》。因為它會給你更多的啟示和鼓舞。」

98.

「《孫子兵法》在宇宙間，宛如日月經天，江河行地，它的不朽，自有其原因在，即其所建立的兵學理論，是最高的原理原則，不涉於枝葉末節，以此供人而做千變萬化的妙用。在過去的時代裡，固成為金科玉律，即到了現代，不管在總體戰爭抑或立體戰爭甚至原子戰爭，均不失其偉大與光華。」

99.

「春風秋雨，我研究《孫子》也有二十年的歲月了，除了曾刊行過我所著的《孫子兵法新研究》一書外，這幾年來，復寫成了有關研究《孫子》的文字多篇，並徵集到一部份同好者的宏著，合在一起，用《孫子兵法總檢討》的書名付梓，使讀者先後讀此兩書——姊妹篇，而得到全面和進一步的了解。」

附：《世界兵學》月刊第三卷第五期 1946 年 12 月 20 日

100.

「歐美的兵學思想，自克勞塞維慈以來已走入歧途了：即他們全以「徹底殲滅」的殺人主義為本。所以到了工業發達以後，便競相致力於武器的發明，尤其到原子彈發明之後，殺人的技術與威力愈加巧妙而猛烈，一舉便可以殺人數十萬。像這種「殺人」的兵學思想，如果再任其發展下去，恐怕全世界都要毀滅，全人類都要死亡了。

在今日，我們為糾正這種錯誤思想，非把「救人」的兵學思想建立起來不可。

　　我國向來的兵學思想，都可以說是以「救人」為本的，像孔孟所倡導的「仁師」、「義戰」；老子所倡導的「慈以戰則勝」；孫子所倡導的「全國為上」、「不戰而屈人之兵」；吳子所倡導的「綏之以道」、「五戰者禍」；又《司馬法》所倡導的「殺人安人，殺之可也；攻其國，愛其民，攻之可也；以戰止戰，雖戰可也。」這種崇高的學說實值得我們今日來倡導，澄清目前世界上所鼓吹著的以「殺人為本」、「殺得愈多，功愈高，名愈大」的兵學思想，尤其軍人們的思想！

　　我們主張原子彈應運用於「止戰」、「救人」。我們應大聲疾呼共起而建立「以仁義為經，以和平為緯」的「救人」的兵學思想。"

附錄 3
《兵學隨筆》總目錄

李浴日

1952 年

自 序
第一輯（64 則）

第二 輯（41則）

外交與兵法相通　　　　　將驕必敗

殺敵以怒和恨　　　　　　和戰的真諦

文武合一論　　　　　　　中國人應尚武和好義

宋秦少游的參謀長論　　　明陳子龍的「兵家言序」

清人論海防　　　　　　　兵事的變化

希臘哲人蘇氏論軍事

第三輯（50則）

中國戰爭的起源　　　　　甲骨文上的商代戰爭

甲骨文和金文上的戰事記述　占卜的軍事

八卦的兵法　　　　　　　井田制的軍事性

「寓兵於農」　　　　　　指南車

談射　　　　　　　　　　談劍

談竹　　　　　　　　　　戰爭的歷史

戰車——騎兵——坦克　　由火牛到噴火坦克

孔明的「木牛流馬」　　　騎兵時代

從火炮說到火力主義　　　火炮的重要性及其起源

最初使用火器的笑話　　　古今的火攻

十八般武藝　　　　　　　古代的武器與戰法

古之心理戰　　　　　　　古之巷戰

古之化學戰　　　　　　　論左氏春秋

左傳上的軍紀記述　　　　戰史的重要性

中國戰史的偉大　　　　　青年學生應研究戰史

兩大典型戰例　　　　　　歷史上的射擊名手

歷史上的不朽名將　　　　名將字典上無難字

名將的千古恨　　　　　　曹劌是一個大戰術家

弦高是一個大軍專家　　　活用孫子兵法的韓信

機詐的戰術　　　　　　　馬援的「聚土為山」

www.ingramcontent.com/pod-product-compliance
Lightning Source LLC
Chambersburg PA
CBHW030935150426

42812CB00064B/2918/J